Rock-, Pop- und Technomusik und ihre Wirkungen

Eine wissenschaftliche und biblische Untersuchung

Adolf Graul

Adolf Graul

geboren in Bremen, befasste sich seit früher Kindheit mit Musik und absolvierte ein umfangreiches Musikstudium an verschiedenen Musikinstituten (Pianist, Chor- und Orchesterleitung, Kirchenmusik). Langjährige berufliche Erfahrungen als Kirchenmusiker, Musiklehrer, Liedbegleiter, Korrepetitor und Bezirkskantor folgten sowie weitere musikpädagogische Tätigkeiten als Schulmusiker und am Institut für Kirchenmusik der Universität Erlangen-Nürnberg sowie als Dozent, zuletzt 22 Jahre lang an der Musikhochschule Trossingen.

Aufgrund der vielen Meinungsverschiedenheiten und Erfahrungen im Gebrauch zeitaktueller Rock- und Popmusikstilarten in christlichen Gemeinden erforschte er viele Jahre lang die Wirkungsweisen dieser Beatmusikstilarten anhand gesammelter wissenschaftlich fundierter Forschungsergebnisse, die sich bis in den Bereich der Neurologie erstrecken. In diesem Buch werden Grundauswirkungen bestimmter Musikstrukturen, die zu nachhaltig prägenden Veränderungen menschlicher Gemütszustände und Erwartungshaltungen führen können, aufgezeigt. Demgegenüber werden die Orientierungsmassstäbe der Schöpfungsordnung sowie diesbezügliche biblische Informationen entgegengehalten, welche eine von Gott erwartete anders geartete Ausrichtung menschlicher Gemüts- und Lebenshaltungen verdeutlicht.

In der vergleichenden Betrachtung der aufgezeigten Sachverhalte können dem christlichen Leser dieses Buches wichtige Entscheidungshilfen vermittelt werden zur rechten Auswahl entsprechender Musik.

Rock-, Pop- und Technomusik und ihre Wirkungen

Eine wissenschaftliche und biblische Untersuchung

Adolf Graul

Verlag Mitternachtsruf

clv

Christliche Literatur-Verbreitung

Copyright:
Verlag Mitternachtsruf
Ringwiesenstrasse 12a
CH 8600 Dübendorf

Verlag Mitternachtsruf
Kaltenbrunnenstrasse 7
DE 79807 Lottstetten

Internet: www.mitternachtsruf.com
E-mail: post@mitternachtsruf.ch

Rock-, Pop- und Technomusik
und ihre Wirkungen
Eine wissenschaftliche und biblische Untersuchung

MNR: ISBN 978-3-85810-278-2, Bestell-Nr. 187890
CLV: ISBN 978-3-86699-227-6, Bestell-Nr. 256227

2. Auflage September 2010
Bearbeitung: Lothar Gassmann
Umschlag, Satz und Layout: Gabriel Malgo
Herstellung: Bercker, Kevelaer

Hinweis auf die verwendeten Bibelübersetzungen:
Wenn nicht anders vermerkt, zitieren wir die Lutherübersetzung 1912.
Die Abkürzung «r.Elb.» steht für die revidierte Elberfelderübersetzung,
die Abkürzung «ur.Elb.» für die unrevidierte Elberfelderübersetzung.
Die Abkürzung «Schl.» für die Schlachterübersetzung.

Zum Inhalt

Vorwort

Musik übt starke und vielfältige Wirkungen auf uns aus. Sie kann fröhliche oder traurige Stimmung erzeugen. Sie kann uns zum Marschieren oder Träumen animieren. Sie kann das Herz für Gottes Wort öffnen oder verschliessen.

Adolf Graul ist Fachmann auf dem Gebiet der Musik. In Bremen geboren, begann er am Konservatorium in Quedlinburg sein Musikstudium und war dort nach dem Abschlussexamen zunächst Klavierlehrer als Assistent seines Lehrers Prof. Dr. Kurt Johnen. Anschliessend setzte er sein Studium an der Musikhochschule in Halle/Saale fort und war danach als Korrepetitor und Konzertbegleiter in Weimar tätig. Dort studierte er weiter an der Franz-Liszt-Hochschule bis zum Dirigenten-Examen für Chor und Orchester. Ein Kirchenmusikstudium mit C, B und A-Prüfung folgte in Bremen neben der Tätigkeit als Musiklehrer und vollberuflicher Kirchenmusiker bis 1971. In dieser Zeit wirkte er auch bei Musiksendungen von Radio Bremen mit. 1971 folgte er einer Berufung an die Universität Erlangen als Musiklehrer und Assistent im Institut für Kirchenmusik sowie als Organist der Universitätskirche. Seit 1973 war er im kirchenmusikalischen Bereich als Bezirkskantor im süddeutschen Kirchenbezirk Tuttlingen tätig sowie 10 Jahre als Musiklehrer an einer Oberschule und 23 Jahre als Dozent an der Musikhochschule in Trossingen.

Adolf Graul hat sich intensiv mit der Frage beschäftigt, welche Wirkungen bestimmte Musikstile und -elemente auf den Menschen haben, insbesondere, ob alle Arten von Musik für die Übermittlung der christlichen Botschaft verwendbar sind. Die Ergebnisse seiner Forschungen legt er hiermit vor. Sie machen betroffen und rütteln auf. Zugleich können sie nach meinem Dafürhalten entscheidend zur Versachlichung in der Diskussion beitragen, ob der Einsatz von Rock-, Pop- und Technomusik in der christlichen Gemeinde zu verantworten ist oder nicht.

Es sei darauf hingewiesen, dass ergänzend zu diesem Buch auch eine Vortragsreihe mit ca 7 Stunden auf einer MP3-CD angeboten wird, worin auch viele Musikbeispiele zu hören sind. Sie ist direkt beim Verfasser[1] gegen einen Unkostenbeitrag erhältlich.

Dr. Lothar Gassmann

Einleitung

Auf Grund vieler Meinungsverschiedenheiten über den Gebrauch modischer Popularmusik für die geistlichen Ziele christlicher Gemeinden hat es in den vergangenen Jahren bereits schmerzliche Gemeindespaltungen gegeben. Die vorliegende Betrachtung soll deshalb die Wirkungsweisen moderner Popularmusik und deren Stilmerkmale im Hinblick auf die Verwendbarkeit für christliche Gemeinden und deren geistliche Ziele anhand biblischer und empirisch-wissenschaftlicher Forschungsergebnisse beleuchten, um dadurch objektive Kriterien aufzuzeigen.

Über das menschliche Gehör können Gefühlsbewegungen viel stärker als über das Sehen erregt oder auch verändert werden, denn zwischen dem Gehörnervensystem und einem physiologischen Gefühlszentrum des Gehirns (dem sogenannten limbischen System) bestehen direkte Verbindungen. Die akustisch wahrnehmbaren Kompositionsbausteine der unterschiedlichen Musikstrukturen können durch diese Schaltstelle zwischen Körper und Seele offenbar wie über einen Konverter in seelische Empfindungsqualitäten umgesetzt werden. Es ist kein Geheimnis, dass veränderte menschliche Emotionen oftmals die Ursache für veränderte Bewusstseinszustände sind, was schliesslich auch in entsprechende Verhaltensweisen mündet.

Aus den empirisch-wissenschaftlichen Forschungen der Musikpsychologie, Musiktherapie und Musiksoziologie kann man erfahren, welche gesellschaftlichen Rollen und Zielsetzungen bestimmte Musikstile geprägt haben und wie deren verschiedene Musikstrukturen ihre entsprechenden Auswirkungen auf das Gefühlsleben der Hörer sowie auf den menschlichen Organismus haben. Doch scheinen die Wirkungsweisen spezieller Musikstrukturen, welche auch unabhängig von musikalischen Geschmacksvorbildungen grundsätzlich vorhanden sind, in vielen christlichen Gemeinden kaum bekannt zu sein. Bedenkenlos und ungeprüft benutzt man heute in vielen christlichen Versammlungen die verschiedensten Musikstilarten, ohne zu hinterfragen, welche Gefühlsrichtungen in den Tiefenschichten der seelischen Persönlichkeit des Hörers dadurch bewegt werden.

Wer aber bestimmt und entscheidet über den Qualitätsgrad einer Gebrauchsmusik, die für die geistlichen Zielsetzungen von Christengemeinden erforderlich sind? Etwa ein erfahrener Musikologe, ein Musikprofessor oder ein Kirchenmusikdirektor oder der Pfarrer, der Kirchengemeinderat oder Brüderrat oder die jeweilige Gemeinde durch demokratische Abstimmung zwecks Auswahl bestimmter Musikstile nach den mehrheitlichen Geschmackskriterien der jeweiligen Gemeindemitglieder?

Ob der Herr der Christengemeinde, Jesus Christus, und alle Seine bewährten Diener, die Apostel und Propheten, wohl auch über den Gebrauch von Musik so entscheiden würden? Der Apostel Paulus würde darüber vielleicht heute seine Bedenken äussern im Sinne von 2. Timotheus 4,3b: «Sondern nach ihren eigenen Gelüsten werden sie sich selbst ‹Musiklehrer› aufladen, nach denen ihnen die Ohren jucken!?»

Es sollen nun in den folgenden Betrachtungen die musikalischen Geschmacksfragen zurückgestellt werden im Hinblick auf die wichtige Frage: *Welche Wünsche und Kriterien bezüglich christlichen Musikgebrauchs und den Auswirkungen auf die Gemeinden hegt denn Gott? Kann man Seinen Worten, die uns in der Bibel vorliegen, Hinweise entnehmen, inwieweit sich Musikstrukturen als Träger oder Übermittler geistlicher Wortbotschaften eignen?*

Bei der dazu notwendigen Erkenntnis objektiver Wirkungsmerkmale bestimmter Musikstrukturen können uns auch die empirisch-wissenschaftlichen Forschungsergebnisse aus der Musikpsychologie eine Mithilfe sein. Diese Forschungsergebnisse verdeutlichen nämlich, dass gewisse Musikstrukturen ganz allgemein sogar bei Hörern unterschiedlicher musikalischer Vorbildung trotzdem gleichartige Empfindungen bewirken. Verschiedenartige kulturelle Vorbildungen der Hörerschaft beeinflussen natürlich auch bis zu einem gewissen Grad die psychologischen Wirkungsweisen von Musik, doch wird nachweislich die Qualität der Empfindungsrichtung beim Hören bestimmter Musikstilarten erstaunlich gleichartig empfunden. Dies liegt begründet in der *allen* Menschen schöpfungsbedingt vorgegebenen spezifischen Gehördisposition sowie den ebenfalls gleichgestalteten neuronalen Hörmechanismen. Auch die vom Gehör-Nervensystem ausgehenden weiteren nervlichen Verbindungen zum sogenannten autonomen Nervensystem (z.B. den Gehirnstrukturen des limbischen Systems), das bekanntlich nicht dem menschlichen Willen unterliegt, sind primär bei allen gesundheitlich normalen Menschen in gleicher Grundstruktur vorgegeben, *unabhängig von kulturellen Einflüssen.*

Die mittels Musik auslösbaren Nervenimpulse können den körperlichen Hormonhaushalt beeinflussen (endokrine Drüsenfunktionen), und über den unterschiedlichen Emotionsgehalt der Musik kann das Lebensgefühl der Hörer entsprechend verändert werden. Sogar bewusstseinsverändernde Auswirkungen infolge von wiederholtem Hören bestimmter Musikstrukturen konnten nachgewiesen werden.

Wenn sich aber gewisse Musikstrukturen bewusstseinsverändernd auf Menschen auswirken können, so verbietet sich die Aussage vieler Zeitgenossen, welche immer wieder behaupten, dass die Musik an sich ethisch wertneutral sei. Musik, als Ausdrucksträger von Emotionen, kann auch die emotionale Befindlichkeit der Hörer entsprechend der emotionalen Ausdrucksqualität der jeweiligen Musik bewegen und verändern. Durch solche Gefühlsveränderungen entstehen bekanntlich auch veränderte Lebenshaltungen, die dann zu entsprechenden Handlungsweisen führen.

Welche Arten emotionaler Lebenshaltungen nun in biblisch-geistlicher Hinsicht für christliche Gemeinden nützlich bzw. schädlich sind, können wir aus den diesbezüglichen Aussagen der Heiligen Schrift erfahren. Wir sollten also prüfen, ob die Zielsetzungen Gottes auch durch unsere Musikpraxis unterstützt werden, um nach Seinen Kriterien Ihm und Seiner Gemeinde dienlich sein zu können.

Das erfordert allerdings auch die Bereitschaft der musikausübenden Christen, nach Erkenntnis dieser Sachlage, ihre musikalischen Stilgewohnheiten und Geschmacksrichtungen unter Umständen zu Gunsten einer Musikauswahl, welche den biblisch-geistlichen Richtlinien entspricht, zurückzustellen. Dieser Bereitschaft zur Korrektur nach geistlichen Richtlinien betreffs aller Sing- und Musiziergewohnheiten in christlichen Gemeinden sollten sich aber nicht nur die Vertreter jener sogenannten christlichen Rock- und Popmusik unterziehen, sondern auch jene Gemeindemitglieder, welche meinen, dass *allein ihre* «traditionelle Art» des Gebrauchs von Liedern und Musik biblisch ausgerichtet sei. Bekanntlich fordern uns einige Bibelaussagen auch zur Produktion neuer Lieder auf. Für die rechte Auswahl von Liedkompositionen nach geistlichen Richtlinien sollen in diesem Buch Hinweise und Anregungen gegeben werden.

Sicherlich ist unser Wissen nur Stückwerk betreffs der letzten Geheimnisse des Zusammenwirkens der drei menschlichen Wesensschichten von Leib, Seele und Geist und in welcher unterschiedlichen Art und Weise diese mittels Musik bewegt werden können. Offenbar spielen dabei die bisher wenig erforschten quantenphysikalischen Vorgänge eine Rolle, und wir haben es darüber hinaus dann auch letztlich mit metaphysischen Auswirkungen zu tun, die nicht mehr mit physikalischen Messmethoden fassbar sind. Tragen wir aber all jene Stücke der bisher empirisch ermittelten Erkenntnisse darüber zusammen, so werden doch gewisse Zusammenhänge von objektiven Gesetzmässigkeiten bezüglich der unterschiedlichen Wirkungsweisen verschiedener Musikstrukturen auf die Psyche des Menschen erkennbar. Aber erst in der Zusammenschau mit der Gesamtaussage der Heiligen Schrift und der uns darin übermittelten geistlichen Prinzipien bezüglich einer gesunden Art und Auswahl von Musikdarbietungen werden klare Kriterien erkennbar.

In dem Wunsche, dieses schwer in Worte zu fassende «Phänomen Musik» mit seinen Wirkungsweisen auch allen fachmusikalisch und musikpsychologisch nicht bewanderten christlichen Lesern verständlich darzustellen, wurden möglichst wenige fachspezifische Ausdrücke verwendet. Wichtige Kernaussagen über Musikwirkungen werden wiederholt aus verschiedenen Blickwinkeln und Zusammenhängen immer wieder neu beleuchtet, um die grundsätzlichen Gesetzmässigkeiten der Wirkung gebräuchlicher Musikbausteine verständlicher zu machen. Hierbei begrenzen sich die Ausführungen auf die in Frage gestellten zeitaktuellen Popularmusikstilarten, wobei vornehmlich die grundsätzlich verschiedenen Auswirkungen von einseitig taktrhythmischer Musikausübung gegenüber atemrhythmisch ausgerichteter Musikpraxis im Mittelpunkt stehen. Insofern ist diese Darstellung bewusst nicht in der üblichen Form einer wissenschaftlichen Darstellungsweise verfasst, sondern mehr unter seelsorgerlichen Aspekten.

Damit dieses Buch aber nicht in die Gefahr gerät, nur als persönliche Meinung oder Geschmacksdarstellung seines Verfassers zu gelten, wurden einige der wichtigsten Fachaussagen aus den betreffenden Wissenschaftszweigen teilweise im Text eingefügt. Weil aber erfahrungsgemäss die wenigsten Leser die Zeit zur mühevollen persönlichen Nachprüfung der vielen übrigen Wissenschaftsfakten aufbringen, sind weitere Dokumentationen von entsprechenden Fachautoren nummeriert und mit eckigen Klammern [ ] gekennzeichnet und im Anhang dieses Buches aufgeführt. Um allen Lesern das Verständnis der darin oftmals sehr fachspezifischen Wortformulierungen zu erleichtern, ist auch ein entsprechendes Glossar angefügt.

Einige Erkenntnisse und Fakten zum vorliegenden Thema sind aus der Sicht anderer Autoren bereits veröffentlicht worden (siehe Literaturliste), werden aber erfahrungsgemäss von den Christen, welche infolge ihrer Hörgewohnheiten auf die Stilarten der Rock- und Popmusik schon konditioniert worden sind, kaum ernst genommen. Angesichts der heute deshalb immer noch aktuellen Klage aus Jesaja 5,12-14 (nach Elberfelder Übers.), wo als Ursache der Verführung eines Volkes zur Gerichtsreife der *«Mangel an Erkenntnis»* genannt wird, sind erneute Beleuchtungen von bereits veröffentlichten Erkenntnis-Fakten sicherlich zu rechtfertigen. Erfahrungsgemäss werden die ursächlichen Zusammenhänge aller Wirkungsmechanismen von Musikstrukturen auf den Menschen auch leichter verständlich, sobald diese, aus verschiedenen Perspektiven betrachtet, möglichst vielfältig beleuchtet dargestellt werden.

Zum besseren Verständnis der beschriebenen musikalischen Vorgänge kann beim Verfasser eine MP3-CD bestellt werden mit ergänzenden Musik-Hörbeispielen. In der Hoffnung, hiermit Hilfen zur vertieften Erkenntnis der rechten Kriterien für die Auswahl geeigneter Lied- und Musikstrukturen zur geistlichen Auferbauung christlicher Gemeinden geben zu können, empfehle ich allen christlichen Lesern, diese Ausführungen im Sinne des Apostel Paulus zu überdenken, durch welchen Gott spricht:

«Prüft aber alles, und das Gute behaltet.» (1.Thess 5,21)

1. Musik in der Gemeinde Christi war ursprünglich rein wort-orientiert

Seit es christliche Gemeinden gibt, gibt es auch Formen der Gottesanbetung in den Gemeinden. Die Entwicklung christlicher Ausdrucksformen der Anbetung Gottes war ursprünglich rein wort-orientiert. Die Weiterentwicklung ging von gesprochenen Gebeten schliesslich in poetische Sprachformen über, die uns z.B. in den Psalmen überliefert sind. Hier entwickelte sich bereits eine besondere Form der jüdischen Wortdeklamation, in dem sogenannten «Parallelismus membrorum», als eine dichterisch verstärkte Ausdrucksqualität der Textaussagen. Aus der stimmlichen Anhebung der Sprache entwickelten sich schliesslich – gewissermassen in tonaler Veredelung – liturgische Gesangsformen und geistliche Lieder, die aber stets als ausdrucksverstärkendes Kunstmittel zur emotionalen Vertiefung der geistlichen Textaussagen dienten. Die musikgeschichtliche Weiterentwicklung eigenständiger Musikformen führte im Laufe der Jahrhunderte schliesslich zu einer grossen Ansammlung kirchenmusikalischer Kompositionsformen, wie wir sie aus der umfangreichen traditionellen Kirchenmusik kennen bis zur stilistischen Vielfalt aller übrigen Musikformen unseres Jahrhunderts.

Wenn man die ganze Fülle der Musikkompositionen einschliesslich aller modernsten Stilrichtungen, die heute in den christlichen Gemeinden zum Lobe Gottes verwendet werden, aber nach den Kriterien beurteilt, welche uns Gott selbst in Seinem Wort mitteilt, so wird man bald feststellen können, dass sehr viele Kompositionen, die heute in den christlichen Versammlungen erklingen, keineswegs den biblischen Kriterien standhalten.

2. Gewährleistet künstlerische Qualität von Musik auch immer *geistliche* Auferbauung?

Musik gehört zu den Künsten, aber was ist Kunst? Diese Frage wäre wohl überflüssig, wenn man sich abfinden könnte mit den modernen Definitionen einiger Zeitgenossen der Avantgarde, aus deren Kreisen ich schon Behauptungen hörte, die besagen, dass alles, was Komponisten erschaffen, dann zur Kunst wird, wenn es mit einer künstlerischen Absicht geschieht. Solche Meinungen liegen auf ähnlicher Ebene wie z.B. die Behauptung eines bekannten evangelikalen Pfarrers, welcher öffentlich verkündete, jede Musikstilart würde in dem Moment zu einer «christlichen» Musik, sobald sie von Christen ausgeführt würde (s. Zitat am Ende von Abschnitt 5). Der Zweck allein soll also angeblich die Mittel «heiligen». Der Humanethologe Irenäus Eibl-Eibesfeld (18) beschreibt in seinem umfangreichen Buch «Die Biologie menschlichen Verhaltens» auch künstlerische Wertvorstellungen sowie Charakter und Entstehung von Stilen, deren Merkmale er auch in vielen aussereuropäischen Ländern studierte. Er stellt fest, dass die Ausdrucksform eines Stiles bereits die charakteristischen Merkmale der spezifischen Grundmentalität und das charakteristische Lebensgefühl der Menschengruppe erkennen lässt, in deren Lebensbereich der Stil bzw. ihr Stil sich entfaltete. Deshalb schreibt er:

«Wir wollen uns nunmehr den kulturell aufgeprägten Wahrnehmungsweisen zuwenden, deren Aufgabe es ist, *Gruppenidentität zu fördern. Dem Stil kommt dabei besondere Bedeutung zu. Er drückt bindende Gemeinsamkeiten aus.* ... Ähnlichkeiten in Kleidung, Baustil und anderen künstlerischen Äusserungen ... Stil wirkt in diesem Sinne als gruppenbindend. Das kann auf verschiedenen Ebenen geschehen, und dementsprechend gibt es verschiedene *Ebenen der Identität.* ... Die Spontaneität und Sicherheit, mit der sich Gruppen wie Punker und Rocker voneinander in der Mode absetzen, lehrt, dass Menschen unbewusst und schnell symbolisieren und dass sie über materielle Symbole manches präziser ausdrücken als mit Worten. ... Der Prozess der Stilisierung über die figürliche Darstellung bis hin zum Ornament zeigt viele Gemeinsamkeiten mit der im Dienste der Signalbildung stattfindenden Ritualisierung *von Verhaltensweisen zu Signalen.* Es tritt Vereinfachung und Pointierung ein und zugleich *eine Vereinheitlichung, die das Signal stets wiedererkennbar macht.*»

In seinem Buch «Die Magie der Töne» weist Dane Rudhyar (67) auf die unterschiedlichen psychologischen Auswirkungen von Musikstilen hin, die er im erweiterten Sinne hier auch als «Modus» bezeichnet:

«Ein Modus ist das Ergebnis des Psychismus einer Kultur und der Situation, die eine Aufführung verlangt. Ob die Aufführung einen magischen oder heiligen Zweck verfolgt oder auch nicht, sie soll in den Hörern bestimmte seelische Zustände wachrufen. Künstler und Hörer mögen sich der Absicht bewusst sein oder auch nicht, und viele Hörer reagieren nur von einem ästhetischen, analytischen oder kritischen Standpunkt aus. Dennoch ist die Eigenart eines Modus prinzipiell immer durch das Wesen derjenigen Emotionen bestimmt, die er in den Zuhörern erregen soll. *Modi sind psychoaktive Faktoren.* Im menschlichen Sinne ist ein Modus die *Reaktion eines Kulturganzen* auf einen bestimmten Augenblick oder ein Ereignis seines kollektiven Lebens ... Als Teile eines Modus haben sie dennoch eine psychische Eigenart und vermitteln Emotionen oder innere Zustände ... *Das Bewusstsein, das die Lebensbedingungen einer Kultur annimmt, von der es geformt wurde, nimmt auch die für die Kultur typische musikalische Sprache an, die eng mit den besonderen Umständen verknüpft ist, unter denen die Kultur reifte, ja* ***aus denen sie hervorging.*** In der Musik ist es mehr als in den anderen Erscheinungsformen der Kunst einer Kultur die Eigenart des kollektiven Psychismus, die eine Kommunikation ermöglicht. Die Technik und die Mittel, Klänge zu erzeugen und zu ordnen, sind nur in zweiter Linie wichtig. Der kollektive Psychismus ist das einzige Medium, durch das die Musik sprechen kann, und musikalische Kommunikation unterscheidet sich sehr vom Hörvergnügen, das ungewohnte Klänge bereitet.»

Wenn also ein Musikstil zum Ausdruck von Bewusstseinszuständen und Lebensbedingungen einer Gesellschaftsgruppe geprägt wird, deren Lebensanschauungen den biblisch gebotenen christlichen Lebensgefühlswerten völlig entgegenstehen (s. Abschnitt 8), so werden bereits *durch die Verwendung dieser Stilarten* auch in christlicher Umgebung vorwiegend *jene* Wesensschichten der christlichen Hörer angesprochen, die – wenn auch nur schwach ausgeprägt – dem «kollektiven Psychismus» antichristlicher Lebenshaltungen ähnlich sind! Das heisst schliesslich: Das eigentliche Kommunikationsmedium, das diese Musik anspricht und verstärkt, sind jene *auch in allen Christen* unterschwellig mehr oder weniger vorhandenen Wesensschichten weltlicher und fleischlicher Natur, die eigentlich überwunden werden sollten, da sie dem Geist Gottes entgegenstehen. (s. Galater 5,25-26 u. ä. Gebote). Dane Rudhya argumentiert weiter:

«Neue Klänge können interessant oder vergnüglich sein, sie kitzeln vielleicht die Ohren, das Hörzentrum des Gehirns und so den Geist, doch sollte man die Faszination durch das Exotische nicht mit der Fähigkeit verwechseln, *psychisch für eine Tonsprache empfänglich zu sein, die eine Botschaft – ein ‹Saatkorn› – der* ***Umwandlung*** *vermittelt.* Die erste Phase eines *Umwandlungsprozesses besteht in einer Entkonditionierung. Psychedelische Drogen entkonditionieren;* ***mit den Mythen, Symbolen und dem Vokabular einer Kultur in Resonanz zu treten****, die von der Kultur verschieden ist, die einen Menschen geistig formte, entkonditioniert ebenfalls. Doch können beide Formen der Entkonditionierung auch gefährlich sein. Psychedelische Drogen* ***können die geistige Gesundheit zerstören****, indem sie ein unvorbereitetes und ungeschütztes Bewusstsein einem Eindringen von Dingen öffnen, die in ihrer Schrecklichkeit nicht assimiliert werden können.»*

Die musikalischen Stilmerkmale der Rock- und Popmusik bewirken deshalb auch in christlichen Kreisen mit den *«Symbolen und dem Vokabular» entsprechend ihrer Herkunft* ebenfalls *bereits durch die Art ihrer Tonsprache einen entsprechenden Umwandlungsprozess.* Dies geschieht, indem die geistig vorgeformten christlichen Lebenshaltungen nun infolge des musikalisch eingestreuten *«Saatkorns der Umwandlung» allmählich entkonditioniert werden.* Der Einblick in viele christliche Gemeinden lässt bereits erkennen, wie weit sich solche Umwandlungsprozesse besonders in den letzten Jahrzehnten dort schon vollziehen konnten.

Die Problematik des heutigen Kunstbegriffs zeigt sich nicht nur im Pluralismus der vielfältigen Angebote von Kunstformen unserer Zeit, sondern vor allem in der zunehmenden Orientierungslosigkeit bei der Beurteilung künstlerischer Werte.

Eibl-Eibesfeld bemerkt dazu:

«Ein bemerkenswertes Phänomen der Neuzeit ist der Destruktivismus der Antikunst. Mit dem Slogan ‹Alles ist Kunst, und jeder ist Künstler› zielt eine Gruppe von Antikünstlern bewusst darauf ab, Kunst ad absurdum zu führen. ... Hässlichkeit ist gut, schön ist schlecht, Grauen und Grausamkeit stellen die Lieblingsthemen dar, Romantik und Poesie verachteter Kitsch. Worauf letztlich also all dies hinausläuft, ist die Verneinung des Menschen als intelligentes, Zivilisationen schaffendes Wesen. Soll das wirklich alles sein? – ... Diese Antikunst ist offensichtlich auf eine Zerstörung der Kunst aus.

Betrachten wir das Geschehen wertend, dann wird uns klar, dass Kunst sich natürlich nicht nur in den Dienst der Vermittlung hoher Werte stellen kann. Sie kann auch gezielt auf Wertzerstörung hinarbeiten, auf eine Brutalisierung und Entmenschlichung. Ihre Intentionen können, mit anderen Worten, schlicht böse sein, (im Sinne von die Mitmenschen schädigend) sei es über die Entmutigung von Einzelpersonen, über die Verursachung von Wertblindheit oder über Pervertierung, die zur Störung der zwischenmenschlichen Beziehungen führt.»

Welche Wertmassstäbe bestimmen unsere Entscheidungen, ob wir eine Komposition als wertvolle Kunst einstufen? Da sich der Wortbegriff «Kunst» auch von «Können» ableitet, ist im weitesten Sinne das «Kunst-Können» erstens abhängig von einem Wissen und zweitens von einer auf Übung gegründeten Fertigkeit, die darauf abzielt, bestimmte Werterlebnisse mittels einer künstlerisch geordneten Form beim Betrachter bzw. Hörer des Kunstwerkes auszulösen.

Damit kommen wir zu der weiteren wichtigen Frage: Welche Arten von Werterlebnissen wären im Rahmen christlicher Gemeinden erstrebenswert? – Vielleicht die allgemein als wertvoll anerkannten grossen klassischen Kunstwerke, deren Schöpfer auch für den kirchlichen Bedarf viele «schöne» Kunstwerke geschaffen haben? Genügt die Qualität und Schönheit von Kunstformen bereits für die *geistliche* Auferbauung von Gemeinden? – Vergleichend könnte man auch fragen, ob sich eine wahrheitsgemäss richtige Bibelübersetzung allein dadurch auszeichnet, dass sie in einer poetisch schön klingenden Sprachform übersetzt wurde. – Es geht doch letztlich auch um die Frage, welche künstlerischen Ausdrucksmittel *geeignet* sind, um auf die Werte hinzuweisen, welche in christlichen Versammlungen zentrale Wahrheitsbedeutung haben.

In dieser Beleuchtung sind auch die meisten Kunstschöpfungen spätestens nach der Renaissancebewegung ab der Zeitepoche des Mittelalters aber vom humanistischen Zeitgeist geprägt, einer philosophischen Lebenshaltung griechisch-heidnischer Weltanschauungen, die bis in unsere Zeit auch in den christlichen Bereich hineinwirken sowie in allen kulturellen Medien sich verstärkt entfalteten. Vorherrschend wurde also eine menschliche Lebensgrundhaltung, die ihre Existenz nicht mehr in Abhängigkeit von Gott sieht, sondern mehr und mehr ihren Erkenntnishorizont nur noch auf das sinnlich wahrnehmbare Weltbild beschränkt. Dementsprechend werden *eigene* Denkungsarten und menschlich individuelle

Empfindungen zum Massstab der allgemeinen Lebensphilosophie. Diese emotionale Grundhaltung drückt sich natürlich auch in den künstlerischen Ausdrucksformen dieser Zeitepoche aus.

Da solche Lebensempfindung unvereinbar ist mit der biblisch-christlichen Lebenshaltung, wird die Verwendung solcher humanistisch geprägten Kunstwerke für christliche Zielsetzungen problematisch. Musikkompositionen aus der Zeitepoche der Klassik zeichnen sich meistens durch einen hohen Grad von musikalisch künstlerischer Formvollendung aus, so dass der ästhetische Kunstgenuss auch eine Paarung mit biblischen Botschaften zu rechtfertigen scheint. Man will doch christlich wertvolle Verkündigungstexte möglichst mit solchen künstlerischen Ausdrucksmitteln darbieten, welche auch allgemein in der Welt als wertvolle Kunstformen anerkannt sind, übersieht dabei aber oftmals, dass gerade die *eigenständige* Schönheit künstlerischer Formgebung zwar den Hörer emotional stark beeindruckt und gefangen nimmt, aber *gerade deshalb* auch von der eigentlichen Verkündigungsbotschaft ablenken kann. Die Kunstform selbst wird somit oft zur Hauptbotschaft, was vor allem dann problematisch wird, wenn die Musikkomposition auch noch stark humanistisch geprägte Lebensempfindungen entgegen *biblischen* Glaubenshaltungen ausdrückt.

3. Kann Musik den geistlichen Zielen christlicher Gemeinden dienen?

Wie soll denn nun eine Anbetungsmusik beschaffen sein, damit sie der Vorstellung unseres Herrn entspricht und auch der geistlichen Auferbauung Seiner Gemeinde dienlich sein kann? Können denn überhaupt musikalische Gebilde zur Anbetung unseres Herrn dienen? Ist es nicht zweckmässiger, wenn wir die Formen der Anbetung nur auf sprachliche Wortformulierung beschränken, um nicht der Gefahr zu erliegen, durch musikalische Strukturen, die wir den Texten beigeben, den Hörer nur abzulenken von der geistlichen Wortbotschaft? Viele Musikwerke haben bekanntlich auch eine bezaubernde Wirkung und können die Hörer allein durch die Macht der musikalischen Ausstrahlung so gefangen nehmen, dass die eigentliche Wortbotschaft, der sie dienen sollten, in den Hintergrund tritt und dem Hörer vernebelt werden kann (s. auch Abschnitt 63: Zitat von Augustinus).

Natürlich haben wir aus der Überlieferung der traditionellen Kirchenmusik sehr viele gut geeignete Chorwerke, Oratorien, Kantaten und ausgezeichnete Lieder, welche in ihrer geistlichen Ausrichtung wirklich auch den biblischen Kriterien entsprechen. In den evangelikalen Freikirchen hört man leider selten etwas aus diesem reichen Angebot wortorientierter Kirchenmusik z.B. eines Heinrich Schütz, Melchior Franck oder Johann Sebastian Bach, dessen Choralwerk allein schon eine goldene Fundgrube wäre für Gemeindechöre, die eine geistlich ausgerichtete musikalische Anbetungsmusik anstreben. Aber in Psalm 98 werden die Christen schliesslich auch zum Singen neuer Lieder aufgefordert, so dass neben bewährtem traditionellem Liedgut auch neu komponierte Lieder aus unserer Zeit erwartet werden. Für die heutige Gemeindepraxis ist es in Anbetracht des grossen Angebots neuer Lieder wichtig, nach welchen Kriterien eine geeignete Auswahl getroffen werden kann. Viele durchaus geeignete Texte werden heute in sehr unterschiedlichen musikalischen Stilarten verpackt, welche auch vielfach die profanen weltlichen musikalischen Stilmittel der Tanz- und Unterhaltungsmusik, Disco-, Pop- und sogar Technomusik verwenden. Für die sogenannte christliche Rockmusik werden sogar konsequent diese weltlichen Stilelemente verwendet, so dass ausser dem Text kein Unterschied mehr besteht zur weltlichen Rockmusik.

Die Verwendung weltlicher Stilmittel wird meistens damit begründet, dass man in guter missionarischer Absicht den fernstehenden Weltmenschen die biblische Botschaft des Evangeliums in einer musikalischen Verpackung ihres Geschmacks darbieten müsse, damit der biblische Textinhalt auch für diese Leute attraktiver erscheint. Hinzu kommt noch die Tatsache, dass breite Schichten unserer Jugend durch das ständige Hören dieser Stilarten nicht nur in Discos, sondern besonders in den öffentlichen Medien von Rundfunk und Fernsehen und von Tonträgermedien inzwischen so weit auf die spezifischen Stilmerkmale der Pop- und Discomusik konditioniert wurden, dass die musikalische Sensibilität für naturgemässe musikalische Rhythmik nach dem Vorbild organischer Bewegungsabläufe (gemäss Herzschlag-, Puls-, Atemrhythmus) mehr und mehr verkümmert (s. Abschnitt 15, 16, 22).

Selbst Gemeindeleiter in führenden Positionen vertreten die Meinung, jede Musik sei im Hinblick auf ihre Verwendbarkeit in christlichen Gemeinden und deren geistliche Zielsetzungen unbedenklich anzuwenden. Es sei schliesslich nur eine Frage des musikalischen Geschmacks und der musikalischen Vorbildung der jeweiligen Hörer, denn die Musik selbst sei ethisch wertneutral. Diese Kontroversen über das «Für» oder «Gegen» die christliche Rock- und Popmusik entzünden immer noch die Gemüter vieler Christen. Natürlich gibt es auch öffentliche Stellungnahmen sowohl zur Verteidigung und Empfehlung der Rock- und Popmusik für Christen als auch kritische Stellungnahmen gegen die Verwendung dieser modernen Stilarten modischer Popularmusik.

Zur Überprüfung sollen verschiedene Argumentationen beider Seiten betrachtet werden. Aus diesem Spannungsfeld resultieren die nun folgenden typischen Äusserungen über Erfahrungen mit Rock- und Popmusik bei evangelistischen Veranstaltungen.

4. Warnende Stimmen gegen die Verwendung von Rock- und Popmusik

Der erfahrene Evangelist und Seelsorger Heinrich Kemner schreibt über seine Erfahrungen mit moderner Rock- und Popmusik bei Evangelisationen:

«Wenn wir den evangelischen Raum von heute überschauen, so erscheint eine Überprüfung der verschiedenen musikalischen Möglichkeiten notwendig. Mehr noch als heute war vor Jahren eine gewisse psychedelische Musik auch für die Verkündigung eine Anfechtung. Mit viel Geräusch und oft in einer unerhörten Hektik versuchte man in gewissen musikalischen Weisen das evangelistische Vorfeld so zu bestimmen, dass der junge Mensch beeinflusst wurde. Ich habe selber Evangelisationen erlebt, bei denen irgendein musikalisches Team mit einer unerhörten Geräuschkulisse hektisch auf die Jugend einhämmerte. Ich persönlich konnte diese Musik nur betend ertragen und war oft in Gefahr, den Einstieg zu meiner Ansprache zu verlieren oder gar, das Wesen der Verkündigung durch den musikalischen Eindruck zu versäumen. Wenn es auch sein mag, dass eine bestimmte Bandmusik die natürliche Sehnsuchtshoffnung des Menschen zunächst anspricht und vielleicht auch die Unmittelbarkeit im Hörvergnügen weckt, so ist ebenso richtig, ihre Grenze genau zu wissen und zu beachten. Sie kann zweifellos auch gefährlich werden. Ich habe nach einer Ansprache, jedenfalls bei meinen Diensten, diese Musik immer verboten, weil es sich gezeigt hat, dass sie fast immer den Anruf zur Seelsorge verschliesst. Mir wurde von jungen Menschen bezeugt, dass sie unter dem Einfluss dieser Musik ihre Bekehrung aufgeschoben haben. Dann hat sie ihren Lohn dahin. Wir haben in unserem Rehabilitationszentrum die beste Korrektur durch die jungen Menschen, die unter dieser Musik das Traumland suchten und eine Wüste fanden. Mir will oft scheinen, dass diese jungen Menschen, wenn sie Genesende sind, uns mit einer unerhörten Deutlichkeit diese Gefahrengrenze ansagen können. Sie spüren sofort, wenn die Trommel vom Feind mitgeschlagen wird. Als wir vor Jahren einmal einen Versuch machten, eine Jugend, die dem Sog des Lasters verfallen ist, mit dieser Musik abzuholen, war es bezeichnend, dass uns ein junger Mann, der sich zu dieser Welt bekannte, den Vorwurf machte, dass wir uns in unwahrer Weise ihrer Wirklichkeit anpassen wollten. Wir mussten uns den Argumenten beugen und erkennen, welch ein scharfes Ohr die Welt um uns für die Grenzdeutung unserer Glaubenswirklichkeit in musikalischer Beziehung hat. Es ist deshalb notwendig, dass wir uns bei all unseren Jugendevangelisationen genau bewusst sind, dass eine Musik, welche die Vollmacht der Verkündigung hemmt oder gar aufhebt, für uns nicht tragbar ist.»[2]

Der Theologe Gerhard Salomon schrieb ein Buch über die Gefahren in der Endzeit für die Gemeinden der Gläubigen.(68) Darunter behandelt er auch den Einfluss der modernen Rock- und Popmusik. Er schreibt:

«Die in der indonesischen Erweckungsbewegung gläubig Gewordenen verbrannten die Schlager, die sie noch in Wort und Bild bei sich hatten. Nun müssen wir heute die gegenteilige Erscheinung feststellen: Man übernimmt weltliche Musik für geistliche Lieder! Es muss nachdenklich stimmen, wenn Befragte eines christlichen Beatkonzertes klar sagen, dass die Rhythmen auf sie eine ungleich grössere Wirkung als das gehörte Wort gehabt hätten und auch mehr und nachhaltiger nachwirkten. Das leuchtet auch sofort ein; denn jede Musik spricht den ganzen Menschen an: der Text den Geist, die Melodie die Seele und der Rhythmus den Körper. Bei der Musik – auch beim schlichtesten Lied – hat nun einmal das Seelische im Verhältnis zum Geistlichen das Übergewicht. Es kann gar nicht anders sein, als dass durch stark rhythmische Musik der körperliche Bereich am stärksten angesprochen wird. Sie entspricht ganz den sexbetonten Tendenzen unserer Zeit. Deshalb ist sie auch so beliebt. Die Ekstase, – völliges Gegenteil von der dem Christen in 1. Petrus 5,8 gebotenen Nüchternheit – ist ein beliebtes Einfallstor für alle möglichen unkontrollierbaren Einflüsse bis hin zum Okkulten. Und weiter: Geistliche Segnungen setzen eine stille Atmosphäre voraus; denn nur an einer stillen Stelle legt Gott Seinen Anker an. Deshalb ruft uns die Bibel immer wieder zu dieser Stille auf. Habakuk 2,20: ‹*Aber der Herr ist in seinem heiligen Tempel, es sei vor ihm still alle Welt!*› Oder Sacharja 2,17: ‹*Alles Fleisch sei still vor dem Herrn; denn er hat sich aufgemacht aus seiner heiligen Stätte.*› Oder 1. Tessalonicher 4,11: ‹*Ringet danach, dass ihr stille seid!*›».

Martin Heide bemerkt in seinem Buch: «Musik um jeden Preis?» Folgendes:

«Diese nach emotionalen Erfahrungen Ausschau haltende Frömmigkeit entspricht allerdings weniger dem neutestamentlichen Gottesdienst in Geist und Wahrheit (Joh 4,24) als vielmehr den ‹atmospheres›, den gefühlsbetonten Stimmungen, die grundsätzlich unabhängig vom geistlichen Zustand des Betroffenen sind. Um das Wort Gottes zu hören und zu befolgen, braucht es nämlich weder ‹sinnlich erfahrbar› zu werden noch unsere Körperlichkeit anzusprechen; die ganze Bibel enthält nicht den geringsten Hinweis darauf. Oder anders ausgedrückt: Man braucht für solche Stimmungen gar nicht das Wort Gottes oder einen christlichen Gottesdienst. Dieses Mitschwingen von Körper und Seele wird von vielen (Fans) wie ein Gottesdienst empfunden. Es besteht weniger Interesse an einem biblischen Gottesdienst, als vielmehr an positiver Ekstase, an – um es ganz plump auszudrücken – fleischlichem Gottesdienst, ... um den Hunger des modernen Christen nach sinnlich körperlicher Erfahrung zu stillen.»

Walter Kohli zeigt die Unvereinbarkeit der Rock-Kultur mit christlichen Lebenszielen sehr überzeugend auf in seinem empfehlenswerten Buch «Rockmusik und christliche Lebenshaltung»:

«Die Rock-Kultur steht nach wie vor völlig im Widerspruch zur christlichen Lebenshaltung.»

Zur 20. Jahresfeier der Rockzeitschrift ‹Rolling Stone Magazin› wurde z.B stolz verkündet: «Es ist keineswegs übertrieben zu sagen, dass Rebellion mehr als nur ein gelegentliches Thema im

Rock ist – sie ist sein Herz und seine Seele...» (Hinweis v. Brian S. Neumann, 87)

Kurt E. Koch beleuchtet mit verschiedenen Erfahrungsberichten die Auswirkungen von Rockmusik in seinem Buch «Musik unter der Lupe» (50) und kommt im letzten Satz seiner Ausführungen darüber zu dem Ergebnis: «Dieser Musikstil ist das raffinierteste Seelen-Fang-Netz Satans, um vor allem junge Menschen in den Abgrund zu reissen.»

Die am stärksten überzeugenden Warnungen und Argumentationen gegen die zeitaktuellen Rock- und Popmusikstilarten erschienen in dem jetzt neu für den deutschen Sprachraum übersetzten Buch des ehemaligen amerikanischen Lobpreisleiters Dan Lucarini: *«Worship bis zum Abwinken. – Bekenntnisse eines ehemaligen Lobpreisleiters» (84).* Als ehemaliger Insider und leidenschaftlicher Verfechter der modernen Musikstilarten im Bereich von Ortsgemeinden wurden ihm offenbar von Gott die Augen geöffnet, als er begann, die geistlichen bzw. ungeistlichen Auswirkungen dieser Musikstile aufrichtig nach biblischen Gesichtspunkten zu hinterfragen. Dieses Buch, das er dann nach eigenen Aussagen in tiefer Beugung und als Bussgang über den angerichteten Schaden als seine Lebensbeichte veröffentlichte, sei besonders den Lobpreisleitern, Chorleitern und Gemeindeleitern unserer Zeit empfohlen, weil darin viele Argumente der Verfechter moderner Musikstile überzeugend entkräftet werden. Er bestätigt damit aus seiner praktischen Erfahrung all jene Untersuchungen der Wirkungsweisen jener musikalischen Stilelemente, welche in dem vorliegenden Buch nun auch aus der Sicht empirisch-wissenschaftlicher Forschungen beleuchtet werden. Im Schlusskapitel seines Buches zieht Dan Lucarini die Bilanz der Auswirkungen dieser zeitaktuellen Musikstile und schreibt als Schlussfolgerung Folgendes:

«Ich habe aus meiner Erfahrung gezeigt, dass CCM (das sind jene zeitaktuellen Rock- und Popmusikstilarten) in die Gemeinde aufgenommen wurde, weil wir unseren fleischlichen Wünschen und Lüsten nachgegeben haben, dass sie mit trügerischen Argumenten verteidigt und von unserer Lust auf Musik, die unsere sündige Natur befriedigt, angetrieben wird. Wir wurden verführt zu glauben, dass wir jede Art von Musik im Gottesdienst einsetzen könnten und Gott dies annimmt.

Das ist falsch. Unser Glaube an diese Lüge hat eine ganze Generation älterer Christen verletzt, Gemeinden gespalten und fördert Unmoral, Selbstsucht und eine Haltung der Provokation in der Gemeinde. Unterm Strich kommt bei alldem keine positive Summe heraus. Wir haben einen regen Feind namens Satan und er will die Effektivität der örtlichen Gemeinde von innen nach aussen verderben. Bisher hat er, so denke ich, mit dieser umstrittenen Musik beachtliche Erfolge erzielt. Doch ich bin zuversichtlich, dass der Herr Jesus Christus diese Gefahr aufzeigen und uns helfen wird, sie zu überwinden. Ich baue auf die Verheissung aus 1. Johannes 4,4: ‹*Kinder, ihr seid aus Gott und habt jene überwunden, weil der in euch grösser ist als der in der Welt.*›»

5. Argumentationen der Verteidiger christlicher Rock- und Popmusikstile

Demgegenüber stehen aber nun auch viele Gegenstimmen bekannter Christen unserer Zeit, deren Gegenargumentationen nun hier zur Diskussion stehen. Einige typische Argumentationen, welche besonders immer wieder die Wertneutralität von Musik betonen und deshalb *alle* Musikstilarten für den christlichen Gebrauch empfehlen, sollen hier unter musikwissenschaftlicher und biblischer Beleuchtung hinterfragt werden.

Ein Buchautor namens Wilberg veröffentlichte zum Beispiel in seinem Buch «Streit um Töne – die Christen und die Rockmusik» Folgendes zu diesem Thema, was wir auszugsweise wiedergeben:

«Für den Christen steht die Fülle musikalischer Ausdrucksformen offen. Er braucht die Unterscheidung zwischen christlicher und weltlicher Musik nicht, alles ordnet sich bei ihm unter das Ziel, ‹Soli Deo Gloria› (Gott allein die Ehre), so unterschrieb Bach seine Werke, – nicht nur seine Kirchenkantaten, sondern ebenso seine Kaffee-Kantate und andere Stücke. Formal ist zwischen den weltlichen und geistlichen Werken dieses grossen Komponisten kein grundlegender Unterschied zu erkennen, zumal Bach manche Stücke aus seinen Werken an verschiedenen Stellen verwendete, manchmal in einem kirchenmusikalischen, manchmal in einem weltlichen Werk.»

Dieses Argument verwendet der Autor hier als Indiz dafür, dass man *jede* sogenannte weltliche Musik auch für geistliche Zwecke benutzen könne. Und jetzt zieht er daraus die völlig falsche Schlussfolgerung, wenn er sagt:

> «Angesichts solcher Tatbestände halte ich es für unmöglich, einen Trennungsstrich zwischen geistlicher und weltlicher Musik zu ziehen.»

Ein tieferer Einblick in das Leben Johann Sebastian Bachs entkräftet diese völlig irreführende Argumentation gründlich. *Warum konnte* denn Bach auch einige seiner Kompositionen, die er ursprünglich nicht für den kirchlichen Gebrauch schrieb, dennoch zu einem späteren Zeitpunkt auch für kirchliche Zwecke verwenden, wo er einfach die Texte austauschte? Leider wird bei diesem Vergleich nämlich die Tatsache vergessen, dass *Bachs Lebensgefühl mit seiner grundsätzlich biblisch ausgerichteten Lebensanschauung sich ganz allgemein in allen seinen Musikwerken widerspiegelt, so dass auch die Grundstimmung seiner «weltlichen» Kompositionen eine Paarung mit geistlichen Texten zulässt.* Entsprechend seiner gesunden geistlich ausgerichteten Lebensweise spiegeln in natürlicher Weise alle seine Werke diese Grundhaltung wider. Es entspräche einer gespaltenen Lebenshaltung Bachs, wenn er in seinen sogenannten weltlichen Kompositionen tatsächlich auch die Gefühlshaltungen weltlich geprägter Lebensphilosophien zum Ausdruck gebracht hätte. Dies wäre vergleichbar mit einem Christen, der im Rahmen der christlichen Gemeinde zwar einen geistlichen Lebenswandel anstrebt, aber ausserhalb der Gemeinde sich nach dem Lebensstil der Welt ausrichtet.

Der o.a. Buchautor hatte deshalb sehr richtig erkannt, dass zwischen den weltlichen und geistlichen Kompositionen Bachs «kein wesentlicher Unterschied besteht», aber eben *deshalb* könnte Bach eigentlich *alle* seine Kompositionen mit den genannten Worten «Soli Deo Gloria» (allein Gott die Ehre) unterschreiben. (entsprechend Kolosserbrief 3,17). Aus diesem Grund konnte er guten Gewissens auch eine ursprünglich für einen weltlichen Auftraggeber komponierte Kantate bei Bedarf zu einem späteren Zeitpunkt mit geistlichen Texten neu zusammenstellen. Eine solche Umfunktionierung bilden tatsächlich die sechs Kantaten seines Weihnachtsoratoriums, welche der Buchautor als Beweisbeispiel bei seinen Argumentationen glaubt benutzen zu können.

Der Textanfang der ersten Kantate heisst: «Jauchzet, frohlocket, auf, preiset die Tage, rühmet, was heute der Höchste getan!» Der ursprüngliche Text lautete aber so: «Ertönet, ihr Pauken, erschallet Trompeten!» Es war die Auftragskomposition für eine allgemeine feierliche Veranstaltung ausserhalb des kirchlichen Rahmens. Aber aufgrund der emotional gesunden Ausstrahlung und künstlerischen Qualität eignet sich diese festliche Musik tatsächlich auch als Träger der biblischen Weihnachtsbotschaft. Eine solche gesunde Ausstrahlung hat aber nicht jede Komposition anderer Komponisten und schon gar nicht die weltliche Tanz- und Unterhaltungsmusik oder Discomusik, da *ihre* musikalischen Ausdrucksbausteine für die Animation zu Amüsier- und Unterhaltungsveranstaltungen zweckentsprechend zugeschnitten sind, um diesen völlig ungeistlichen Lebensbereichen der menschlichen Gesellschaft zu dienen.

Die grundsätzliche Einschätzung unterschiedlicher Musikproduktionen aus der Sicht Johann Sebastian Bachs kommt noch klarer in seinen eigenen Worten zum Ausdruck : *«Und soll aller Musikanfang und Endursach anders nicht als zu Gottes Ehre und Gesundung des Gemüts sein. Wo dieses nicht in Acht genommen wird, da ist's keine eigentliche Musik, sondern teuflisches Geplärr und Geleier!»* (Nachzulesen in «Chronik der Anna Magdalena Bach»).

Wir wissen, dass diese Zielsetzung für Musik seit langer Zeit für die meisten Komponisten und weltlich gesinnten Gesellschaftsschichten nicht mehr diesen Stellenwert hat, sondern besonders in den Stilbereichen der Popularmusik eine völlig andere Funktion ausübt.

Um die moderne Rock- und Popmusik ebenfalls für den Gebrauch in christlichen Gemeinden zu rechtfertigen, schrieb Thomas Nowack M.A. in dem Anhang zum Buch von Steve Müller «Moderne christliche Musik» Folgendes:

«Die überwiegende Mehrheit (!?) der so hoch gehaltenen Choräle, sind sogenannte Parodiestücke, Stücke also, die auf weltliche Vorlagen zurückgingen – und damit im besten Sinne des Wortes ‹Popularmusik› waren. Das, was dem Volk gefiel, wurde adaptiert, mit neuen, geistlichen Texten versehen und zum Teil rhythmisch und satztechnisch verändert. Es ist bezeichnend, dass es ausschliesslich weltlich-geistliche Parodien gab. Ein bekanntes Beispiel ist Paul Gerhards Lied ‹O Haupt voll Blut und

Wunden› in der Choral-Vertonung von Johann Sebastian Bach. Der Text Paul Gerhards stammt von 1602 und geht zurück auf eine Komposition Hans-Leo Hasslers, der auch den ursprünglichen Text dafür schrieb, und der ist ein eindeutiges Liebeslied: ‹Mein Gemüt ist mir verwirret, das macht ein Jungfrau zart.› Ein besseres Beispiel für die grösstenteils absurde Diskussion um negative Einflüsse heutiger Popularmusik auf junge Menschen lässt sich schwerlich finden.»

Auch er bewertet Musik als völlig wertneutral, denn er schreibt:

> «Musik selbst ist wertfrei, ganz egal, um welchen Typ von Musik es sich dabei handelt. Sie erfährt ihre Zielrichtung einzig durch die Personen, die sie komponieren, arrangieren, texten, vortragen etc. und damit Inhalt und Zweck festlegen. Musik ist somit immer Mittel zum Zweck und genau gesehen benutzen auch wir Christen die Musik.»

Weil man mit dieser Argumentation heute häufig auch die Verwendung modischer Popularmusik unserer Zeit für den christlichen Gebrauch rechtfertigen will, muss diese Argumentation gründlich hinterfragt werden. Ausserdem stimmt die obige Behauptung überhaupt nicht, dass «die überwiegende Mehrheit der so hoch gehaltenen Choräle sogenannte Parodiestücke weltlicher Vorlagen» gewesen seien! Warum war es denn möglich, die Melodie des genannten Volksliedes auch für das Passionslied «O Haupt voll Blut und Wunden» zu verwenden, so dass sich seit 200 Jahren kein Christ daran störte, sondern den neuen Passionstext bis heute mit gläubigem und andächtigem Herzen mit der Volksliedmelodie singen kann? Antwort: Weil die Grundstimmung der emotionalen Ausstrahlung der Volksmelodie eine reine, zarte und sogar demütige Liebe mit wehmütigem Stimmungsgehalt zum Ausdruck bringt. Solche Gefühle inniger Zuneigung mit anbetungshafter Liebe eines verliebten jungen Mannes zu einem schönen Mädchen seiner Wahl werden von dem melodischen Verlauf der Melodie wunderbar zum Ausdruck gebracht und sind *deswegen* übertragbar auf die Anbetungshaltung und Liebe zum Heiland, welche auch der Passionstext des Kirchenliedes zum Ausdruck bringt. Die Grundstimmung der Melodie dieses Liebesliedes stimuliert nämlich keine Erotik und ist deshalb auch zum Textträger des bekannten Passionsliedes verwendbar, wo nun diese wehmütige Stimmung der Melodie übertragbar ist zur emotionalen Verstärkung einer demütigen Liebe und Anbetung zum gekreuzigten Heiland. Der Stil dieser Volksmelodie ist also nicht mit den Melodien der heutigen weltlichen Popularmusik vergleichbar, wo doch vorwiegend die Gefühle der menschlichen Liebe in Beimischung von Erotik, Unterhaltung und Amüsement besungen werden. Ausserdem gab es vor 200 Jahren noch nicht die grosse Kluft und Trennung von weltlicher Popularmusik als Tanz- und Unterhaltungsmusik einerseits gegenüber der ernsteren Konzertmusik, der so genannten Klassischen Musik andererseits. Nachweislich erkennt die Mehrheit der heutigen Durchschnittshörer allgemein die wesentlichen Charakterunterschiede zwischen diesen beiden Musikrichtungen und ordnet sie pauschal ein, entweder zum Ausdruckscharakter von «leicht und unterhaltsam» oder «ernst und schwer bis traurig». Zahlreiche empirisch-wissenschaftliche Erforschungen bestätigen dies. [1]

Es gibt natürlich noch mehrere geeignete Volkslieder, deren Melodien als Textträger biblischer Botschaften verwendet wurden. Ein weiteres Beispiel einer solchen sogenannten Kontrafaktur ist auch das Passionslied «O Welt, sieh hier Dein Leben», dessen Melodie ursprünglich den Text trug: «Innsbruck, ich muss dich lassen.» Auch hier eignet sich der emotionale Ausdrucksgehalt der Melodie, welche die Gefühle des wehmütigen Abschiednehmens von den heimatlichen Gefilden der Stadt Innsbruck darstellt, zu einer Übertragung dieser Gefühle auf den Passionstext mit seiner ernsten Betroffenheit über das Leiden des unschuldig gekreuzigten Heilandes.

Wir merken, dass die Tiefenwirkung eines Textes sogar verstärkt werden kann mittels geeigneter Melodien, wenn deren emotionaler Gehalt eine *passende* Gefühlsrichtung zum Ausdruck bringt, die auch der inneren Gemütshaltung entspricht, womit man der inhaltlichen Aussage des Textes beim Vortragen gerecht wird. Eine solche Übertragbarkeit geistlicher Texte auf Volksliedmelodien ist natürlich *nur* bei einer entsprechenden Auswahl *geeigneter* Melodien möglich. Unsere heutige Popularmusik ist aber vorwiegend emotional vom weltlichen Zeitgeist und seinen Modeerscheinungen geprägt, die sich nicht auf geistliche Botschaften übertragen lassen. Leider vergisst man heute hierbei auch, dass jene geschichtlichen

Beispiele eine ***wohlüberlegte Auswahl*** von *gewissen* Volksmelodien waren, wo der tektonische Aufbau der Melodiestrukturen durch *geeignete* emotionale Ausdrucksqualitäten eine neue Paarung mit geistlichen Texten zuliessen. Ausserdem *gab es damals noch nicht den gravierenden Unterschied der Stilarten. Wir müssen heute unterscheiden zwischen:*

1. *sogenannter «U-Musik»: Unterhaltungsmusik, Tanz- und Discomusik, und*
2. *sogenannter «E-Musik»: Ernsthaftere Kunst- und Konzertmusik, als den Bereich der klassischen Musikliteratur und*
3. *Traditioneller Volksmusik.*

Als Vertreter christlicher Rockmusik befürwortet auch Steve Lawhead, Mitglied der Rockgruppe «Mother Rush», die Rockmusik als gleichwertig neben allen anderen Musikstilen für den christlichen Gebrauch. Er verteidigt die Rockmusik in seinem Buch: «Christliche Rockmusik – ein Schaf im Wolfspelz?», zu dem übrigens leider der bekannte Liedermacher und Sänger Manfred Siebald seine Empfehlung im Vorwort gab. Lawhead lobt darin die kommunikativen Eigenschaften der Rockmusik, die er auch für eine Gottesschöpfung hält, denn er schreibt:

«Musik, in jeglicher Form, ist von Gott gegeben ... Etwas von Gott geschaffenes ‹teuflisch› zu nennen, erweitert Satans ohnehin begrenzten Machtbereich und verringert Gottes höchste Gewalt. Das ist Gotteslästerung ...»

Ähnlich argumentiert auch Wilberg in dem oben angegebenen Buch mit persönlich ausgelegten Bibelzitaten aus dem Brief des Apostels Paulus an die Kolosser (Kapitel 1 ab Vers 16):

«Alles ist Euer, ist uns gesagt, also auch Verstärkeranlagen, elektrische Gitarren, Schlagzeug, grundsätzlich auch jeder Rhythmus, jeder Stil. ... Wenn die Musik eine herrliche Gabe Gottes ist, dann ist sie es als Ganzes in der ganzen Fülle ihrer formalen Möglichkeiten. In Christus ist alles geschaffen, was im Himmel und auf Erden ist, das Sichtbare und das Unsichtbare und deshalb ist der Glaubende nicht nur zu einem ganzen Ja zu Gottes Schöpfung aufgerufen, sondern eigentlich sogar dazu verpflichtet. Verweigert er sich diesem Ja, dann fällt er zurück in Gesetzlichkeit (lt. Galater 5,1) und dadurch verliert er an missionarischer Stosskraft, weil er seine gottgeschenkte Kreatürlichkeit und Kreativität mit Fleischlichkeit verwechselt und bekämpft. Er entwickelt eine Tendenz zum religiösen Neurotiker, zum profillosen Mitläufer und starren Verfechter vermeintlicher geistlicher Erkenntnisse.»

Ich kann diese scheinbiblische Argumentationsweise eigentlich nur vergleichen mit der Versuchungsgeschichte aus dem 4. Kapitel des Johannesevangeliums, wo Jesus dem Versucher entgegentritt mit den Worten: «*Es steht aber wiederum geschrieben!*» Solche Fehldeutungen passieren ja bekanntlich immer dann, wenn einzelne Bibelverse aus dem Zusammenhang der Gesamtaussage der Bibel isoliert betrachtet werden.

Wenn nun aber der Buchautor auch alle Weltmusik – wie er sagt – *in ihrer ganzen Fülle* als Gottesschöpfung erklärt, dann gab es wohl nie einen Sündenfall in der Menschheitsgeschichte und wir müssten eigentlich das Paradies auf Erden haben. Leider stimmt das aber nicht und man könnte ihm dies nun auch mit entsprechenden biblischen Schriftstellen entgegenhalten, im Sinne von Matthäus 4,7: «*und wiederum steht auch geschrieben …*» usw.

Der Leiter einer charismatisch ausgerichteten Gemeinde in der Schweiz, Martin Bühlmann, vertritt folgende erstaunliche Meinung über die moderne Rock- und Popmusik. Er sagte: «*Der Rock 'n' Roll hat der Welt eine Sprache gegeben, die alle verstehen. Gott wird diese Sprache nehmen, um den Völkern das Heil zu vermitteln.*»[3]

Zum vorläufigen Abschluss dieser Meinungen sei hier noch die schon angedeutete erstaunliche Aussage des Pastors und Vorsitzenden der Deutschen Evangelischen Allianz, Peter Strauch, genannt. Nach Einschätzung dieses Pastors, der auch als Komponist und Textdichter zahlreicher moderner Lieder bekannt wurde, könnten *Christen alle Stilarten von Musik hören oder auch selbst machen.* Denn «*die christliche Musik gibt es nicht*», verkündigte er öffentlich. *Auch heute gängige Musikstilarten, ob Klassik oder Rock hätten ihre Wurzeln im Heidentum. Zu einer christlichen Musik werde sie dann, wenn Christen musizieren. Entscheidend seien für ihn daher die Fragen: Wen will ich mit Musik erreichen und was will ich mit ihr bewirken? Auf diese Weise komme man zu einem verantwortungsbewussten Umgang mit Musik.*[4]

Könnte man sich den letztgenannten Meinungen anschliessen, die davon ausgehen, dass Musik in ihren Auswirkungen tatsächlich wertneutral sei, so wäre sicherlich jede weitere Auseinandersetzung über die Auswahl geeigneter Musikstilarten für den christlichen Gebrauch überflüssig. Da es aber die Meinungsverschiedenheiten immer noch gibt, was bekanntlich schon zu schmerzlichen Trennungen und Spaltungen in Gemeinden geführt hat, verpflichtet uns dies zur objektiven Prüfung der angeführten Argumentationen, wobei subjektiv empfundene Sympathien und Rücksichtnahmen auf Personen nicht einfliessen dürfen.

In Anbetracht der Gesamtaussage der Heiligen Schrift sowie der empirisch-wissenschaftlichen Forschungsergebnisse der Musikpsychologie, Musiksoziologie und Musiktherapie sind nämlich solche Behauptungen, die von einer angeblichen Wirkungsneutralität der Musik ausgehen, unhaltbar! Die Forschungsergebnisse über die Wirkungen von Musik bekunden anhand vieler wissenschaftlicher Beweise ganz andere Sachverhalte, welche eindeutig die angegebenen Argumentationen entkräften. Eine Zusammenstellung wichtiger Erfahrungen sowie wissenschaftliche Belege, welche unterschiedliche Musikauswirkungen sogar bis in die körperlich-neurologischen Bereiche bekunden, soll in den folgenden Ausführungen zu einer objektiven Einschätzung besonders jener Musikstilarten dienen, welche für die Musikpraxis christlicher Gemeinden hinterfragt werden.

6. Unterschiedliche Musikstile mit unterschiedlichen Wirkungen.

Musik hat immer eine Wirkung. Wir können aber feststellen, dass die Wirkungsart sehr unterschiedlich sein kann. Man unterscheidet im wesentlichen drei Arten der Musikrezeption, die natürlich auch in vermischten Formen vorhanden sind:

1. Eine motorisch reflexive Hörweise, die besonders stark auf vorwiegend motorisch geprägte Musikstrukturen anspricht, wie es auch bei Rock- und besonders Technomusikstilarten zutrifft.

2. Die strukturelle Hörweise, bei welcher vorwiegend der äussere künstlerische Formaufbau der Komposition genossen wird.

3. Eine emotional-assoziative Rezeptionsweise, wo besonders Gefühle in Bewegung gesetzt werden, die oftmals auch mit Situationserinnerungen belegt sein können.

Letzteres auch bei Musikstrukturen, deren verwendete stilistische Musikbausteine bei Discoveranstaltungen gebräuchlich sind und deshalb bei der Verwendung in christlichen Veranstaltungen natürlich auch stets mit Assoziationen an den weltlichen Disco-Lebensbereich belegt sind.

Gibt es objektiv feststellbare Wirkungsmechanismen, die auf Grund bestimmter Musikstrukturen *typische* emotionale Bewegungen in den Hörern auslösen, deren emotionale Richtung und Qualität vorrangig von der Struktur des Musikstils abhängt? Wenn wir die Frage nicht mit «nein» beantworten können, verpflichtet uns dies zu einer Nachprüfung, um *die* Kriterien heraus zu finden, welche eine gesunde Musikauswahl für die geistlichen Zielsetzungen christlicher Gemeinden ermöglichen.

Unbestreitbar und vielfach nachgewiesen ist der Einfluss von Musik auf das Vegetativum, die psychosomatischen Auswirkungen über das autonome Nervensystem der Hörer. In seinem Aufsatz «Psychovegetative Aspekte des Musikhörens» äussert sich hierzu der durch umfangreiche Veröffentlichungen dieses Fachgebiets bekannte Musikpsychologe Heiner Gembris mit dem Hinweis auf die Notwendigkeit einer genaueren Betrachtung der unterschiedlichen Wirkungsweisen einzelner Parameter der Musik, also einer genaueren Untersuchung der unterschiedlichen Wirksamkeiten der einzelnen Bauelemente der Musik (wie z.B. Melodik, Harmonik, Takt und Rhythmik). Sehr richtig weist er dabei auf die Problematik einer solchen Einschätzung hin, «da bei einem Musikstück ja *in der Regel* nicht die *konstante* Wirksamkeit eines *einzelnen* Parameters wesentlich ist, sondern der Zusammenhang und das Zusammenspiel *aller* Parameter». Aber gerade, weil die Rock- und Technomusik ein natürliches ausgewogenes Zusammenspiel *aller* verfügbaren Musikparameter *in der Regel vermeidet*, sondern zugunsten einer *einseitigen* Gesamtbelastung von durchgehenden lautstarken *Taktrhythmus-Parametern wesentlich bestimmt wird, dominieren eindeutig die spezifischen Wirkungsmerkmale* ***dieser Taktrhythmik***. Deshalb wird die Gesamteinschätzung der psychosomatischen Wirkungsrichtung dieser Musikstilarten nun aufgrund ihrer vorherrschenden taktrhythmischen Elemente zweifellos eindeutiger möglich.

Daraus resultiert nun auch die zwingende Notwendigkeit einer genaueren Untersuchung und Einschätzung der *speziellen Wir-*

kungsmerkmale dieser vorherrschenden Parameter taktrhythmischer Grundelemente, deren vielfältige Aspekte in den folgenden Kapiteln deshalb auch ein wichtiger Schwerpunkt der Betrachtungen sein soll.

7. Musik als Ausdrucksträger von Emotionen, einsetzbar zur Manipulation der Gefühle

Bezüglich der Möglichkeiten, durch Musik die emotionale Befindlichkeit der Zuhörer zu verändern, äussert sich Heiner Gembris in seinem Buch ‹Musikhören und Entspannung›:

«Die Anwendung stimmungskontrastierender Musik zur Heilung und Entspannung in der Medizin, ... ist schon bei arabischen und jüdischen Gelehrten des Mittelalters verbürgt und geht bis in die Antike zurück. Nach dieser Konzeption sollte die Musik stets einem Affektzustand entgegenwirken, ihn aufheben und ausgleichen. ... Dass ein grosser Teil der Musikrezeption, wenn nicht der grösste überhaupt, eben diese Aufgabe erfüllt, ist offensichtlich und braucht nicht weiter erläutert zu werden.»

Bekanntlich steht der Bericht über eine der ersten erfolgreichen «musiktherapeutischen Behandlungen» in der Bibel, wo der junge David durch sein besänftigendes Harfenspiel den krankhaft bösartigen König Saul wieder zu einem normalen Gemütszustand verhilft.

H. Gembris schreibt weiter Folgendes:

«*... Es ist nicht gleichgültig, mit welchen kognitiven und emotionalen Inhalten die formale Reizstruktur (der Musik) ausgefüllt ist. So mögen gewisse Arten von Rock- oder Popmusik, Kontretänze von Mozart und folkloristisch gefärbte Blasmusik zwar strukturell gleichermassen simpel sein, der entscheidende Unterschied liegt jedoch in der* ***inhaltlichen Bedeutung.*** *Erfahrungsgemäss ist ... gerade der veränderte Wahrnehmungsinhalt von wesentlicher Bedeutung, etwa der emotionale Ausdruck der Musik, die ausgelösten Emotionen und Kognitionen, die* ***soziokulturelle Bedeutung*** *etc. ... Inhaltliche Aspekte musikalischer Information (etwa Musikstil, Genre, Ausdruck etc.)* können dazu beitragen, Orientierung zu vermitteln ...»

Wichtige Hinweise für die zu erwartenden Wirkungen bestimmter Musikstilarten ergeben sich zweifellos aus der Erforschung des Zwecks ihrer ursprünglichen Verwendung. [6] Eindeutig sind die ursprünglichen Verwendungszusammenhänge mit taktrhythmisch ausgerichteten Musikstrukturen bei den heidnischen Urvölkern (z.B. Afrika und Asien) zu finden, wo sich infolge der vorrangigen Zweckbestimmung ihrer Musikgebräuche zu schamanistischen Ritualen und Trance-Tänzen bereits durchgehend gebrauchte Trommelrhythmen hinreichend bewährten. Abwechslungsreiche Tonfolgen mit grösseren melodischen Spannungsbögen und entsprechend vielfältiger Harmonik wirken gefühlsbewegend und bewusstseinserwecklich und stehen deshalb den Zweckbestimmungen der Trance-Musik im Wege, wo doch gerade das Wachbewusstsein mittels monotoner Wiederholungsstrukturen zurückgedrängt werden soll, damit Trancewirkungen erreicht werden.

Im Gegensatz zu der musikgeschichtlichen Weiterentwicklung in Europa zu vielfältigen Musikformen von der Einstimmigkeit zur Mehrstimmigkeit mit der grossen Ausdruckspalette differenzierter Harmonik usw. gab es hingegen bei den Urvölkern Schwarzafrikas keine entsprechende Musikentwicklung. Die Begründung liegt verständlicherweise in der vorherrschenden Zweckbestimmung, denn die völlig andere Geistesrichtung im christlichen Abendland erforderte wesentlich andere musikalische Ausdrucksmittel, um für ihre Vielfalt emotionaler und geistlicher Strömungen auch in der «Sprachgestaltung» der Musik entsprechende Ausdrucksmöglichkeiten zu entwickeln. Deshalb ist diese musikgeschichtliche Entwicklung sehr wesentlich auch durch geistliche Impulse des christlichen Glaubens geprägt worden.

Daraus erklärt sich, dass sich bei vielen heidnischen Urvölkern bis heute lediglich die rhythmische Musikkomponente erhalten und entwickelt hat. Statt melodischer und harmonischer Vielfalt beschränkt man sich dort auf die verschiedenen Klangwirkungen der vorwiegend perkussiven Schlaginstrumente, die grösstenteils allerdings geräuschhafte unharmonische Obertonspektren aufweisen. Der spärliche Gebrauch weniger Melodiebildungen in den ständigen Wiederholungsstrukturen kurzer Melodiefragmente (meistens aus der pentatonischen Tonskala) beschränkt sich somit in einseitig *rhythmischer* Anwendung als taktrhythmisches Element.

Diese wenigen hauptsächlich taktrhythmisch ausgerichteten Musikbausteine genügen tatsächlich, um den dort vorherrschenden Zweck hinreichend zu erfüllen: Erregungen über rhythmische Körperstimulans zum Tanz mit dem Ziel, über die erfolgenden Bewusstseinsveränderungen auch möglichst schnell Tranceübergänge zu erreichen.

Zweifellos unterstützt diese einseitig taktrhythmische Monotonie verbunden mit einer gewissen Lautstärke den Übergang zu tranceartigen Zuständen [21] und der professionelle Rocktrommler Mickey Hart beschreibt dies sehr ausführlich in seinem bemerkenswerten Buch «Die Magische Trommel». (35) Als Verfechter dieser von ihm gerühmten bewusstseinsverändernden Rhythmuswirkungen bezeichnet er die afrikanischen Trommelrituale geradezu als die nun auch in der westlichen Welt zum Zuge kommenden *«Gegenspieler»*, denn er schreibt:

> «Jahrhunderte lang waren afrikanische Trommelrituale, war die körperbezogene afrikanische Weisheit und Spiritualität unsichtbar und unbewusst ein **Gegenspieler westlicher Musik und Weisheit.** ... Inzwischen sind die Gegenspieler sichtbar und laut. Die Jazz- und Rocktrommler der Welt, unvorstellbar ohne das afrikanische Erbe, gehören zu ihnen.»

Es sieht tatsächlich so aus, als wenn diese genannten «Gegenspieler westlicher Musik und Weisheit» sich nun epidemieartig auf dem ganzen Globus ausbreiten mittels der Stilarten von Rock-Pop- und Technomusik, deren wesentliche Grundstruktur, die durchschlagenden taktrhythmischen Beats, bereits für viele Hörer unverzichtbar wurden. Damit vollzieht sich allerdings mehr und mehr eine Umpolung der allgemeinen Musikerwartungen in der westlichen Bevölkerung zu solchen vorwiegend körperstimulierenden Musikstrukturen. Infolge der inzwischen durch alle möglichen Massenmedien in Gang gesetzten Dauerberieselung mit Rock- und Popmusik können sich nämlich aufgrund jener starren Taktmetrik dieser Stilarten entsprechende Reizreaktionsstrukturen in den hörnervlichen Gedächtnis-Engrammen der Hörer ausbilden. Da besonders diese taktrhythmische Komponente meistens auch noch durch sehr lautstarke Bassgitarren- und Schlagzeugbeats als *grundlegende* rhythmische Bewegungsqualität diese Musik dirigiert, kann das menschliche Gehör-Nervensystem infolge der in diesen Stilarten üblichen Wiederholungsstrukturen sehr nachhaltig darauf konditioniert werden (s. Abschnitt 36-40).

Aufgrund der ursprünglichen Zweckbestimmungen und der Herkunft wurden diese musikalischen Grundbausteine solcher Beatmusik im wesentlichen zum Ausdruck heidnischer Lebenshaltungen und deren Tanzgebräuche entwickelt und diese charakteristische Ausstrahlung bleibt nicht unreflektiert, so dass sich verständlicherweise auch entsprechende Wandlungen in den Lebenshaltungen der westlichen Hörer vollziehen.

Vor einigen Jahrzehnten beklagten sich noch viele ältere Christen, wenn hin und wieder in verschiedenen Kirchengemeinden christliche Texte in Begleitung zeitaktueller Popmusik dargeboten wurden, denn sie spürten die Unvereinbarkeit dieser Musikstile mit christlicher Lebenshaltung. Inzwischen scheint sich die allgemeine westliche Lebenshaltung schon so weit gewandelt zu haben, dass sich offenbar auch viele erwachsene Kirchenmitglieder mit der emotionalen Ausstrahlung von Popmusikstilen in der Kirche wohl fühlen. Das ist insofern nicht verwunderlich, denn im Unterschied zu den Hörgewohnheiten ihrer Eltern wurden sie aufgrund ihres heutigen Alters ja etwa doppelt so lange mit den allerorts ausgestrahlten Rock- und Popmusikstilen beschallt, so dass sich eine viel tiefer gehende Konditionierung in den Hörgedächtnissen zwangsläufig ausbilden musste. Musikpsychologische Forschungen bestätigen, dass besonders die Popularmusik, deren spezielle Charakteristik von durchgehend gebrauchten taktrhythmischen Beats geprägt ist, sich besonders nachhaltig auswirkt, was auch ganz unbewusst und unabhängig von der Aufmerksamkeit der Hörer vor sich geht. [2, 13, 18b, 73, 80] Die Gewöhnung an diese Beatmusik ändert aber nichts an der Grundcharakteristik ihrer emotionalen Wirkung, welche aufgrund ihrer taktrhythmischen Grundausrichtung stets vorwiegend Körperstimulans bewirkt im Gegensatz zu herkömmlicher Kirchenmusik, welche völlig andere Empfindungsschichten im Menschen anspricht.

Wie weit diese Konditionierung auf Beatmusikstile sich inzwischen schon verbreiten konnte, mag eine Zeitungsnotiz belegen, die der Verfasser Anfang März 2001 im Informations-Schaukasten für Studierende der Kirchenmusik in einer Hochschule erblickte:

«**Kirchenmusiker wollen Pop im Gottesdienst**

Hannover (epd). Kirchenmusiker haben mehr Popmusik im Gottesdienst gefordert. Die Kirche müsse auch jene Menschen erreichen, die mit Jazz, Rock und Pop aufgewachsen sind, schreibt ein Kirchenmusikdirektor von Hannover in der evangelischen Zeitschrift ‹Dialog›. Das seien nicht nur Jugendliche, sondern inzwischen auch sehr viele Erwachsene. Klassische Kirchenmusik erreiche dagegen heute nur noch wenige Menschen. Sie sei in der Pflege der Tradition stehen geblieben und werde von den meisten Hörern heute nicht mehr verstanden.»

Diese Kapitulation vor den «Gegenspielern» unserer bisherigen christlichen Kultur, die der Rockmusik-Trommler M. Hart ankündigte, scheint sich nun zu verwirklichen! Es scheint wohl auch kaum ein wirksameres Mittel zu geben, mit dem eine ganze Generation so leicht langfristig konditioniert werden könnte wie mit den in der Rock-, Pop- und Technomusik vorherrschenden Wiederholungsstrukturen, basierend auf den einseitig taktmetrischen «atmungslosen» unerbittlich zeitstarren Schlagfolgen durchgehender Beats. Geeignet als Schulbeispiel zur anschaulichen Demonstration von Konditionierungsvorgängen bestätigen sich darin diese von Neurologen beschriebenen Gesetzmässigkeiten.[85-90] Genau so bestätigt sich die Psychosomatik, also die gegenseitige Beeinflussung leiblicher und seelischer Befindlichkeiten, denn jede Bewegungsveränderung in den nervlichen Strukturen des Menschen bewirkt entsprechende Veränderungen in der seelischen Befindlichkeit seiner Geistespersönlichkeit und umgekehrt. Leider werden durch diese nahezu pausenlos besonders durch die öffentlichen Medien verbreiteten Beatmusikstile die natürlichen Sensibilitäten in den Hörern zur Aufnahme traditioneller Musik zugeschüttet. Die erklärliche Folge davon zeigt der Zeitungsbericht mit dem Hinweis, dass auch *«sehr viele erwachsene Kirchenbesucher nicht mehr mit traditioneller Kirchenmusik erreichbar seien, denn sie werde von den meisten Hörern heute nicht mehr verstanden»!* Das bestätigt auch eine in den emotionalen Bereichen der Hörer bereits vollzogene Umwandlung, die im Grunde eine Verarmung der seelischen Persönlichkeitsstrukturen zeigt. Wenn aber durch die Möglichkeiten spezieller körperlicher Stimulans mittels Rock- und Popmusikstilarten nachhaltige Konditionierungen erreicht werden, die dann auch entsprechende Umwandlungen in der psychischen Sensibilität der

Musikhörer zur Folge haben, dann sollten die Wirkungsursachen solcher Musikstrukturen möglichst genau untersucht werden, was ein Hauptanliegen dieses Buches sein soll.

Musik ist auch ein Ausdruck der emotionalen Lebenshaltung von Komponisten, welche die Kompositionen aus *ihrer* ganz persönlichen Lebensempfindung heraus niedergeschrieben haben. Darum enthält sie deshalb *ihre* Botschaft, welche *ihre* gefühlsmässige Reflexion gemäss *ihrer* Lebensanschauung widerspiegelt. Christen sollten deshalb bei ihrer Musikauswahl den Ausdrucksgehalt stets prüfen, ob sich dieser zur christlichen Lebensorientierung dienlich oder schädlich auswirken könnte. Musik kann also ein *Ausdrucksträger von bestimmten Lebenshaltungen* und deren Empfindungsqualitäten sein und ist schon deshalb - geistlich gesehen - ***keineswegs wertneutral.***

So kann Musik also auch im Hörer Emotionen anregen, die solche Empfindungen reflektieren, welche die Komponisten bewegten, oder zumindest Empfindungen wecken, welche auf einer gleichartigen seelischen Gefühlsebene erlebt werden. Man kann mittels Musik die Gefühle der Hörer auch regelrecht manipulieren. Die Musikpsychologen wissen das seit langer Zeit, und es gibt seit vielen Jahren einige Grossfirmen, welche ganz bestimmte Arten von Musik für Grosskaufhäuser herstellen lassen, weil es statistisch erwiesen ist, dass zum Beispiel auch das Konsumverhalten der meisten Menschen mittels bestimmter Musik Gewinn bringend beeinflusst werden kann. Hierzu wurde genau ermittelt, welche musikalischen Ausdrucksbausteine mit welchen Musikstilen und in welcher Mischung entsprechend der jeweils vorhandenen Lokalsituation und Käuferschicht am erfolgreichsten anzuwenden wären (z.B. die Firmen Muzak, Philips, 3M, Reditun, Wete) (55).

Bezüglich der Auswahl geeigneter Melodien und Musik für die Verwendung in den christlichen Versammlungen können wir aus den genannten Tatsachen bereits ein wichtiges Kriterium ableiten: Wir sollten alle Lieder und Instrumentalbegleitungen, welche aus der Feder *nichtwiedergeborener* Komponisten niedergeschrieben sind, genau prüfen, inwieweit der emotionale Gehalt dieser Musik sich mit ***der biblisch-christlichen Lebenshaltung vereinbaren lässt.***

Rock- und Popmusikstile entwickelten sich *für bestimmte Verwendungsziele als geeignete Ausdrucksmittel weltlich geprägter*

Lebensempfindungen. Die musikalischen Ausdrucksbausteine, welche sich ursprünglich aus diesem Verwendungszusammenhang als geeignete Ausdrucksträger herausbildeten, tragen deshalb auch heute noch unverkennbar solche Ausdrucksqualitäten zur Darstellung und Stimulans antichristlicher Lebensemotionen weltlicher Amüsierbetriebsamkeiten und Discotanz. [6, 7c]

Viele bekannte Rockmusik-Stars, welche diesen Musikstil prägten und populär machten, übertragen damit auch gleichzeitig ihr persönliches Lebensgefühl auf ihre Hörergemeinde mittels der stilistischen Ausdrucksmittel ihrer Musik. Die Lebenshaltungen vieler bekannter Rockmusiker sind sehr deutlich erkennbar an ihren veröffentlichten Meinungsäusserungen, die allerdings in christlichen Kreisen wenig bekannt sind. Rockmusiker bekannter Gruppen geben freimütig zu, dass ihr Lebensstil im Grunde antibiblisch ausgerichtet ist.

Einige der bereits veröffentlichten Äusserungen mögen das beispielhaft verdeutlichen:

8. Selbstdarstellungen bekannter Rockmusiker, ihre Lebensgrundhaltungen und Ziele

John Rockwell zitiert in seinem Buch «Trommelfeuer – Rocktexte und ihre Wirkungen», einige Aussprüche bekannter Rockstars. Einer der bekanntesten Rockstars, der Rock-Gitarrist Jimmy Hendrix, sagte am 3. Oktober 1969 gegenüber der Zeitschrift ‹Life Magazin›: «*Stimmungen entstehen gerade durch Musik, weil die Musik selbst eine seelische Angelegenheit ist.*» Im gleichen Interview betonte er auch:

> «Man hypnotisiert die Leute und bringt es so fertig, dass sie in ihren ursprünglichen Zustand zurückkehren, einen Zustand, der durch und durch positiv ist. Wie bei Kindern, die wie selbstverständlich auf Höhen leben. [4a] Und wenn man die Leute an ihrem schwächsten Punkt erwischt hat, kann man in ihr Unterbewusstsein alles predigen, was man will. Ein Musiker, der in dieser Art Verkündiger ist, benimmt sich dann wie ein Kind, das nicht lange genug von Erwachsenen geführt und in nicht ausreichendem Mass von seinen Erziehern geprägt wurde.»

Was haben nun die übrigen bekannten Rockstars ihren Fans zu sagen und zu predigen? Die Rocksängerin Janis Joplin, unbestrittene Königin der Rockmusik, empfahl z.B. ihren Fans: «Live fast, love hard, die young!» («Lebe intensiv, liebe heftig, stirb jung!»). Nach einigen Selbstmordversuchen wurde sie heroinvergiftet mit 14 Einstichen im linken Oberarm in einem Motelzimmer aufgefunden. – John Rockwell veröffentlichte in seinem Buch (65) einige typische Aussagen bekannter Rockstars. Zum Beispiel brachte David Crosby, ebenfalls ein «Superstar» in der Rockszene, in einem Gespräch mit dem Rolling-Stone-Magazin, (das ist eine Rock-Zeitschrift), seine Absichten klar zum Ausdruck:

> «Das einzige, was ich mir vorstellen kann, ist, ihre Kinder zu klauen. Das ist das einzige, was man tun kann. Wenn ich das so sage, meine ich natürlich nicht Kindesentführung, nein, ich meine eine Veränderung des Wertgefüges, durch die die Kinder ihren Eltern entfremdet werden.»

Man darf sich also nicht wundern, weshalb der vielbeklagte Generationskonflikt gerade durch Rockmusik besonders verstärkt und gefördert wird.

Ein anderer Plattenkünstler sagte einmal: *«Schnapp sie dir, solange sie noch jung sind, und mach dir ihre Gedanken gefügig»* (Seite 14). Der 25 Jahre alte Ray Manzarik meinte: *«Die Hölle scheint mir viel faszinierender und attraktiver zu sein als der Himmel. Man muss zur anderen Seite durchstossen, um alles zu erreichen»* (Seite 15).

In einem Interview sagte Alice Cooper gegenüber dem Circus-Magazin bereits im Februar 1972: *«Die Basis unserer Gruppe ist Rebellion, einige der Kinder, die uns zuhören, sind wirklich verwirrt; aber sie schauen zu uns auf, weil ihre Eltern uns hassen.»* In einem anderen Interview legte er seinen Standpunkt noch genauer dar: *«Mein Publikum will von mir genommen werden, so wie ein Triebtäter sein Opfer nimmt. Die Beziehung zwischen mir und den Zuhörern ist hochgradig sexuell. Ein Publikum auf diese Weise zu beherrschen, ist eine gewaltige und befriedigende Erfahrung.»*[5]

Die ganze Rockmanie wurde ja besonders durch die Beatles in den 60er-Jahren eingeleitet. Ein Mitglied dieser Gruppe, der bekannte John Lennon, sagte damals: *«Das Christentum wird vergehen. – Wir sind heute populärer als Jesus.»* Ein anderes Mitglied,

Paul McCartney: *«Keiner von uns glaubt an Gott.»* Mitglied Ringo Starr sagte: *«In jedem Fall, ob Sie es glauben oder nicht, wir sind nicht der Antichrist, sondern nur Antipapst und Antichristen»* (Seite 444). John Lennon lüftete aber das Betriebsgeheimnis der Beatles-Erfolge mit den Worten:

«Ich weiss, dass die Beatles Erfolg haben werden wie noch keine andere Gruppe. Ich weiss es genau – denn für diesen Erfolg habe ich dem Teufel meine Seele verkauft.»[6]

Dann gibt es zum Beispiel Rückwärtstexte der Gruppe «Kiss», folgender Art: *«Vereinige Dich, verschmilz! Wenn Du mich liebst, schneide Dich! Der Teufel selbst ist Dein Gott!»*

Viele der grossen Rockstars haben sich freiwillig und bewusst in den Dienst Satans gestellt. So veröffentlichte Kurt E. Koch die Aussagen von Alice Cooper:

«In einer spiritistischen Sitzung versprach mir der Geist den Ruhm und die Weltherrschaft durch die Rockmusik und Reichtum im Überfluss. Das einzige, was er von mir verlangte, war mein Körper, um ihn zu besitzen, und so bin ich weltberühmt geworden unter dem Namen, den er mir gab, als den seinen, als Alice Cooper.»

Gruppen wie «Black Sabbath» lassen offen ihre Verbindung zum Satanskult erkennen. «Black Sabbath» verschwor sich in Burningham nach einem Horror-Film in einer okkulten Taufe dem Teufel. Sie sangen Texte wie *«Nimm dir ein Leben, es wird billig; töte jemand, niemand wird weinen. Die Freiheit ist dein, tue nur deine Pflicht, wir wollen nur deine Seele.»* Auf der Coverwerbung für die LP Reflection – «Black Sabbath» – steht Folgendes:

«Und du armer Narr, der du diese LP in Händen hältst, wisse denn, dass du mit ihr deine Seele verkauft hast, denn sie wird schnell in diesem höllischen Rhythmus, in der teuflischen Kraft dieser Musik, gefangen sein. Und dieser musikalische Tarantelbiss wird dich tanzen lassen, ohne Ende, ohne Pause.»

Andere Aussagen bekannter Rockmusiker bestätigen ihren Hang zur Magie und zu okkulten Phänomenen. In dem Buch «Wir wollen nur Deine Seele» veröffentlichte U. Bäumer ebenfalls einige

Interviews solcher Rockmusiker. So schreibt er darin: «Düstere Ahnungen werden wach, wenn Jimmy Page offen verkündigt: ‹*Magie ist niemals gut oder böse, schwarz oder weiss, sondern einfach eine Methode, der dämonischen Wirklichkeit teilhaftig zu werden und diese für sich zu erschliessen*›» (aus Siegfried Schmidt - Joos, B.Graves: «Rock-Lexikon» a.a.O. S. 357).

Bäumer erwähnt auch den grössten Satanisten des letzten Jahrhunderts, Aleister Crowley, welcher die Rockmusiker nachhaltig beeinflusste. Dieser sagte: *«Der magisch lebende Mensch versucht, sich die höheren Mächte, die er um sich herum wahrnimmt, zu unterwerfen und sich nutzbar zu machen.»* Er schlug folgende Methoden vor, um Musikhörer in ekstatische Zustände und in Trance zu versetzen:

1. *Eine auf Wiederholung und Rhythmus basierende Musik;*
2. *Drogen;*
3. *Eine besondere Form sexueller Magie.*

So propagierte der Rockmusiker Ian Durb das Crowleysche Rezept in einem seiner Songs: *«Sex and drugs and Rock 'n' Roll is all your body needs!»* - welches auch das Lebensmotto vieler seiner Berufskollegen ist!

Die grosse Rolle der auf Wiederholung und Rhythmus basierenden, monotonen Musik (entsprechend der o.a. satanischen Empfehlung von Aleister Crowley), die bei rituellen Dämonenbeschwörungen, Besessenheitskulten und mannigfachen anderen heidnischen Kulten dazu verwendet wird, eine die dämonische Kontrolle erleichternde Umgebung zu schaffen sowie Trance und Ekstase zu erzeugen, tritt immer wieder deutlich hervor.

Es ist bekannt, dass viele Gruppen ihre Songs unter Drogeneinfluss schreiben. Einige geben zu, die Inspiration für ihre Kompositionen durch eine Macht zu erhalten, welche die Musiker bzw. die Band kontrolliert.

Der zum Hinduismus übergetretene Gitarrist John McLaughlin behauptet, dass ein Geist hinter der Musik seiner Band Orchestra stehe. Er berichtete: *«Als wir eines Abends gerade spielten, trat plötzlich der Geist in mich hinein - und ich spielte, aber es war nicht mehr mein eigenes Spielen!»*[7]

Von einem anderen weltbekannten Gitarristen wird berichtet, dass er bekannt habe:

«Manchmal stehe ich auf der Bühne und ich habe das Gefühl, als wäre ich es gar nicht, der dort Gitarre spielt, sondern der Mann, der dort spielt, sieht zwar so aus wie ich, spielt auch so wie ich, aber ich bin es nicht. Ich habe das Gefühl als beobachte ich mich selbst von aussen her, als stünde ich neben der Person, die dort Gitarre spielt, und ich wundere mich selbst über die Melodien und Improvisationen, die die Person an der Gitarre dort spielt.»[8]

Ähnliches weiss der berühmte Rock-Drummer Ginger Baker zu berichten:

«Es passiert recht oft, dass ich das Gefühl habe, dass ich nicht mein Instrument spiele, sondern irgend etwas spielt mein Instrument und dasselbe Etwas spielt auch alle anderen Instrumente unserer Band. Das meine ich damit, wenn ich sage, es ist manchmal angsterregend.»[9]

Wer sich in okkulten Phänomenen auskennt, wird hier auf den ersten Blick untrügliche Kennzeichen dämonischer Kontrolle erkennen!

Auch der Sänger der Hardrock-Gruppe Meat Loaf gab ganz offen zu: *«Wenn ich auf die Bühne komme, werde ich besessen.»*[10]

Jim Steinman, der Komponist von Meat Loaf, bekannte: *«Ich bin schon immer vom Übernatürlichen fasziniert gewesen und ich habe Rock immer schon als das ideale Medium dafür empfunden.»*[11] Damit sagt er also aus, dass die Rockmusik sich gut als Übertragungsmedium für okkulte und magische Kräfte eignet.

Auch der Buchautor Peter Michael Hamel, der seine musikalischen Eindrücke von ausgedehnten Asienreisen einbrachte, analysierte in seinem Buch: *«Durch Musik zum Selbst»*, bemerkenswert zutreffend die magischen Wirkungen von monoton-rhythmischer Musik mit den Worten: *«Durch Rhythmus erwacht das magische Bewusstsein.»* (32)

Ähnliches weiss auch der berühmte Leadgitarrist Jimmy Page zu berichten, Mitglied der ehemals sehr bekannten Rockgruppe «Led Zeppelin». Er war übrigens Zen-Meister und betrieb nebenher auch einen okkulten Buchladen.[12]

Er sagte:

«Der entscheidende Faktor für jede erfolgreiche Rockband ist Energie, die Fähigkeit Energie auszusenden, Energie vom Publikum zu empfangen und sie wieder zurückzugeben. Ein Rockkonzert ist in Wirklichkeit nichts anderes als ein Ritual, bei dem psychische Kraft freigesetzt und umgesetzt wird. Konzerte von Led Zeppelin beruhen im wesentlichen auf Lautstärke, Wiederholung und Rhythmus. Sie haben viel Ähnlichkeit mit der Trance-Musik Marokkos, die in ihrem Ursprung und Zweck magischen Charakters ist. Jede Kunstmusik, Malerei oder Literatur ist ursprünglich Beschwörung und Magie, die dazu benutzt wird, bestimmte Ziele zu erreichen. Im Led-Zeppelin-Konzert ist das Ziel Energie bei den Spielern und beim Publikum. Um das zu erlangen, muss man die Quellen magischer Kraft anzapfen, so gefährlich das auch sein mag.» (aus: Siegfried Schmidt-Joos «Sympathy for the Devil». Aleister Crowley, Kenneth Anger und die Folgen.»)[13]

Stones-Sänger Mick Jagger bekannte, dass die Platte der «Stones» «Their Satanic Majesties Request» (1967) in der anregenden Zusammenarbeit mit dem damaligen Hohepriester der Satanskirche von San Francisco, Anton La Vey, entstand.[14] Das Lied der Rolling Stones «Sympathy for the Devil» («Sympathie für den Teufel») wurde zur internationalen Hymne der Satanisten. Eine Verbindung mit dem Satanskult liess auch der Gitarrist Keith Richard (Rolling Stones) erkennen, wenn er in der Zeitschrift «Rolling Stones» betonte: *«Schwarze Magie ist etwas, das jeder erforschen sollte. Darin liegen grosse Möglichkeiten. Viele Leute haben damit gespielt. Jeder hat etwas davon in sich.»*[15] Zeichen von magischer Inspiration erkennt man auch an der Äusserung Keith Richards, welcher erklärte, dass die Lieder in grosser Zahl aus den Songschreibern herauskommen, wenn sie nur ein williges und offenes Medium sind.[16]

In der pädagogischen Zeitschrift «Musik und Unterricht»[17] erschienen folgende bemerkenswerte Äusserungen von Musikern über ihre elektronischen Musikproduktionen: Die Musiker der amerikanischen Formation «Chromosome» äusserten sich zu ihrer Industrial-Musik:

«Es geht um Verschmelzung von Mensch und Maschine, um die Manipulation des Menschen durch die Maschine.»[18]

Dirk Ivens von der EBM-Formation «Klinik» aus Belgien:

«Das Element der Konfrontation gehört zu unserer Musik. Es liegt in der Brutalität der Klänge und Rhythmen. ... Die Hauptzielrichtung unserer Musik liegt in dem Versuch auszudrücken, dass Hoffnung, Liebe, Hass in jedem Leben zu sehen sind. Ich mag die dunkle Seite des menschlichen Geistes. Ich habe in meinen Texten keine besondere Botschaft, ich schreibe sie für mich selbst.»[19] Anmerkung: EBM bedeutet ‹Elektronic Body-Musik›, also elektronische Körper-Musik.

Jörg Keudgen von der Koblenzer Darkgruppe «The house of Usher»:

«Uns beeinflusst vieles bei der Arbeit. Für mich ist die Welt dämonifiziert. Wir leben in ständiger Bedrohung. Daraus resultiert unsere Musik. Sie soll den Hörer aus dieser für ihn im Grunde genommen fremden Welt (er)lösen, wie es eine fesselnde Geschichte oder ein spannender Film kann. ... Unsere Musik ermöglicht eine Flucht aus der Realität, indem sie diese überdehnt.»[20]

Sängerin Patricia Nigiani von «Aurora Sutra» zu ihrem Dark-Electro:

«Mit unserer Musik wollen wir Harmonie ausbreiten, mit unseren Texten wollen wir unsere gedankliche Welt den Hörern näher bringen. Unsere Lebensvorstellung wurzelt in Lehren, die unter dem Begriff Esoterik zusammengefasst sind, wobei unter Esoterik genau so Vielschichtiges gemeint sein soll wie unter dem Wort Religion ...»[21]

Francesca Nicoli von «Ataraxia» (Italien) zu Dark-Musik:

«Vielleicht ist diese Musik der einzige Weg der Kommunikation zwischen den Lebenden und den Toten, zwischen der Gegenwart und der Vergangenheit, zwischen der realen und der mystischen Welt.»

Zur Charakterisierung, Wirkung und Popularisierung des neuartigen elektronisch erzeugten Musikstils, der sogenannten «Technomusik», sind folgende Ausschnitte von Aussagen eines Technomusikproduzenten bemerkenswert. Matthias Hoffmann, Gründer des Labels EYE Q, berichtet in «Keyboards»[22] über *«Techno» (auch: Tekkno genannt)* in seinen Bemerkungen zur Monotonie:

«Die Basis jeder Tekkno-Trance-Nummer ist die Monotonie. Du musst die Monotonie in den Vordergrund stellen. Von Leuten, die keinen Bezug zum Tekkno haben, höre ich oft die Kritik: ‹Da passiert doch gar nichts›, oder: ‹Das ist doch primitiv›. Das drückt schon sehr eingefahrene Hörgewohnheiten aus. Wir sind es gewohnt, dass spätestens alle 2 Takte ein Harmoniewechsel zu kommen hat. Afrikanische Völker, zu deren Trommelrhythmen die meisten unter uns ebenfalls wenig Bezug haben, bezeichnen wir auch gerne als ‹primitiv›. Diese Überheblichkeit ist einfach nicht angebracht, denn vieles, was wir nicht auf Anhieb verstehen, hat Qualitäten, die uns abhanden gekommen sind. Das archaische Element, das **Fallenlassen**, das **Den-Kopf-Abschalten** kann auch sehr positiv wirken. Tekkno funktioniert **ähnlich wie Meditation.** Die Monotonie gibt dir das eine Wort, das ‹Omm› des Tantra. Durch die ständige Repetition wirst du von der Welt losgelassen und kannst zu dir selber finden ...»

Zu Vocal-Samples (das sind Gesangsstimmen, welche mit Mikrofon aufgenommen und digitalisiert zubereitet wurden und genau wie die übrigen Synthesizerstimmen in den Rhythmuscomputern einprogrammiert dann innerhalb des taktrhythmischen Ablaufs abrufbar sind), bemerkt er Folgendes:

«Eine Tekkno-Nummer soll keine Botschaft vermitteln. Tekkno gibt dir nur die Energie, aber lässt dich ansonsten allein mit dir selbst. Vocal-Samples mit ganzen Sätzen oder Phrasen einzubauen lenkt unnötig ab, weil man dann auf den Inhalt achtet. Ausserdem ist es viel interessanter, einzelne Worte oder Silben aus dem Kontext zu reissen und sie **als rhythmisches Element** zu nutzen. **Durch das Herausreissen aus ihrer natürlichen Umgebung bekommen sie eine neue, unbekannte Qualität ...** Tekkno ist nicht einfach eine Musikrichtung, sondern **ein Lebensgefühl.** Jemand, der es niemals selber erlebt hat, wie Tausende von Leuten zusammen tagelang raven, ohne dass es dabei zur geringsten Aggression oder Gewalttätigkeit kommt, kann Tekkno nicht begreifen.»

Nun folgen Auszüge aus *«Rhythmus-Lektionen einer Grossstadt-Schamanin, Gabrielle Roth»*. Auszüge aus einem veröffentlichten

Interview erschienen in «Keyboards» [23]. 2. Überschrift: *«In meiner Arbeit geht es mir darum, Ekstase zu erzeugen.»*

«In Esoterikzirkeln geniesst Gabrielle Roth einen legendären Ruf. In jedem einschlägigen Shop findet man ihre sechs CDs (Ihre siebte: ‹Tongues›, erscheint in Kürze) und ihr auch ins Deutsche übertragene Buch ‹Das befreite Herz› (Heyne Verlag). Denn der Leiterin eines New Yorker Tanz- und Musiktheaters geht es um Bewegung, aber nicht nur um das Bewegen deines Körpers, sondern auch um das Bewegen deiner Psyche. Es geht mir darum, deinen Körper zu befreien, indem ich ihn dazu bringe, sich zu bewegen. Dein Herz ist dann natürlich auch beteiligt. Denn wenn sich dein Körper bewegt – wenn er sich wirklich bewegt –, bewegen sich auch dein Herz und dein Kopf und all deine Sinnesorgane. Alles gerät in einen Fluss. Es geht darum, dass du dir selber gegenüber ehrlich bist und dich nicht verstellst oder verkrampfst. Es gibt dafür im Deutschen ein schönes Wort: sich hineingeben. **Gib dich dem Beat hin, gib dich dem Beat noch mal hin und noch mal und noch mal, und irgendwann hast du einen Zustand von Ekstase erreicht, ...** (Seite 30) ... Ich bin eher ein Medium, ich treffe keine bewussten Entscheidungen. ... (Seite 34) **Normalerweise ist alles improvisiert und pure Magie.** Die Musiker und ich kommen für zwei oder drei Stunden zusammen, probieren Sachen aus und versuchen, uns gegenseitig zu helfen. Aber fast immer kommt dabei was Gutes heraus. (Seite 36)

... Genau das ist es, was ihr anderen auch braucht: tanzen und schwitzen und hoffen, dass man diesen Trance-Zustand erreicht. Verstehst du? Knack den Safe, in dem deine Gefühle liegen! Und seit ein paar Jahren habe ich das Gefühl, dass die Jugendkultur auf demselben Trip ist. Ich fühle mich wirklich wie ihr psychischer «cheerleader». Denn die Leute, die zu meinen Workshops kommen, sind zum grössten Teil erst knapp über zwanzig. Sie wollen Trance, Ekstase und Spiritualität. All das finden sie im Tanz, im Rhythmus, in der Musik. Und alles, was ich ihnen sagen kann, ist: Ihr braucht dazu keine Drogen, denn die hindern euch nur, euer Ziel zu erreichen. **Trance und Ekstase könnt ihr auch so haben. Alles, was ihr braucht, ist euer Körper. Wenn ihr euren Körper bewegt, bewegt sich auch eure Psyche ...**» (Seite 39)

9. Objektive Kriterien und biblische Massstäbe für die Melodiequalität geistlicher Lieder.

Um nun von allen subjektiven Beurteilungen zu objektiven Kriterien zu gelangen, die unabhängig von allen Geschmacksfragen sich ausschliesslich an der *geistlichen* Zielsetzung betreffs der musikalischen Mittel orientieren, wird es notwendig sein, diesbezüglich die Heilige Schrift über diese Fragen zu durchforschen. Der Gebrauch musikalischer Mittel wird in den biblischen Berichten nach bestimmten *geistlichen Richtlinien* empfohlen, die wir auch heute noch anwenden können. Aus der Fülle der heute vorhandenen musikalischen Ausdrucksformen wäre eine entsprechende Auswahl zu treffen, welche einer bibelgemässen geistlichen Auferbauung der Gemeinden gerecht wird. Dazu ist allerdings auch eine gewisse Kenntnis der unterschiedlichen Wirkungsweisen verschiedener Musikstrukturen auf den Menschen notwendig, wozu entsprechende Forschungsergebnisse verhelfen können. Dass die verschiedenen Arten der Musikwirkungen keineswegs nur von den jeweiligen Geschmacksvorbildungen der Hörer abhängig sind, wie viele Leute meinen, sondern hauptsächlich in den unterschiedlichen musikalischen Strukturen der Kompositionen begründet liegen, ist aus entsprechenden Forschungsergebnissen deutlich erkennbar. [2, 5-8, 11-13, 18]

Zur rechten geistlichen Einschätzung christlicher Musik enthält die Bibel viele beachtenswerte Hinweise. Eine wahrheitsgemässe Beurteilung jeder Sache, ob im Detail oder im Gesamtzusammenhang betrachtet, ist letztlich aber nur dem möglich, der alles geplant und erschaffen hat. Zum Beispiel die genaue Beurteilung eines einzelnen Funktionsteils eines Automobils oder eines komplizierten Computers ist auch nur dem Erfinder und Baumeister dieser Maschine möglich. Wenn es also um die geistliche Beurteilung von Liedern geht, sollten wir zuerst nachforschen, was der Schöpfer alles Bestehenden darüber aussagt. Bei der Erforschung der diesbezüglich vorhandenen Schriftworte sind wir aber auf die göttliche Geistesleitung angewiesen. Gottes Wort sagt uns, dass der «natürliche» (ungläubige, nicht durch Gottes Geist wiedergeborene) Mensch nichts vom Geist Gottes vernimmt. Er kann es nicht verstehen; er muss zuvor geistlich ausgerichtet sein, um Dinge geistlich beurteilen zu können. So belehrt uns der Apostel Paulus im 1. Korinther-Brief, Kapitel 2,14. Übertragen auf die Möglichkeit einer wahrheitsgemässen Beurteilung, inwieweit Melodiestrukturen geistlich zweckmässig sind als Träger und Übermittler biblischer Botschaften, sollten wir deshalb nach Massstäben suchen, die uns der Geist Gottes aus den entsprechenden Bibelaussagen verständlich machen kann.

Wenden wir uns nun in Anbetracht der bisherigen Feststellungen der biblischen Gebrauchsanweisung zu, wo uns die beiden Aspekte «Lobopfer» zur Ehre Gottes einerseits und geistliche Auferbauung der Gemeinde andererseits genannt werden. Untersuchen wir doch einmal genauer im Wort Gottes, ob zum Beispiel Lieder, die *wir* zur geistlichen Auferbauung der Gemeinden für geeignet halten, sich von Liedern unterscheiden müssen, die wir *Gott* im Sinne eines *Lobopfers* darbringen, das *Ihn* auch qualitätsmässig in gebührender Weise ehren könnte.

Die Israeliten des alten Bundes sollten Gott *nur die besten* Lämmer ohne Fehler als Opfer darbringen. Ich habe mich in meinem 25jährigen Dienst als hauptberuflicher Kirchenmusiker stets daran erinnern müssen, dass die musikalische Qualität zum Lobe Gottes nie hoch genug ausgewählt werden kann. Ein Vorbild solchen Gotteslobes sind zweifellos zum Beispiel die kirchenmusikalischen Werke von Johann Sebastian Bach, welche sowohl in der handwerklich künstlerischen Qualität wie auch in ihrer textgemässen emotionalen Botschaft gleichrangig sind. Für geistliche Botschaften nimmt das kompositorische Schaffen Bachs als tragfähige Musik in unserem Kulturkreis einen zeitlosen Rang ein.

Wir können aber aus dem Wort Gottes nicht herauslesen, dass ein Gott dargebrachtes Lobopfer von Ihm nach einer handwerklich künstlerischen Qualität beurteilt wurde. Er weiss am besten, dass die Gaben und Fähigkeiten bei Menschen sehr unterschiedlich verteilt sind. Ausserdem muss man berücksichtigen, dass ein musikalisches Kunstverständnis für die Kirchenmusik Bachs nicht unbedingt bei allen Schichten unserer Gesellschaft vorhanden ist. Wir können aber den Worten Gottes entnehmen, dass Er stets unseren Herzensstand beurteilt. Ebenso gibt Er uns aber auch zur Kenntnis, dass aus dem Herzen des Menschen alle bösen Gedanken kommen: «*Denn aus dem Herzen der Menschen kommen böse Gedanken: Ehebruch, Unzucht, Diebstahl, falsches Zeugnis, Lästerung.*»(Mt 15,19) Unsere Herzensstellung, Neigungen und Gefühle Ihm und unserem Mitmenschen gegenüber sind Ihm wichtig. Und unter *diesem* Aspekt beurteilt Er unsere Werke, also auch unsere Lieder. – Da durch Musikstrukturen auch die Emotionen unterschiedlicher Lebenshaltungen auf die Hörerschaft übertragen werden, kann man daraus ableiten, dass Gott aus diesem Grunde auch die Auswirkung bewertet, welche unsere Lieder und unsere Musik auf uns und unsere Mitmenschen ausüben.

Natürlich bedingt das eine gewisse Qualität der Kompositionen, damit sie von Menschen unseres Kulturkreises akzeptiert und angenommen werden können. *Die Form und Qualität geistlicher Lieder erfüllt aber in der* ***Sicht Gottes*** *nur dann ihren eigentlichen* ***geistlichen*** *Zweck, wenn dadurch solche Emotionen und Empfindungen übertragen werden, die den Hörer auf die Ebene einer inneren Gefühlshaltung hinführen, welche ihn für die* ***Aufnahme des Wortes Gottes empfänglicher*** *machen.*

Geeignete Liedmelodien können im Hörer Gefühlshaltungen stimulieren, die es ihm dann erleichtern, eine biblisch orientierte innere Gebetshaltung einzunehmen. In *diesem Sinne* kann Musik eine *gottes****dienstliche*** *Funktion* erfüllen und Gott tatsächlich so als ein Ihm willkommenes Lobopfer Freude bereiten. Aus diesem Grund sollten wir auch einige wichtige musikpsychologische Forschungsergebnisse über die Wirkungsweisen verschiedener Musikstrukturen auf die menschliche Psyche zur Kenntnis nehmen und bei der Musikauswahl für den christlichen Gebrauch berücksichtigen. Diese Forschungsergebnisse bestätigen nämlich, dass einige Musikstrukturen bei den Hörern über deren Nervensystem sogar zu veränderten Bewusstseinszuständen führen können! (s. Abschnitt Nr. 27)

10. Welche Lebenshaltungen und Bewusstseinszustände erwartet Gott von uns?

Betrachten wir diesbezüglich einige Aussprüche Gottes, aus welchen hervorgeht, wie Er sich die innere Haltung der Menschen Ihm gegenüber wünscht. Er verspricht, alle Menschen zu segnen, die Ihm gegenüber die rechte innere Haltung einnehmen und verbreiten. Vergessen wir nicht, dass letztlich nicht *wir* es sind, die uns und unseren Mitmenschen einen wirklich *geistlichen* Segen erteilen können. Wir sind immer auf das Wirken Gottes durch Seinen Heiligen Geist angewiesen. Nur unter der Leitung des Geistes Gottes sind wir ja bekanntlich imstande, Sein Wort überhaupt richtig zu verstehen (1.Kor 2,10-14). *Prüfen wir also, ob die in unseren Gemeinden gebräuchliche Musik und die Lieder eine Gefühlshaltung ausstrahlen, welche die Hörer auf eine Lebenshaltung einzustimmen vermögen, die den Wünschen und Vorstellungen Gottes entspricht.*

Folgende Bibelverse sagen klar aus, welche Grundstimmungen unserer Lebenshaltung Gott bei uns erwartet:

1. *Aufforderung zur Nüchternheit und Wachsamkeit.*

Entgegen diesen göttlichen Erwartungen werden oftmals Musikstrukturen aus psychedelisch wirkenden Popmusikstilarten bis hin zu den trancefördernden Wiederholungsstrukturen technoartiger Musikstile mit christlichen Verkündigungstexten gepaart und verhindern dadurch die Einhaltung folgender Gebote:

Markus 13,37: «*Was ich aber sage, dass sage ich allen: Wachet!*»

Matthäus 26,41: «*Wachet und betet, dass ihr nicht in Anfechtung fallet! Der Geist ist willig, aber das Fleisch ist schwach.*»

Lukas 21,36: «*So seid nun wach allezeit und betet, dass ihr würdig werden möget, zu entfliehen diesem allen, das geschehen soll, und zu stehen vor des Menschen Sohn.*»

1. Korinther 16,13: »*Wachet, stehet im Glauben, seid männlich und seid stark!*»

Kolosser 4,2: «*Haltet an am Gebet und wachet in demselben mit Danksagung!*»

1. Petrus 5,8: «*Seid nüchtern und wachet; denn euer Widersacher, der Teufel, geht umher wie ein brüllender Löwe und sucht, welchen er verschlinge.*»

Epheser 5,14: «*Darum heisst es: Wache auf, der du schläfst, und stehe auf von den Toten, so wird dich Christus erleuchten.*»

1. Thessalonicher 5,6: «*So lasset uns nun nicht schlafen wie die andern, sondern lasset uns wachsam und nüchtern sein.*»

1. Thessalonicher 5,8: «*Wir aber, die wir des Tages sind, sollen nüchtern sein.*»

2. Timotheus 2,26: «*Und sie wieder nüchtern würden aus des Teufels Strick, von dem sie gefangen sind zu seinem Willen.*»

1. Petrus 1,13: «*Darum begürtet die Lenden eures Gemütes, seid nüchtern und setzet eure Hoffnung ganz auf die Gnade, die euch angeboten wird durch die Offenbarung Jesu Christi.*»

1. Petrus 4,7: «*So seid nun mässig und nüchtern zum Gebet.*»

2. *Abweisung aller Gefühlsneigungen zu den Lustangeboten der unbiblisch orientierten Welt.*

Obwohl typische Ausdrucksbausteine modischer Popularmusik gemäss ihrer ursprünglichen Verwendung der Stimulans weltlicher Amüsierbetriebsamkeiten dienen und deren Lebenshaltungen emotional ausstrahlen, benutzt man diese oftmals in christlichen Gemeinden entgegen folgenden Anweisungen:

Titus 2,11-12: «*Denn es ist erschienen die heilsame Gnade Gottes allen Menschen und züchtigt uns, dass wir verleugnen sollen das ungöttliche Wesen und die weltlichen Lüste und züchtig, gerecht und gottselig leben in dieser Welt.*»

Römer 12,2: «*Und stellt euch nicht dieser Welt gleich, sondern verändert euch durch Erneuerung eures Sinnes, auf dass ihr prüfen möget, welches da sei der gute, wohlgefällige und vollkommene Gotteswille.*»

1. Johannes 2,15-17: «*Habt nicht lieb die Welt, noch was in der Welt ist. So jemand die Welt liebhat, in dem ist nicht die Liebe des Vaters. Denn alles, was in der Welt ist, des Fleisches Lust und der Augen Lust und hoffärtiges Leben, ist nicht vom Vater, sondern von der Welt, und die Welt vergeht mit ihrer Lust. Wer aber den Willen Gottes tut, der bleibt in Ewigkeit.*»

Habakuk 2,20: «*Aber der Herr ist in Seinem heiligen Tempel. Es sei vor Ihm still alle Welt.*»

Galater 6,14: «*Es sei aber ferne von mir, mich zu rühmen, denn allein von dem Kreuz unseres Herrn Jesu Christi, durch welchen mir die Welt gekreuzigt ist und ich der Welt.*»

Johannes 14,30: «*Ich werde nicht mehr viel mit euch reden, denn es kommt der Fürst dieser Welt und hat nichts in mir.*»

2. Timotheus 4,10: «*Denn Demas hat mich verlassen und die Welt liebgewonnen und ist gen Thessalonich gezogen.*»

2. Petrus 1,4: «*Durch welchen uns die teuren und allergrössten Verheissungen geschenkt sind, nämlich dass ihr dadurch teilhaftig werdet der göttlichen Natur, so ihr fliehet die vergängliche Lust der Welt.*»

Jakobus 1,27: «*Ein reiner und unbefleckter Gottesdienst vor Gott, dem Vater, ist der, die Waisen und Witwen in ihrer Trübsal zu besuchen und sich von der Welt unbefleckt zu erhalten.*»

Jakobus 4,4: «*Ihr Ehebrecher und Ehebrecherinnen, wisset ihr nicht, dass der Welt Freundschaft Gottes Feindschaft ist? Wer der Welt Freund sein will, der wird Gottes Feind sein.*»

Johannes 18,36: «*Mein Reich ist nicht von dieser Welt*», so sagt Jesus.

3. Die erwünschten Lebenshaltungen gemäss der folgenden Bibelverse werden durch die allgemeine Wirkungscharakteristik der Rock- und Popmusikstilarten nicht unterstützt, sondern verdrängt.

Kolosser 3,12: «*So zieht nun an als die Auserwählten Gottes, Heiligen und Geliebten, herzliches Erbarmen, Freundlichkeit, Demut, Sanftmut, Geduld.*»

Psalm 118,21: «*Ich danke dir, dass du mich gedemütigt hast und mir hilfst.*»

Psalm 119,67: «*Ehe ich gedemütigt wurde, irrte ich; nun aber halte ich dein Wort.*»

Philipper 2,3: «*Nichts tut durch Zank oder eitle Ehre, sondern durch Demut achte einer den andern höher denn sich selbst.*»

1. Petrus 5,5: «*Desgleichen ihr Jüngeren seid untertan den Ältesten. Allesamt seid untereinander untertan und haltet fest an der Demut, denn Gott widersteht den Hoffärtigen, aber den Demütigen gibt er Gnade.*»

Psalm 37,7: «***Sei stille dem Herrn und warte auf ihn.***»

Psalm 34,9: «*Fürchtet den Herrn, ihr Seine Heiligen; denn die Ihn fürchten, haben keinen Mangel.*»

Sacharja 2,17: «***Alles Fleisch sei still vor dem Herrn;*** *denn Er hat sich aufgemacht aus Seiner heiligen Stätte!*»

1. Thessalonicher 4,11: «***Ringet danach, dass ihr stille seid!***»

In Gegenwart der allgemein üblichen akustischen Kulisse von Rockmusikstilarten dürfte es der Gemeinde schon allein infolge der lautstarken unerbittlich und durchweg führenden Beatfolgen von Schlagzeug und elektronischen Bassgitarren unmöglich werden, die o.a. Gemütshaltungen einzunehmen.

Durch die vorwiegend körperliche Stimulans, welche solche Beatmusikstile bewirken, wird es auch für die Gemeinde sehr schwer werden, eine bibelgemässe Gebetshaltung einzunehmen und sich gemäss folgender Anweisungen geistlich auszurichten:

4. *Heiligung:*
2. Korinther 7,1: «*Dieweil wir nun solche Verheissungen haben, meine Lieben, so lasset uns von aller Befleckung des Fleisches und des Geistes uns reinigen und fortfahren mit der Heiligung in der Furcht Gottes.*»

5. *Herzensstellung:*
Psalm 34,19: «*Der Herr ist nahe bei denen, die zerbrochenen Herzens sind, und hilft denen, die ein zerschlagenes Gemüt haben.*»
Psalm 51,19: «*Die Gott wohlgefälligen Opfer sind ein zerbrochener Geist; ein zerbrochenes und zerschlagenes Herz wirst du, o Gott, nicht verachten.*» *(Schl.)*
Sprüche 23,26: «*Gib mir, mein Sohn, dein Herz und lass deinen Augen meine Wege wohlgefallen.*»
Sprüche 4,23: «*Behüte dein Herz mit allem Fleiss, denn daraus geht das Leben.*»
1. Könige 3,9: «*So wollest du deinem Knecht geben ein gehorsam Herz.*»

Die Verteidiger christlicher Rockmusik begründen ihre Vorliebe für diesen Musikstil oft mit dem Argument, *Gott würde schliesslich doch nur den Herzensstand der an Rockmusik beteiligten Christen und Hörer beurteilen.* Aber gerade aufgrund dieser Argumentation müssten sie ehrlicherweise den Gebrauch von Rockmusikstilarten für christliche Zielsetzungen verwerfen, weil die typischen Rockmusik-Wirkungen geradezu völlig entgegengesetzte Lebensgefühle bei den Hörern in Bewegung bringen, so dass Herzensstellungen gemäss der oben genannten Wünsche Gottes dadurch nicht zustande kommen.

11. Musik kann Lebensgefühle übermitteln, welche eine geistliche Anbetung verhindern

Der gesegnete China-Missionar Watchman Nee ermahnt in seinem Buch «Gottes Wort – ein zweischneidig Schwert» die Christen zur Wachsamkeit gegenüber ihren Gefühlen. Er widmet ein ganzes Kapitel dem Thema: «Gottes Wort und unser Gefühl», worin er verdeutlicht, dass unsere Gefühle uns oft bei der Verkündigung geistlicher Botschaften im Wege stehen können. Auch Walter Kohli hat vorwiegend unter diesem Aspekt deutlicher Unterscheidung biblisch geprägter Lebenshaltungen im Gegensatz zu den im Abschnitt 8 dargestellten Lebensanschauungen weltlich geprägter Rockstars sehr ausführlich die Unvereinbarkeit dieser konträren Lebensbereiche in biblischer Beleuchtung dargestellt. (52) Wir sollten deshalb möglichst nur Lieder und Musik für die Gemeinde benutzen, welche geeignet sind, unsere Lebensempfindungen und Herzensstellung auf *die* Ebene zu bewegen, auf der Gott verspricht, zu segnen.

Da Musik bekanntlich unsere Gefühle beeinflusst und verändern kann, sollten wir nicht kritiklos allen Gefühlen freien Lauf lassen. Gefühle sind das Ergebnis von «etwas», was uns bewegt hat. Auch im Sprachgebrauch kennen wir die Ausdrucksweise: «Es hat mich bewegt», wenn zum Beispiel eine Gemütsbewegung in mir stattfand. Wenn mich etwas bewegt hat, dann muss es aber auch eine ursächliche Bewegungskraft geben, welche diese Bewegung in mir in Gang gebracht hat. Wenn ich nun nach der geistlichen Qualität meines Gemütszustandes, meiner inneren Bewegung frage, also die geistliche Qualität meiner Gemütsbewegung hinterfrage, dann sollte ich zuerst versuchen, die Qualität der ursächlichen Bewegungskraft, die mich bewegt hat, kritisch zu prüfen. Die Qualität meiner Gemütsbewegung resultiert nämlich aus der Qualität der mich bewegenden Kraft und trägt *ihre* Kennzeichen. Um den Charakter der mich bewegenden Kraft zu hinterfragen, wird es nötig sein, den Standort ihrer Herkunft und ihrer Bewegungsursache zu hinterfragen.

Musik besteht aus musikalischen Bewegungsbausteinen, deren Ausdruckscharakter vornehmlich von den ursächlichen Zweckbestimmungen und den Verwendungszusammenhängen geprägt wurde, für welche eine bestimmte Musikart hergestellt wurde. Den kleinsten musikalischen Bewegungsbaustein nennt man deshalb «Motiv», womit verdeutlicht wird, dass man damit etwas motivieren kann, also auch eine bestimmte Gefühlsbewegung in Gang setzen kann. Die stilistisch typischen musikalischen Bewegungsbausteine der zeitaktuellen Pop- und Rockmusik oder der Tanz- und Discomusik beispielsweise sind geeignet als Stimulans von Tanz- und Unterhaltungsveranstaltungen zur Unterstützung der entsprechenden Gefühlsmotivationen dieser Lebensbereiche weltlicher Amüsierfreuden. Die gefühlsmässige Qualität solcher Musikstile überträgt deshalb genau diese völlig ungeistlich gepolten Lebenshaltungen, welche nun auch solche Gefühlsarten in den Hörern bewegen. Das Leben aus dem Geist Gottes hat völlig andere Qualitäten von Gefühlsbewegungen als der Lebensbereich in der Disco. Beide Ausgangspositionen prägen dementsprechend gemäss ihrer jeweiligen Bewegungsart der daraus hervorgegangenen Musik ihren speziellen Charakter auf, der sich nun prägend auf den Charakter der Hörer auswirkt, welche sich davon in entsprechender Weise bewegen lassen.

«Christliche Musik soll den Hörern Gefühle der Freude vermitteln», so lautet oftmals das Argument der Verfechter der sogenannten christlichen Rock- und Popmusik, in der Meinung, dass diese Stilarten dazu besonders geeignet seien. Aber welche Art von Freuden werden denn tatsächlich mittels dieser Ausdrucksstilarten den Hörern vermittelt? Bekanntlich gibt es ganz verschiedene Gefühlsqualitäten sehr unterschiedlicher Freuden. Ebenso gibt es sehr unterschiedliche Gefühlsarten von Trauer. Hat jemand seine Brieftasche mit Geld und wichtigen Dokumenten verloren, wird er sehr traurig über den Verlust sein, und diese Art von Traurigkeit ist dann gefühlsmässig stark gepolt in Richtung «ärgerlich». Fällt ein Christ unversehens in Sünde, so überfällt ihn möglicherweise auch ein sehr starkes Gefühl von Traurigkeit über sein Versagen, aber diese Traurigkeit ist ganz anderer Art und ist gekennzeichnet durch einen starken Gefühlsschwerpunkt in Richtung «Reue». So gibt es natürlich auch sehr unterschiedliche Freudengefühle. Die spezifisch christliche Freude, welche verursacht wird durch die Glaubenserfahrung der göttlichen Gnade und sich zur friedvollen Freude im Herrn steigern kann (entsprechend Nehemia 8,10), ist geistlich polarisiert und nicht vergleichbar mit weltlichen Freuden an Lottogewinnen oder gar Schadenfreuden oder den Amüsierfreuden auf Disco-Tanzveranstaltungen bis hin zu den Freuden an der Sünde.

Da Musik als Ausdrucksträger sehr unterschiedlicher Gefühle gebraucht wird, sollten Christen die musikalischen Ausdrucksbausteine genau prüfen, um klar zu erkennen, welcher Lebensbereich der Freude z.B. mittels der zeitaktuellen Rock- und Popmusik auf die Gemeinde übertragen wird. Es gibt eben die irreführend anders geartete Freude in den Amüsierbetriebsamkeiten der Menschen bis hin zur Freude an der Sünde, *deren Gefühlsqualitäten auch musikalisch mittels der Musikstile unterstützt werden können, die in unserem Kulturkreis speziell zur Animation für diesen Lebensbereich gebräuchlich sind.* [67-71] Profane Tanz- und Unterhaltungsmusik, Schlager- und Discomusik benutzen wiederholt die für ihren Wirkungsbereich bewährten musikalischen Reizreaktionsmuster, welche im Hörer unwillkürlich Gefühlsassoziationen zu *den* Amüsierbetriebsamkeiten hervorrufen, wo solche Musikstile gebräuchlich sind. Schlichte Volksliedweisen oder gar choralartige Liedformen, die bekanntlich völlig andere emotionale Ausdrucksqualitäten haben, werden deshalb in den genannten weltlichen Lebensbereichen konsequent gemieden. (s. Literaturauswahl: 3, 14, 64, 52, 59). Die gleiche Konsequenz, nur in entgegengesetzter Ausrichtung, sollte man aber um so mehr von Christen für ihren Lebensbereich erwarten bezüglich des Gebrauchs geeigneter Liedmelodien und Begleitarrangements ohne die musikalischen Ausdrucksmuster weltlicher Lebensausrichtungen.

Über die Gefühlsintensivierung mittels Musik schreibt H. Gembris in seinem bereits genannten Buch diesbezüglich Folgendes:

«Nicht nur die Selektion von Wahrnehmungsgegenständen, sondern auch andere, scheinbar rein kognitive Funktionen, wie etwa die Gedächtnisleistung und **interpretative Prozesse, werden erheblich durch die momentane Stimmung gelenkt.** ... Assoziationen und **auch die Interpretation sozialer Prozesse** unterliegen in gleicher Weise dem Einfluss des so genannten ‹mood-congruently›-Effektes. ... **Man sieht die Dinge im Licht der jeweiligen Stimmung.»**

Viele musikalische Ausdrucksbausteine, die im allgemeinen Musikbetrieb der Stimulation zu Amüsierfreuden – zum Beispiel in Tanzcafés und Discobetrieben – üblich sind, werden auch in vielen Hörern wiederum entsprechende Gefühlserinnerungen wachrufen, welche eben diesem Lebensbereich weltlicher Freuden anhaften. Aber auf dieser menschlichen Gefühlsebene weltlich gepolter Freuden wird niemals der Boden zu finden sein, wo das Wort Gottes, die evangelistische Botschaft vom Kreuz, Aufnahme findet und

Wurzeln schlagen kann. Musik, welche die fleischlichen Seiten im Menschen stimuliert, blockiert seine geistliche Aufnahmefähigkeit. Denn das Fleisch streitet stets gegen den Geist, was uns auch der Apostel Paulus in seinem Brief an die Galater eindringlich zu bedenken lehrt. (s. a. Abschnitt 20 Seite 78 + 79)

Eine kritische Auswahl für den christlichen Gebrauch von Musik bezüglich ihrer emotionalen Wirkungsrichtung könnte sich deshalb im wesentlichen aus der Beantwortung folgender Fragen ableiten:

- Aus welcher ursprünglichen Bewegungsquelle stammt die mein Gefühl bewegende Kraft der Musik, und welche charakterlichen Seiten und Schichten meines Wesens werden dadurch anregend mitbewegt?
- Vertragen sich die von der Musik auf mich übertragenen Gefühlshaltungen mit der Anbetungshaltung gemäss den Wünschen Gottes? (z.B. entsprechend der Bibelverse von Abschnitt 10)

12. Musikalisches «Vokabular» zum Ausdruck unterschiedlicher Gefühlsrichtungen

Die Musikpraxis zeigt seit Jahrhunderten, dass bestimmte Gefühls- und Gemütsbewegungen von Komponisten in entsprechende Tonfolgen zu verstehbaren Musikstrukturen künstlerisch geformt werden können. Im Hörer können dann gleichartige Gefühlsrichtungen dieser Gemütsbewegungen gewissermassen induziert werden. Aus der Musikgeschichte ist bekannt, dass bereits im frühen 16. Jahrhundert bis hinein in die Barockmusik des 17. bis 18. Jahrhunderts der Begriff der sogenannten musikalischen «Affektenlehre» aufkam. Die Lehre von den die menschliche Seele bewegenden Leidenschaften und Gemütsbewegungen wurde besonders im musikalischen Barockzeitalter zum Mittelpunkt musiktheoretischer Erörterungen, wo man Tonfolgen in bestimmter rhythmischer und melodischer Art zusammenstellte, die sich als Erreger bestimmter Gemütsbewegungen bewährt hatten. Die Möglichkeiten, mittels eines musikalischen «Vokabulars» die unterschiedlichen menschlichen Emotionen musikalisch darzustellen, wurden also zu einer Affektenlehre zusammengestellt: Kurze Ton-Motive von nur wenigen Tönen, die in ihrer spezifischen rhythmisch-melodischen Bewegung bildhaft bestimmte

Gemütsbewegungen darstellen. Es bildeten sich so mit der Zeit gewisse stereotype melodische Melodiebausteine heraus, welchen man dann auch bestimmte Namen gab. Auch die Kirchenmusik J. S. Bachs ist formal wesentlich durch gewisse wiederverwendete Ton-Motive geprägt, die in bildhaften «Tonfiguren» symbolhaft hindeuten z.B. auf die Bedeutung vertonter biblischer Texte. (Die kompositorische Anwendung dieser Tonsymbolik beschreibt Albert Schweitzer (72) sehr ausführlich in seinem musikwissenschaftlich bedeutsamen Buch über J. S. Bach.)

Auch in der griechischen Antike gab es bereits eine Art von Affektenlehre. Die Ethoslehre eines Pythagoras und Platon schrieb den unterschiedlichen Tonfolgen ihrer gebräuchlichen Tonleitern charakterliche Erziehungswirkungen zu. Man erkannte schon früh die Möglichkeit, mittels Musik bestimmte seelische Willenshaltungen im Menschen zu beeinflussen, da sich die Bewegungen seines Gemüts denen der Melodiebewegung angleichen.

Auch für beruflich komponierende Filmkomponisten unserer Zeit gibt es deshalb seit langer Zeit tabellarisch zusammengestellte musikalische Arbeitshilfen, wo ganz stereotypische, für die allgemeine Filmpraxis bewährte Klangbausteine aufgelistet wurden zur Auswahl für die musikalischen Untermalungen verschiedener Beispiele von Filmdarstellungen. Diese Praxis bestätigt, dass die Ausdruckswirkung von Musik *nicht vorwiegend durch die musikalischen Geschmacksrichtungen* der verschiedenen Hörer bestimmt wird, *sondern massgeblich durch die spezielle kompositorische Struktur der Musik.* [5-7, 11-12]

In seiner Dissertation zum Thema Musikpsychologie und Musiksimulation weist Konrad J. Burdac (13) darauf hin, dass trotz gewisser Zweifel bezüglich seiner Erwartungen einheitlicher Ergebnisse bei musiktherapeutischen Behandlungen eine gezielte Manipulation der Menschen mittels geeigneter Musikbausteine hervorragend funktioniert:

«Dagegen hat der ‹Manipulateur›, der zwar auch eine Verteilerfunktion innehat, diese jedoch nicht im Auftrag des Rezipienten, sondern einer anderen Instanz wahrnimmt, wenig Probleme, was den Einsatz des musikalischen Kommunikationsprozesses für die Ziele seines Auftraggebers betrifft. Ihm geht es nicht um ästhetische oder therapeutische Musik-Ef-

fekte, sondern um die Benutzung von Musik zur Erzeugung bestimmter Stimmungen, die zur Erreichung des eigentlichen Zieles (Kauf eines Produkts, Wahl einer Partei) förderlich sind. Hierbei kann er auf einen Fundus von bekannten, zum Teil seit Jahrhunderten eingeschliffenen Reiz-Reaktions-Mustern zurückgreifen, so dass er auf eine Innovation der Musik-Entwicklung oder -Erkenntnis nicht angewiesen ist.»

13. Die gegenseitige Beeinflussung körperlicher und seelischer Empfindungen

Durch den Forschungszweig der Musikpsychologie, Musiktherapie und Neurologie kann bestätigt werden, dass Gefühlsbewegungen im Menschen stets mit bestimmten organischen Bewegungsveränderungen im körperlichen Organismus verknüpft sind, welche über das vegetative Nervensystem gesteuert werden. Dieser nervliche Organismus, besonders die speziellen Gehirnstrukturen des sogenannten limbischen Systems, sind an der Steuerung menschlicher Gefühle beteiligt. Man könnte diese Gehirnsubstanz deshalb als die physiologische Schaltstelle zwischen Leib und Seele bezeichnen, was auch ein bestätigender Hinweis darauf ist, dass Leib und Seele miteinander verzahnt sind, wodurch eine gegenseitige Beeinflussung stattfinden kann. Die Mediziner und Psychologen bezeichnen diese Wechselwirkung zwischen Körper und Seele bekanntlich als Psychosomatik (wörtlich abgeleitet von «Psyche» = Seele und «Soma» = Leib). [2, 17, 18, 20c, 41-49]

Gefühlsbewegungen seelischer Art wirken sich also auch auf die körperliche Empfindungsebene aus und verstärken sich sogar durch diese Rückkopplung über körperliche Reaktionen gemäss einer Feedbackwirkung. Umgekehrt können aber auch Bewegungs-Reizanstösse, welche von aussen über die körperlichen Sinnesorgane auf den Menschen einwirken, sich bis in den seelischen Bereich hinein auswirken, wo dann entsprechend dem Charakter der Reizeinwirkung die emotionalen Bewegungen verändert werden können.

Unter Berufung auf seinen Berufskollegen Bukhofzer weist H. Gembris ebenfalls darauf hin:

«... mit der Annahme eines unauflöslichen Zusammenhangs von körperlichen und kognitiven Prozessen, die zusammengenommen die ‹Gemütsbewegung› oder die Emotion ausmachen, befindet sich Bukhofzer durchaus in Einklang mit den Ergebnissen der heutigen Psychologie.»

Laute Musik mit schlagartigem stampfenden Grundrhythmus z.B. stimuliert die Gemütsbewegung vornehmlich über den körperlichen Empfindungsbereich des Menschen (s. Abschnitte 19-21, 33, 37-39).

Ungeistliche Einstimmungen mittels solcher Lieder und Instrumentalbegleitungen, deren musikalische Stilmittel der weltlichen Popularmusik entlehnt sind, beklagen erfahrene Evangelisten mit solchen Aussagen wie:

> «Jedesmal, wenn vor meiner Predigt solche Musik gespielt wurde, hatte ich zu Beginn meiner Predigt den Eindruck, als sei zwischen mir und den Hörern eine unsichtbare Wand, welche der geistlichen Aufnahmebereitschaft der Hörer im Wege stand!»

Wenn wir die im vorigen Abschnitt genannten Ermahnungen des Missionars Watchman Nee ernst nehmen wollen, so sollten wir dies auch in Bezug auf die richtige Auswahl von Musik und Liedern für den Gebrauch in christlichen Versammlungen beherzigen, denn bereits jede kleine Liedmelodie hat eine bestimmte eigene emotionale Ausstrahlung, welche die Gemüter der Sänger und Hörer entsprechend einstimmt. Man kann es immer wieder in christlichen Kreisen erleben, dass durch geeignete Lieder mit entsprechend angepasster instrumentaler Begleitung die Gemüter und Gefühle der Beteiligten sowie überhaupt die gesamte seelische Befindlichkeit der Anwesenden in eine geistliche Richtung bewegt werden kann auf eine Einstimmung, welche die innere Bereitschaft zur Aufnahme biblischer Botschaften tatsächlich erleichtert. Gerade zum Beginn einer Gemeindeversammlung sind die Beteiligten meistens noch mit ihren Gefühlen auf ganz unterschiedlichen Ebenen behaftet, die oftmals stark von weltlichen Einflüssen geprägt sind. Wie hilfreich erweisen sich nun geeignete geistliche Lieder, um die Gemüter der Anwesenden zu der nötigen inneren Ruhe einer geistlichen Anbetungshaltung zu sammeln. Zwei oder drei geeignete Lieder wirken in dieser Richtung oft wie ein Wunder und tragen erheblich zur Reinigung der Emotionen bei, was dann die ganze Atmosphäre der Versammlung harmonisiert. Auch die tieferen Schichten der menschlichen Seele, welche die Geistespersönlichkeit berühren, können auf diese Weise zu einer geeigneten Gemütshaltung für die Aufnahme des Wortes Gottes eingestimmt werden und zur Anbetung im Geist, gemäss den Worten Jesu aus Kapitel 4, Vers 23 u. 24 des Johannesevangeliums.

Auch alles, was uns gefühlsmässig auf eine Ebene voll Staunens und Anbetung zu der Grösse, Erhabenheit und Heiligkeit Gottes versetzt, sollte aus der Musik spürbar werden. Dies bedingt natürlich auch eine ausgewogene Balance der musikalischen Form, die gewissermassen eine *Widerspiegelung der Schöpfungsordnung Gottes auf musikalischer Ebene* sein sollte. Der ausgewogenen Schönheit der Natur entspricht zum Beispiel eine Musik nicht, wenn darin übermässig viele dissonante Klänge vorkommen, welche infolge der schöpfungsmässig gegebenen menschlichen Gehördisposition im psychischen Erleben eine Spannungsaufreizung bewirken (s. auch Abschnitte 31,32). Besonders die maschinellen Rhythmus-Strukturen, die man mittels Rhythmuscomputern in der Discomusik und ausschliesslich bei Technomusik verwendet, laufen allen natürlichen Rhythmen der Schöpfungsordnung entgegen und sind im Grunde deshalb überhaupt keine Rhythmen in der eigentlichen Bedeutung dieses Begriffs (s. auch Abschnitt 17, 23, 24).

14. Klangüberflutungen – Kommunikation auf falscher Ebene

Der amerikanische christliche Autor Bob Larson, welcher vor seiner Bekehrung zum biblischen Glauben beruflich als Rockmusiker tätig war, gibt zu bedenken, welcher Täuschung Christen unterliegen können beim Hören geistlich ungeeigneter Musik, selbst wenn damit auch evangelistische Absichten verbunden sind. Er sagt bezüglich der sogenannten christlichen Rockmusik:

> «Solche Klangüberflutung mag ohne weiteres die seelische Seite einer Person ergreifen, ohne jedoch die tieferen und wesentlicheren Schichten ihrer Geistespersönlichkeit zu erreichen. Manchmal ist es nicht einmal das zu grosse Klangvolumen, das den Worten im Wege steht, es kann auch einfach die Struktur der Musik selbst sein. Wenn der Rhythmus bei mir mehr körperliche, sinnliche Bewegungen als Anbetung Gottes in Herz, Geist und Sinn hervorruft, dann vollzieht sich die *Kommunikation auf einer falschen Ebene.*»

Kommunikation wird hier durch Synchronisation[24] *der Gefühle bewirkt, also gleichsam eine Art gruppendynamische Wirkung durch die ununterbrochene motorische Taktrhythmik der Pop- und Rockmusik. Man wird dadurch eingependelt auf eine gemeinsame,* körperlich gepolte *Gefühlsebene (s. auch Abschnitt 62).*

15. Taktmotorische Musikstile im Gegensatz zu atemrhythmisch geprägter Musik

Welche Schichten der menschlichen Seele hier stimuliert werden, hat der bekannte Musiker und Dirigent Ernest Ansermet, der sich sehr intensiv mit Musikpsychologie befasste, klar definiert. In seinem bemerkenswerten Buch «Die Grundlagen der Musik im menschlichen Bewusstsein» (2) erklärt er sehr deutlich die Auswirkung von Musik auf den Menschen. Er bestätigt darin, dass, je stärker eine Musik taktmotorisch geprägt, also vorwiegend rhythmisch-*motorisch* ausgerichtet ist – was zum Beispiel in sehr starkem Mass bei Rockmusik zutrifft –, umso mehr vermag diese Musik die körperlich-fleischliche Empfindungsebene im Menschen zu erregen. Hingegen vermag aber eine *atemrhythmisch* geprägte Musik mit vorwiegend melodischer Ausprägung die seelisch tieferen Schichten im Hörer anzusprechen, die auch seine Geistespersönlichkeit berühren. Diesen Sachverhalt formuliert er folgendermassen:

«Solange die psychische Zeitlichkeit (in der Musik) ihr *Mass nur aus der Atemkadenz* bezieht (also aus übergeordneten atemgemässen Zeitdauern und nicht aus taktmotorischen Grundschlägen), bewahrt das Erlebnis einen rein seelischen und, so könnte man sagen, geistigen Charakter: Es wird **allein in der Kontingenz des Atems** zur Existenz gebracht. Insoweit sich **aber der motorische Charakter** der psychischen Kadenz (Zeitempfindung gemäss einer Taktmotorik) bemerkbar macht, in welchem Fall auch die kadenziellen Dauern (den motorischen Taktschlagzeiten entsprechend) bemerkbar werden, gewinnt das Erlebnis den **Charakter eines im Fleisch erlebten Gefühls, das in der Kontingenz eines Körpers und unserer motorischen Energie zur Existenz gebracht wird.**»

In diesem Zusammenhang schreibt er dann auch, dass «*das rein seelische Gefühl,* ***das ‹geistige› Gefühl, in sich keinen motorischen Charakter besitzt.***»

Eine atemrhythmisch geprägte Musik beugt sich niemals einem starren motorischen Taktschema, denn die Taktschlagzeiten ordnen sich darin so ein, dass das Takttempo gewissermassen «atmend» in entsprechenden Zeit-*Ausdehnungen* und Zeit-*Raffungen* gemäss den Spannungsbögen des Melodieverlaufs reagiert, also von den *taktübergreifenden*, grösseren Melodiebögen bestimmt wird. Dieser meistens taktübergreifend weiträumige Rhythmus, welcher bei natürlicher - also *nicht* computergesteuerter Musikausübung - stets bis zu einem gewissen Masse mit einfliesst, wiederholt sich auch in periodischer Folge von «Schwingungseinheiten», deren Einzelperioden oftmals über mehrere Takte hinweg sich «ausschwingen». Sie bilden also eine *übergeordnete zweite rhythmische Zeitstruktur, deren Ausdehnung nicht von motorischen Taktzeitschlägen dirigiert wird.* Diese dem Taktrhythmus übergeordneten Zeiteinheiten ergeben sich einerseits *objektiv* aus der formalen Struktur der Komposition (tektonischer Aufbau der Melodien, der Harmonik, musikalische Thematik, usw.) sowie andererseits aus der *subjektiven* Ausdeutung des thematischen Materials der Komposition.

Auf die melodischen Spannungs- und Entspannungsverläufe hindeutend, beschreibt H. Gembris (27) auch unter Berufung seines Kollegen Kurth (53) die Charakteristik melodischer Musikstrukturen:

«So stehen die Töne einer Melodie in ‹lebendiger Spannungsbeziehung›: Gegen Anfangs- und Endton wie gegen den Höhepunkt zu, setzen sofort Spannungsbeziehungen ein, auch bildet sich aus jedem Bewegungsverlauf eine Art Gravitationspunkt, der wie ein Zentrum die Spannungen auf sich hinwirken lässt; aber nicht bloss die Spannwirkungen zu anderen Tönen hin kommen für einen herausgegriffenen Einzelton in Betracht, sondern auch die charakteristische Verlaufsform als Ganzes (Kurth, Seite 85f). Und ***so verläuft die Bewegungsenergie der Melodie insgesamt in Bögen von Spannung und Entspannung****; der Aufbau von Spannungen, Teilentspannung und Neueinsatz von Spannungen greifen ineinander über und* ***bilden Kurven von Spannung und Entspannung****, die am Ende eines Satzes oder Musikstückes in die letzte, ‹volle› Entspannung einmünden (vgl. Kurth, Seite 256ff.). ... Dieser Entspannung ging im Hören eine Phase der ‹****geistigen****›, ‹****psychischen Aktivität****› und Anspannung voraus.*»

Dieser natürliche Spannungswechsel, der den Zeitspannen der Takte gleichsam als übergeordneter Atemrhythmus besonders in melodisch ausgerichteten Kompositionen nachempfunden werden kann, wird sich infolge der üblichen taktrhythmischen Motorik in Rock-, Pop- und Technomusikstilarten nicht entfalten können. Psychische und geistige Aktivitäten werden beim Hören dieser Musikstile deshalb zurückgedrängt und durch drogenartig wirkende «Entspannungsphasen» ersetzt, für deren Ausbreitung ein waches Hörbewusstsein eine Bremse wäre.

Der Musikpädagoge Prof. Dr. Kurt Johnen macht in seinem Buch «Die Energetik des Klavierspielens» die Musikinterpreten nachdrücklich auf solche musikalischen Spannungs- und Entspannungsphasen aufmerksam, die auch objektiv erkennbar anhand des formalen Aufbaues allen natürlichen musikalischen Kunstwerken und Liedformen normalerweise zugrunde liegen. In seinen Studieranleitungen zur Musikinterpretation intensiviert er den Nachvollzug dieser taktübergreifenden Rhythmik, indem er die Interpreten dazu anhält, ihre körperliche Atemperiodik der entsprechenden musikrhythmischen Periodik anzupassen, auf welche die jeweilige Komposition basiert. Durch die individuelle Ausdeutung des Inhalts einer musikalischen Struktur bringt jeder Interpret dabei auch seine persönlichen Emotionen dadurch zum Ausdruck, indem er im Verlauf seiner Darbietung gewissen Melodieabschnitten oder Einzeltönen einer Melodie *seine* ganz *individuell empfundene* Zeit zumisst, die *gerade in der **Abweichung vom zeitstarren** Takttempo **seine persönliche*** Ausdrucksweise der Interpretation kennzeichnet. [37, 38]

Die Aufzeichnungen vieler namhafter Musikinterpreten dokumentieren hinlänglich dieses Prinzip musikalischer Zeitempfindung. [S. im Anhang die grafische Aufzeichnung des rhythmischen Zeitverlaufs der Interpretation eines Sonaten-Themas. Bild 3]

Unter der Überschrift «Atem und Musik» bemerkt Rita Jakobs in dem von H. H. Decker-Voigt (15) herausgegebenen «Handbuch Musiktherapie»:

«Durch das rhythmische Gleichmass des Ein- und Ausatmens und der Atem-Pause ist die Beziehung des Atems zum Musikalischen leicht erkennbar. Alle Polarität in der Musik wie z.B. Konsonanz-Dissonanz, leise-laut, langsam-schnell, tief-hoch u.a.m. ist in ihren Extremen und

Modifikationen ‹musikalisches Atmen›, das notwendigerweise seine Rückwirkungen auf den Hörenden hat.»

Auch der Musikpsychologe Kurth (53) bestätigt diese wesentliche Ausdruckskomponente emotionaler Spannungswechsel in der Möglichkeit zur Umsetzung durch den Musikinterpreten zu entsprechenden motorischen (d.h. tempo-bewegungsspezifischen) Musikvorträgen, wenn er dazu bemerkt: *«Die **emotionalen** Spannungen gehen in die **motorischen** der Musik über.»*

Leider werden in der Musikpraxis unserer Zeit sehr häufig diese natürlichen Ausdruckskomponenten ignoriert. Die Umsetzung emotionaler Spannungswechsel in entsprechend motorische Ausdrucksbekundungen kann sich aber nicht in Musikstilarten entfalten, wo sich infolge einer vorherrschenden starren Taktmetrik die Tonbewegungen nicht im natürlichen Wechsel einer *atemgemässen* Rhythmik verzeitlichen können [37a, 38a.b] (s. auch Abschnitte 15-20, 51).

Hermann Gottschewski, Autor einer bahnbrechenden interpretationshistorischen und theoretischen Dissertation über die musikalische Tempogestaltung, bestätigt in einem schon vorher darüber verfassten Aufsatz über «Tempoarchitektur» die Fehlentwicklungen vieler Musikinterpretationen unserer Zeit infolge einseitiger Ausrichtung nach metronomischen Zeitmassstäben. Er zitiert dazu anfangs den bemerkenswerten Leitspruch von Joseph Pembauer («Von der Poesie des Klavierspiels», München 1912, Seite 31):

«Es ist ein trauriger Irrtum, in den die Ausführenden gefallen sind, welche das metronomisch gleichmässige Tempo für das Klassische ausgegeben haben. Die Musik ist in die Zeit modelliert, wie die Plastik in den Raum!»

Als Ausblick und Zusammenfassung seiner Ausführungen schreibt er zum Schluss seines Aufsatzes (auszugsweise):

«Das Tempo ist etwas seinem Wesen nach ständig Bewegtes. So wenig diese Erkenntnis neu ist – spätestens seit der Erfindung des Metronoms hat jeder musikalische Spieler diese Tatsache bei dem Versuch des Spiels nach Metronom erfahren –, so wenig Konsequenzen hat sie für das Reden über Agogik gehabt, und die Folge davon ist, dass Tempogestaltung, jedenfalls in ihrer höheren Potenz, nach wie vor als etwas Unbeschreibbares gilt. Nach wie vor muss sich das musikalische, bewegte Tempo am unmusikalischen, metronomischen messen.

Um von dieser Vorstellung von Agogik wegzukommen, musste ein wesentlicher Unterschied zwischen der physikalischen Geschwindigkeit und dem musikalischen Tempo aufgedeckt werden: Das Tempo ist nicht kontinuierlich, sondern besteht aus einer Folge von Zeitintervallen ...»

Anhand historischer Konzertaufnahmen von dem bekannten Pianisten Carl Reinecke zeigt der Autor in grafischer Darstellung überzeugend die ausgewogene Tempoarchitektur solcher unterschiedlich gestalteter Zeitintervall-Folgen. Metronomische Taktrhythmik war an keiner Stelle solcher musikalischer Meisterinterpretationen auffindbar.

Aber diese natürliche musikalische Zeitempfindung kann sich unmöglich innerhalb einer Musikausübung entfalten, welche – wie die Rock-, Pop- und Technomusik – durch die Diktatur von stereotyp zeitgleichen Taktschlägen geprägt ist. Sie entfaltet sich nur dort, wo die Taktschlagzeiten sich so einordnen, dass grössere Zeitabschnitte ganzer Takte – nun gewissermassen «atmend» – stets in Entsprechung der Zeit-Dehnungen und Zeit-Raffungen gemäss den grossflächigen Spannungswechseln des Melodieverlaufs folgen.

Eine *solche* musikalische Zeitempfindung prägt grundsätzlich die natürliche Interpretation von vorwiegend melodisch ausgerichteten Kompositionen. Entsprechend der Erklärung Ansermets ist sie tatsächlich auch eher geeignet, die *geistigen* Wesensschichten im Hörer anzusprechen. Diese dem Atemrhythmus vergleichbaren Zeitspannen bilden gegenüber dem Pulsrhythmus der Taktschlagzeiten eine übergeordnete und führende Rhythmuskomponente. Die periodisch erfolgenden Wechsel von Zeitverbreiterungen und Zeitraffungen, – in der Musikfachsprache auch als «Agogik» und «Rubato» bezeichnet, – sind in den verschiedenen Stilarten der Musik natürlich in unterschiedlichem Ausmass gebräuchlich. So ist zum Beispiel die Musik aus dem 17. und 18. Jahrhundert bekanntlich nicht so stark agogisch ausgeprägt wie Musik aus der romantischen Musikepoche des 19. Jahrhunderts. Stets sind aber bei *natürlicher* Musikinterpretation beide Rhythmuskomponenten in wechselseitiger Beziehung zueinander spürbar vorhanden.

16. Die «musikalische» Zeit – eine «psychische Dauer»

Es gibt also eine spezielle *«musikalische Zeit»* innerhalb des Spannungsfeldes zwischen den beiden rhythmischen Zeitebenen von a) Taktrhythmus und b) Atem-Rhythmus als ein *«innerliches Erlebnis»* während einer Musikdarbietung. Diese musikalische Zeitdauer wird beim Musizieren zu einem seelischen Erlebnis und ist deshalb *«in Wahrheit eine psychische Dauer»* [38a]. Ernest Ansermet erklärt diese *«musikalische Zeit»* in der *«hier auftauchenden Frage: Wie misst sich in unserer Existenz eine seelische Dauer? – Sie kann nicht mehr mit der Zeit der Welt* (= Uhrzeitmass) *gemessen werden, die die Seele ignoriert».* (Die völlig unorganische computergesteuerte Techno-Rhythmik ist ein prototypisches Beispiel dieses «Welt-Zeitmassstabs»). *«Ebenso wie das Ohr die Frequenz eines Tons durch ein Mass seiner eigenen Energie misst, d.h. einer körperlichen Energie»* (nämlich der angeborenen Gehördisposition, die in Abschnitt 31 genannt wird), *«so muss auch die* ***seelische Dauer*** *in uns* ***durch ein körperliches Mass der Zeit gemessen werden»*** (niemals also durch den unorganischen Zeitmassstab von Rhythmuscomputern!).

Damit wird deutlich, dass die seelische Empfindungsebene des Musikhörers sich musikalisch niemals innerhalb eines starren unorganischen Maschinentakts zeitrhythmisch einordnen und «widerspiegeln» kann, sondern zwangsläufig unterdrückt, betäubt und schliesslich nach längerer Einwirkung der synthetischen Maschinen-Klang-Rhythmik ganz ausgeräumt wird. Also die individuellen Empfindungen (persönlicher Wille und Gefühle) als Eigenschaften der persönlichen Lebensqualität der menschlichen Seele finden keinen entsprechenden musikalischen Zeitraum mehr in den unorganischen Maschinenrhythmen einer Technomusikveranstaltung, denn die massgeblichen Zeitdauern dieser Taktrhythmik bemessen sich *ausschliesslich nach «der Zeit der Welt, die die Seele ignoriert»* (nach wörtlichem Zitat von E. Ansermet). [38a]

Die mittels Musiksequenzer der Computertechnik hergestellte Zeit-Rhythmik ist zweifellos das diabolische Gegenprodukt zu jedem organischen Lebensrhythmus der Schöpfung (s. auch Abschnitt 23).

Bei musikalischen Zeitempfindungen zwischen den rhythmischen Bewegungsabläufen von Vergangenheit – Gegenwart – Zukunft während einer Musikdarbietung bedeutet die Wahrnehmung der unterschiedlichen *Zeitbewegungstendenzen im Tempoverlauf* eine wesentliche Ausdruckskomponente. Musikinterpretationen als Ausdruck seelischer Bewegungen zeigen sich gerade in solchen variablen kleinen Tempoverschiebungen gegenüber den latent empfundenen metrisch gleichartigen Pulsen des Grundtempos. Innerhalb des Spannungsfeldes dieser zwei unterschiedlichen Zeitempfindungsebenen kann der Interpret allen für ihn bedeutungsvollen emotionalen Momenten innerhalb der Tonfolge eine entsprechend persönliche Zeitempfindung zumessen, was dann auch der Hörer als solche mitempfinden kann. Diese wichtige Ausdruckskomponente stellt sich in solchem sehr flexibel erfassbaren unterschiedlichen Tempo-Zeitfluss dar und setzt sich dadurch ausdrucksinformativ in der Psyche der Hörer zu entsprechend unterschiedlichen Empfindungsqualitäten um. Solche Ausdrucksmöglichkeiten zu tieferen Empfindungsqualitäten *werden durch den motorisch taktrhythmischen Charakter der Rock-, Pop- und Technomusikstilarten rigoros verdrängt*. Die vorwiegend motorischen Bewegungsabläufe vermitteln infolge des taktrhythmisch bedingten «Magneteffekts» [27b.c] deshalb auch nur *vorwiegend Körperstimulationen und bieten tieferen seelischen Bewegungsqualitäten nicht den dazu notwendigen zeitrhythmischen Ausdrucksraum.*

Der Philosoph Ludwig Klages (47) beklagte in seinem lesenswerten Buch «Vom Wesen des Rhythmus» bereits die Unnatürlichkeit einseitiger «Taktrhythmiker». In einem seiner weiteren Bücher mit dem Titel «Der Geist als Widersacher der Seele» macht er deutlich, wie der zerstörerische menschliche Geist oftmals die natürlichen Gegebenheiten seelischer Eigenschaften zerstören kann. Aus dieser Perspektive bemerkt er folgerichtig, dass ein Rhythmus auch den Charakter des Taktes annehmen kann, *sobald er sich ihm unterwirft*. Der so «getaktete» Rhythmus, den ich deshalb als Taktrhythmus bezeichne, erhält durch diese «Taktung» eine andere Ausdrucksqualität. Diese neue Qualität beruht in einer sehr verstärkten Wirkung jenes naturwidrigen Taktzeitmasses, das nun dem gesamtrhythmischen Musikablauf den Taktcharakter aufzwingt und dadurch jegliche natürliche Rhythmusgestaltung verhindert. Deshalb folgert Klages auf Seite 19 seines Buches weiter:

«Wie sollen wir das verstehen? – Die grundsätzliche Antwort kann nur lauten: **die den Namen des Taktes tragende Regelerscheinung muss mit irgendeinem Charakterzuge am Rhythmus beteiligt sein und dergestalt, so gewiss sie vom Eingriff des Geistes ins Leben spricht, zugleich die Knüpfungsstelle der feindlichen Mächte bedeuten.**»

Grundsätzlich kann man immer wieder feststellen: Je weiter der Mensch sich bei der Auswahl seiner Arbeitsmittel von den gegebenen Massstäben der Schöpfungsordnung entfernt, um so destruktiver werden die daraus entstehenden negativen Folgeerscheinungen sich auswirken.

17. Takt als Zerstörer des Rhythmus

Die Bestätigung der Erkenntnisse über das Wesen des musikalischen Rhythmus, der nicht an starre Zeitfolgen des Taktes gebunden ist, wird uns schon aus der frühen Musikgeschichte in den Musizieranweisungen des bekannten Komponisten vieler geistlicher Chorwerke, Daniel Friderici, überliefert, welcher als Kantor Anfang des 17. Jahrhunderts in Rostock bereits gegen die starren «Taktmusiker» seiner Zeit kämpfte. Seine damals veröffentlichte Unterweisung in der Singkunst unter dem Titel «Musika Figuralis» gilt musikgeschichtlich als eine wertvolle Quelle von Betrachtungen der Aufführungspraxis der Musik des 16. Jahrhunderts. Daniel Friderici forderte:

«Im Singen soll durchaus nicht einerlei Takt gespüret und geführet werden, sondern nachdem die Worte des Textus sein, also muss auch der Takt gerichtet sein, also dass eine convenientz und decorum (Übereinstimmung und Schicklichkeit) behalten werde. *Irren demnach die Kantores, welche den Takt so schnurgleich abmessen als des Uhrwerk seine Minuten.*» (aus «Musik in Geschichte und Gegenwart» Bd 4.)

Eine der radikalsten Stellungnahmen für die Rhythmen der Natur und gegen die einschneidenden metrischen Taktbegrenzungen als Wiederholung gleicher Zeitabschnitte finden wir in einer ausführlichen Beschreibung vom Wesen des Rhythmus in dem gleichnamigen Buch des bekannten Philosophen und Psychologen Ludwig Klages (47). Man kann ihm nicht widersprechen, wenn er die vielfältigen Rhythmen in der Natur und in allen Geschöpfen beleuchtet und dabei überzeugend klar macht, dass naturgegebene Rhythmen sich niemals mit Wiederholungen in gleichen Zeitabschnitten bewegen. Auch er weist auf die Natur-Rhythmen hin wie zum Beispiel auf den rhythmischen Verlauf von Wasserwellen, deren Beginn und Ende fliessend ineinander übergehen und die sich nie in absolut gleicher Länge wiederholen, sondern nur in ähnlicher Zeitfolge. Dazu nennt er auch den Verlauf von Tagen und Nächten, Ebbe und Flut, Himmelsgestirnen, Jahreszeiten und auch alle körperlichen Rhythmen von Tieren und Menschen, die sich niemals in Folgen periodisch gleicher Zeitabschnitte bewegen.

So gesehen muss man Klages Recht geben, wenn er behauptet, dass der vom menschlichen Geist erfundene *metrische Takt überhaupt nicht in der Natur vorkommt und deshalb zum Zerstörer des natürlichen Rhythmus* wird, wenn er diesen durch taktmässig mathematisch gleiche Zeitabschnitte zerschneidet. So verurteilt er auch die Musiker, welche die rhythmischen Zeitgestalten der Musik vom Taktmetrum ausgehend interpretieren. Aber Klages bestätigt hiermit auch folgendes Rhythmusphänomen der Rockmusik: Wenn nämlich die rhythmische Gestalt einer Musik genau mit dem Taktmetrum zusammenfällt, so dass lediglich das *Taktmetrum zum eigentlichen Rhythmusmuster der Musik wird* (Seite 19 u. 22) – dann erhält zwar dieser metrisch betonte Rhythmus eine enorm «starke Kraft» in seiner Auswirkung gemäss seinem Wesen als unnatürlicher maschinell-motorischer Bewegungsablauf, der – nervlich bedingt – zwar stark körperlich erregt, worin sich aber natürliche lebensgemässe Rhythmen nicht entfalten können.

In dem Kraftfeld von einseitig taktrhythmisch geprägter Musik werden deshalb auch alle natürlichen Lebensrhythmen des menschlichen Organismus gehemmt und auf die Dauer vergewaltigt, weil die natürlichen Körperrhythmen nicht in maschineller Gleichförmigkeit, sondern in asymmetrischen Zeitproportionen verlaufen! Da aber gerade den lautstarken Rockmusikstilen ein relativ starrer Taktrhythmus zugrunde liegt, welcher dann in den Technomusikstilen schliesslich zu einer maschinellen Zeitstarrheit degeneriert, die man bekanntlich in keinem organischen Naturrhythmus antrifft, sollten Christen wohl überlegen, ob sie mit solchen Musikstilen dem Schöpfer aller Kreaturen «Anbetungslobgesänge» in Begleitung von naturfremden und maschinenartig «toten» Rhythmen darbringen können. Gemessen an Gottes Schöpfung dürften solche toten Rhythmen niemals *Seinen* Erwartungen entsprechen! Es muss wohl ein anderer Machtgeist sein, der sich mitsamt seiner Gefolgschaft über solche schöpfungsfremden «Lobesrhythmen» ergötzen kann.

18. Taktmotorik oder Melodik

Es sei hierbei auch nochmals an die bereits genannten Feststellungen Ansermets (Abschnitt 15) erinnert, welcher bestätigte, dass taktmotorische Musik vorwiegend körperlich stimuliert und melodisch-atemrhythmisch geprägte Musik mehr die seelisch-geistigen Ebenen der Hörer erreicht. Daraus ergibt sich nun die herausfordernde Frage für den christlichen Musikgebrauch: Will man denn überhaupt auch die tieferen Schichten der Geistespersönlichkeit der Hörer bewegen oder begnügt man sich mit deren körperlicher Einstimmung mittels taktrhythmisch mitreissender Beat-Musik? *Will man sich damit begnügen, dass mittels solcher Musikstile die Hörer zwar rhythmisch zu gemeinsamen körperlich geprägten Empfindungen eingependelt werden – oder möchte man mittels Musik zu* ***geistlicher*** *Gemeinschaft verhelfen?* Schliesslich sollte man doch wissen, dass geistliche Wortbotschaften gemäss Sprüche 20,27 sowie 1. Korinther 2,12-14 nicht über die seelisch-körperliche Empfindungsebene übermittelt werden können, weil der Geist Gottes sich nur über den Geist des Menschen mitteilt. Nur über den Bereich der tieferen Schichten seiner Geistespersönlichkeit kann der Hörer also dazu bewegt werden, sich der geistlichen Botschaft von Bibeltexten zu öffnen. Die einseitigen Körperstimulationen, welche von Rock- und Popmusikstilen ausgehen, schaffen zwar eine gewisse Kommunikation zur Gemeinsamkeit auf diesen körperlich gepolten Empfindungsebenen, aber solche Kommunikation mittels taktrhythmischer Synchronisation der Gefühle berührt nicht die geistigen Bewusstseinsschichten, sondern blockiert sie eher.

19. Unterschiedliche Gefühlsbewegungen durch unterschiedliche Musikrhythmik

Um die wesentlichen Unterschiede *atemrhythmisch* geprägter Musikstrukturen gegenüber *taktmotorisch* geprägten Musikstilarten zu verdeutlichen, sei nochmals betont, dass es normalerweise in der rhythmischen Zeitstruktur der Musik stets *zwei* Zeitmasskomponenten gibt, die in einer gegenseitigen Wechselbeziehung zueinander stehen und dadurch dem Musikvortrag erst die natürliche Lebendigkeit verleihen:

1. Das Zeitmass der Taktschlagabstände – als Pulsrhythmus, bezogen auf den natürlichen Körper-Rhythmus des Pulses.

2. Das variable Zeitmass der periodischen Wechsel-Folgen von Zeitdehnungen (= verlangsamte Tempi) mit den dazugehörigen zeitausgleichenden Zeitraffungen (=Tempobeschleunigungen), vergleichbar den Zeitspannen des Atemrhythmus. [37a, 38a.b]

Es hat sich erwiesen, dass der Hörer diese musikalischen Spannungswechsel dann am leichtesten nachempfinden kann, wenn der zeitliche Abstand der Periodik den *naturgegebenen Zeitrhythmen* seines menschlichen Organismus entspricht, also vorrangig in zeitlicher *Entsprechung zum Puls- und Atemrhythmus.* Das heisst: Die musikalische Spannungs- und Entspannungsphase einer Melodiestruktur entspricht normalerweise der zeitlichen Struktur des natürlichen Atemrhythmus, so dass zum Beispiel der melodische Spannungsverlauf des sogenannten Vordersatzes einer Melodie der Spannungsphase einer organischen Einatmung entspricht, worauf dann die melodische Fortsetzung des sogenannten Nachsatzes als Entspannungsphase gemäss einer organischen Ausatmung erfolgt. Das *Ausmass* solcher Zeitverschiebungen (gemessen gegenüber dem motorischen Puls-Grundzeitmass der Taktschläge) richtet sich natürlich stets nach den individuellen Rhythmusempfindungen des jeweiligen Musikinterpreten, welcher dieser übergeordneten «Atemperiodik» entsprechend variable Zeitspannen zumisst. [S. im Anhang die Abbildungen der «musikalischen» Zeitkurven hierzu in Bild 3.]

Wenn sich aber diese rhythmische Überstruktur infolge einseitiger Taktrhythmik – wie bei Rock- und Technomusikstilen üblich – gar nicht entfalten kann, *so fehlt der Musik das beseelende Lebenselement.* Sie stimuliert im Grunde nur taktmotorische Körperempfindungen infolge der zwangsweisen Einpendelung des Nervensystems auf die einseitig vordergründige Taktrhythmik solcher Musikstile.

20. Körperliche Stimulation bei Rockmusik

Wenn vorwiegend und vordergründig die *taktmetrischen* Grundelemente der Musik vorherrschen auf Kosten der harmonischen und melodischen Struktur *natürlicher* Rhythmik, so entspricht die Musik auch nicht der ausgewogenen Schönheit der Gottesschöpfung, und sie ist dann *ungeeignet zur Übertragung geistlicher, biblisch orientierter Botschaften.* Musiksoziologen und Musikpsychologen haben durch zahlreiche Untersuchungen und Experimente eindeutig festgestellt, dass Rockmusik und alle taktrhythmisch geprägten musikalischen Rhythmusstrukturen vordergründig körperliche Stimulanzien im Menschen erregen. [13a. b.c., 19b. d.]

Diese vorwiegend somatisch reflexive Hörweise, d.h. körperlich empfundene Musikaufnahme beim Hören von Rockmusik, bestätigt Heiner Gembris bei seinen diesbezüglichen Betrachtungen in seinem Buch «Musikhören und Entspannung» auch unter Berufung seines Fachkollegen Rauhe:

«So wird etwa das ‹sensumotorische› oder ‹motorisch-reflexive› Hören (nach Rauhe) einen andersartigen Entspannungseffekt zeitigen als beispielsweise das ‹strukturelle› Hören (Freude beim Erkennen einer künstlerisch geformten Musikstruktur), weil die beiden Rezeptionsweisen (Arten des Musikhörens) mit verschiedenen Verhaltensformen verbunden sind, denen jeweils unterschiedliche Prozesse zugrunde liegen: So ist für das ‹motorisch-reflexive› Hören die Beteiligung motorisch-somatischer Prozesse charakteristisch, während beim ‹strukturellen› Hören vorwiegend kognitive (d.h. geistige, erkenntnismässige) Prozesse im Vordergrund stehen. ... Ist die Art der Rezeption, um bei unserem Beispiel zu bleiben, eher ‹motorisch-reflexiv› – was natürlich durch solche Musik begünstigt wird, die motorisch akzentuiert ist und dadurch die Aufmerksamkeit in besonderem Masse auf motorische Prozesse lenkt (wie z.B. Rock- und Tanzmusik), so wird sich die Entspannung zunächst primär auf den motorisch-somatischen Bereich beziehen, was nicht ausschliesst, dass sie sich auch auf den kognitiv-emotionalen Bereich *ausdehnen kann.* Dem gegenüber werden Entspannungseffekte, die sich beim ‹strukturellen› Hören einstellen, sich zunächst in erster Linie auf den *kognitiven Bereich beziehen, da hier die Motorik am Rezeptionsvorgang gar nicht oder in einem sehr viel geringeren Masse beteiligt ist.*»

In seinen «Anmerkungen zum Ausdruck in Rock und Pop» bemerkt auch Ansgar Jerrentrup (58) bezüglich der Unterschiede prägnanter Stilrichtungen des Rock- wie z.B. Hardrock, Punkrock, Heavy Metal, Politrock, Folkrock (auch Kuschelrock):

«Trotz alledem liegt der Hauptausdruck (in diesem Fall auch = Funktion) speziell von Rockmusik in der Stimulation von (gesamt-) *körperlicher* Bewegung und ihre Wirkung zielt nicht selten darauf ab, dabei die *Bewusstseinskontrolle auszuschalten.*»

Er gibt zu bedenken, Rockmusik auch als «Ausdruck von Gegenkultur» als «rebellische und gegenkulturelle Attitüde» zu verstehen. Hierbei erwähnt er neben Technomusik die zutreffend benannte «Dark-Elektro und EBM-Industrial (EBM = Electronic Body Musik), also motorische Tanzmusik mit elektronischen Klängen».[25]

Martin Heide (37) erwähnt in seinem bemerkenswerten Buch *«Musik um jeden Preis?»* sogar Folgendes:

«Dass Rockmusik sexuell angereicherte Empfindungen provozieren kann, wird von kaum einem weltlichen Rockmusiker bzw. Rockexperten geleugnet. Der Rocksoziologe Simon Fried sieht in der Rockmusik nicht die Bestätigung des Ich durch die Sprache ... sondern vielmehr die Auflösung des Ich in eine Art sinnlichen Rausch.

Erik Böhme meint: ‹Rock 'n' Roll ist Sex. Die besten Erinnerungen, die wir an Rockmusik haben, sind immer sexuell angereichert. Der stampfende, treibende Beat, der den Körper in ganz anderer Weise und an ganz anderen Stellen ergriff und durchströmte und durchrüttelte als man dies von der körperlichen Betätigung beim Sport oder gar von der Arbeit her kennt. Rock 'n' Roll regt den sexuellen Appetit an, war ein Versprechen, das es einzulösen galt, das einen scharf machte. Also zog man los auf der Suche nach etwas, von dem man nur ahnte: This is it. Was sich dann jedoch oft als Betrug herausstellte.› In diesem Zusammenhang wird dort auch ausgesagt: ‹Rockmusik wurde von Männern wie auch von Frauen als eine neue Artikulationsform der Sexualität erlebt.› Der Musikwissenschaftler Tibor Kneif schrieb: ‹Heavy Rock mit seinen Erschütterungen spricht ... den ganzen Körper an, vor allem die Bauchregion, und letzteres erklärt die viel gepriesene sexuelle Stimulation, die von ihm ausgeht.› Der Rockmusiker John Dates sagte bereits 1976: ‹Rock 'n' Roll› ist 99% Sex.›»[26]

21. Steigerungen der Körperstimulans mittels Synkopen und Offbeats bis zur Ekstase

Die über das Nervensystem erregten körperlichen Reaktionen bei taktrhythmisch orientierter Musik verstärken sich besonders, wenn durch häufige Synkopenbildungen und Offbeats zusätzliche rhythmische Empfindungsebenen des körperlichen Nervensystems dagegen gesteuert werden. Dadurch wird die schöpfungsgemässe Balance von Geist, Seele und Leib des Menschen durcheinander gebracht und verschiebt sich zum Übergewicht körperlicher Empfindungen. Die Aufnahme von geistlichen Botschaften wird dann sehr erschwert und meistens ganz blockiert. Eine treffliche Charakterisierung der Discoszene und deren «Kultgemeinde» beschreibt Horst Neumann (59) in seiner bemerkenswerten Dissertation über die «religiöse Subkultur der Musik- und Discoszene». [15, 40, 69-71]

Die körperstimulierenden Impulse taktrhythmisch geprägter Musik erfahren eine wesentliche Verstärkung, wenn innerhalb der relativ zeitgleichen Abstände des Taktschlag-«Gitters» in der rhythmischen Melodiestruktur durch Synkopenbildungen und sogenannte Offbeats Akzentverschiebungen hinzukommen. Dieser zeitrhythmische Konflikt durch die zeitlich verschobenen Melodieakzente gegenüber der Grundtaktschlagempfindung, in die sich das Hör-Nervensystem in Erwartung zeitgleich bleibender Grundtaktschläge einpendelt, zwingt nun das Nervensystem zu einer verstärkten Gegenreaktion. Diese nervliche Gegenreaktion vollzieht sich in der verstärkten Gegensteuerung auf den Zeitpunkten der Grundtaktschläge in der «Behauptung» dieser Grundstatik taktgleicher Beatfolgen gegenüber den gegenläufigen Melodieakzenten, die nicht mit den Grundtaktschlägen übereinstimmen. Dies äussert sich dann meistens durch verstärktes körperliches Zucken oder Fusswippen bei den Hörern im Takt der Beatfolgen.

Innerhalb der Schlagabstände, die gleichsam wie ein zeitliches «Stahlgitter» unverrückbarer Zeitpunkte jeden Takt als ein «Zeitgefängnis» erscheinen lassen, ist bekanntlich eine «atemgemässe» Periodik variabler Zeitempfindung im Sinne von natürlicher Agogik nicht möglich. Versucht man nun zu solchen metronomisch zeitstarren Taktschlägen eine Melodie genau im Takt zu singen oder zu spielen, so wirkt die Melodie sehr langweilig, zeitlich eingeengt, starr und unlebendig, wenn man sie tatsächlich «brav» im Takt spielt. Das befriedigt auf die Dauer weder Musiker noch Hörer.

Diese motorisch zeitstarren Taktwiederholungen mit genau zeitgleichen Abständen sind nämlich unserer organischen Natur völlig fremd, weil es in der Natur nirgends solche stereotyp zeitgleichen Rhythmusstrukturen gibt. Deshalb ist es nicht verwunderlich, wenn die Musiker aus dieser Enge starrer Zeitspannen von Taktschlägen entfliehen möchten, in dem sie nun einige Melodieakzente nicht mehr brav und folgsam auf die vorgegebenen Taktzeiten setzen, sondern ab und zu – gewissermassen in bewusster Abweichung zum vorgegebenen Takt – nun bewusst *zwischen* die Taktschläge als Gegenakzente setzen. Dadurch entstehen dann Gegenbetonungen entgegen dem starr vorgegebenen «Schlagzeitgitter», also Akzentverschiebungen, die man bekanntlich als Synkopen bezeichnet. Gerade das streng vorgegebene «Zeitgefängnis» der gleichen Schlagabstände reizt nämlich verständlicherweise viele Musiker nun, ihre dazu gespielten Melodieakzente jetzt gerade *nicht* brav und genau auf die vorgegebenen Taktschläge zu setzen, sondern gleichsam in rebellionsartiger Abweichung vom «Normalen» nun *zwischen* die «Gitterstäbe» der vorgeschriebenen Grundtaktschläge. Durch diesen rhythmischen Vorgang des «Spielens gegen den Takt» kann dem Musiker und auch dem Zuhörer das aufreizende Gefühl einer scheinbar gelungenen «Freiheitsbewegung» vermittelt werden, denn man scheint sich doch nun erfolgreich gegen das vorgegebene Taktschlag-«Zeitgitter» mittels synkopischer Gegenbetonungen durchgesetzt zu haben!?

Nun *verstärkt* aber eine Anhäufung von Synkopen *gerade* die Intensität der zugrunde liegenden Taktschlagempfindung, weil eben diese spezielle *rhythmische Empfindung von Synkopen nur im strengen Zeitbezug zu den Taktschlägen ihre eigentliche rhythmische Empfindungsqualität erhält.* Das heisst: Je mehr Synkopenbildungen – um so stärker wird zwangsläufig auch die charakteristische Taktrhythmik wirken, so dass dadurch nun auch *um so stärkere Körperstimulationen bei Musikern und Zuhörern zustande kommen!*

Eine weitere Verstärkung taktrhythmischer Impulse, die noch intensiver und zwingender zu körperlichen Bewegungsreaktionen führen, wird durch die zusätzliche Anwendung von sogenannten «Offbeats» möglich, welche zum Beispiel afrikanische Trommler seit langer Zeit vorwiegend anwenden. Vornehmlich durch die

Jazzmusiker [68] wurde diese bekanntlich nicht in Notenschrift festzuhaltende Spielart auch in Europa verbreitet.

Das nervlich bedingte Phänomen des sogenannten «Magneteffekts» [27], welches infolge der Möglichkeit resonanzmässiger Einpendelung des Nervensystems mit den periodischen Schlagfolgen taktmetrisch geprägter Musikstile zustande kommt, kann nun durch offbeat-artige Akzentverschiebungen mittels Trommelinstrumenten oder durch entsprechende Akzentverschiebungen in der rhythmischen Melodiegestaltung «gegenrhythmisch» überlagert werden. So entsteht für das rhythmische Zeitgefühl eine zweite rhythmische Bezugsebene zum Grundtakt-Metrum, wodurch gegenrhythmische Spannungen entstehen. Das auf den Grundschlagtaktrhythmus eingependelte Nervensystem reagiert nämlich nun auf die gegenrhythmischen Offbeat-Akzente ebenfalls, wodurch infolge dieses gegenrhythmischen Spannungsfeldes eine Art rhythmische Bewusstseinsspaltung entsteht. Die nervlichen Reaktionen äussern sich dann zwangsläufig mit körperlichen Bewegungsimpulsen zum Spannungsausgleich.

Diese rhythmische Melodiegestaltung mittels Offbeats begnügt sich also nicht mit einfachen synkopischen Takt-Gegenbetonungen, sondern intensiviert das rhythmische Gefühl für die zeitliche Diskrepanz zwischen Grundtaktempfindung und den dazu zeitlich minimal abweichenden Melodieakzenten erheblich. Dies geschieht, indem einige Melodietöne gegenüber den stereotyp zeitgleich erfolgenden Grundtakt-Beats so gesetzt werden, dass sie nicht nur synkopenartig genau zwischen den Taktschlägen erscheinen, sondern ganz dicht in unmittelbarer Nähe neben den Zeitpunkten der Grundtakt-Beats platziert werden – und zwar meistens unmittelbar davor, also wortgemäss tatsächlich als «Off»beats. Diese nicht in Notenschrift fixierbare Rhythmik, welche sich mittels solcher vom Taktschlag abweichender Melodieakzente bedient, vermindert aber keinesfalls die Gebundenheit an die gefühlsmässige Basis der relativ motorisch gleichbleibenden Beats der Taktschlagempfindung. Ganz im Gegenteil, die Grundtaktempfindung *intensiviert* sich automatisch, weil jene Offbeat-Akzente ihre eigentliche rhythmische Empfindungsqualität doch nur im genauen Zeitbezug zur stereotypen Taktrhythmik der Beatbegleitung erhält. Dadurch wird zwangsläufig gerade die körperliche Empfindungsebene mittels dieses verstärkt wirkenden taktrhythmischen Bezugs wesentlich intensiver erregt.

Diese Wirkungsweise solcher Musikstilarten wird auch durch andere fachkompetente Persönlichkeiten bestätigt:

«Beim Offbeat wird der regelmässige, metrische Grundschlag als gefühlsmässige Basis ... mit einer andersgearteten zweiten rhythmischen Ebene überlagert, deren melodische Akzente zwischen diejenigen ihres Bezugsmetrums hineinfallen.» Nach Knaurs Jazz-Lexikon handelt es sich hierbei um einen: «musikpsychologischen Vorgang, der seine Wirkung nur dann bekommt, wenn es möglich ist, die musikalische Erscheinung direkt in leib-seelische Erlebnisse umzusetzen ... Die statisch aufeinanderruhenden Akzente von Melos und Metrum werden ekstatisch getrennt. Dadurch entsteht ein innerer Spannungszustand ... der sich durch Körperbewegung auszugleichen trachtet ... Der Offbeat benötigt zu seiner Wirkung das Erfassen eines mehrschichtigen Vorgangs, wobei bestimmte innere Erlebnispartien in bestimmten Körperpartien zentralisiert werden (Oberkörper, Arme, Füsse usw.) und sich gleichzeitig auf eine der verschiedenen rhythmischen Bewegungsformen richten (beat oder offbeat). Aus dem Gegeneinander dieser Erlebnisvorgänge resultiert ein physischer Spannungszustand, der spontane Ausgleichsbewegung erzeugt. Diese äussert sich im Tanzen oder in den bekannten Erscheinungen des Wippens mit dem Oberkörper und Tretens mit den Füssen ... Die gesamte Trommelmusik des Afrikaners besteht aus dem offbeat, seine Melodik bedient sich der Offbeat-Phrasierung.» (Knaurs Jazz-Lexikon, Seite 270)

«Jedes Jazzstück hat einen bestimmten *Grundschlag*, den Beat. Dieser Grundschlag wird vom *Schlagzeuger* oder vom Bass elastisch, aber absolut gleichmässig und unerbittlich durchgeschlagen. ... Und nun treten *improvisierende Musiker* zu diesem ‹beat› und akzentuieren ‹offbeat›, d.h. ihre *Betonungen* fallen nur selten mit dem Grundschlag zusammen und sind meist etwas *verschoben*. ... Auf diese Weise *entsteht eine Spannung im Sinne musikalischer Konfliktbildung*, die *ekstatisch wirkt* und entspannt werden muss – manchmal schon durch die körperliche Bewegung.» (Schimmelschmidt, Jazz, Seite 16f.)

«Wir erkennen die afrikanische Rhythmik am o f f b e a t. Er hat als Voraussetzung den ‹B e a t› ... Wo keine Instrumente vorhanden sind, genügt sogar **Fussstampfen oder Händeklatschen.** Es gibt Musikformen, in denen man den beat überhaupt nicht hört, sondern nur in sich fühlt. Dies zeigt, dass das Wichtigste am beat eigentlich gar nicht der Schlag ist, sondern die **zur Empfindung gebrachte Akzentfolge.** Sie bildet den **Kern des afrikanischen** und **afro-amerikanischen Musikerlebnisses und auch des Jazz.** Es ist für dieses Musizieren typisch, dass sich über die gleichbleibenden und völlig gleichmässigen Akzentfolgen andere **rhythmische und besonders melodische Abläufe lagern, deren Akzente n i c h t mit denen des beat übereinstimmen,** sondern zwischen oder neben seine einzelnen Schläge fallen. Sie sind nicht auf dem Taktschlag, sondern w e g vom Taktschlag, **also offbeat.»**

Dauer sagt zu dieser afrikanischen Offbeat-Technik: «... ihr Wesen ist das statische Ruhen in sich selbst, das sowohl Metrum wie Rhythmus auszeichnet durch Überlagerung ihrer Akzente mit ekstatischen Schwerpunkten zu beunruhigen, **zwischen statischen und ekstatischen Akzenten Spannung zu erzeugen.** ... So gesehen besteht das **innerste Anliegen der afrikanischen Musik darin,** durch rhythmische Konfigurationen spezifischer Art, **eine ununterbrochene Ekstasis hervorzurufen.** Die durch diese rhythmischen Verschiebungen entstehenden schwebenden, schwingenden Spannungsverhältnisse übertragen sich auf eigenartige Weise in **kräftige innerlich-körperliche Spannungen,** die mit einer psychischen Notwendigkeit bei Musikern, Tänzern und Zuhörern **körperliche Bewegungen hervorrufen,** um sich dadurch auszugleichen. Jetzt erkennen wir das **Mittel, mit dem afrikanische Musik den Menschen unwiderstehlich ergreifen und bis zur völligen Besessenheit erregen** kann! Mit der Erkenntnis dieser Ekstasis haben wir den Schlüssel gefunden zur Erkenntnis des ekstatischen Charakters der afrikanischen Musik und auch des Jazz.» ... «das **Gefühl,** das der Afrikaner **mit seinen rhythmischen Mitteln bezweckt:** ... die Fähigkeit, das **Verhältnis von beat und offbeat zueinander als inneren Vorgang zu erleben** und sich dem Reiz hinzugeben, der nach Ausgleich dieser stets von neuem entstehenden Spannungen drängt. **Dieser Vorgang hat eine sehr stark enthemmende Wirkung.» ...** «Der Widerstreit zwischen dem unterbewussten Beharren auf dem beat und dem Beschleunigungsstreben des offbeat ruft **eine Spaltung des Bewusstseins** hervor. Es entsteht, ein **zwanghaftes Bedürfnis nach entspannendem Ausgleich,** und das ist die **eigentliche Quelle der Erregung.** Diese Erregung wiederum verwandelt ihre Energie in mechanische Bewegung und wird dadurch zum Antriebsfaktor für Arbeit und Fortbewegung. **Äussert sich diese Energie indes als geistige Erregung, dann wird sie zur Ergrif-**

fenheit, Besessenheit und Ekstase.» (A.M. Dauer, «Jazz – die magische Musik und Jazz-Ursprünge»)

Diese speziellen Auswirkungen können entsprechend der vorhergehenden Beschreibungen *nur bei eindeutig taktrhythmisch orientierten Musikstrukturen wirksam* werden. (Denn sobald die Musikdarbietung nicht taktrhythmisch sondern atemrhythmisch ausgerichtet ist, fehlt infolge *variabler* Tempogestaltung die gewohnte motorische Grund-Statik *gleichbleibender* Taktschlagabstände, auf die sich das Nervensystem der Hörer einschwingen kann.) Nur so wird nämlich die mittels der «Off»-beats erzwungene zweite rhythmische Empfindungsebene «ex»-statisch empfunden, also *ausser*halb der vorgegebenen Grund-Statik *zeitgleich* bleibender Taktschläge. Eine Steigerung über derartige nervlich bedingte Erregungen, die dann auch zu körperlicher Bewegung reizen, ist sogar bis zu ekstatischen Ich-Entgrenzungen der Hörer möglich, dem «Ausflippen» aus der Wachheit des Bewusstseins bis hin zu tranceartigen Zuständen. *Man kann deshalb nicht erwarten, dass geistliche Textbotschaften, die man solchen Musikstrukturen beigibt, auch nur annähernd die tieferen Empfindungsschichten der Geistespersönlichkeiten einer Hörerschaft erreichen werden.* [S. auch im Anhang: Nr. 30c]

22. Harmonik und lebendiger Rhythmus – ein Naturphänomen der Schöpfungsordnung

Bekanntlich zeichnet sich jede organische Lebensform der natürlichen Schöpfung durch Rhythmen in dem natürlichen Wechsel von Spannungs- und Entspannungsphasen aus, als Merkmal organischen Lebens überhaupt. Entsprechend der biblischen Aussage von Prediger 3,1: «*Ein Jegliches hat seine Zeit*», sind auch die Zeitspannen der unendlich vielen Rhythmen der Naturschöpfung von sehr unterschiedlicher Dauer. Hier finden wir *naturgegebene* Zeitmassstäbe, die allerdings *nichts mit den mathematischen Zeitmassstäben nach Sekunden, Minuten usw. zu tun haben.* In der formalen Struktur musikalischer Kompositionen können solche naturgemäss sich vollziehenden Spannungs- und Entspannungsphasen als «musikalische» Widerspiegelungen der natürlichen Schöpfungsordnungen beim Musikhören wohltuend wahrgenommen werden, weil der Mensch ja selbst ein Produkt der Naturschöpfung ist und naturgegebene Rhythmen in seinem Organismus vorfindet (Herzschlagrhythmen, Pulsschläge, Atemrhythmus, rhythmische Abläufe im Nervensystem, Gehirnwellen usw.), deshalb wird er – bewusst oder unbewusst – auch im Hören musikalischer Zeitabläufe normalerweise einen *natürlichen* «Rhythmusmassstab» anlegen. Natürlicher Rhythmus kennzeichnet sich niemals durch periodisch erfolgende Wiederholungsstrukturen mit *gleichen* Zeitlängen (wie es in extremer Weise grundsätzlich bei Technomusikstilen üblich ist), sondern in der Natur erfolgen periodische Zyklen stets als Erneuerungen mit *ähnlichen Zeitlängen*. Selbst die periodisch sich wiederholenden Kreisbahnen der Gestirne, der Tag- und Nachtrhythmus sowie auch der Ebbe- und Flutrhythmus von Meeresströmungen erfolgen nie kopieartig in genau gleichen Zeitlängen sondern stets mit kleinen Zeitabweichungen immer nur als *Erneuerung* ihrer bisherigen Zeitphasen.

Naturgeschöpfliche Rhythmus-Zeitabläufe zeigen sich geradezu spiegelbildlich auch in der «Zeit»-Kunst Musik bei natürlicher Musikpraxis in solchen variablen Rhythmusperioden. In den Abläufen musikalischer Zeitgestaltungen beim *natürlichen* Musizieren erscheint jede Wiederholung einer musikalischen Tonfolge, eines Motivs oder musikalischen Themas stets auch nur in *ähnlicher* Zeitlänge, also gewissermassen als eine *Erneuerung der bereits erklungenen Form,* aber niemals als genaue Kopie. Im Gegensatz hierzu steht bezeichnenderweise der Wortbegriff «*Takt*» als die *ständige Wiederholung des Gleichen!* Die rhythmischen Zeitstrukturen der Musik sind also eigentlich die Spiegelbilder einer naturgegebenen Rhythmuscharakteristik, wie wir sie auch in den rhythmischen Zyklen aller organischen Kreaturen der Schöpfung vorfinden.

Bekanntlich beinhaltet die ganze Schöpfung des Universums mit allen darin existierenden organischen Lebensformen eine unzählige Schar von Rhythmusträgern: Charakteristische wiederkehrende Zeitabschnitte von bestimmter Dauer, die sich periodisch wiederholen, wobei jeder dieser einzelnen Rhythmusträger seinen ihm allein zugemessenen Zeit-Rhythmus hat.

Neben den schon genannten Naturbeispielen seien noch die Zeitdauern aller organischen Lebensrhythmen der Tiere, Pflanzen und natürlich die bemerkenswerten körperorganischen Rhythmen des Menschen genannt, die nachweisbar eine massgebliche Führungsrolle im Bezug zur Rhythmusbildung und Rhythmusempfindung bei der Musikausübung spielen. Die hierzu massgeblichen Rhythmen begründen sich beispielsweise im Herz- und Pulsrhythmus sowie im Atemrhythmus. Rhythmusperioden mit kürzeren Phasen enthalten die Gehirnwellen und die kürzesten Schwingungsphasen im körperlichen Organismus bilden die Oszillationen des Zentralnervensystems. Lange Phasen haben beispielsweise die Rhythmen der Peristaltik (Verdauungstraktur). Von noch längerer Dauer ist der Monatsrhythmus von 28 Tagen beim weiblichen Körper.

Interessant sind die Veröffentlichungen über harmonikale Gesetzmässigkeiten organischer Körperrhythmen, worüber G. Hildebrandt in seinem bemerkenswerten Vortragsthema: «Das Zentrum des rhythmischen Systems» berichtet (38). Nach seiner Darstellung lässt sich sogar aus den unterschiedlichen rhythmischen Zeitabläufen innerer Körperorgane eine harmonikal orientierte Rhythmusordnung erkennen, proportional der Zahlenordnung 1,2,3,4,5, die bekanntlich prinzipiell auch in der Akustik der Klang-Obertonstruktur vorhanden ist. Ähnliche Feststellungen veröffentlichte auch der Gehirnforscher John Eccles (17), welcher in den neurologischen Funktionen unterschiedlicher Transmitter-Abscheidungen synaptischer Informationsübertragungen eine Quanten-Äquivalenz entdeckte mit ebenfalls genau den charakteristischen Mengenverhältnissen entsprechend der ganzzahligen harmonischen Zahlenfaktoren. So schreibt auch der Physiker Bodo Hamprecht von der Freien Universität Berlin in seinem Aufsatz «Die Musik des Weltenäthers», dass *«heute alle Zustände der Materie und sogar des Lichts nach dem Muster der Akustik berechnet werden ... Das Rätsel der diskreten Zustände im Innern der Materie findet also in der Quantentheorie durch Begriffe wie ‹Eigenschwingungen›, ‹Eigenfrequenzen› und ‹Resonanzen›, die ihren klassischen Ursprung in der Akustik haben, seine Auflösung»*.

Eine weitere Aufzählung harmonikaler Bauprinzipien der Schöpfung nach bisherigen wissenschaftlichen Erkenntnissen würde den Rahmen dieses Buches weit übersteigen. Diese vielen Hinweise auf naturgegebene Grundgesetzmässigkeiten sollen hier lediglich im Hinblick auf Musikwirkungen verdeutlichen, dass *solche Ordnungsstrukturen ebenfalls der natürlichen Musikausübung zugrunde liegen.*

Musik kann sich nämlich destruktiv auf die Hörer auswirken, sobald ihre kompositorische Struktur diese harmonikalen Ordnungen der Naturschöpfung verlässt. Möglichkeiten von Störungen destruktiver Art zeigen auch Untersuchungsergebnisse über die Auswirkungen des Magneteffektes [27] in weiterführenden Experimenten durch den auf diesem Gebiet spezialisierten Forscher Van Holst [62] und machen deutlich, dass bei organischen Körperrhythmen rhythmische Verschiebungen und Kopplungsphänomene durch externe Rhythmen möglich sind. [22] Auch G. Harrer (34) sowie Christl Frank (25) bekunden die Auswirkung rhythmischer Elemente auf vegetative Funktionen, die sogar bei Tieren beobachtet wurden. [62 e]

Es dürfte deshalb nicht verwunderlich sein, wenn bei natürlicher Musikausübung der Interpret sowie der Hörer sich wohl fühlen, sobald naturgegebene rhythmische Zeitverhältnisse auch in musikalischen Abläufen spürbar werden, weil sie nämlich der Charakteristik rhythmischer Zeitabläufe des natürlichen menschlichen Organismus entsprechen. Eine wohltuende Resonanzempfindung zwischen der eigenen Natur und dem Musikgeschehen kann somit auch ganz unbewusst zustande kommen, wenn diese naturgegebenen Prinzipien nicht nur klanglich, sondern auch rhythmisch spürbar werden.

Der Hinweis César Bresgens (7), dass das naturgegebene Richtmass auch für musikalische Rhythmusstrukturen in dem asymmetrischen Rhythmus des menschlichen Herzens zu finden sei, ist eine weitere wichtige Bestätigung der bisherigen Argumentationen gegen die naturwidrigen symmetrisch geklonten Taktrhythmen der modernen Popularmusik, insbesondere der Technomusik (s. Abschn. 52 S. 180). Die Muskelbewegungen des Herzens laufen grundsätzlich *dreizeitig* ab, weil nach jeder Muskelentspannung (= Diastole) eine Pause folgt, wo der Muskel ruht, bevor er sich wieder aktiv zusammenzieht (als Systole). Diese dreizeitige Taktperiodik von: 1.) Spannung; 2.) Entspannung; 3.) Pause etc. entspricht genau der psychologischen Spannungs- und Entspannungsempfindung, die man beim musikalischen 3/4-Takt empfinden kann. Wie üblich wird das erste Viertel des Taktes normalerweise stets als Schwerpunkt (Spannung) empfunden, gegenüber der folgenden zweiten Taktzeit (Entspannung). Da nun aber die nächste Taktzeit auch unbetont ist und erst danach wieder ein Taktschwerpunkt folgt, wodurch sich der nächste Beginn eines weiteren 3/4-Taktes ankündigt, *wirkt die 3. Taktzeit jeweils als Ruhepause.* Die Entspannungsphase der zweiten Taktzeit kann sich also ausweiten zu einer «Erholungspause», die während der 3. Taktzeit stattfindet. Ein pausenloser Wechsel zwischen Spannung und Entspannung – den übrigens auf die Dauer kein Muskel unseres Organismus aushalten würde – überträgt sich natürlich auch auf das Nervensystem der Hörer, wo dann über entsprechende neuronale Verbindungen bestimmte Muskelgruppen infolge der automatisch ablaufenden sensumotorischen Bewegungsvorgänge ebenfalls zu Bewegungen angereizt werden. [19d]

Die natürlichen Spannungswechsel verteilen sich bekanntlich im 4/4-Takt folgendermassen: 1. Viertel = betont (Spannung), 2. Viertel = unbetont (Entspannung), 3. Viertel = betont (Spannung) 4. Viertel = unbetont (Entspannung). Bei Hardrockmusik werden die im 4/4-Takt normalerweise üblichen Entspannungszeiten auf der 2. und 4. Taktzeit durch die darauf liegenden ständigen Gegenbetonungen des sogenannten Afterbeats verhindert. Die dadurch erfolgende *pausenlose* Spannungserregung bewirkt deshalb schon allein aufgrund dieser Afterbeat-Taktrhythmik eine ständige Aufputschung des Nervensystems der Hörer, welche übrigens aus den genannten Gründen bei einem 3/4-Takt oder 6/8-Takt nicht in der Weise zustande käme. Weil aber diese erregende Wirkung solcher Beatmusik beabsichtigt ist, wird deshalb auch verständlich, weshalb es *keine Hardrockmusik im 3/4-Takt gibt und auch nicht im 6/8-Takt!* (S. auch Abschnitt 33.)

Interessant ist in diesem Zusammenhang ein Rückblick in die Musikgeschichte. Man hatte in der Festlegung der Unterscheidungsmerkmale ungerader Takte (also den durch 3 teilbaren Taktzeiten) gegenüber den geraden Takten (durch 2 teilbar) bemerkenswerte Namensgebungen: Den ungeraden Takt nannte man Tempus perfectus (vollkommene Zeit) gegenüber dem geraden Takt, den man als Tempus imperfectus bezeichnete (unvollkommene Zeit). Offenbar hatte man damals ein rechtes Gespür für die natürlichen Zeitrhythmen der organischen Natur.

Musik wird auch als Spiegel der menschlichen Seele gewertet, denn seelische Bewegungen können sich in den Zeitabläufen von Musik widerspiegeln. Der Mensch als Bestandteil der Schöpfung, ja sogar als Krone der Schöpfung, ist natürlich auch empfindungsgemäss von den Rhythmen seiner Umwelt und besonders von der Art seiner körpereigenen Rhythmen vorgeprägt. Man darf deshalb wohl behaupten, dass *diese Rhythmen zunächst der Massstab* sind, zu dem er auch die rhythmischen Abläufe von Musik in Beziehung setzt. Entspricht der rhythmische Ablauf einer Musik der Charakteristik naturgegebener Rhythmen, so dürften zumindest die Zeitstrukturen dieser Musik harmonisierende Empfindungen beim Menschen auslösen.

Anhand akustischer Experimente an neugeborenen Säuglingen konnte man feststellen, wie stark diese Kinder durch die naturgegebenen Herz- und Atemrhythmen ihrer Mütter empfindungsmässig vorgeprägt waren. Sobald diese Säuglinge, welche man räumlich von den Müttern getrennt hatte, unruhig wurden und zu schreien anfingen, spielte man ihnen über Lautsprecher die mütterlichen Herztöne vor, deren Rhythmus man vorher auf Tonbänder aufgenommen hatte, worauf die Säuglinge dann wieder beruhigt einschliefen. [62 a] Sicherlich prägt auch der Atemrhythmus der Mütter in den vorgeburtlichen Monaten die Rhythmusempfindung ihrer Kinder sehr entscheidend, denn sie vernehmen ja ständig Herz- und Atemrhythmus der Mütter und erhalten dadurch einen nachhaltigen Rhythmusmassstab als eine unbewusste Empfindungsqualität für die Zeitproportionen von Pulsmotorik des Herzens in Kombination mit den längeren variablen Rhythmen der mütterlichen Atmung.

Auch Ernst Ansermet (2) erklärt sehr einleuchtend, dass es im menschlichen Organismus überhaupt keinen mechanisch-starren und maschinenhaften Rhythmus gibt, und deutet diesbezüglich auf die spezifischen Muskelbewegungen des dreizeitigen Herzrhythmus sowie auf die darin lebensnotwendigen Entspannungspausen hin. [39]

Mir scheint bedeutungsvoll, dass diese natürlichen Rhythmen unserer körperlichen Organe sich deshalb nicht mit elektronisch erzeugten Rhythmen vertragen, die sich ja infolge des Wegfalls körperlicher Substanzen trägheitslos in elektrischen Schwingkreisen bewegen, wo sich mit extrem blitzartig umschaltbarer Bewegungsrichtung zwischen den elektrischen Polen die Wechselspannungsbewegungen vollziehen. Typische Beispiele solcher unorganischen elektronischen Schwingung ist die in fast jedem Synthesizer oft gebrauchte sogenannte Rechteckschwingung, welche tatsächlich keine normale Schwingungsform wie beispielsweise alle sinuskurvenartigen Schwingungen ist. Sie besteht eigentlich nur aus völlig übergangslosen elektronischen Ein- und Ausschaltperioden zwischen den elektrischen Polaritäten. Im extrem niederfrequenten Bereich werden damit auch dynamische Hüllkurven von Klängen (Amplitudenformen) und auch Melodieformen rhythmisch zerhackt und mit entsprechend unorganischen Bewegungsabläufen steuerbar.

Im *hörbaren* Tonbereich solcher elektronisch-sterilen Rechteckschwingungen wird oftmals eine künstliche Belebung des Klanges durch eine Pulsbreitenmodulation erzeugt, was eine künstliche «Schwebung» des Klanges bewirkt. Hierbei wird das Berg- und Talverhältnis der Rechteck-Pulswelle ständig variiert mittels einer voreinstellbaren Lowfrequenz-Steuerung durch einen entsprechenden LFO (Lowfrequenz-Oszillator). Psychedelisch wirkende Background-Klangwände mit den jeweilig gebrauchten Akkord-Harmonien werden auch oft mit dieser Klangtechnik erzeugt. Möglicherweise können durch derartige unnatürliche Schwingungsverläufe die äusserst sensiblen Gehörnerven überreizt werden, die doch von Natur aus zum Empfang solcher naturwidrigen blitzartigen Schwingungsamplituden gar nicht disponiert sind.

In Gegensatz zur Rechteckschwingung könnte man sich als bildliche Darstellung natürlicher Schwingungsverläufe dagegen eine Pendelschwingung vorstellen, wo zwischen dem Übergang einer Bewegungsrichtung in die folgende Gegenrichtung eines schwingenden Pendels normalerweise stets eine kleine Ruhepause vorhanden ist, welche infolge der körperlichen Gegebenheiten einer schwingenden Masse sich als notwendig erweist, bevor die schwingende Masse in die entgegenläufige Richtung zurückschwingen kann. Bei einem Pendel oder einer Schaukel zum Beispiel verlangsamt sich auch die Bewegung gegen Ende der Bewegungsrichtung und kommt zu einem Ruhepunkt, wo weder von links noch von rechts ein Gegenzug vorhanden ist. [39] Erst nach dem Erreichen dieses spannungslosen Ruhezustandes beginnt die Schaukelbewegung in Gegenrichtung – und das geschieht nicht ruckartig-maschinell, sondern die Geschwindigkeit nimmt allmählich zu bis zur Mitte der Bewegungsmöglichkeit, um sich dann wieder allmählich zu verlangsamen bis zum Ende der Schwingungs-Seite, wo sich dann das Spiel in ähnlicher Weise in der Gegenrichtung zur Ausgangsposition wiederholt usw. Bei der elektronischen Rechteckschwingung findet ein solcher organischer Übergang in die jeweilige Gegenrichtung niemals in dieser Weise «schwingend» statt, sondern stets in blitzartig sich vollziehenden Wechseln zwischen den entgegengesetzten Polen.

So werden auch die blitzartigen Zeitverläufe einer periodischen Folge von elektronisch gesteuerten Schlagzeugrhythmen sowie elektronisch vorprogrammierte Tonfiguren mit den heute in der Popmusik verbreiteten Rhythmuscomputern und Sequenzern mit einer unmenschlich extremen Zeitgenauigkeit dargeboten, die ein Mensch in dieser maschinellen Präzision gar nicht fertig brächte. Um die stereotype Maschinenrhythmik etwas zu humanisieren, hat man deshalb auch oftmals separate Live-Aufnahmen namhafter Schlagzeuger in entsprechenden Midi-Tracks vorgespeichert und über Fachzeitschriften dem daran interessierten Kundenkreis angeboten. Solche vorgefertigten Schlagzeug-Begleitungen werden dann für weitere Musikproduktionen schablonenartig als massgebliches Zeitraster für alle hinzugespielten Instrumentalstimmen verwendet, die sich sklavisch in solche vorgegebenen Schlagzeug-Grooves eingliedern müssen. Solche vorgefertigten Schlagzeug-Grooves sind aber niemals «Begleitungen» im Sinne natürlicher Rhythmusempfindungen, die sich innerhalb eines lebendigen Zusammenspiels zwischen den Instrumentalisten ergeben. Infolge solcher fest vorprogrammierten Schlagzeug-Pattern kann die Tempogestaltung nicht «frei atmen», so dass eine natürlich-lebendige Rhythmusgestaltung nicht zustande kommen kann. Diese zwangsläufige Vorherrschaft zeitlich starrer Bewegungsabläufe bestimmt nun das Wesen solcher Musikproduktionen und hat verständlicherweise entsprechende psychologische Auswirkungen.

Naturgegebene Rhythmen, welche im Puls- und Atemrhythmus des Menschen vorhanden sind, bilden die massgebliche Grundlage für natürliche Musikausübung. Die Grundlage für natürliche Rhythmusempfindungen zur musikalischen Zeitgestaltung trägt der Mensch also bereits in sich selber. Deshalb kann er sich wohl fühlen, wenn die Charakteristik solcher Rhythmen bei Musikgestaltungen auch spürbar wird, denn sie entsprechen seinem angeborenen Rhythmusgefühl, das er auch in der Musikgestaltung wiederfindet und damit gefühlsmässig in Resonanz kommt. [62a, 38a, 39, 30a.b, 32]

Verlässt die Musikgestaltung diese Grundlagen natürlicher Rhythmik, so kann darin die *natürliche* Resonanzempfindung entsprechend normaler Puls- und Atemrhythmik nicht zustande kommen. Die Auswirkung solcher Musik vermag die Hörer allerdings in ganz anderer Weise anzusprechen, weil sie *gegen* die normalen Gegebenheiten organischer Rhythmusempfindungen wirkt. Deshalb wirkt sie zunächst erregend und treibt die organischen Rhythmen aus ihrer gewohnten Bahn zu entsprechenden Veränderungen und damit auch zu veränderten Gefühlsbewegungen.

Die empirisch-wissenschaftlichen Forschungen über Musikauswirkungen bestätigen, dass Gefühlsveränderungen mittels Musik erreicht werden können, wobei dies stets mit gleichzeitigen Bewegungsveränderungen in den körperlichen Organen (Puls, Blutdruck, Atmung, galvanischer Hautwiderstand usw.) gekoppelt ist. Hier bestätigt sich auch, dass Leib und Seele des Menschen miteinander in Verbindung stehen. Dies bedeutet, dass rhythmische Beeinflussung und Veränderung körperlicher Organrhythmen auch Veränderungen in der seelischen und mentalen Persönlichkeit des Hörers bewirken, was mittels entsprechender Musikstrukturen tatsächlich auch geschieht. [3, 4, 14-24, 31, 33, 40-47, 48b, 49-51, 58, 59, 63-74] (S. auch Bild 4 im Anhang.)

Natürlich kann es nach dem Ausdruckswillen des Komponisten und Musikinterpreten gelegentlich durchaus gewollt sein, dass in bewusster Abweichung von normaler natürlicher Rhythmusführung eine besondere Erregung oder Aufregung mit musikalischen Mitteln zum Ausdruck gebracht werden soll. Es gibt zahlreiche Beispiele solcher Variationen extremer Tempo- und Rhythmusgestaltungen in der Musikliteratur, die allerdings in der jeweiligen speziellen Ausdrucksabsicht ihre Berechtigung haben.

Höchst bedenklich wird es aber, wenn *grundsätzlich und fortlaufend* naturwidrige rhythmische Abläufe die Musikgestaltung bestimmen. Es ist kein Geheimnis, dass nach längerem Anhören von Hardrockmusik bei Rockmusikveranstaltungen die Erregung der Gemüter von Teilnehmern, diese schon zu exzessiven Krawallen und gewalttätigen Ausschreitungen veranlasste. Berichte von anschliessender Zertrümmerung des Saalinventars und ähnlichen Gewaltanwendungen durch die von Musik aufgewühlten Hörer gibt es genug auf der Welt, ganz zu schweigen von den psychologischen Nachwirkungen auf die späteren Verhaltensweisen der Teilnehmer. [15, 53a.b, 64] Ohne Zweifel liegen die Ursachen hierzu wesentlich in der andauernden Erregung des Nervensystems über einen längeren Zeitraum, das sich dabei zwangsweise in einen organfremden Rhythmus durch die lautstarke Musik einpendeln muss. [27a-g] Es wird verständlich, dass die körperlichen Organreaktionen dabei durch Gegensteuerungen in Form von Stresshormonen usw. schliesslich drogenartige euphorische Hochgefühle erzeugen, die dann zu den beschriebenen Kraftausbrüchen führen können. [33a, 50, 59, 64, 74]

Ganz allgemein kann man *grundsätzlich davon ausgehen, dass sich längerfristig grobe Abweichungen von der Charakteristik naturgegebener Rhythmen bei der Musikausübung destruktiv auswirken.* Dies kann besonders dann geschehen, *wenn naturfremde Rhythmen über einen längeren Zeitraum auf die Hörer einwirken,* was besonders bei nächtelangen Rock- und Technomusikveranstaltungen tatsächlich auch geschieht.

Aber angesichts der angedeuteten harmonikalen Grundordnungen und Bauprinzipien der gesamten Schöpfung, die sich spiegelbildlich auch in den Grundelementen der Musik und ihren rhythmischen Ausdrucksformen bekunden sollten, erhebt sich die Frage, warum ausgerechnet sogar in vielen christlichen Gemeinden die genannten schöpfungswidrigen Musikstrukturen so häufig verwendet werden. Wenn Christen sich diesen destruktiven Auswirkungen gewohnheitsmässig aussetzen, so lässt sich dieses auch auf einen Mangel an Erkenntnis zurückführen, den bereits Jesaja (Kapitel 5, Vers 13) beklagt: *«Darum wird mein Volk weggeführt aus Mangel an Erkenntnis»,* wobei bemerkenswerterweise diese Schlussfolgerung aus dem Sinnzusammenhang des vorangehenden Verses resultiert, wo Folgendes steht: *«Und Laute und Harfe, Tamburin und Flöte und Wein sind bei ihrem Gelage; aber auf das Tun Jehovas schauen sie nicht, und das* ***Werk Seiner Hände sehen sie nicht!»*** (r.Elb.). In Anbetracht dessen, dass auch viele Musiker unseres Jahrhunderts Musik produzieren, wobei sie in der Auswahl der genannten schöpfungsfremden Mittel sicherlich nicht *«auf das Werk Seiner Hände»* schauen, gewinnen diese Verse für die heutige Zeit wieder eine fundamentale Bedeutung.

Die wunderbaren harmonikalen Ordnungsstrukturen der Schöpfungsordnung offenbaren sich auch in den kristallinen

Strukturbildungen beim Einfrieren von Wassermolekülen, deren hexagonal geordnete Kristallformen interessanterweise nach Musikbeschallungen mit unterschiedlichen Stilarten dann entsprechend unterschiedliche kristallinische Strukturen ausbilden. Der japanische Wasserforscher Dr. Masaru Emoto entdeckte während seiner mehrjährigen mikroskopischen Erforschung unterschiedlicher Gewässerproben, dass während des Einfriervorgangs der Wassermoleküle die unterschiedlichen Wasserqualitäten darin sichtbar werden. Dabei zeigte sich, dass mit zunehmender Wasserverschmutzung die kristallinischen Formen entsprechend schmutzig verzerrte Formen annehmen bis zur Unkenntlichkeit der kristallinischen Grundformen. Grosses Erstaunen bereiteten dann die weiteren Forschungen, wobei man Wasserproben von reinem destillierten Wasser der Beschallung mit unterschiedlichen Musikstilarten aussetzte. Dabei stellte sich heraus, dass bei einer Beschallung mit den naturwidrigen Klängen des Hardrockstils von Heavymetalmusik das Wasser seine natürlichen hexagonalen Kristallformen völlig verlor und nur noch chaotisch ungeordnete Eisstrukturen ausbilden konnte, während naturgemäss harmonikale Musikstilarten entsprechend schöne Kristallformationen ausbilden konnten. Selbst die softeren Musikstile zeitaktueller japanischer Popmusikhits zerstörten die hexagonalen Grundstrukturen der Wasserkristalle! (nachzulesen in den reich bebilderten Büchern von Masaru Emoto «Wasserkristalle» und «The massage of water», erschienen im Koha-Verlag).

Man darf aus diesen sichtbaren Erfahrungswerten wohl folgern, dass auch die im vorliegenden Buch aufgezeigten destruktiven Auswirkungen naturwidriger Musikformen (s. Abschnitte 13, 27, 28, 30-32, 53) gleichartige Auswirkungen auf jene Musikhörer haben werden, welche sich gewohnheitsmässig solchen Musikstilen aussetzen. Psychosomatisch bedingte gegenseitige Beeinflussungen von Leib und Seele sind hinreichend bekannt und bewiesen und wenn man dazu die Tatsache bedenkt, dass der menschliche Leib aus mehr als 70 % Wasser besteht, deren molekulare Strukturen auch durch Musikbeschallungen beeinflusst werden können, darf man sich nicht über entsprechende Prägungen der seelischen Befindlichkeiten jener Musikkonsumenten wundern und über die daraus resultierenden Bewusstseinsveränderungen.

23. Schöpfungsfremde stereotype Wiederholungsstrukturen

Weil alle organischen Schöpfungs-Rhythmen niemals periodisch rhythmische Zeitabläufe ***gleicher*** Zeitdauer enthalten, sondern stets die periodische Wiederkehr von ***ähnlichen*** Zeitrhythmen ohne stereotype Gleichförmigkeit zeigen, könnte man dagegen die Grundrhythmik der Rock- und Technomusik als eine naturfeindliche Musikrhythmik bezeichnen. Gerade diese stereotype Gleichförmigkeit des zeitlich starren Taktmasses und die gleichförmigen Wiederholungs-Strukturen ***dienen*** dort nämlich ***als Richtmass.*** Dies trifft ganz besonders dann zu, wenn die Musik mit Hilfe von Rhythmuscomputern dirigiert wird. Hier wird *nicht mehr* ***dienend begleitet,*** sondern unnachgiebig mittels stereotyp *zeitgleicher* Schlagabstände der übrige Musikverlauf massstäblich dirigiert und angetrieben. Wir haben es hier also im Grunde mit einem *schöpfungswidrigen Rhythmus* zu tun. In keinem anderen Musikstil dominiert dieses starre und völlig unorganische Taktmetrum so stark wie in der Rockmusik und in gesteigertem Ausmass im Techno-Musikstil, wo man vorwiegend mit Rhythmuscomputern den «musikalischen» Ablauf rigoros diktiert. Im Technostil verzichtet man deshalb schon fast ganz auf jegliche Melodiebildungen und beschränkt sich bei Textvorlagen auf betont rhythmische Sprachartikulationen, die sich dann zwangsläufig in das alles beherrschende starre «Schlagzeitengitter» einfügen müssen. Die Produzenten dieser Musik haben offenbar erkannt, dass melodische Bausteine das Hörbewusstsein nur «unnütz belasten» würden, so dass die erwünschte *tranceförderende Wirkung der stereotypen Wiederholungsstrukturen* in dem lautstark vorgelagerten «Rhythmusteppich» dadurch abgeschwächt werden könnte (s. auch in Abschnitt 8: Aussagen eines Tekkno-Produzenten).

Im Grunde hat man mit diesem Stil nichts Neues erfunden, sondern nur die uralten Musikpraktiken von schamanistischen Ritualen neu entdeckt und mit den modernen Mitteln elektronischer Verstärkung neu aufgelegt. Da hierbei vordergründig das Nervensystem der Menschen stark beeinflusst wird, das ja *unabhängig von musikalisch-kulturellen Vorbildungen reagieren kann,* funktioniert nach längerer Einwirkung auch die gruppendynamische Stimulation durch diesen Musikstil ziemlich unabhängig von den unterschiedlichen kulturellen Vorbildungen der Hörergruppen. Die empirisch-wissenschaftlichen Forschungsergebnisse aus der

Musikpsychologie, Musiksoziologie und Neurologie bestätigen diese gleichartigen Auswirkungsmerkmale der genannten Musikstile auf den Menschen. So ist zum Beispiel auch die Frequenz der menschlichen Gehirnwellen durch längeres Anhören eines bestimmten Musikstils veränderbar. Sogar *Bewusstseinsveränderungen* können bei den Hörern entstehen. [4b, 14a.b, 58, 61a, 62d, 65] Man erreicht damit tatsächlich das, was die Techno-Freaks ja vorwiegend wollen: das besondere Erlebnis des *Ausser-sich-Geratens*, die *Ich-Entgrenzung* durch *Verdrängung des Wachbewusstseins mittels geeigneter, tranceférdernder Rhythmus-Wiederholungen.* Musik wird hier zur ***Droge***. [4b.c, 14, 53b]

Das in dieser Weise strapazierte menschliche Nervensystem wehrt sich dagegen durch die Bildung des Stresshormons Adrenalin im menschlichen Körper, welches sich dann bei fortgesetztem «musikalischem Hörstress» teilweise in Adrenochrom umwandelt. Adrenochrom ist aber eine psychedelische Droge (d.h. bewusstseinsverändernde Droge, ähnlich wie LSD, Mescalin, STP, Psylocypin usw.). [50, 51a, 74, 77]

Wie schon gesagt, haben wir es bei der Verwendung von Rhythmuscomputern mit einem *schöpfungsfremden Rhythmus* zu tun: die *periodische Wiederholung* ***gleicher*** *Zeitabschnitte* in Form rhythmischer Strukturen. Es ist also ein Musikstil, der die gesamten natürlichen Zeitrhythmen der Schöpfungsordnung *ignoriert!* Schon in Anbetracht der bisher genannten Wirkungsmerkmale der Rock- und Technomusik müsste eigentlich entschieden klar sein, dass man eine solche Musik nicht mit geistlichen Texten paaren darf, weil diese Musik die *geistliche* Ebene im Menschen im Sinne der biblischen Aussagen (z.B. von Joh 4,24 und Spr 20,27) *überhaupt nicht erreicht*. Es gibt auch keine biblische Bestätigung, dass der Heilige Geist in irgend einer Form körperlicher Stimulans in gruppendynamischer Art und Weise auf Menschen eingewirkt haben könnte.

Leider ist ein grosser Teil der heutigen jungen Generation durch die Konditionierung ihrer musikalischen Hörerwartungen, welche allerorts durch die weit verbreiteten Rock- und Popmusikstile vorgeprägt wurden, völlig einseitig orientiert in ihren rhythmischen Empfindungen und Erwartungen. Besonders die Rhythmuscomputer und Musik-Sequenzer mit ihren maschinenartig in starrer Taktrhythmik vorprogrammierten Rock- und Popmusikarrangements in den allerorts käuflichen Digitalmusik-Keyboards haben auch dazu beigetragen, das *natürliche* rhythmische Empfinden zu verdrängen (s. auch Zitat von C. Bresgen: Seite 180).

Wie bereits beschrieben, ordnet sich natürlicherweise der *Puls-Rhythmus von Taktschlägen stets in der Wechselbeziehung zum übergreifenden Atem-Rhythmus* unter, der sich aus den melodischen und sonstigen Spannungswechseln der musikalischen Kompositionen ergibt. Aber die einseitig motorische Rhythmusmaschinen-Musik, welche eine atemrhythmisch orientierte Zeitempfindung überhaupt nicht einbezieht, ist deshalb – gemessen an allen organischen Rhythmen der Schöpfung – ein ***naturfremder*** Rhythmus.

24. Unorganische Tempobeschleunigungen bei Technomusik

Man benutzt in der Technomusik-Praxis neben der sterilen Gleichförmigkeit elektronisch erzeugter Tonkopien-Anreihungen auch völlig unorganische, computergesteuerte Temposteigerungen. Kurzzeitige Temposteigerungen des menschlichen Herz- und Pulsschlages sowie der Atemfrequenzen kommen durchaus vor und sind nichts Unnormales, wenn nach solchen Temposteigerungen wieder die jeweils ausgleichenden Tempoberuhigungen folgen, wie es ähnlich in den kürzeren Zeiträumen einer musikalischen Agogik atemrhythmischer Musikstrukturen geschieht. Eine über das normale Mass hinaus sehr hohe Herzschlagfrequenz über einen längeren Zeitraum (z.B. beim Leistungssport-Läufer) benötigt auch eine entsprechend längere Erholungspause des Sportlers, damit sein Herzschlagtempo sich wieder normalisieren kann. Bleibt aber das Pulstempo über einen längeren Zeitraum im hohen Tempo und steigert sich weiter zu noch schnellerem Tempo, so sind das bekanntlich alarmierende Anzeichen von krankhaften Körperreaktionen, wie sie auch bei Fiebererkrankungen auftreten. Durch die Sequenzertechnik der Musikcomputer ist es durch entsprechende Voreinstellungen leicht möglich, eine fast unmerkliche aber stetige Temposteigerung über einen längeren Zeitraum ausführen zu lassen.

Aus den empirisch-wissenschaftlichen Forschungen über die Reaktionen körperlicher Organe der Musikhörer weiss man, dass Herz- und Pulsschlag die Tendenz haben, sich der Frequenz von akustisch wahrnehmbaren Taktschlagfolgen anzugleichen und zu synchronisieren. Versuche dieser Art zeigten, dass bei allmählich ansteigendem Tempo der Taktschläge auch die Pulsfrequenz der Hörer sich entsprechend erhöht (s. Bild 1a im Anhang).

In der Praxis von Technomusik-Veranstaltungen ist es zuweilen üblich, solche unorganischen Temposteigerungen mittels Musikcomputer zu programmieren, so dass eine Musiknummer zum Beispiel mit Taktgrundschlägen der Bassdrum in langsamem Tempo von 70 Schlägen pro Minute beginnt (normale Pulsfrequenz) und nach allmählich ansteigendem Tempo schliesslich 140 Beats pro Minute und mehr im Schlussteil des Stückes erreicht. Die Herzschlagfrequenz der Hörer kann dabei ebenfalls auf das doppelte Mass der normalen Ausgangspulsfrequenz mitgerissen werden. Man darf sich dabei nicht über die unbewusst erfolgenden Stressauswirkungen bei den Hörern wundern, über deren Nervensystem auch die natürlichen Rhythmen körperlicher Organe mittels einer maschinenartigen naturwidrigen Musikrhythmik hochgetrieben werden. [52, 62a-f]

Da die Gemüter der Technomusik-Teilnehmer dabei ebenfalls aufgepeitscht werden, können solche Steigerungen bis zu euphorischem Ausflippen in Ich-Entgrenzungen führen. Die notgedrungene seelische «Entspannungsphase» erfolgt meistens erst am darauffolgenden Tag und ist mit Gefühlen psychischer Tiefstände und nicht selten auch mit Depressionen verbunden.

Eine gekürzte Veröffentlichung aus der Zeitschrift «TOPIC»[27] deckt die Wirkungen und Hintergründe des neuzeitlichen Technokults auf:

In der Disco: Mit Trance und Techno auf dem Trip ins Jenseitige

Monotone Rhythmen, sphärische Klänge, darin eingearbeitet geflüsterte Worte, manchmal versetzt mit afrikanischer oder indischer Ritualmusik, dazu ein Dauergewitter von Laserblitzen und Farbscheinwerfern: «Trance-Party» heisst diese neue Erlebnis-Mixtur, der sich allwöchentlich Tausende von jungen Leuten in Diskotheken landauf, landab hingeben. Daneben gibt es eine ähnliche Erlebnis-Mixtur, sie nennt sich «Techno» und ist schon etwas älter. Die Atmosphäre der Lichteffekte, das ganze Drum und Dran ist fast gleich, nur die Musik ist wilder, aggressiver, der Rhythmus hämmert bis 150 Schläge pro Minute. Das Neue an diesem «Wochenendvergnügen», ob «Techno» oder «Trance»: Man tanzt, tanzt und tanzt vom Samstagabend nonstop durch bis Sonntagmittag, oftmals

12 Stunden und mehr mit nur kurzen Unterbrechungen. Die Tanzenden, meistens zu Hunderten auf dem «Dancefloor» (Tanzboden), befinden sich wie in einer Art Trance, einem rauschähnlichen Zustand, der von der Realität wegführen kann, hin zu anderen Bewusstseinsebenen. Nicht ohne Grund heisst der neue Discotrend «Trance-Party». Das New-Age-Wörterbuch von Dr. Elmar Gruber und Susan Fassberg erklärt den Begriff so: «Trance ist ein veränderter Bewusstseinszustand, häufig insbesondere bei Schamanen durch monotones Trommeln, Tanzen und Singen, bisweilen auch durch Einnahme von psychoaktiv wirkenden Substanzen hervorgerufen.» Tatsächlich gleicht die Atmosphäre in vielen Discos mittlerweile der eines Ritualplatzes von Schamanen (Medizinmännern). Die Elemente, die beispielsweise afrikanische Schamanen benötigen, um mit übersinnlichen Sphären in Verbindung zu treten, finden sich heute bei «Techno» und «Trance» wieder. Der Trancemusikproduzent Jam El Mär aus Frankfurt sieht eindeutige Parallelen zwischen seiner und afrikanischer Musik, die durch Massentrommeln die Tänzer in Trance versetzt. Der primitive, archaische (ursprüngliche) Aufbau vieler Techno- und Trance-Musikstücke erzeuge eine ähnliche Stimmung. Einer der Musikerstars der Trance-Szene, der Deutsche «Cosmic Baby», bezeichnet seine Musik als «Euro-Voodoo» (Voodoo-Dämonenkult mit christlich religiösen Elementen); sie sei «ein geeignetes Mittel zur Bewusstseinsveränderung». Der Begleittext einer Trance-Musik-CD («Tour de Trance», EMI) bringt es auf den Punkt: «Was Trommeln und menschliche Urlaute für das Trance Unplugged (unverstärkte) Programm der Voodoo-Rituale, sind Synthesizer und Computer für die Tranceprogramme der DJs (Abkürzung für Diskjockey) in den Hightech-Clubs und -Diskotheken.»

Die Münchner Trancetanz- und Körpertherapeutin Kay Hoffmann ist davon überzeugt, dass beim Tanzen ganz sanft und schrittweise der Übergang vom normalen Bewusstsein hin zu Trance und Ekstase stattfindet, somit der Trip ins Jenseitige vorbereitet wird. Auch der Lärm bei den Trance-, vor allem Techno-Parties gleiche den von traditionellen, religiösen Tranceritualen. Sie habe das beim brasilianischen «Candomble» erfahren, bei dem sich die Teilnehmer in Trance tanzen, um dabei von «orixas» (Göttern/Dämonen) in Besitz genommen zu werden.

Die Mehrheit der Techno- und Trance-Fans sind zwischen 18 und 25 Jahre alt. Sie besuchen die Diskotheken zunächst nicht, um in Trance zu geraten, sondern einfach um Spass zu haben und weil es gerade «in» ist. Doch viele erleben dann etwas, was sie nicht mehr los lässt. Sie geraten in andere Bewusstseinsstufen. «Man tanzt nach einer Weile wie von selbst. ... Die Musik trägt dich eine Sphäre weiter.» ... «Ein Glückszustand», so typische Aussprüche von verzückten jungen Leuten. Techno und Trance, das machen die Aussagen deutlich, sind auch ein Ausdruck für die Flucht vor Einsamkeit und Perspektivlosigkeit, ein Aussteigen in eine andere Welt, die mit dem alltäglichen Horror draussen vor der Discotür nichts zu tun hat. Was aber wirklich im Tempel des nächtlichen Tobens mit ihnen passiert, ist den Besuchern meist unbekannt.

Die Techno- und Trance-Experten im Hintergrund wissen allerdings genauer Bescheid um das, was sie tun, und auch um die Gefahren. Techno könne «massenhysterische Ekstase» auslösen, meint ein Berliner Techno-Veranstalter, «epileptische Anfälle» durch die Lichtblitze der Laserkanonen, ein anderer. All das trifft aber nicht den wahren Kern dieser Erlebnis-Mixtur. Trance, so eine andere Erklärung, sei das «Ausschalten des Wachbewusstseins und des Ich-Bewusstseins»; und weiter: «Trance ist lediglich der Übergangszustand zur Ekstase und somit der Eintritt in ein jenseitiges Reich der Götter und Geister.»

Hier offenbart sich sehr deutlich ein dämonischer Mechanismus, der auch in der Techno- und Trance-Musikszene eingearbeitet ist. Der wache, kritische Mensch muss durch Rauschzustände ausgeschaltet werden, um dann den Kontakt mit dem Jenseitigen antreten zu können. Dort warten nicht andere glückselige Sphären, sondern dämonische Wesenheiten, die durch diese Verbindung Menschen in Besitz nehmen wollen, um sie dann an Leib und Seele zu tyrannisieren und zu quälen.

Es ist immer dasselbe Prinzip des Satans, ob bei Drogen, echtem Okkultismus oder auch jetzt aktuell bei Techno und Trance. Zunächst scheint alles harmlos zu sein und macht Spass. Doch dann schnappt die Falle zu.

Zur Zeit trainieren Tausende von jungen Leuten, nicht nur in Deutschland, diese gefährliche Kontaktaufnahme mit dem Dämonenreich. Sicherlich geschieht so ein Direktkontakt nicht im grossen Stil in der Disco. Dennoch ist es dort, so die Trance-Experten, im Prinzip möglich, zumindest werden wichtige Voraussetzungen eingeübt. Wenn der «Trance-Kick» in der Disco nicht mehr reicht, was kommt dann? Viele werden zu spät bemerken, auf was sie sich wirklich eingelassen haben, weil von einem bestimmten Punkt an das Geschehen nicht mehr kontrolliert werden kann. Es ist ähnlich wie bei den Vögeln, die auf die Freiheitsstatue zufliegen: An der Einfahrt des Hafens von New York, der Liberty-Insel, erhebt sich die 46 Meter hohe Freiheitsstatue mit einer brennenden Fackel in der

Hand. Was den Seefahrern als wegweisendes Leuchtfeuer dient, erweist sich vielen Vögeln als Todesfalle. Angezogen vom hellen Licht, fliegen sie darauf zu, bis sie schliesslich geblendet und versengt tot zur Erde fallen. So häufen sich am Fusse des Sinnbildes der Freiheit die Vogelleichen, und immer neue kommen hinzu, die das gleiche Schicksal ereilt. Die brennende Fackel ist für viele Vögel ein Irrlicht. (Autor ist der Herausgeber des Informationsdienstes TOPIC: Ulrich Skambraks, der diesen Artikel auch zur weiteren Veröffentlichung freigab)

25. Die musikalische Erwartungshaltung der Hörer und ihr Wachbewusstsein

Normalerweise erwarten Hörer eine gewisse architektonische Balance in der Längenordnung formaler Strukturabschnitte der Musik, worin dann – wie auch in den sichtbaren Naturformen – symmetrisch geordnete Melodieabschnitte erkennbar werden. (Hier sind aber nicht die stereotypen Wiederholungsstrukturen absolut gleicher Tonmodelle gemeint, welche eher geeignet wären, die Aufmerksamkeit und das Bewusstsein des Zuhörers zurückzudrängen, denn dadurch würde ja seine musikalische Erwartungshaltung schnell erlahmen, weil sein musikalisches Bewusstsein zum Erkennen von Erneuerungen und Veränderungen im musikalischen Ablauf überhaupt nicht mehr gefordert wäre.) Der musikalische Genuss beim Hören von Musik, das Erleben von Musik, geschieht doch normalerweise dadurch, dass es dem Hörer möglich ist, im Zeitverlauf der musikalischen Formteile *stets die gerade verklungenen Tonfolgen (benennen wir dies als musikalisches Zeitgeschehen A) ständig in Bezug zu dem darauf folgenden musikalischen Geschehen zu setzen (dem musikalischen Zeitgeschehen B).* Die musikalische Erwartungshaltung der Hörer – und damit auch ihr Wachbewusstsein – resultiert also aus einem ständigen Vergleichen der gerade verklungenen musikalischen Formteile (A = Vergangenheit) mit den gegenwärtig erklingenden Tonfolgen (B = Gegenwart), woraus sich dann eine entsprechende Erwartungsspannung ergibt im Hinblick auf den weiteren Verlauf des musikalischen Geschehens *(erwarteter Zeitabschnitt C als Zukunft).*

Diese Erwartungsspannung regt die Hörer nun zu einem bewussteren Hinhören an auf die weitere Entwicklung des musikalischen Zeitablaufs, weil in dem ständigen Vergleichen der *verklungenen* Tongestalten mit den *gegenwärtig* zu hörenden Tonfolgen nun die musikalisch formalen Entsprechungen (Symmetrien, Wiederholungen oder die Erneuerungen und Tempovarianten) im Bezug zu den vergangenen Hörerlebnissen erkennbar werden, was das Hörvergnügen wesentlich verstärkt. Das Wachbewusstsein der Hörer wird auf diese Weise ständig in Gang gehalten, weil normalerweise bei diesen Vergleichen zwischen gegenwärtig zu hörenden Tongestalten mit den in Erinnerung gebliebenen bereits verklungenen Tongestalten die Hörer natürlich alle Veränderungen und Erneuerungen bemerken und zur Kenntnis nehmen. Diese Fähigkeit des Hörbewusstseins zu einer ständigen Bezugnahme zwischen verklungenen Musikteilen (*Erinnerung an Vergangenes*) zu den gegenwärtig erklingenden musikalischen Fortsetzungsteilen (*Gegenwart*), wo nun infolge des Vergleichs die Erneuerungen und Varianten erkannt werden können, weckt natürlich ständig das weitere Hörinteresse auf das, was nun danach folgt im weiteren *(zukünftigen)* Verlauf der Komposition. [24]

Diese in der Zeit ablaufende *ständige Bezugnahme vom Gegenwärtigen zu dem Vergangenen, woraus sich dann die Erwartung auf Künftiges entwickelt, hält das menschliche Bewusstsein wach.* Es erkennt aus diesem Zeitenvergleich die Bewegungstendenzen des musikalischen Geschehens wie zum Beispiel Tempoveränderungen sowie alle Veränderungen der musikalischen Bewegungsabläufe gegenüber den Bewegungen vergangener Zeitabschnitte. Durch diesen ständigen Hörvergleich aller zeitlichen Bewegungstendenzen musikalisch motivischer Veränderungsentwicklungen beider Zeitabschnitte kann nun im Hörbewusstsein ein relativ sicheres Zeitgefühl entstehen in der Erwartung der weiteren zeitrhythmischen Entwicklung zum folgenden zukünftigen Musikabschnitt. Der Hörer antizipiert also durch seine erwartungsgemässen Vorwegempfindungen des künftigen rhythmischen Verlaufs ständig die jeweils bevorstehenden musikalischen Zeitereignisse. Dies zeigt, dass eine *normale Gegenwartsempfindung stets auch mit Zeitempfindungen aus der Vergangenheit sowie mit Vorausempfindungen zukünftiger Zeitereignisse durchsetzt ist.* [37a, 57a]

Bei musikalischen Zeitempfindungen zwischen den rhythmischen Bewegungsabläufen von Vergangenheit – Gegenwart – Zukunft während einer Musikdarbietung, bedeutet die Wahrnehmung der unterschiedlichen *Zeitbewegungstendenzen im Tempoverlauf* eine wesentliche Ausdruckskomponente. Musikinterpretationen als Ausdruck seelischer Bewegungen zeigen sich gerade in solchen variablen kleinen Tempoverschiebungen gegenüber den latent empfundenen metrisch gleichlangen Pulsen des Grundtempos. Innerhalb des Spannungsfeldes dieser zwei unterschiedlichen Zeitempfindungsebenen kann der Interpret all den für ihn bedeutungsvollen emotionalen Momenten innerhalb der Tonfolge eine entsprechend persönliche Zeitempfindung zumessen, was dann auch der Hörer als solche mitempfinden kann.

Diese wichtige Ausdruckskomponente, welche sich in solchem sehr flexibel darstellbaren unterschiedlichen Tempo-Zeitfluss kundtut und sich dadurch ausdrucksinformativ in der Psyche der Hörer zu entsprechend unterschiedlichen Empfindungsqualitäten umsetzt, *wird in dem motorisch taktrhythmischen Charakter der Rock-, Pop- und Technomusikstilarten rigoros verdrängt.* Die vorwiegend motorischen Bewegungsabläufe vermitteln infolge des taktrhythmisch bedingten «Magneteffekts» [27a.b.c, 62c.d] deshalb auch nur vorwiegend Körperstimulationen und bieten tieferen seelischen Bewegungsqualitäten nicht den dazu notwendigen zeitrhythmischen Ausdrucksraum. Das in diesen drei zeitlichen Abschnitten sich vollziehende Musik-Hören und -Verstehen hat auch gewisse Ähnlichkeiten mit den Denkvorgängen des menschlichen Bewusstseins, dessen Denkfolgen sich ebenfalls zeitlich aus der Bezugnahme zu voraus gedachten Gedankengängen entfalten.

26. Zerstörung des Wachbewusstseins mittels Musik

Man kann aber das Wachbewusstsein der Hörer mittels bestimmter Musikstilarten zurückdrängen, und dies funktioniert am wirksamsten durch eine Folge von sich ständig wiederholenden kurzen Tonmotiven über längere Zeiträume der Komposition. Die im vorigen Abschnitt erklärte natürliche Zeitempfindung des Musikhörers trägt aufgrund seines Erinnerungsvermögens das charakteristische Merkmal ständiger Bezugnahme von *vergangenen* musikalischen Zeitabschnitten zu den nachfolgenden (*also gegenwärtig erklingenden*) musikalischen Zeitstrukturen, woraus dann die spannende Erwartung auf das *künftige* musikalische Zeitgeschehen erwächst. Das Wachbewusstsein des Musikhörers resultiert also wesentlich aus diesem «Drei-Zeitbewusstsein», welches stets *in dem Spannungsfeld dieser drei Zeitempfindungen aktiv bleibt.* [51c]

Mittels gleichbleibender Musikstrukturen ist es nun auch möglich, diese natürliche Zeitempfindung zurückzudrängen und schliesslich sogar ganz erlahmen zu lassen, indem man die Erwartungshaltung der Hörer auf musikalische Erneuerungen im künftigen Zeitablauf eines Musikstückes nicht mehr anregt. In der Hardrockmusik und besonders in der Technomusik unserer Zeit finden wir vorwiegend solche Wiederholungsstrukturen. Die Erwartungsspannung im Hörer – und damit sein Wachbewusstsein – ermüdet dann sehr schnell, wenn er infolge einer stereotypen Gleichförmigkeit von *vergangenen, gegenwärtigen* und *zukünftigen* Tonfolgen keine Veränderungen mehr darin zu registrieren hat, denn es erfolgen ja bei diesen Musikstilen über ziemlich lange Abschnitte keine bewusst wahrnehmbaren Veränderungen oder gar Erneuerungen des musikthematischen Inhaltes in Bezug zu den vorangegangenen Takten. Das Hörbewusstsein ist in Bezug auf die Erwartung zur Wahrnehmung tonaler sowie rhythmischer Veränderungen und Erneuerungen im Musikablauf nicht mehr gefordert.

Im Techno-Musikstil verwendet man sehr lange Reihen akustischer Wiederholungsstrukturen, die während langer Zeiträume gewissermassen wie maschinenartig pulsierende «Hammerschläge» in scheinbar endlosen Ketten eine gewisse Zeitlosigkeit ausstrahlen: Jedem einzelnen «Kettenglied» solcher akustischen Reihung folgen absolut gleiche Kopien, so dass sich «musikalisch» tatsächlich nichts weiterentwickelt oder veränderlich bewegt, als sei die Zeit stehen geblieben. *Eine normale Zeitwahrnehmung bedingt aber stets erkennbare Veränderungen im Ablauf der zeitlichen Gestaltung, in der ständigen Vergleichsmöglichkeit unterschiedlicher Zeitproportionen von Zeitereignissen.* [14 b]

Natürliche musikalische Abläufe beinhalten stets *periodisch erfolgende Wechsel von kleinen Zeitdehnungen und Zeitraffungen,* die wie ein zusätzlich *übergeordneter Leitrhythmus* den belebenden Vortrag durch den Interpreten der Musik ausmachen und das musikalische Tempo gewissermassen «atmen» lassen. [37a.b, 38a.b] Da aber bei der Technomusik diese natürlichen Zeitbezüge infolge der unerbittlich zeitgleichen Schlagabstände der elektronischen Temposteuerung überhaupt nicht vorhanden sind, werden den Hörern hierbei *völlig unnatürliche Zeitrhythmen* eingehämmert und durch die stetigen Wiederholungen aufgezwungen. Der natürliche Zeitfluss scheint dadurch zum Stillstand gekommen zu sein und die Zeitempfindung der Hörer wird von der gewöhnlichen Zeit- und Raum-Empfindung gelöst, die er bei den normal üblichen Hörvergleichen von *gegenwärtigen zu vergangenen Tonfolgen in Erwartungsspannung zu den zukünftigen* Tonfolgen empfinden könnte. Diese natürliche Empfindung für die *Zeitbezüge von Vergangenheit – Gegenwart – Zukunft* wird bei längerem Anhören von Technomusik zerstört, denn durch die scheinbar unendlich unverändert sich wiederholenden *zeitgleich bleibenden* taktrhythmischen Tonmodelle scheint es dem Hörer so, als sei der Zeitfluss stehen geblieben. Die musikalische Zeitempfindung tritt hier gewissermassen auf der Stelle, denn es gibt keinerlei musikalische Veränderungsbewegung innerhalb dieser Zeitkette solcher akustischen «Kopienanreihungen». Nach längerem Anhören solcher Schlag- und Klangketten sieht sich schliesslich auch der letzte Hörer genötigt, seine Erwartungshaltung auf eventuelle Veränderungen oder Erneuerungen in der Folge des zu erwartenden Ablaufs getrost abzustellen.

Die Zeitkomponente der Zukunftserwartung wird also hier eigentlich nicht mehr benötigt und verkümmert schliesslich während des längeren Hörens von Technomusik. So entsteht dann für den Hörer die Illusion einer *Atmosphäre unendlicher Gegenwart*. Diese Illusion verstärkt sich auch im Hinblick auf die Vergangenheits-Zeitkomponente menschlichen Denkens, das normalerweise infolge seines Erinnerungsvermögens an vergangene Zeitspannen musikalischer Abläufe diese auch rückbezüglich vergleichend zu den musikalischen Zeitabläufen der Gegenwart zu vollziehen in der Lage ist. [57a] Aber gerade diese Fähigkeit des menschlichen Gedächtnisses wird beim Hören von Technomusik nicht mehr in Anspruch genommen, da sich darin über lange Strecken nichts Abweichendes mehr zum Vergleichen anbietet. Das Erinnerungsvermögen des menschlichen Gedächtnisses wird nicht mehr gefordert. Man darf sich nicht wundern, wenn sich der Hörer dann im Laufe längeren Hörens schliesslich genötigt fühlt, diese Gedächtnisfunktion abzuschalten. Was nun übrig bleibt, ist eine *scheinbare Unendlichkeit der Gegenwart*, angefüllt mit *naturfremden* Maschinenrhythmen, die das menschliche Nervensystem unerbittlich auf diesen Fremdrhythmus einpendeln.

So wird es auch möglich, Gefühle und Bewusstseinszustände einer Hörerschaft zu verändern und schliesslich gleichzuschalten. [4b, 14c, 51c] Die natürliche Unterschiedlichkeit individueller Ansichten und Gefühle innerhalb der Hörerschaft wird allmählich eingeebnet zu gleichartigen Gefühlen infolge der ständigen Wiederholungsstrukturen der Musik, in die sich die Hörer wie in einem gruppendynamischen Prozess einpendeln lassen. Aus der musikpsychologischen Forschung weiss man, dass nach längerem Anhören entsprechender Musikstrukturen auf diese Art und Weise auch Trancezustände bei den Hörern bewirkt werden können. [14a, 31a, 54, 4b]

Der Psychologe Meinhold wies auf das sogenannte «Punktreflexgesetz» hin, das bereits der bekannte russische Physiologe Pawlow entdeckte. [79] Die Möglichkeiten der Beeinflussung des Wachbewusstseins mittels stereotyper Taktschlagfolgen wird damit auch bestätigt. Es lehrt nämlich, dass «jeder andauernde oder systematisch sich wiederholende Sinnesreiz, der über bestimmte Nervenbahnen einen bestimmten Punkt der Hirnrinde erreicht, früher oder später zur zwangsartigen Schläfrigkeit führt». – In seiner Dissertation über das Thema: «Musik – Beitrag zur Lösung heutiger Jugendprobleme» benennt Andreas Dodt (16) die Wirkungen von sich ständig wiederholenden Musikrhythmen. Ein bekanntes Kennzeichen von Trancezuständen ist dabei auch der *Verlust normaler Zeitempfindungen*, wodurch die Hörer mittels solcher Musik in Trance versetzt werden können, begleitet von Zuständen des Ausser-sich-Geratens. [54a, 78, 14b, 51a] Dazu einige bemerkenswerte Aussagen von Autoren dieses Forschungszweiges, wie Eibel-Eibesfeld, (18):

«Durch ständige Wiederholung eines Rhythmus oder einer Melodie können Zustände der Trance, des Ausser-sich-Geratens bewirkt werden, ähnlich wie bei einem epileptischen Anfall. Vermutlich geraten bei dem dauernd wiederholten Reizanstoss Neuronenkreise ins Schwingen, wobei in Resonanz immer grössere Neuronenpopulationen erfasst werden. Auf diese Weise *entstehen veränderte Bewusstseinszustände*» («Die Biologie des menschlichen Verhaltens», Seite 939ff.).

27. Trommelrhythmen

Die rituelle Trancemusik der Schamanen wirkt ebenfalls durch dieses rhythmische Wiederholungsprinzip, wobei noch verstärkend die lautstarken Impulse der Schlagzeugrhythmen mit ihrem sehr dicht gebündelten unharmonischen Obertonspektrum überbelastend auf das Hör-Nervensystem einwirken und so das Wachbewusstsein bis zum Eintritt von Trancezuständen zurückdrängen kann.

In seinem bemerkenswerten Buch «Die magische Trommel» beschreibt der professionelle Rocktrommler Mickey Hart (Seite 152-153) die trancefördernde Wirkung von Trommelrhythmen, welche überall in der Welt bei vielen Urvölkern als Übergangsrituale eingesetzt werden mit dem Ziel, tranceartige Zustände zu bewirken, um so in magischer Weise mit Geistern in Verbindung zu kommen. (35) Er nennt darin auch eine Veröffentlichung des Psychologen Andrew Neher, welcher die Wirkung von Trommeln in Laborexperimenten untersucht hatte und dabei feststellte, dass er die Gehirnwellen seiner Versuchspersonen mittels Trommelrhythmen, «steuern» konnte, wobei die Gehirnwellen von der normalen auf eine andere Frequenz «eingependelt» werden konnten. Zu den Ursachen der Trancewirkung zählt er neben den *hohen Lautstärken* besonders auch den *breit gestreuten Frequenzbereich von Schlaginstrumenten*, welcher lärmartig sehr dicht und *unharmonisch* beschaffen ist, so dass durch die ununterbrochene Schlagfolge schliesslich der Gehörmechanismus überlastet werden kann. Auch der bekannte Pharmakologe Prof. A. E. Wilder-Smith (83) weist in seinem Buch «Der Mensch im Stress» auf die Möglichkeit einer Auslösung epileptischer Anfälle durch Lärm hin. [22, 23, 26, 31c, 61b, 82, 83, 88] (Siehe auch die im Anhang gezeigten Bilder der grafischen Aufzeichnung über Veränderungen von Blutdruck, Pulsfrequenz, galvanischer Hautwiderstand usw. infolge einer Einwirkung lautstarker unharmonischer Obertonspektren, Bild 5)

Aus der Neurologie weiss man (z.B. durch die Forscher Pöppel und Logothetis, 1986), dass im Nervensystem eine zentrale Periodizität herrscht (das sind sich wiederholende Zyklen von Nervenimpulsen) als eine grundlegende Führungsbasis bei der Verarbeitung von Informationen. David Epstein erwähnt diese rhythmische Periodizität in seinem Aufsatz «Time and Timing in Musik: Musical and Neurological Aspects». (20) Er schreibt, dass die

Forscher Goody (1969), Lashley (1958) und Fraser (1978) bestätigen, dass das Nervensystem einen fortlaufenden Modus mit *periodisch* ablaufenden Vorgängen von Nervenfeuerungen (elektrische Nervenimpulse) ausführen kann. Nach der Methode eines Ein- und Ausschaltvorgangs laufen Nervenimpulse entlang einer Nervenfaser, wobei die Übertragungsrate von den spezifisch physiologischen Faktoren der Nervenfaser bestimmt wird. Ähnliches bestätigt auch ein Forschungsbericht über Gehirn-Neurologie in der Zeitschrift «Spektrum der Wissenschaft» (73) mit folgender Aussage:

> «Die Hörbahn verfügt über parallele Kanäle, mit denen sie Änderungen der Höhe und Lautstärke eines Tones analysiert: *Es gibt Nervenzellen, die durch Änderungen der Tonhöhe gereizt werden, die aber auf gleichbleibende Tonhöhen gar nicht oder nur wenig reagieren, während andere Nervenzellen so gut wie ausschliesslich auf einen bestimmten Ton gleichbleibender Höhe ansprechen. Jeder bis jetzt entdeckte Kanal erzeugt auch sein eigenes Reaktionspotential!*» [87-89]

Man kann sich nun aufgrund dieser natürlichen Gegebenheiten des Nervensystems gut vorstellen, dass mittels der in Rock- und Technomusik vorherrschenden ostinaten (sich periodisch dauernd wiederholenden) Schlagzeugbeats und obertonverzerrten elektrischen Gitarren über einen längeren Zeitraum die entsprechenden Nervenstränge, die vom Hörmechanismus ausgehen, besonders strapaziert werden können. Dies könnte sich dann besonders umfangreich auf all die vielen Nervenfasern des menschlichen Organismus auswirken, welche in Resonanz stehen mit den dicht gebündelten Tonfrequenzen der Schlagzeuginstrumente. Dieses völlig unharmonisch zusammengesetzte sehr dichte lärmhafte Obertonspektrum der Schlaginstrumente enthält riesengrosse «Bündel» von Tonfrequenzen, die *gleichzeitig* bei jedem Taktschlag auf das Hör-Nervensystem einwirken [56 a] wie Schüsse aus der Schrotflinte. Wenn man bedenkt, dass diese «akustischen Schrotladungen» in elektronischer Verstärkung aus den grossen «Lautsprecher-Kanonen» bei Discoveranstaltungen nun auch noch in einem ununterbrochen erbarmungslosen Maschinen-Taktrhythmus das menschliche Nervensystem zwangsläufig in diesen organfremden Taktrhythmus einpendeln, so darf man sich nicht wundern, wenn die natürlichen Abwehrkräfte im menschlichen

Organismus dann Stresshormone (Adrenalin und schliesslich auch Adrenochrom usw.) ausschütten, wodurch es infolge der spezifischen Auswirkung des Adrenochroms zu Drogenwirkungen kommt. Die beteiligten Hörer werden «high», flippen aus und können schliesslich auch in Trancezustände geraten. [50, 51a]

28. Unharmonische Obertonspektren taktrhythmisch getrommelt

Aufgrund des sehr breiten Obertonspektrums von Schlaginstrumenten (Trommeln, Becken, Schellen u.Ä.) ist die nervliche Gehörbahn - wie der Psychologe Andrew Neher ja bereits feststellte - durch eine stetige und laute Schlagfolge mit einem jeweils grossen «Hörbündel» *unharmonischer* Obertöne besonders stark überlastet. Darunter fallen allerdings vornehmlich jene Trommelinstrumente, die nicht auf einen bestimmten Grundton gestimmt sind. Alle Lärmgeräusche - und besonders solche, die uns «auf die Nerven gehen» - beinhalten nachweislich kein harmonisches Obertonspektrum gemäss natürlicher Einzelton-Klangfarben, sondern ein chaotisch ungeordnetes dichtes Bündel völlig unharmonischer Partialtöne. So können nämlich in diesem andauernden Taktrhythmus hierbei *gleichzeitig sehr viele* Nervenfasern, die vom Hör-Nervenzentrum ausgehen, gereizt werden, weil sie auf die vielen Frequenzen des breit gefächerten Obertonspektrums der Schlaginstrumente entsprechend reagieren und sich somit zwangsläufig auf den stereotyp gleichförmigen Schlagzeug-Taktrhythmus einpendeln lassen müssen. Infolge der üblichen elektronischen Verzerrungen (Distortion und Overdrive) des Klangspektrums der Rock-Gitarren wird ebenfalls ein sehr lautes chaotisches Obertonspektrum erzeugt, was eine zusätzliche Überreizung des Gehör-Nervensystems bewirkt. Wenn sich dabei die Gehirnwellen der Hörer auf periodisch zeitgleich bleibende Schlagzeug-Beats einpendeln und bei einer bestimmten Frequenz der Schlagfolgen schliesslich zu diesem Taktrhythmus synchronisieren, können bei den betreffenden Hörern sogar epileptische Anfälle entstehen. [22, 52]

Bei modernen Discoveranstaltungen verstärkt man die nervlichen Reizanstösse erheblich, indem die akustischen Taktschlagfolgen zeitgleich synchronisiert werden mit optischen «Taktschlägen» in Form von Laserlichtblitzen. Neben den Nervenbahnen, die vom Gehör ausgehen, werden nun auch noch zusätzlich alle Nervenverbindungen, welche mit den Augen zusammenhängen, im gleichen Takt bewegt. Deshalb kann es bei Teilnehmern solcher Veranstaltungen verstärkt zu epileptischen Anfällen kommen. [10, 55, 63, 65]

Es ist bekannt, dass bei schamanistischen Tanzritualen neben Trommeln auch besonders die mit sehr dichtem Obertonspektren klingenden Metallophone, Schellen, Becken und Rasseln verwendet werden. Bei den schamanistischen Heilungsritualen in Zentralafrika hat man beobachtet, dass dort gerade solche Schlaginstrumente oftmals sogar in unmittelbarer Nähe des Ohres der «Patienten» angeschlagen werden, um dadurch den Übergang zum erwünschten Trancezustand zu beschleunigen. [61b] Die auf diese Weise wesentlich verstärkte Überbelastung neuronaler Hörmechanismen, die Andreas Neher auch als Mittel zur schnelleren Herbeiführung von Trancezuständen erwähnt hatte, bestätigt sich also auch in den Bräuchen schamanistischer Trance-Rituale schwarzafrikanischer Urvölker. (Nachzulesen in (39) «Heilung und Musik in Afrika», von Friedergart Hürter, Seite 74-75) [s.a. Anhang: 87-89]

29. Moderner Schamanismus – elektronisch verstärkt

Mit modernen Synthesizern (elektronische Tonerzeuger) und deren umfangreichen Möglichkeiten von Klangmodulationen sowohl im hohen Obertonbereich als auch im unteren Frequenzbereich lassen sich auch in Verbindung mit Klangverzerrern und Rhythmuscomputern solche trancefördernden Frequenzgemische sehr leicht hervorbringen und mittels Verstärkeranlagen bis zur Schmerzgrenze der menschlichen Gehörnerven mühelos einsetzen. Die Technologien elektronischer Klangerzeuger sind in den letzten Jahrzehnten auch in Verbindung mit der Computertechnik enorm gewachsen und verbreitet worden. Man kann heute nahezu jedes Frequenzspektrum (Klangfarbenmischungen) damit erzeugen und auch digital in sogenannten Soundbanken (digitale Speicherchips für grosse Mengen unterschiedlicher Klangvariationen) speichern, die in den Keyboards oder sogenannten Sound-Expandern auf elektronischem Wege von Computern, Sequenzern oder von einer speziellen Klaviatur (Midi-Keyboard) für den Hörgebrauch gezielt abrufbar sind. Über riesige Lautsprecher und Verstärkeranlagen kann dies nun fast unbegrenzt verstärkt werden, zum Beispiel für grosse Massenveranstaltungen.

Alle digital gespeicherten Sounds einschliesslich sämtlicher Schlagzeuginstrumente können in einer beliebig vorprogrammierten Reihenfolge und in jedem beliebigen Tempo mittels sogenannter Musiksequenzer oder Rhythmus-Computer abgerufen werden. («Sequenz» bedeutet «Folge», worin eine Ton- oder Rhythmusfolge gemeint ist, die als elektronisch vorgespeicherte Midi-Spur die dazu vorprogrammierten Sounds in entsprechender Taktrhythmik abrufen kann). Diese funktionieren auf ähnlichen Grundprinzipien wie elektronische Quarzuhren mit der zusätzlichen Möglichkeit, vorgewählte Zeitabstände in beliebigem Tempo als elektronisch verschlüsselte Impulsreihen mittels einer speziellen Automatik der Reihe nach zu taktrhythmischen Folgen wie in Viertel-, Achtel- oder Sechzehntelnoten abrufen zu können. Elektronische Sequenzer können also eine Folge von Computer-Daten automatisch der Reihe nach von sich geben, mittels derer nun digital gespeicherte Sounds aus den elektronischen Soundbänken abgerufen werden, um sie dann über Verstärker und Lautsprecher hörbar zu machen.

Charakteristisch sind hierbei leider die *maschinenartig* ablaufenden Tempi vorgespeicherter Stilmuster von jeweils einer Taktlänge, deren Wiederholungen auf verschiedene Tonhöhen über eine Keyboard-Tastatur wählbar sind. Diese bereits in fast jedem Kaufhaus inzwischen sehr billig angebotenen Keyboards funktionieren meistens über solche Sequenzertechnik. Die einprogrammierten automatisch ablaufenden Begleit-Stilmuster stammen hauptsächlich aus den zeitaktuellen Rock-, Pop- und Tanzmusikstilen in Verbindung mit entsprechend taktrhythmisch dominierenden Schlagzeuginstrumenten. Sie repräsentieren die typischen Gebrauchsmuster dieser Stilarten als stereotype «Musikmodule» aus den spezifischen Verwendungszusammenhängen dieser Disco-Gebrauchsmusik.

Obwohl auch kontinuierliche Tempowechsel-Steuerungen während des Ablaufs der rhythmischen Impulsfolgen manuell möglich wären und bei teuren Geräten sogar vorprogrammiert werden könnten (in sogenannten Tempomaps), werden aber leider die Möglichkeiten gezielter Tempowechsel, wie sie beim natürlichen Musizieren üblich sind, in der Praxis kaum in Anspruch genommen. Die Begründung mag darin liegen, dass man diese Geräte vorwiegend in der Pop-, Rock- und Technomusik verwendet, wo eine natürliche Ausdrucks-Agogik (Abschnitt 15-19) nicht gefragt ist, die aber gerade in den kleinen belebenden Tempowechsel-Perioden als persönliche Ausdrucksqualitäten natürlicher Musikinterpretation gelten. Solche Tempovarianten würden nämlich gerade die heute allgemein gewünschten Wirkungen von motorisch *gleichbleibenden* musikalischen Zeitstrukturen, auf welche viele Hörer bereits konditioniert sind, stören, weil diese agogisch geprägten musikalischen Zeitstrukturen weniger die körperliche Empfindungsebene der Hörer ansprechen und deshalb kaum zu Tanzbewegungen animieren oder gar in gewünschte Trancezustände führen werden.

Schaut man in die modernen Musikzeitschriften, so kann man feststellen, dass seit längerer Zeit ein reger Handel mit digital gespeicherten Rhythmusfolgen von zeitaktuellen Musikstilen angeboten wird. Ebenso gross ist die Angebotspalette von neuartigen Soundkreationen, welche auf den gebräuchlichen digitalen Speichermedien (CD-Rom etc.) zur «Fütterung» von geeigneten elektronischen Instrumenten für die Kunden angepriesen werden. Es fällt auf, dass hierbei als Qualitätskriterien vorwiegend auf die *tranceförderndeWirkung* der Soundangebote verwiesen wird. Ein grosser Teil der Musikfans ist also entsprechend dieser modischen Zeitströmung bereits auf die Drogenwirkung des Technostils abgerichtet. Das akustisch Fremdartige dieser taktrhythmischen Geräuschkulissen der angepriesenen Soundkreationen zeigt sich in immer ausgefalleneren Geräuschen zunehmend mit möglichst unharmonischen Obertonspektren, die ja den menschlichen Gehörmechanismus am stärksten überreizen können. Haben sich die Kunden erst einmal an stärkere Gehörreize gewöhnt, so müssen bekanntlich alle folgenden neuen Reize ständig verstärkt werden, um weiterhin reizvoll zu sein. Auch eine Droge behält auf längere Zeit nur dann die erwünschte Wirkung, wenn die einzunehmende Dosis ständig verstärkt wird.

Wesentlich gezielter und müheloser als die trommelnden Schamanen schwarzafrikanischer Urvölker kann man nun heute mit den elektronischen Klangmitteln unserer Zeit auch in grössten Räumen bei Massenveranstaltungen die Hörerschaft in tranceartige Bewusstseinszustände versetzen.

Der Ingenieur Dr. Fritz Hahn informiert in seinem sehr interessanten Buch «Luftelektrizität» (Seite 56) über die Enstehung elektrischer Wechselfelder in Räumen mittels akustischer Schallwellen:

«Mit einer Schallwelle werden auch die Ionen der Luft in der Frequenz der Schallschwingung oszillieren, so dass ein Wechselfeld und damit ein Wechselstrom entsteht. Dieses Wechselfeld hat die Frequenz der Schallwelle. ... Da Wechselfelder aller Frequenzen beispielsweise auch den menschlichen Körper durchdringen, ist anzunehmen, dass spezifische Frequenzen Wirkungen haben.»

Dass elektrische Wechselfelder sich tatsächlich auf den menschlichen Organismus auswirken, ist unbestritten und vielen Leuten bekannt, und das Thema «Elektrosmog» wird bekanntlich von Jahr zu Jahr aktueller. Aber dass Räume mittels Schallwellen zu elektrischen Wechselfeldern werden können, scheint sicherlich vielen Lesern unbekannt zu sein, und man könnte geneigt sein, solche Behauptung als Spinnerei abzutun. Wenn man nun bezüglich einer eventuellen Auswirkung von Musik-Schallwellen diesen Sachverhalt hinterfragt, erkennt man anhand von Gesetzmässigkeiten der Schallausbreitung in Räumen, dass vornehmlich tiefe Frequenzen davon betroffen sein können. Bekanntlich könnte man zwecks Beschallung von Räumen z.B. die Bassbox an allen Stellen des Raumes platzieren ohne merkliche Lautstärkenverminderung der tiefen Basstöne, weil sich bekanntlich tiefe Töne ungehindert im ganzen Raum ausbreiten. Hingegen müssten die Mitteltonboxen und besonders die Hochtonboxen gezielt in Hör-Richtung aufgestellt werden, weil sich hohe Frequenzen stets nur in einer geraden Richtung ausbreiten können. Deshalb erreicht man eine breitere Schallstreuung bekanntlich nur mittels mehrerer Hochtonboxen.

Bedenken wir nun die Möglichkeiten der enorm starken Schallausbreitung mittels der überdimensional riesigen Bass-Boxen, die bei Rock-, Disco- und Technoveranstaltungen verwendet werden, so dürfte es unwahrscheinlich sein, dass diese bekanntlich lautesten Bass-Schallwellen (verstärkte Elektro-Bassgitarren und grosse Schlagzeug-Trommel), welche den Raum im Taktrhythmus erzittern lassen, nicht auch das elektrostatische Feld des Raumes in ein taktrhythmisches Wechselfeld verwandeln können. Die lauten Schallwellen der dominanten Bass- und Schlagzeugimpulse einer Rockband liegen oftmals bei Lautstärken über 90 db bis 120 db, können also demgemäss genau diese extrem niederfrequenten Wellen im Saal verbreiten. Solche extrem niederfrequenten elektromagnetischen Wellen im Raum können sicherlich besonders bei Technoveranstaltungen wirksam werden, weil dort mittels computergesteuerter Schlagzeug-Beats eine entsprechend genaue Frequenzstabilität in den stereotyp gleich bleibenden Trommelschlägen gewährleistet ist. Es würde den Rahmen dieses Buches überschreiten, wenn die inzwischen empirisch erforschten Erkenntnisse über Auswirkungen selbst sehr schwacher elektrischer Wechselfelder hier noch erläutert würden. Deshalb sei auf die entsprechende Literatur hingewiesen. [91-95]

30. Vorsätzliche Manipulationen mittels Infra-Klang über dominante Frequenzen

Die fatalen Auswirkungen der lautstarken und stets dominanten Schlagzeugimpulse mögen auch in der zuletzt beschriebenen Weise bei der sogenannten «Oi-Musik» zustande kommen, die die Skinheads in den Staaten der USA verbreiten und nun auch in Deutschland von deutschen «Filialen» verbreitet wird. Ein kleiner Ausschnitt aus einer Fachzeitschrift der Polizei möge diese Vorgänge hier bestätigen, um nochmals zu verdeutlichen, dass Musik (und selbst diese primitiv-taktrhythmische Geräuschkulisse trägt diesen Namen) absolut nicht wertneutral ist! In Anbetracht dessen, was man über die Auswirkungen von extrem niederfrequenten Wellen auf den menschlichen Organismus weiss, kommen nun einige schlimme Verdachtsmomente auf: Vielleicht gibt es inzwischen *schon seit vielen Jahren* geübte Spezialisten der manipulativen Frequenz- und Klangtechnik? – Die auch in Deutschland statistisch festzustellende Zunahme von kriminellen Gewalttaten jugendlicher Mitglieder von Skinhead-Gruppen passen in das Bild der folgenden Berichterstattung aus einer Polizei-Fachzeitschrift und geben diesbezüglich erschreckenden Anlass zum Nachdenken:

Magazin für die Polizei.[28] – Juni 1995, Almanach-Verlag, 63739 Aschaffenburg. Auszüge daraus:

Tom Metzger leitet die tägliche Arbeit von dem «Radio Werwolf Ministerium für Propaganda und öffentliche Aufklärung» in San Francisco, Kalifornien. Wie das Motto für das Jahr 1989 lautete: «Entfessele die Bes-

tie in den Menschen.». Zitat: «Der Werwolf-Orden ist ein internationales Netzwerk von Männern und Frauen, die sich aktiv darum bemühen, eine neue satanische Weltordnung zu schaffen. Wir richten einen Schrei der Wildnis durch den Äther des Albtraumnetzwerkes: ein Ruf zu den Waffen an alle Berserker und Walkürie, die bereit sind, einen unheiligen Krieg zu führen, um die Herrschaft über diese Erde ...» usw.

Der Propagandaruf mag nur verrückt klingen, doch Metzger und Nicholas Schreck sprechen selbst von einem Experiment, von der Entfaltung verschiedener «fortgeschrittener» Techniken der Manipulation durch Klang. Schreck erklärt sein Ziel als «die Schaffung einer psychischen Diktatur, die die Herrschaft über die letzten 13 Jahre des 20. Jahrhunderts haben wird, die Vorhut der kommenden okkulten Weltordnung».

Nur, er ist auch ein Spezialist in der Manipulation durch Klangtechnik. Zwischen Sommer 1985 und Sommer 1988, führt er aus, hat Radio Werwolf 13 öffentliche Aufführungen, die «Jugend Rallies» genannt wurden. Das war «die erste Phase eines andauernden Indoktrinationsprozesses». Die Technik besteht darin, Modulationen in den sogenannten «dominanten Frequenzen» zu erzeugen, um die schlummernden atavistischen Regionen des menschlichen Geistes zu entfesseln. Durch entsprechende Modulationen ist es möglich, den Zuhörer in einem «lycanthropischen, d.h. Werwolf-Zustand» zu versetzen. Wie Schreck die Wirkung erklärt: «Es kommt schon mal vor, dass das Publikum während einer Aufführung in Gewalttätigkeiten ausbricht. Diese spontane Entfesselung ***ergibt sich erwartungsgemäss, wenn vorher unberührte Bereiche des Gehirns von Radio-Werwolf-Musik stimuliert werden.»***

Der Verfasser konnte tatsächlich anhand einer Frequenzanalyse bei dieser «Musik» feststellen, dass die vordergründig am lautesten und fortwährend hämmernden Drums genau im Frequenzbereich zwischen 4 und 7 Hz trommeln, also im biologischen Eigenschwingungsbereich des Hippocampus! (Gehirnstruktur des limbischen Systems, welches zur Stimulation der genannten hedonistischen Gefühle beiträgt). [75, 76, 29]

«... Die Experimente mit der Modulationstechnik in den «dominanten Frequenzen» laufen, laut Schreck, seit Sommer 1985, und die Technik ist natürlich mit der Zeit verfeinert worden. Das schlägt hier in Deutschland voll zu Buche, wo inzwischen selbst 10-jährige Kinder mit Walkmanns herumlaufen und «Oi-Musik» hören. Das heisst, dass das Herabdrücken der Hemmschwelle zur Gewalt eine neue Stufe der Gehirnwäsche darstellt, ***erreicht durch die physisch neurologische Wirkung des Klanges*** *auf*

entsprechend ansprechbare Jugendliche. Im Hinblick auf diese Wirkung, sind offensichtlich die fortgeführten Experimente mit LSD im alten MK-Ultra-Project in ein Stadium getreten, wo die Gewalt selbst das Ziel darstellt. Aldous Huxley, der massgeblich an früheren Experimenten beteiligt war, gab einmal in einem Privatbrief zu, dass eine Minorität unter den Versuchsschweinchen zu philosophischen Psychopathen werden würden. Das ist es, was die Vorbereitungsarbeit des Geheimdienstes und Militärs, Neo-Nazis, sich als Ziel gesetzt hatten.

Zweitens: Die üblichen Versuche, das Verderbliche nur in den Texten zu finden, schlägt einmal meistens fehl, zumal die Texte selber nur suggestiv formuliert werden. Das wichtigste der **Manipulation liegt tatsächlich in der Technik der «dominanten Frequenzen»***, wie Schreck erläutert. Das kann jeder bestätigen mit der «Oi-Musik», oder auch in der Klangtechnik des Films «Schweigen der Lämmer». Es ist die Technik der Ratten-Experimente, die Charles Manson und seinesgleichen eingeleitet haben, jedoch viel gezielter in der Behandlung des Menschen selbst als Tier.*

Was Radio Werwolf von Herrn Metzger, Heick, La Vey und Schreck einleitete, ist jetzt auf den Strassen von Deutschland entfesselt. So wie Schiller Friedrich Nietzsche voraussah, so sehen wir jetzt Nietzsche und Martin Heidegger in der Praxis mit Methode umgesetzt. Die Jugendlichen Opfer und Kanonenfutter, laut einem Kommuniqué der Radio-Werwolf-Abteilung für Indoktrination, werden «die volle Wucht der schlafenden Seele entfesseln gegen alles, was schwach und mittelmässig ist, sie werden entweder wild im Wolfrudel mitlaufen, oder sie werden auf der Blutsspur die zur Befreiung führt, verschlungen. ...»

Zusammen mit einem Oberst der US-Army, Paul Vallely, verfasste Aquino 1989 eine Denkschrift für die US-Army, woraus ich zum Schluss gern ein paar Zitate herausgreifen möchte. Die Denkschrift trägt den Titel ‹Von Psychologischen Operationen zur Geistigen Kriegsführung›. «Die Hauptarbeit muss auf der nationalen Ebene angesetzt werden. ... Dies ist ein Krieg, ... **der in den Köpfen von Bevölkerungen von Nationen geführt wird***. ... Im strategischen Rahmen muss es Freunde, Feinde oder Neutrale gleich erfassen.*

Die Techniken der Nachrichtenübertragung über Satelliten, Video-Aufnahme-Techniken, Laser und optische Übertragung ermöglichen es, in die Gehirne weltweit einzudringen, wie es vor nur wenigen Jahren für unmöglich gehalten wurde. Wie das Schwert Excalibur müssen wir nur die Hand ausstrecken, um die Waffe zu ergreifen, und diese Waffe kann die Welt zu unseren Gunsten transformieren, wenn wir nur den Mut und die Integrität besitzen, die Zivilisation damit zu führen.»

Soweit für den geistigen Vorgeschmack.

*Wichtig ist, dass Aquino noch näher in dieser Denkschrift auf die vorher erwähnte Klangtechnik eingeht, womit wir uns einen Einblick in die breitere institutionelle Basis der Experimente, wie sie von Nicholas Schreck beschrieben wurden, verschaffen können. Aquino und Oberst Vallely schreiben: «**Sehr niedrige Frequenzwellen ... haben eine resonante Wirkung auf den menschlichen Körper, die in Zusammenhang steht mit psychologischen und emotionellen Krankheiten. Infra-Klang, Schwingungen (bis auf 20 Herz) können Aktivitäten im Gehirn subliminal beeinflussen.** Infra-Klang könnte taktisch eingesetzt werden ... oder für eine breitere Auswirkung könnte die Technik über die öffentlichen Medien eingesetzt und ausgestrahlt werden. ... Wir könnten das Thema noch weiter im Detail ausführen ... »*

Wäre uns nicht der geistliche Zerfall des Christentums für unsere Zeitepoche biblisch prophezeit, so müsste man sich sehr wundern und überrascht sein, dass inzwischen auch christliche Gruppen über das Internet ihre Textbotschaften mit der sogenannten «Oi-Musik» verbreiten. Erste Schallplattenveröffentlichung ist die Single «Oi Oi Amen» aus dem Jahre 2000 – und weitere Titel sind inzwischen erschienen, produziert von der so genannten christlichen Rockgruppe «Jesus Skins».

31. Verzerrte Obertonspektren als aggressive Reizmittel

Die menschliche Gehördisposition ist von Natur aus auf die harmonische Obertonstruktur angelegt, deren Ordnungsprinzip im harmonischen Zusammenklang nur *der* Tonfrequenzen besteht, welche sich nach einer ganzzahligen Reihenfolge teilen lassen. Diese Oberton-Intervalle ergeben also zueinander folgende Rangfolge: Grundton: 1, Oktave 1:2, Quinte 2:3, Quarte 3:4, Terz 4:5, Sexte 5:8, Septime 4:7, None 4:9, gr. Sekunde 8:9, kl. Sekunde 9: 10. In der gleichen Rangfolge empfindet der natürlich veranlagte Mensch nämlich die unterschiedlichen Grade harmonischer Tonverschmelzungen von Tonintervallen und entsprechender Akkorde, also die wohlklingenden gegenüber den weniger wohlklingenden Zusammenklängen.

Die ethnologischen Forschungen (z.B. die Forschungsarbeiten von Marius Schneider) über die Musikpraxis der Naturvölker, die bekanntlich nie mit unserer abendländischen Musikkultur in Berührung kamen, haben bewiesen, dass die natürliche menschliche Gehördisposition auch bei den Naturvölkern keineswegs atonal, sondern absolut tonal reagiert: Das heisst, die Tonempfindungen reagieren entsprechend der *tonalen Verwandtschaft der natürlichen Obertonfolge,* die stets *einen* Grundton als Klangwurzel haben. Die tonalen Empfindungen basieren also auf einer *naturgegebenen Gehördisposition,* die bei den Naturvölkern genau wie bei uns auf der gleichen Ausgangsbasis *gehörphysiologischer Gegebenheiten* beruht. Gemeint ist diese tonale Verwandtschaft hauptsächlich zwischen den ersten 10 Obertönen, deren Frequenzfaktoren folgender ganzzahliger Zahlenreihe entsprechen: 1,2, 3,4,5,6,7,8,9,10. (Dies wird auch bestätigt bei der Erforschung des musikalischen Gehörempfindens durch H. Husmann (40) sowie in den Ausführungen von (30) Rudolf Haase: «Über das disponierte Gehör».)

Die Empfindung für Dissonanzen geschieht also aufgrund dieser angeborenen menschlichen Gehördisposition bei solchen Tongebilden, *die nicht der naturgegebenen* Tonintervallstruktur natürlicher Klänge entsprechen und deshalb als nicht-wohlklingend, unharmonisch und als Spannungsklänge empfunden werden. Der bekannte Dur-Dreiklang, bereits von jedem Kind als besonders harmonisch und wohlklingend empfunden, tönt bereits im Zusammenklang des 3., 4. und 5. Obertons im Obertonspektrum von Instrumenten mit. Er ist also keine menschliche Erfindung, sondern ein *gegebenes Naturphänomen der Schöpfung, das seine Entsprechung spiegelbildlich auch in der schöpfungsmässig geschenkten menschlichen Gehördisposition hat.*

Immer mehr Wissenschaftler entdecken, dass die gesamte Schöpfung nach diesen harmonischen Zahlenproportionen geordnet ist. So schreibt der Physiker Bodo Hambrecht von der Freien Universität Berlin in seinem Aufsatz «Die Musik des Weltenäthers»: *«... dass heute alle Zustände der Materie und sogar des Lichtes nach dem Muster der Akustik berechnet werden. ... Das Rätsel der diskreten Zustände im Innern der Materie findet also in der Quantentheorie seine Auflösung durch Begriffe wie ‹Eigenschwingungen›,*

‹Eigenfrequenzen› und ‹Resonanzen›, die ihren klassischen Ursprung in der Akustik haben.».

Auch beim Hören eines Musikstückes, worin eine Anreihung «schräg» klingender Akkorde (also Dissonanzen) komponiert wurden, ohne dass dazwischen auch einige Entspannungsmomente in Form von harmonischen Akkorden als Spannungslösungen erfolgen, entstehen aufgrund der Höreigenschaften der angeborenen Gehördisposition deutlich empfundene Spannungsaufreizungen. Der natürliche Wechsel von Spannung und Entspannung, entsprechend den organischen Lebensformen der Schöpfungsordnung, kann sich also auch in den Akkordwechseln der harmonischen Struktur einer Musik widerspiegeln. Durch Anhäufung und Überladung der Musikstrukturen mit dissonanten Klängen wird aber die Naturordnung ignoriert, wie es oftmals in modernen Musikkompositionen geschieht, wo man offenbar solche Spannungsaufreizungen grundsätzlich absichtlich gestaltet auch in Verbindung mit naturwidrigen Rhythmen. Über diese kulturellen Zeiterscheinungen sollten wir uns aber nicht wundern, denn wir finden sie auch in anderen kulturellen Ausdrucksformen unserer Zeit wieder, wo sich auch der Zeitgeist unseres Jahrhunderts widerspiegelt. Die Massstäbe künstlerischer Darstellungen, zum Beispiel auch in der Malerei, orientieren sich schon lange nicht mehr an den natürlichen Schönheiten der Schöpfung Gottes, sondern nachweisbar zunehmend an schöpfungsfremden Vorbildern, die bis zu perversen Darstellungen des ehemals Natürlichen ausarten (siehe auch Zitat von Eibl-Eibesfeld in Abschnitt 2 über «Destruktivismus der Antikunst»). Schliesslich sind alle Kunstformen jedes Jahrhunderts bis zu einem gewissen Grad auch ein Ausdrucksspiegel des jeweiligen Zeitgeistes, also der allgemein vorherrschenden Weltanschauung und entsprechenden Lebenshaltung der Künstler ihrer Zeitepoche.

Da sich die meisten Künstler unseres Jahrhunderts aber schon lange nicht mehr an den natürlichen Massstäben der Schöpfung und schon gar nicht an biblischen Massstäben orientieren, dürfen wir die Ausdrucksformen *ihrer* künstlerischen Produkte nicht zum Massstab werden lassen für die musikalische Gestaltung zum Dienst geistlicher Auferbauung christlicher Gemeinden, worin doch gewiss nicht die herrliche Schöpfungsordnung Gottes ignoriert werden sollte.

32. Elektronische Verzerrung ehemals natürlich klingender Instrumente

In wissenschaftlichen Versuchsreihen wurde erwiesen, dass lang anhaltende Folgen von Trommelschlägen (z.B. Trommelwirbel) über das vegetative Nervensystem der Hörer starke Veränderungen der Pulsfrequenz und auch der Atemtätigkeit bewirken. [55a, 23] Diese Phänomene erklären sich auch daraus, dass das Obertonspektrum solcher Schlaginstrumente nicht der normalen harmonischen Ordnung entspricht, sondern ein sehr lautstarkes dicht gebündeltes völlig unharmonisches Obertonspektrum aufweist. (s. Abschnitt 31, 32) Ebenso ist es aber auch möglich, ein ähnlich unharmonisches Obertonspektrum sogar bei natürlichen Instrumenten hervorzubringen, in dem man die natürlichen Klänge über Mikrofone bzw. elektromagnetische Tonabnehmer und *elektronische Klangverzerrer verstärkt* wiedergibt. (z.B. durch sogenanntes Overdrive, eine Art von akustischer Rückkopplung) Auf diese Weise verzerrt man bei der Rockmusik den ehemals schönen Klang der Gitarren zu «geräuschartig sägenden» Tonfolgen, die natürlich aus den besagten Gründen das Gehörnervensystem besonders stark reizen. Man kann auf diese Weise jede Gitarre zu einem lärmenden Schlagzeug degradieren und in eine «Nervensäge» verwandeln. Die beabsichtigte Aufpeitschung des menschlichen Nervensystems im Taktrhythmus von Hardrockmusik gelingt hier tatsächlich nicht nur über die grossen Lautstärken, sondern auch infolge solcher elektronisch erzeugten lärmartigen unharmonischen Obertonstrukturen. [siehe Bild 2 a.b, 5,]

Sogenannte *psychoakustische Soundprozessoren* bei der instrumentalen Ausrüstung der Rock- und Popmusiker werden dazu benutzt, um zusätzliche Obertonstrukturen bis in den Ultraschallbereich hinein den originalen Tonsignalen verstärkt hinzuzumischen. Dies wird natürlich nur mit sehr schnell rechnenden psychoakustischen Soundprozessoren möglich, die aber nebst aufwändigen elektronischen Frequenzfiltern und sogenannten Vitalizern, Spectralizern und Exitern zur Standardausrüstung professioneller Rockmusiker gehören. Die überdimensionale Lautstärke der tiefen Bassinstrumente (Bassdrum und Gitarren) würde die hohen Frequenzen der übrigen Instrumente verdecken, wenn diese nicht mittels der oben genannten Geräte zusätzlich elektronisch verstärkt abgestrahlt würden. – Über Wechselwirkungen zwischen Schallereignissen kann man im Handbuch für Musikpsychologie nachlesen (10), dass mittels solcher höheren «Klänge ohne Grundton» die jeweiligen daraus sich als Indifferenzschwingungen ergebenden Grundtöne (auch *Residualtöne* genannt) neueren Forschungen zufolge wahrscheinlich sogar im zentralen Nervensystem der Hörer auftreten. Bemerkenswert ist, dass nach Berichten des Hörforschers R. Parncutt (60) «*die Wahrnehmung solcher virtuellen Töne eine Art Konditionierungseffekt darstellt*», womit deutlich wird, dass neuronale Konditionierungsvorgänge mittels Klangstrukturen möglich sind. Präzise Erklärungen über die Art und Weise solcher Vorgänge in den nur teilweise erforschten Zusammenhängen neuronaler Hörvorgänge stehen weiteren wissenschaftlichen Erforschungen noch bevor.

In ihrem Buch «Die unhörbare Suggestion» bestätigen die Autoren Heinz Buddemeier und Jürgen Strube (11) die Wirkungsweisen dieser hohen Tonfrequenzen:

> «In der Popmusik werden, durch den Computer gesteuert, Ultraschallfrequenzen in den Sound gemischt, welche über der Hörgrenze des Menschen liegen. Dies zeigte bei Testpersonen Reaktionen, welche mit denen von Morphium-Spritzen vergleichbar sind. Es ruft ein gewisses Wohlbefinden sowie Überwachheit hervor, führt aber zum Verlust der Leibeskontrolle.» [59b, 74]

Besondere Geräte werden auch zur Verstärkung der Bässe benutzt, wobei es möglich ist, die originalen Bassstimmen nochmals durch elektronisch erzeugte tiefere Oktavlagen zu verstärken, die den originalen Bässen hinzugemixt werden können. Neueste neurologische Erforschungen der Wirkung von Basstönen (ab 50 Hz) bei Lautstärken ab 90 db auf bestimmte Gehörstrukturen des Innenohres (Sacculus in Verbindung zum vestibulären System, das seinerseits direkt mit dem Hypothalamus verbunden ist) bestätigen, dass gerade die lauten Basstöne bei Rockmusikveranstaltungen eine wesentliche Stimulans des Hypothalamus bewirken. Der Hypothalamus – eine spezielle Gehirnstruktur [72] des subcortikalen sogenannten limbischen Systems – ist zuständig für die Bildung von Hungergefühlen, Sex und anderen hedonistischen Gefühlen. (Forschungsbericht vom 21.2. 2000, erschienen in der Zeitschrift Bild der Wissenschaft) [66]

Speziell über die veränderlich stimulierbare Impulsfrequenz der Thetawellen vom Hippocampus-Septum etc. [75] wurden in Tierversuchen konditionierbare Verhaltensweisen beobachtet. [76, 29] Beim Überdenken der genannten Zusammenhänge drängt sich nun eine wichtige Frage auf: Möglicherweise könnte der hippocampale Theta-Rhythmus (er oszilliert im Frequenzbereich von 4-7 Hz) auch durch nervliche Impulse beeinflusst werden, welche durch musikalische Rhythmus-Folgen über die nervlichen Hörbahnen hereinkommen?! Da man weiss, dass diese Gehirnstrukturen des gesamten limbischen Systems an dem Gefühlsaufkommen massgeblich beteiligt sind [72, 20a.c, 29] und somit auch an den daraus resultierenden Handlungsmotivationen teilhaben, wäre unter Umständen eine gezielte Manipulation menschlichen Verhaltens durch Musik vorstellbar, in dem man diese extrem tiefen Frequenzen [75] entweder durch oberton-starke Schlagzeug-Rhythmen in bestimmter Impulsfrequenz (zwischen 4 und 7 Hz) oder durch Aufmodulierung dieser niederen Frequenzwellen auf gewisse Mischfrequenzen obertonreicher «Klangwände» wirksam werden lässt. Interferenzwellen von extrem niedriger Frequenz entstehen bekanntlich auch schon bei gleichzeitiger Aktion unterschiedlich abgestimmter hoher Töne oder Wellen, sobald deren Frequenzdifferenz nur wenige Schwingungen beträgt. Solche vibrierend «stehenden» Klangflächen werden oftmals in Rock-und Popmusik als psychedelisch wirkender «Background-Klangteppich» verwendet. Die periodisch erfolgenden Frequenzmodulationen können bei diesen Musikstilen auch mittels elektronisch betriebener Frequenzfilterbewegungen (rhythmische Abtastung des gesamten Obertonspektrums ist dabei möglich) mit genau einstellbaren Frequenzen und in Verstärkung mit den psychoakustischen Soundprozessoren leicht bewerkstelligt werden. So wäre auch die Aufmodulierung eines simplen Vibratos in der Resonanzfrequenz des hippocampalen Theta-Rhythmus von 4-7 Hz auf eine obertonreiche Background-Klangfläche leicht möglich und könnte sich möglicherweise auf die genannten Gehirnstrukturen auswirken. [75, 76a.b, 29] Schliesslich weiss man seit langer Zeit, dass auch die Frequenz der Gehirnwellen (EEG, normalerweise zwischen 11 und 30 Hz) sich mittels Musikrhythmen beeinflussen lassen, was im schlimmsten Fall epileptische Anfälle auslösen kann, wenn sich die Gehirnwellen zum Musikrhythmus synchronisieren. Dieser Effekt wird bekanntlich noch schneller erreicht, wenn die akustischen Schlagimpulse über sogenannte Lichtorgeln gleichzeitig mit Lichtblitzen gekoppelt werden. [10, 63a.b, 22, 27b.c, 65, 62b.c.d]

Diese Folgerungen mögen manchem Leser spekulativ vorkommen, aber interessant ist bei diesen Zusammenhängen, dass man tatsächlich an den Wellenkurven von EEG-Bildern während epileptischer Anfälle die schlagartige Veränderung der normalen Gehirnwellen-Frequenz erkennen kann, wo *sich* sprunghaft *alle beteiligten Areale mit übergrossen Amplituden auf eine gemeinsame extrem niedrige Frequenz von etwa 3-4 Hz synchronisieren.* [s. Beispiel am Bild der Gehirnwellen, Anhang Bild 6]

Es wurde schon erklärt, dass eine Überlastung der Gehörnervenbahnen mittels des lauten und dabei chaotisch unharmonischen Obertonspektrums von Schlaginstrumenten schneller erreicht wird, weil dadurch in ungewöhnlicher Weise sehr *viele Nervenbahnen* infolge des dichten unharmonischen Obertonspektrums ihre *Impulsmuster gleichzeitig* abfeuern müssen. Solche Überbeanspruchungen des Hör-Nervensystems durch gleichzeitig einwirkende breit gestreute Frequenzbündel werden bei normal üblichen Tonfolgen und harmonikal ausgerichteten Klängen niemals erreicht (siehe Abschnitt 29).

Interessant ist in diesem Zusammenhang eine Aussage des bekannten Gehirnforschers John Eccles (17), welcher das allgemeine Grundprinzip der Übertragung von Nervenimpulsen auf die damit in Verbindung stehenden Muskelfasern mit dem Hinweis erklärte, dass Muskelbewegungen erst dann zustande kommen, wenn *viele* benachbarte Nervenzellen zu einer *gleichzeitigen* Reaktion veranlasst werden beim «Abfeuern» ihrer elektrisch über weitere Synapsen sich fortsetzenden Aktionsimpulse. [56a, 83] Möglicherweise erklären sich aus diesen nervlichen Übertragungsmechanismen auch bis zu einem gewissen Grad die körperbewegenden Kräfte, welche durch den Taktrhythmus lautstarker Rockmusik-Trommelschläge ausgelöst werden.

33. Generationskonflikte, gefördert durch spezielle Taktrhythmik der Hardrockmusik

Rockmusik ist auch Ausdruck einer Subkultur, die den Generationskonflikt zwischen Eltern und Kindern bzw. Jugendlichen nährt und bestätigt. Der stampfende, alles beherrschende Afterbeat-

Rhythmus ist bestens geeignet, die Gefühle der Rebellion gegen die bestehenden Ordnungen der Welt der Erwachsenen und der Eltern neu zu entfachen und zu bejahen (entsprechend Zitate in Abschnitt 8).

Afterbeat.

Die normale Empfindung unterschiedlicher Betonungsakzente beim 4/4-Takt gliedert sich bekanntlich auf in folgende Gruppierung: 1. = **schwer,** 2. = leicht, 3. = **schwer,** 4. = leicht.

Die Betonungsakzente werden also normalerweise nur auf der 1. und 3. Taktzeit als «schwere» Akzente empfunden gegenüber den «leichteren» Taktzeiten auf der 2. und 4. Taktzeit. Dieser natürliche Wechsel von «schwer» und «leicht» überträgt sich in der Hörempfindung als Wechsel von Spannung und Entspannung. Periodische Folgen von Spannungen im Wechsel mit Entspannungen sind überhaupt ein Kennzeichen allen organischen Lebens. Wenn also im Laufe von Musikstücken plötzlich die 2. oder die 4. Taktzeit bewusst betont wird, dann wirkt dies als eine überraschende Gegenbetonung – und diese kann zwar in einer *vorübergehenden* Abweichung von der gewöhnlichen Betonungsfolge auch durchaus reizvolle Wirkungen auslösen. Normalerweise kehrt aber die Betonungsfolge danach wieder zurück in die normalen Taktbetonungen. Experimentelle Hörversuche ergaben, dass diese normale Empfindung solcher Betonungsgruppierung *in der rhythmischen Erwartungshaltung des Menschen von Natur aus vorhanden ist.* [55 b.c.d]

Besonders in der Hardrockmusik ist es aber üblich, dass *grundsätzlich* die 2. und 4. Taktzeit durch starke Schlagzeugbeats überbetont werden als sogenannte «Afterbeats» (Nachschläge). Der taktrhythmische Ablauf erhält durch solche «Gegenschläge» eine durchgehend aufpeitschende Wirkung und bewirkt psychologisch Gefühle der Aufreizung und Rebellion *gegen* das «Normale». Deshalb lösen solche Musikstrukturen im emotionalen Bereich der Hörer auch entsprechende Gefühlsbewegungen aus. (s. Seite 25)

Der Musikpsychologe Albersheim (1) bestätigt solche phänomenalen Musikwirkungen, wo er schreibt, dass der aufmerksame Musikhörer sich mit seinem psychischen Ich in die Bewegung des musikalischen Ablaufs gewissermassen mit hineingenommen fühlt. Dadurch werden seine Emotionen entsprechend der musikalischen Bewegung mitbewegt. Wir können daraus auch ableiten, dass im Hörer dieselben Emotionen angeregt werden, welche auch der gefühlsmässigen Lebensgrundhaltung jener Komponisten entspricht, aus der heraus sie *ihre* Musik schufen. Das gesellschaftliche Milieu, aus dem beispielsweise der Rockmusikstil hervorging, zeigt eindeutig eine Lebenshaltung, die mit der biblisch-christlichen Haltung unvereinbar ist (siehe Abschnitt 8).

Hieraus ergibt sich ein *wichtiges Kriterium für die Auswahl von Musik und Liedern für unsere Gemeinden*, so dass man fragen muss: *Können Christen die biblischen Botschaften des Wortes Gottes* ***ohne Einbusse*** *der geistlichen Wirksamkeit des Worttextes mit einer Musik* ***koppeln****, welche das Lebensgefühl weltlich orientierter Komponisten widerspiegelt?* Verschliesst nicht die Übermittlung weltlich ausgerichteter Lebensempfindungen durch entsprechende Musik die geistliche Aufnahmebereitschaft für *geistliche, biblisch orientierte* Botschaften, wenn diese Botschaften in Verbindung mit einer rebellionsartig aufreizenden Afterbeat-Taktrhythmik dargeboten werden.

34. Welchen Ausdruckscharakter trägt der Rock- und Popmusik-Groove?

Möglicherweise werden einige Liebhaber von Rockmusikstilarten die bisherigen Aussagen aus den Abschnitten 15-20 mit dem Argument bestreiten, dass jeder Schlagzeuger oder Bassgitarrenspieler seine Taktschläge doch gar nicht so maschinenhaft gleichförmig schlagen würde wie ein Rhythmuscomputer, sondern stets nach seinem persönlich empfundenen Timing, dem sogenannten Groove. Solche Grooves beinhalten nämlich auch winzige Zeitverschiebungen, wodurch die Trommelschläge nicht immer identisch sind mit metronomisch präzisen Zeitabständen. Dazu wäre zu sagen, dass sowieso kein Mensch die Fähigkeit hat, während eines längeren Zeitraumes einen Taktrhythmus dergestalt gleichförmig maschinenartig schlagend durchzuhalten wie ein Rhythmuscomputer. Die entscheidende Frage nach der rhythmischen Ausdrucksqualität eines Grooves entscheidet sich aber wesentlich darin, *welche der beiden musikalisch-elementaren Rhythmuskomponenten die Musiker als* ***massgebliche*** *Zeitbezüge* für ihre rhythmisch-musikalische

Gesamtgestaltung *bevorzugt verwenden*. Das heisst: Dirigiert die *taktmotorische* Rhythmuskomponente *massgeblich* alle Zeitbezüge der rhythmischen Musikstrukturen oder ist die 2. elementare Rhythmuskomponente *gemäss dem Charakter eines organischen Atemrhythmus* an der rhythmischen Gesamtführung wesentlich mitbeteiligt (s. Abschnitt 16)?

Bekanntlich vollzieht sich jede natürliche Musikgestaltung in dem Spannungsfeld dieser beiden Grundkomponenten musikalischer Zeitempfindungen, deren Ausmass sich stets als Ergebnis des persönlichen Ausdruckswillens der betreffenden Musiker niederschlägt. Der spezielle Ausdruckscharakter wirkt also wesentlich durch das persönlich empfundene Timing der Musiker während ihrer Musikdarbietung und wäre deshalb auch selbst von denselben Musikern niemals wiederholbar als genaue Zeitkopie. Eine genaue Kopie des musikalischen Zeitablaufs wäre schliesslich nur in einer elektronischen Tonaufzeichnung nachvollziehbar.

Die atemrhythmischen Zeitempfindungen kennzeichnen sich in den musikalischen Zeitgestaltungen stets als ausdrucksbedingte *Zeitbewegungstendenzen* gegenüber den latent empfundenen pulsschlagartigen Zeitbemessungen der Taktschläge (z.B. Beschleunigungen bzw. Tempoverbreiterungen). Über mehrere Pulszeiten hinweg vollzieht sich also ein Rhythmus, bestehend aus übergeordneten Zeitströmungen gegenpoliger Ausrichtung, die sich periodisch in ähnlich langen Zeitabschnitten wiederholen, deren Längenmass ungefähr dem Naturmass menschlicher Atemperiodik entspricht. Diese unterschiedlichen Zeitströmungen bestehen also aus gering tempobeschleunigten Zeitphasen im Wechsel mit entsprechenden Zeitphasen ausgleichender Verlangsamung. Musikgestaltung beinhaltet eben dadurch auch unterschiedliche Bewegungstendenzen als wesentliche Ausdrucksqualitäten, die in der Zeitgestaltung musikalischer Abläufe für die Hörer deutlich spürbar werden.

Die Art und Weise, wie sich beispielsweise ein Mensch bewegt (gehend, schreitend, schleichend, laufend, rennend, marschierend sowie die entscheidenden Momente des Übergangs von einer Gangart in die andere) bringt gleichzeitig auch die entsprechenden Unterschiede seiner Stimmungen und deren gefühlsmässig bedingten Veränderungen seiner Gemütsverfassung zum Ausdruck.

So trägt auch jede Musikphrase ihren *speziellen Bewegungscharakter*, der nicht nur in der Auswahl eines für alle Takte gültigen Grund-Tempos festgelegt werden kann, sondern sich ganz wesentlich auch in den variablen Bewegungstendenzen innerhalb des zeitrhythmischen Verlaufs der Musikdarbietung äussert. Gerade diese unterschiedlich gestalteten Zeitbewertungen im Bezug zwischen einerseits Grundtaktrhythmus und andererseits Atemrhythmus bewirken entsprechende Gefühlsveränderungen auch im Hörer, wo diese variablen Zeitströmungen sich zu seelischen Bewegungsqualitäten umsetzen. Musikhörer sagen deshalb zu Recht, dass sie von dieser oder jener gehörten Musik innerlich in einer besonderen Art und Weise bewegt worden seien. So wird die mittels Musik übertragene Gefühlsqualität in ihrer Grundausrichtung wesentlich mitbestimmt von der *rhythmischen* Grundprägung der jeweiligen Musikdarbietung, denn diese kann entweder vorwiegend taktrhythmisch oder atemrhythmisch ausgerichtet sein.

Der von den Rockmusikfans viel gepriesene Groove aber, welcher allgemein bei Rockmusikdarbietungen üblich ist, trägt keineswegs die Merkmale natürlicher Atemrhythmus-Periodik. Der gesamte musikalische Ablauf bis ins kleinste Detail spärlich vorhandener Melodiebildungen (besonders bei Hardrockmusikstilarten) bezieht erstrangig und massgeblich seine zeitrhythmischen Bezugspunkte ganz zentral und vordergründig aus den *relativ gleichförmig* unerbittlich durchschlagenden Beatfolgen. Diese überdies meistens am lautesten elektronisch verstärkten Bassgitarren oder die Schlagzeuger von Rockbands haben dadurch mit ihren *einseitig taktmetrisch ausgerichteten Grundschlägen* stets die zentrale Führungsposition, welche das rhythmische «Feeling» der ganzen Band *vorrangig bestimmt!* Die fundamental rhythmische Grundempfindung in den sogenannten Grooves der Rock- und Popmusik ist eindeutig vordergründig durch diese *einseitig taktmetrische* Rhythmuskomponente geprägt. Deshalb übertragen sich solche einseitig gepolten Rhythmusempfindungen in entsprechender Weise auch auf die Hörer, deren Gefühlsgrundhaltung dann ebenso einseitig bewegt wird auf Grund der nervlich bedingten Übertragungsmechanismen zu ihren motorisch *körperlichen* Empfindungsebenen. [27a.b, 19a-e, 32, 37-38, 70, 72, 13a.b.c usw.]

35. Ursachen von Gemeindespaltungen zwischen Jugendlichen und älteren Christen

Manche Rock- und Popmusikliebhaber werden möglicherweise hierzu nun fragen: *«Ist solche vorwiegend körperstimulierende Musik denn schädlich oder gar sündhaft? – Wie kommt es denn, dass wir und viele andere Leute und vor allem die inzwischen auch in vielen christlichen Gemeinden beliebten christlichen Rockbands diese Musikstile so sehr mögen? Wir bevorzugen inzwischen ganz entschieden solche Popularmusik gegenüber traditionellen Liedweisen, deren ‹altmodische› Melodiestrukturen uns kaum noch zum Anhören und noch viel weniger zum Mitsingen motivieren können!»*

Ja, wie konnte es dazu kommen? – Die Ursachen, welche zu dieser Entwicklung beigetragen haben, sind mehrseitig zu beleuchten: Folgende Begründungen werden möglicherweise einige traditionsgebundene ältere Gemeindemitglieder ärgern, wenn man sie ihnen in Anbetracht dessen vorwirft, dass in manchen betont traditionsgebundenen Gemeinden neuere Lieder kaum geduldet werden. Andererseits werden die alten Liedweisen aber oftmals derart langweilig dargeboten, zum Beispiel infolge eines viel zu langsamen Tempos, dass eine emotional unangemessene Ausdrucksweise zustande kommt, die oftmals überhaupt nicht mehr der evangelistischen Botschaft der Liedtexte entspricht. Man kann verstehen, wenn sich viele jugendliche Christen auch deshalb nicht mehr damit identifizieren können, weil man dort eben nur in *der* Weise singt, wie es die älteren Gemeindemitglieder traditionsmässig gewohnt sind. Wer daran etwas verändern möchte, um auch der biblischen Aufforderung (Psalm 33, 98 u. 149) zu neuen Liedern nachzukommen oder sich gar erlaubt, die langweilige und deshalb keineswegs textgemässe Singart zu kritisieren, wird meistens als «Neumodischer» und «Verführer» allzu leicht von traditionsgebundenen Gemeindemitgliedern gebrandmarkt.

Natürlich muss die Qualität aller neuen Lieder nach all *den geistlichen Kriterien* geprüft werden, die gerade in diesem vorliegenden Buch besonders im Hinblick auf die objektiven Wirkungsmerkmale der angebotenen zeitaktuellen Popmusikstilarten dargestellt werden. Da heute aber tatsächlich sehr viele ungeistlich ausgerichtete Lied- und Musikstrukturen angeboten werden, kann man auch verstehen, dass manche Gemeinden vorsichtshalber lieber nur beim traditionellen Liedgut bleiben wollen, wenn sie nicht in der Lage sind, in den angebotenen neuen Liedern die «Spreu vom Weizen» zu unterscheiden. Eine Beschränkung auf traditionelles Liedgut ist nämlich immer noch besser, als wenn man solche zeitaktuellen Musikstrukturen zulässt, die infolge ihrer ungeistlichen Stimulationen keinerlei *geistliche* Auferbauung bewirken.

36. Der Mensch, nur ein «Gewohnheitstier»?

Das alte volkstümliche Sprichwort, der Mensch sei ein Gewohnheitstier, trägt zumindest einen kleinen Wahrheitskern in sich, auch in Bezug auf die gewohnheitsgemässen Gepflogenheiten und Traditionen gottesdienstlicher Gemeindeordnungen jeglicher Art sowie im Gebrauch christlicher Lieder. Man ist grundsätzlich eher geneigt, alte überlieferte Formen, an die man sich gewöhnt hat und welche deshalb besonders älteren Gemeindemitgliedern vertrauter erscheinen, zu verteidigen, damit nur nicht andere oder gar neuere Anbetungsformen sich «einschleichen». Man trifft zuweilen sehr seltsame Gewohnheitsformen an, die aber überhaupt keine geistliche Begründung erkennen lassen und deren Zweckmässigkeit dort von Gemeindemitgliedern auch nie hinterfragt wird. Alle traditionellen Anbetungsformen erfüllen letztlich nur dann einen biblisch begründbaren *geistlichen* Zweck, wenn sie biblischen Kriterien standhalten und nicht nur aus Gewohnheitsgründen gepflegt werden.

Ohne Prüfung anhand von biblisch-geistlichen Kriterien und Geboten pflegen viele ältere Christen oftmals die alte Art des Singens ihrer Lieder oder Liturgieformen vorwiegend aufgrund langjähriger Gewohnheiten. Gewohnheitshalber muss dort alles Singen in der Gemeinde jahrelang unverändert so bleiben, was oftmals zu einer Formenstarrheit führt, die praktisch keinen Raum lässt für neuere Liedschöpfungen im Sinne von Psalm 98,1 sowie 33,3 und 149,1.

Sicherlich ist grundsätzlich eine Ordnung für den Ablauf von gottesdienstlichen Versammlungen notwendig, damit alle eventuellen Tendenzen zu chaotischen Anbetungsformen nicht zum Zuge kommen können (1.Kor 14,40). Bei gewohnheitsmässigem Ablauf selbst guter biblisch fundierter Liturgieformen besteht aber leider auch die Gefahr, dass man die alten Formen nur pflegt um des guten traditionellen Brauches wegen. Bei allem Respekt vor traditionsbewussten Gemeinden, die eine vernünftige Liturgie pflegen, habe ich aber leider auch einige traditionsbewusste Gemeinden erlebt, welche die geistliche Bedeutung gewisser Liturgieteile überhaupt nicht begriffen haben.

Selbst altehrwürdige Kirchengemeinderäte mitsamt der übrigen singenden Gemeinde zelebrieren beim sonntäglichen Ablauf der liturgischen Wechselgesänge zum Beispiel bei der «Salutatio»: «Der Herr sei mit Euch!» (Gruss des Pfarrers an die Gemeinde), worauf die Gemeinde singend zu antworten hat mit den Worten «und mit Deinem Geist», dies aber statt dessen völlig sinnverdrehend gewohnheitsmässig brav Sonntag für Sonntag falsch singt mit den Worten «und mit *seinem* Geist»! Natürlich wäre der zuerst genannte Gegengruss der Gemeinde der sinnvolle, weil schliesslich jede Gemeinde doch wünscht, dass der Herr in Verbindung mit dem Geist des Predigers sein möge, damit unbedingt *das* gepredigt wird, was *Gott* möchte. Natürlich kann der bewusste Vollzug biblisch begründbarer Liturgieformen durchaus als sinnvolle Anbetungsform dienlich sein, aber es zeigt sich immer wieder, dass einige Gemeinden der Gefahr erliegen, altüberlieferte Formen und Gemeindebräuche nur noch aus traditioneller Gewohnheit zu pflegen, ohne dadurch eine wirklich geistliche Erbauung zu erfahren.

Vielleicht wird jetzt mancher junge Leser begeistert zustimmen und damit auch seine Abkehr vom traditionellen christlichen Liedgut sowie seine Hinwendung zur zeitaktuellen christlichen Rock- und Popmusik begründen wollen. Leider ahnen aber die meisten jungen Christen überhaupt nicht, dass auch sie bereits in einer *noch viel fataleren Art und Weise in ihren Hörerwartungen durch pure Gewöhnung an einseitig taktmetrisch ausgerichtete Musikstilarten konditioniert und somit auch manipuliert wurden.*

Was tun die jungen Christen einer Gemeinde meistens, wenn sie sich mit einer überalterten traditionellen Singweise ihrer Heimatgemeinde nicht mehr identifizieren können? Sie halten Ausschau nach anderen Singweisen, die ihren Hörgewohnheiten näher stehen. Sie finden dann in christlichen Verlagen ein Überangebot von neuen Liedern und modernen instrumentalen Arrangements, worunter leider auch viele Kompositionen eine völlig ungeistliche Ausstrahlung verbreiten, so dass ausser dem Text kein Unterschied zur weltlichen Disco-, Rock- und Popmusik zu erkennen ist. Die weltliche Popmusik tönt ihnen ja schon lange aus allen möglichen Lautsprechern der Welt entgegen und ist längst zur musikalischen Tagesnahrung der Schulkameraden geworden. Das Hör-Nervensystem der jungen Christen ist deshalb ungewollt längst auf diese taktrhythmischen Stilarten vorkonditioniert worden. In welcher Oberschule singt man denn heute noch traditionelle Volkslieder? Die Sensibilität für die Schönheit traditioneller Volkslieder stirbt leider mehr und mehr aus, je öfter die jugendlichen Hörer zeitaktuelle Popmusikstilarten hören. Junge Christen hören dann «anstandshalber» die zeitaktuellen «christlichen» Poparrangements nur zu Hause, allein oder in Gesellschaft jugendlicher Altersgenossen.

Auf diese Weise bahnt sich fast unmerklich eine sehr unselige Spaltung in der Gemeinde an, die aber doch beide Gruppen der Gemeinde eigentlich nie gewollt haben! Die junge Generation unserer Zeitepoche wird bekanntlich in einer vorher noch nie dagewesenen Intensität ganztägig über die öffentlichen Medien mit vorwiegend taktrhythmischer Popularmusik berieselt. Will man heute am Radio mal keine Rock- und Popmusik hören, so müsste man den Drehknopf zur Senderauswahl schon sehr weit hin oder her drehen, um einmal etwas anderes zu hören, wobei man diesen Wunsch oftmals resigniert aufgeben muss. Aber vielleicht erwischt man dabei zu den entsprechenden Zeiten mal einen Sender, welcher gerade die Tagesnachrichten verkündet und erwartet nun danach eine besinnlich stimmende Musik, nachdem der Sprecher grausige Nachrichten über Mord und Totschlag aus dem Weltgeschehen bekannt gab!? – Aber kaum ist die letzte Schreckensbotschaft verkündet worden, so ertönt gleich darauf wieder laut belustigende Popmusik, als wäre überhaupt nichts Schlimmes passiert! Anscheinend will man verhindern, dass die Hörer solche Nachrichten überhaupt ernst nehmen oder gar betroffen daran Anteil nehmen könnten?! Das stumpft die Hörer mit der Zeit für natürliche Empfindungen von Anteilnahme am Geschick anderer Menschen ab. Popmusik ist tatsächlich geeignet, eine heile Welt vorzutäuschen, verdrängt alle Gedanken an eventuelle Pflichten und verhilft zur Flucht aus der Realität. Viele Leute *wollen das* und lassen sich bewusst durch Berieselung von Popmusik ablenken, *aber wollen einige Christen dies neuerdings auch, wenn sie ernst zu nehmende biblische Botschaften in Verbindung mit Rock- und Popmusik hören und propagieren?*

37. Durch Einfluss der Massenmedien zunehmender Trend zur Körperstimulans

Um die schöpfungsgemäss gesunde Balance innerhalb der drei menschlichen Empfindungsebenen (Geist – Seele – Leib) durcheinander zu bringen, sind besonders die Mittel geeignet, welche vorwiegend verstärkte Stimulanzien durch körperbezogene Reizmittel verwenden. In den weltlichen Animationen (Fernsehen, Reklame, Radio, Video, Disco, CDs und andere Tonträgermedien) werden besonders in den letzten Jahrzehnten vermehrt solche Reizmittel angeboten. Verstärkend wird diese bereits globale Reizüberflutung durch entsprechende Musikstrukturen unterstützt. Durch die Überbetonung körperbezogener Stimulans werden deshalb geistliche Erwartungshaltungen bereits im Vorfeld verdrängt.

Den Einflüssen der genannten Massenmedien gelang es, – entsprechend den beschriebenen Wirkungsmechanismen taktrhythmischer Musikstrukturen – eine gewisse Abhängigkeit vieler Hörer über deren Hörnervensystem zu konditionieren. Diese Konditionierung kann ständig verstärkt werden bis zu drogenartiger Abhängigkeit, weil durch ständig wiederholtes Hören solcher spezifisch taktrhythmischer Musikstilarten die so in den zuständigen neuronalen Zellverbänden entstandenen taktrhythmisch vorgeprägten Reizreaktionsmuster ständig neu in Resonanz geratend mitschwingen. Das körperlich empfundene Feedback bestätigt und befriedigt gleichzeitig die so konditionierte rhythmische Erwartungshaltung. Aus diesem neurologischen Funktionsmechanismus wird verständlich, dass solche langzeitlich in den Gehirnen vorgeprägten Repräsentationen taktrhythmischer Reizreaktionsmuster natürlich die entsprechenden musikalischen Erwartungshaltungen nachhaltig prägen, die dann nur mittels entsprechender taktrhythmischer Musikstile befriedigt werden können. [17, 57c.d] Die entspannenden Wirkungsmerkmale zeigen sich eindeutig auf der körperlichen Empfindungsebene, was auch empirisch-wissenschaftliche Untersuchungen bestätigen. [13b, 19, 90] **Da aber Leib und Seele – psychosomatisch – miteinander verbunden sind, wird der seelische Empfindungsbereich vorwiegend von körperlichen Gefühlsimpulsen gesteuert und geprägt. Infolge solcher einseitig körperlich gepolter Empfindungsausrichtung kann deshalb die Öffnung in**

Richtung tiefer liegender Geistesschichten zur Aufnahmebereitschaft geistlicher Wortbotschaften verhindert werden.

38. Konditionierung des Musikgeschmacks mittels taktrhythmischer Musikstile

Leider werden viele Christen auf die weltlichen Rock- und Popmusikstilarten musikgeschmacklich konditioniert infolge häufigen Hörens dieser Musikstrukturen und verlieren dadurch mehr und mehr die Sensibilität für die natürliche Ausdruckskraft von Melodiestrukturen, die nicht von taktrhythmisch geprägten Schlagbegleitungen dirigiert werden müssen. Aber wer von ihnen kennt schon die automatischen Abläufe im menschlichen Hörnervensystem, wo infolge von Hörgewohnheiten ganz unbewusst eine taktrhythmisch geprägte Konditionierung angelegt wird, welche sich gerade infolge der speziellen Taktrhythmik der Popmusikstilarten bilden kann. [34b.c, 57c.d, 35, 36a.b, 56b.c, 60, 90]

Im Gegensatz zu anderen Musikstilarten atemrhythmischer Prägung, die nicht vordergründig von Beatfolgen *gleicher* Zeitabstände dirigiert werden, können sich hingegen bei Rock- und Popmusik *gerade infolge ihrer typisch stereotypen zeitgleichen Taktschläge* (Bass u. Schlagzeug) entsprechende neuronal angelegte *Raumzeitmuster* im Hörgedächtnis ausbilden und ständig verstärken. Diese Verstärkung geschieht durch wiederholtes Hören von Rock- und Popmusik, wobei sich infolge der bekanntlich immer gleichartigen taktrhythmischen Reizreaktionsmuster dieser Stilarten die dadurch bereits vorgeprägten Gehörspuren neuronaler Raumzeitmuster durch weitere Verstärkung ihrer synaptischen Zellenverbände ständig tiefer im Gehirn eingravieren können. [34b.c, 35, 36b, 57c.d, 90] So werden völlig *unbewusst und langzeitlich vorbereitet* diese speziellen taktrhythmischen *Hör-Erwartungshaltungen* konditioniert, um nicht zu sagen: «gezüchtet». Auf diese Weise werden also unbemerkt viele Musikhörer zu einer Art von Süchtigkeit nach Musikstilen manipuliert, welche diese speziellen taktrhythmischen Reizreaktionsmuster bieten, die in den entsprechenden neuronalen Raumzeitmustern ihrer Gehirne bereits als solche taktrhythmischen Erwartungen gespeichert wurden als präexistierende neuronale Reaktionsmuser.

Solche Konditionierung auf taktrhythmische Musikstrukturen führt dann meistens dazu, dass andere Musikstile, welche in variabler Rhythmik gemäss einer Atemperiodik vorgetragen werden, diesen Hörern nicht mehr gefallen. Die auf einseitiger Taktrhythmik vorgeprägten neuronalen Reizreaktionsmuster in ihrem Hörnervensystem können sich dabei nicht mehr wie gewohnt in Resonanz zum rhythmischen Ablauf der Musik einpendeln, weil die langzeitlich bereits vorprogrammierten taktrhythmischen Erwartungshaltungen nun beim Hören *atem*rhythmisch geprägter Musikdarbietungen nicht erfüllt werden. [57c.d, 90]

Nochmals sei darauf hingewiesen, dass *nur bei taktrhythmisch* geprägten Musikstilen dieser rhythmische Resonanzeffekt automatischen Mitschwingens vorprogrammierter neuronaler Raumzeitmuster zustande kommen kann [27, 34b.c, 90], weil die rhythmische Antizipation beim Hörvorgang – also die Vorwegempfindung jedes kommenden Beats der Taktschlagfolge – punktgenau auch tatsächlich vom Musikstil erfüllt wird. Infolge der zu hörenden Beatfolgen werden also die vorkonditionierten Hörerwartungen (Antizipationen) vollends erfüllt. Sie verstärken das körperliche Feedback, das heisst die nervlich bedingten körperlichen Reaktionen können sich mit dem Musiktaktrhythmus synchronisieren und werden somit verstärkt empfunden. Auf diese Weise kommt auch der von den Musikpsychologen so genannte «Magneteffekt» zustande. [27, 62d]

Daraus wird verständlich, weshalb viele junge Hörer sich mehr und mehr von den atemrhythmisch geprägten Musikproduktionen abwenden, die sie aufgrund *ihrer* konditionierten Hörerwartungen nicht mehr als reizvoll empfinden. Die gewohnte Körperstimulans durch die taktschlagenden Bassgitarren oder Schlagzeuger wird vermisst. Die Sensibilität für die Wahrnehmung natürlicher Atemrhythmusperioden in Musikdarbietungen, welche sich nicht vorwiegend körperstimulierend auswirken, sondern ganz andere Empfindungsebenen ansprechen, verkümmert mehr und mehr. Dies bestätigt sich in folgender Beobachtung: Je öfter taktrhythmisch geprägte Liedstrukturen in den Gemeinden neben traditionellen Liedern gesungen werden, um so weniger Verlangen nach melodisch geprägten Liedern (die keinen taktrhythmischen Charakter tragen) bildet sich allmählich in der musikalischen Erwartungshaltung vieler Gemeindemitglieder aus. Besonders, wenn der taktrhythmische Charakter der Lieder noch durch die durchgehenden Taktschläge von begleitenden Instrumenten Bassgitarre und Schlagzeug unterstützt wird, werden die Hörer mehr und mehr auf diese einseitige Rhythmuskomponente konditioniert. Daraus resultiert, dass man immer weniger traditionelle Lieder singt und diese schliesslich ganz ersetzt durch taktrhythmisch geprägte Chorusse mit den üblichen populärmusikartigen Wiederholungsstrukturen.

Dies trägt auch dazu bei, dass nun dieses neue Element der *körper*-gefühlsmässigen Kommunikation der Teilnehmer mittels Musik zustande kommt: Man wird taktrhythmisch eingependelt zu gleichartigen Gefühlsbewegungen, was dann meistens auch durch entsprechende Körperbewegungen sichtbar wird und sich auf dieser Basis tatsächlich gemeinschaftsbildend auswirken kann.

Wir sollten nun allerdings hinterfragen, ob diese durch körperstimulierende Musikrhythmik zustande kommende Gemeinschaftsbasis die erwünschte *geistliche* Ebene sein kann, welche der gebotenen Gemeinschaft im Heiligen Geist entspricht? Viele Christen halten nämlich diese Gemeinschaftsbasis tatsächlich für eine geistliche Erbauung der Gemeinde, die in *dieser Weise* durch *traditionelle* Lieder natürlich nicht zustande kommt. Die vorwiegend melodisch und nicht taktrhythmisch ausgerichteten guten traditionellen Gemeindelieder wirken nämlich weniger körperstimulierend, sondern sprechen mehr die tieferen Empfindungsschichten der menschlichen Seele an, wobei taktrythmische Erwartungshaltungen natürlich nicht befriedigt werden. Leider kann man auch beobachten, wie in den Gemeinden die Sensibilität dieser tieferen seelischen Empfindungsorgane durch die einseitige musikalische «Ernährung» mit den vorwiegend taktrhythmischen Musikstrukturen nach und nach fast unmerklich verkümmert, so dass die musikalische Rhythmuskomponente der Atemrhythmik nicht mehr zum Zuge kommen kann. Das ist auch nicht verwunderlich, denn die tieferen Empfindungsschichten *dieser* «seelischen Schiene» wurden ja nicht mehr anregend benutzt und «befahren» und deshalb kann schliesslich auch die Aufnahmefähigkeit für *geistliche* Informationen mehr und mehr geschwächt werden und schliesslich verkümmern. Selbst bewährte geistlich ausgerichtete Liedkompositionen werden dann nicht mehr in ihrer eigentlichen Tiefe erfahren. Die einstmals vorhanden gewesene gesunde Balance zwischen den drei menschlichen Wesensschichten Geist, Seele und Leib ist gestört und eigentlich schon erkrankt durch eine seelische Schlagseite in Richtung einseitig körperlich gepolter Empfindungsfähigkeit, die durch entsprechende taktrhythmische Musikstrukturen konditioniert wurde. Geistliche Informationen können aber nicht tiefgründig aufgenommen und schon gar nicht «verdaut» werden auf einer «Gefühlswellenlänge» von seelisch-*körperlich* ausgerichteter Erwartungshaltungen. Die geistlichen Bedeutungen biblischer Botschaften sind mittels solcher «Gefühlsbrillen» körperlich gepolter Empfindungen nicht recht wahrzunehmen (1.Kor 2,14; Spr 20,27; Joh 4,23-24). Christen, welche in diesen Zustand geraten, kommen auch in Gefahr, biblische Botschaften infolge der ungeistlichen Ausrichtung ihrer seelischen Befindlichkeit zu missdeuten. Die gebotene Ausrichtung nach 1. Korinther 2,14 und Johannes 3,5-6 kann von dieser Ausgangsbasis einer seelisch-*körperlich* gepolten Lebensgrundhaltung kaum verstanden und nachvollzogen werden.

Was nützen aber selbst alle gut gemeinten evangelistischen Textbotschaften in Verbindung mit Rock- und Popmusikdarbietungen, wenn dabei infolge von primär körperlicher Stimulans die tieferen Gemüts- und Geistesschichten der Hörer kaum berührt werden?

Inwieweit heute auch die Darstellungsweisen traditioneller Liedweisen sich ebenfalls den taktmetrischen Popmusikmustern bereits angleichen, lassen viele neuere Instrumentalarrangements geistlicher Lieder deutlich erkennen. Obwohl viele Arrangeure bei Neuauflagen älterer Lieder sicherlich in guter Absicht und unter Berücksichtigung traditioneller Hörerwartungen auch manchmal auf den durchschlagenden Beat von Bassgitarren und Schlagzeuginstrumenten verzichten, so verraten doch die relativ zeitgleichen Abstände der Taktgrundschläge den typischen «Drive» popmusikartiger Grooves (siehe Abschnitt 34). Beim Hören solcher stereotypisch taktrhythmisch dargestellten «Neuinterpretationen» könnte man oft vermuten, dass lediglich die taktschlagenden Schlagzeug- und Bassgitarren nur einmal vorübergehend *akustisch* ausgeblendet wurden. Aber das typische taktrhythmisch empfundene «Timing» wurde beibehalten, so dass dadurch auf die tieferen Ausdrucksmöglichkeiten atemrhythmisch geführter Rhythmik verzichtet wird.

Bedauerlicherweise bestätigt sich hierin, wie stark die einseitige Popmusik-Taktrhythmik heute schon in das «musikalische

Unterbewusstsein» auch vieler Interpreten traditioneller geistlicher Lieder eingedrungen ist, so dass die Sensibilität für die wesentlich ausdrucksintensivere atemgemässe Rhythmik allmählich zu verkümmern scheint. Deshalb kann man auch beobachten, in welcher abwegigen Weise die gerade für Liedbegleitungen so hervorragend geeigneten Gitarren in den Jugendgruppen kaum noch als Lied-*Begleitinstrumente* gebraucht werden, sondern leider vorwiegend als taktschlagendes «Schlag-Instrument». Mittels ein paar schnell gelernten Akkordgriffen, die überdies auch noch oftmals möglichst aus der Jazzmusik entlehnte Reizklänge mit Sept- und Septnonenakkordbildungen enthalten, «schlägt» man sich zu allen Mithörern und Sängern takt- und tempoangebend (möglichst lautstark mit Plektrum-Verstärkung auf allen 6 Saiten «schrubbend») unüberhörbar durch, und zwar nicht Lied-*begleitend,* sondern taktrhythmisch *dirigierend.* Nur wenige Spieler benutzen dieses klangschöne - gerade für Liedbegleitungen besonders geeignete Instrument - harfenartig mit gezupften Begleit-Tonfiguren, zu deren Beherrschung allerdings einige Vorübungen erforderlich wären.

39. Umfunktionierung klassischer Konzertmusik zu körperstimulierender Musik

Es wurde schon darauf hingewiesen, dass vermehrtes Hören von taktrhythmisch geprägter Popmusik mit der Zeit zu drogenartigen musikalischen Erwartungshaltungen führen kann. [4] Dies kann dann auch zu so starker Ausprägung kommen, dass infolge der im vorigen Abschnitt geschilderten Hör-Konditionierung nun traditionelle Konzert- und Chormusik der Klassik und Romantik nicht nur missfällt und als langweilig empfunden wird, sondern sogar Ärger und Abscheu erregen kann. Amerikanische Kaufhausunternehmer hatten dies erkannt und in Anwendung gebracht, indem sie in ihren Kaufhäusern statt der bisher üblichen taktrhythmischen Popmusik nur noch klassische Konzertmusik als «Kaufhausberieselungsmusik» einsetzten. Der Erfolg stellte sich prompt ein, denn die bis dahin den Unternehmern lästig gewordenen jugendlichen Kaufhausbesucher kamen nun tatsächlich nicht mehr! [25a.b, 57c.d, 4c]

Der Verfasser konnte wiederholt die Erfahrung machen, dass stark taktrhythmisch konditionierte Hörer aber dieselbe traditionelle klassische Musik, die sie aufgrund ihrer vorgeprägten taktrhythmischen Erwartungshaltungen nicht mögen, in dem Moment doch akzeptieren, so bald man dieser Musik die erwartete taktrhythmische Komponente hinzufügt. Selbst anspruchsvolle Kunstmusik von Johann Sebastian Bach wird dann akzeptiert, wenn durch unterlegten Schlagzeug- sowie Schlagbass-Zusatz die Musik taktrhythmisch dirigiert wird. Bei solchen einfachen Neu-Arrangements klassischer Konzertmusik wird lediglich die atemrhythmische Zeitstruktur der Komposition verdrängt, indem die hinzugefügten taktschlagenden Bass- oder Schlagzeuginstrumente die rhythmische Grundführung übernehmen. So kann dieses erwünschte taktrhythmische Zeitgefühl die neue Führung des gesamten rhythmischen Musikablaufs übernehmen, was dann auch die entsprechend vorkonditionierten Reizreaktionsmuster (= neuronal vorprogrammierte synaptische Zellverbände) im Hörgedächtnis der Rock- und Popmusikfans in die erwünschte Resonanz bringen kann. Viele zeitaktuelle Arrangements der «gehobenen» Unterhaltungsmusik nutzen diese Gegebenheit schon seit langer Zeit aus, in dem sie klassische Konzertmusik in dieser Weise neu verpacken bzw. «verpoppen» und verkaufen. Aber die Qualität des Ausdrucksgehalts der ursprünglichen *unverpoppten* Originalfassung, die der Komponist zum Ausdruck bringen wollte, geht natürlich durch die taktrhythmische «Verpoppung» verloren und nimmt der ursprünglichen Komposition die seelische Tiefenwirkung zugunsten einer körperstimulierenden abgeflachten Unterhaltungswirkung. Wer diese Wirkung wünscht, kann sich also heute auch mit solchen Konzertmusik-Neuauflagen gut unterhalten lassen.

Sobald aber dieser Unterhaltungsmusikstil auch die Arrangements christlicher Liedbearbeitungen prägt, sollten sich Christen aufrichtig fragen, ob sie im Hinblick auf die Gesamtaussage der Heiligen Schrift es sich leisten können, Evangeliumsverkündigungen und biblische Textbotschaften mit Unterhaltungsgefühlen unterlegt darzureichen und diese dadurch zu profanisieren.

40. Drogenspezifische Wirkungen

Die langzeitliche Gewöhnung an naturfremde Rhythmen und dissonante Klangstrukturen können aufgrund ihrer andauernden Reizwirkung, wie bereits an anderer Stelle beschrieben, zu einer Überreizung des Nervensystems führen, wodurch der körperliche Organismus zur Bildung von Stresshormonen veranlasst wird. Die bereits geschilderten weiteren Folgen führen dann zu drogenspezifischen Auswirkungen, welche oft von euphorischen Hochgefühlen begleitet sind. [50, 51a, 33b.c]

Dies erhöht die Wertschätzung der Musikstile, welche zu solchen Stimulationen verhelfen um so mehr, da sich nach wiederholten Drogen-«Hochgefühlen» im Laufe der Zeit eine Art drogenspezifische Abhängigkeit einstellt. Der musikalische Geschmackssinn äussert sich deshalb verständlicherweise zunehmend in der Bevorzugung entsprechender einseitig wirkender Musikstrukturen. Diese Geschmacks-Umkonditionierung verläuft in den Grundzügen ganz ähnlich ab wie bei Alkoholsüchtigen und anderen Drogenabhängigen, wo sich ebenfalls eine Umwandlung der Wertschätzung natürlicher Nahrungsmittel zugunsten einer höheren Werteinschätzung von Drogenstoffen bzw. alkoholischen Getränken vollzog, deren Bedeutung bis zu einer scheinbar unumgänglich dringenden Lebensnotwendigkeit anwachsen können. Aber diese hohe Werteinschätzung solcher Stoffe ändert deshalb gewiss nichts an der Tatsache, dass diese so wertvoll eingeschätzten «Nahrungsmittel» trotzdem gesundheitsschädlich *bleiben* und bei weiter fortgesetzter Einnahme infolge ihrer naturwidrigen Eigenschaften schliesslich die ursprünglich harmonische «Schöpfungsstruktur Mensch» zerstören.

Leider erkennen viele Vertreter der sogenannten christlichen Rock- und Popmusik diese unterschwelligen destruktiven Wirkungsmechanismen nicht. Viele *wollen* sich sicherlich auch nicht von ihren vorgeprägten Hörgewohnheiten trennen. Aber wie alle stofflichen Drogen sich auf die körperliche Gesundheit letztendlich schädlich auswirken, so werden infolge der psychosomatischen Einwirkungen mittels der genannten naturwidrigen Musikstrukturen vornehmlich die tiefer liegenden *seelischen und geistigen* Gesundheitszustände der Musikkonsumenten gestört und aus ihrer natürlichen Balance gebracht.

Bei vielen Musikhörern, welche in der beschriebenen Weise einseitig «taktrhythmisch ernährt» wurden, zu vorwiegend «körperstimulierender Musikeinnahme», müsste die Geschmackssensibilität für «gesunde musikalische Ernährung» erst wieder neu angeregt und an entsprechend ausgewogen natürlicher Musikrhythmik neu erfahren werden. Wenn aber weiterhin vorwiegend die beschriebenen «drogenspezifischen» Musikstrukturen «verabreicht» werden, wird möglicherweise die bereits sehr geschwächte Sensibilität für die Wahrnehmung der aufbauenden Schönheit der viel ausdrucksstärkeren natürlichen Musikrhythmik allmählich ganz verkümmern.

Es ist sicherlich kein Geheimnis, dass taktrhythmische Popularmusik für breite Bevölkerungsschichten zu einer Art Droge geworden ist. Würde man diesen Leuten solche Musikstilarten plötzlich von heute auf morgen entziehen, so entstünden ihnen sicherlich drogenspezifische Entzugserscheinungen, die sich vermutlich auch in erhöhten Aggressionen äussern könnten. [4a-c] Auch bei Christen, deren Hör-Nervensystem längerfristig auf sogenannte christliche Rock- und Popmusik vorprogrammiert wurde, werden wahrscheinlich ähnliche Entzugserscheinungen auftreten, so dass sie sicherlich auch aus diesem Grunde diese Beat-Musik nicht missen wollen.

Erfahrungsgemäss entscheiden sich christliche Rockfans erst dann zur Trennung von diesem Musikstil, sobald sie auf Grund einer unvoreingenommenen Selbstprüfung und ehrlichen Hinterfragung erkennen, inwieweit eigentlich diese Beat-Musik wirklich die Gemüter der jungen Hörer auch in *geistlicher* Richtung einzustimmen vermag, um entsprechend biblischer Anweisungen (Joh 4,24; 1.Kor 2,12-14; Spr 20,27; 1.Petr 1,23) nicht vorwiegend Körperstimulanzien, sondern auch tatsächlich die tieferen menschlichen Empfindungsebenen ihrer Geistespersönlichkeit zu erreichen, wo allein letztlich das Wort vom Kreuz als wirksames Evangelium bleibende Wurzeln schlagen kann. Zu dieser Überzeugung kam schliesslich auch der bekannte Berufsrockmusiker Bob Larson und hatte daraus folgerichtige Konsequenzen gezogen (s. sein Zitat in Abschnitt 14). Die Frage beantwortet sich auch in der Überprüfung, welche Ausdruckskomponenten der sogenannten christlichen Rock- und Popmusik denn vordergründig und nachhaltig tatsächlich am stärksten auf die Hörer einwirken. Ist es die darin eingebettete Textbotschaft? – Oder ist es die mitreissende Taktrhythmik des Musikstiles? – Überwiegen die genannten Musikwirkungen gegenüber den Textbotschaften, dann dürfte diese Erkenntnis alle ehrlich missionarisch motivierten Musiker und Gemeinden zu entsprechenden Konsequenzen und Entscheidungen veranlassen. (s. a. Dan Lucarini: Seite 27 + 28)

41. Lobopfer, welche *Gott* gefallen oder *uns* gefallen?

Die Bezeichnung «Lobopfer» finden wir auch im 14. Vers des 50. Psalms. Ebenso benutzt der Psalmist im 119. Psalm im Vers 108 dieses Wort; er betet dort: *«Lass dir gefallen, Herr, das willige Opfer meines Mundes und lehre mich deine Rechte.»* Auch der Schreiber des Hebräer-Briefes fordert auf zu einem Lobopfer mit den Worten: *«Oh, lasset uns nun opfern durch Ihn (nämlich Christus) das Lobopfer Gott allezeit. Das ist die Frucht der Lippen, die Seinen Namen bekennen.»* Wir sollten auch beherzigen, dass Psalm 33, 96 und 98 die Gläubigen zu neuen Liedern ermuntert.

Nun werden uns in unseren Gemeinden ja auch viele neue geeignete Lieder gesungen, und es kommen jährlich weitere Liedkompositionen hinzu. In Anbetracht der grossen Anzahl von Liedern aus unserer Zeit, die in den Gemeinden heute angeboten werden, müssen wir natürlich hinterfragen, ob alle Lieder den *biblischen* Kriterien geistlicher Lieder entsprechen. Um nun zu erfahren, wie unsere Lobopfer nach den Vorstellungen Gottes beschaffen sein sollten, um *Ihm* zu gefallen und dem geistlichen Wachstum Seiner Gemeinden nach *Seinen* Vorstellungen zu *dienen*, sollten wir *Seine* Gebrauchsanweisung diesbezüglich in der Heiligen Schrift möglichst genau erforschen.

Das geistliche Lied der Gemeinde hat also demnach *zwei verschiedene Aspekte*: Als Lobopfer soll es in angemessener Weise *Gott erfreuen*, und auf der anderen Seite soll es die *Gemeinde geistlich auferbauen*. Wie können wir aber wissen, ob Lieder und Musik, die *uns* gefallen, auch Gott erfreuen werden? Ist es überhaupt sinnvoll, dem grossen Schöpfer des gesamten Universums aller Kreaturen eine Lobeshymne darzubringen als Opfergabe, die nach *unseren fragwürdigen Geschmacksrichtungen* hergestellt wurde? Hat Er das überhaupt nötig? Ihm gehört doch sowieso alles. Was können wir Ihm schon Erfreuliches darbringen, um Ihm in Seiner Erhabenheit und Grösse auch nur annähernd entsprechen zu wollen? In Anbetracht dessen sind wir sicherlich vermessen und hochmütig, wenn wir uns einbilden, mit unseren Lobliedern im Sinne von Opfergaben Ihn in gebührender Weise zu ehren. Sicherlich können wir den Schöpfer aller Schönheiten des Universums nicht mit hohen künstlerischen Leistungen musikalischer Art beeindrucken; schliesslich schenkt doch *Er* die Grundvoraussetzungen und Fähigkeiten dazu. Seine Wünsche und Erwartungen an uns kommen in

Seiner Wortbotschaft deutlich genug zum Ausdruck. Dem 1. Gebot entsprechend möchte Er eigentlich nur unser Herz, also unsere hingebungsvolle Zuneigung zu Ihm und unserem Nächsten. Die freie Entscheidung hierzu überlässt Er uns, verheisst aber Seinen Segen, wenn wir auf Seine Wünsche eingehen. Das betrifft nun unsere ganze Lebenshaltung, die sich in entsprechenden Lebensgefühlen äussert.

Es ist deshalb wichtig für uns, zu wissen, dass Gott diesbezüglich die Qualität unserer Lebensgefühle hinterfragt, die bekanntlich auch mittels musikalischer Ausdrucksbausteine beeinflusst und verändert werden können. Deshalb ist es keineswegs egal, welche Arten von Musik wir pflegen und hören und wovon wir unsere Lebensgefühle bewegen lassen! Die gefühlsbewegende Kraft musikalischer Ausdrucksbausteine, welche ursprünglich von und für einen Personenkreis zur Stimulans weltlicher Amüsierfreuden entwickelt wurden (aber nicht als Ausdruck der Freude *am Herrn*, gemäss Nehemia 8,10), tragen und verbreiten auch deren Lebenshaltungen, die aber keineswegs den Erwartungen und Wünschen Gottes entsprechen. Fügt man solchen musikalischen Ausdrucksbausteinen biblische Textbotschaften hinzu, so kann die Grundstimmung der Musik den Hörern ein entstelltes Gottesbild vermitteln. Durch eine solche «musikalische Gefühlsbrille» verliert der Hörer die Sicht für die Ernsthaftigkeit und Verbindlichkeit biblisch-evangelistischer Botschaften. Geistliche Lebensausrichtungen gemäss biblischer Anweisungen können unterschwellig durch gefühlsmässig entgegenlaufende Musikstrukturen gebremst und verhindert werden.

Welche Aufgaben haben denn nun die vielen Lieder und Instrumentalstücke, welche in den christlichen Gemeinden benützt werden? Ist es nicht weitgehend so, dass *wir* die Liedkompositionen für *uns* auswählen, damit sie *unserem* Geschmack entsprechen? Wer fragt hierbei schon nach *den Wünschen Gottes*? Aber aus Seinem Wort können wir durchaus erkennen, welche Art von Liedern für die Gemeinde Seinen Wünschen entgegenkommt.

42. Schriftworte im Zusammenhang mit Lobpreisungen durch Lieder in der Gemeinde

Vier wichtige Schriftstellen, die uns im Zusammenhang mit den Lobpreisungen durch Lieder in der Gemeinde gegeben sind, haben zentrale Bedeutung als Leitfaden für die gesamte Betrachtung und Beurteilung dessen, was mittels musikalischer Gestaltungen in den christlichen Versammlungen geschieht:

1. Psalm 50,23: *«Wer **Dank opfert,** der preiset **mich,** und **da ist der Weg, dass ich ihm zeige das Heil Gottes.**»*

2. Psalm 98,1: *«Singet dem **Herrn** ein neues Lied, denn **Er** tut Wunder.»*

3. Kolosser 3,16: *«Lasset das **Wort Christi** unter euch reichlich wohnen in aller Weisheit; lehret und vermahnet euch selbst mit Psalmen und Lobgesängen und **geistlichen lieblichen Liedern** und singet dem Herrn in euren Herzen.»*

4. Epheser 5,19-20: *«**Redet** untereinander in Psalmen und Lobgesängen und geistlichen Liedern; singet und spielet **dem Herrn in euren Herzen** und saget Dank allezeit für alles Gott und dem Vater **in dem Namen unseres Herrn Jesu Christi.**»* (Leider wurde das vom Grundtext her korrekt übersetzte Wort «redet» in der neu revidierten Luther-Übersetzung von 1984 durch das Wort «ermuntert» ersetzt.)

Die Bedeutungen dieser vier Verse sollen Schwerpunkte bilden für die kritischen Betrachtungen der zeitaktuellen gottesdienstlichen Musizierpraxis. Der Leser möge also alle angeführten Bibelstellen (auch die von Abschnitt 9 u. 10) bei der weiteren Betrachtung stets vor Augen haben, um zu prüfen, inwieweit die Erwartungen Gottes in den Auswirkungen vieler gebräuchlicher Musikstrukturen befolgt oder ignoriert werden, damit den Christen unserer Zeit nicht auch das Gottesurteil trifft: *«Tue nur weg von mir das Geplärr deiner Lieder; denn ich mag **dein** Psalterspiel nicht hören!»* (Amos 5,23).

43. Führen zeitaktuelle Popmusikstilarten in eine bibelgemässe Anbetung?

Normalerweise wird es wohl kaum einem Menschen gelingen, in Gegenwart von sogenannter «christlicher Rockmusik» oder Techno-Musik in die erforderliche innere Ruhe und Stille einer demütigen Anbetungshaltung zu gelangen, welche uns in den oben genannten Bibelzitaten empfohlen werden. Dies liegt in den speziellen Wirkungsweisen dieser Stilarten begründet, welche nun kritisch im Bezug auf die Frage ihrer christlichen Verwendbarkeit beleuchtet werden sollen. Es gibt viele junge Menschen, welche oft gewohnheitsmässig diese Stilarten der Rock-, Pop- und Technomusik hören und sich so daran gewöhnt haben, dass dadurch in ihnen eine Art Konditionierung auf diesen Musikstil stattfand. Bei solchen Leuten kann dann die motorisch-rhythmisch aufpeitschende Musik sogar eine gewisse Entspannung und dadurch Beruhigung bewirken, denn sie entspricht der Vorprägung ihrer musikalischen Erwartungshaltung. In dem neuronalen Netz ihres «Musikgedächtnisses» haben nämlich die motorisch typischen Reizreaktionsmuster dieser taktrhythmisch geprägten Musikstile durch ständige Wiederholung tiefgründige Spuren hinterlassen. [34a.b.c]

Solche in motorisch geprägten rhythmischen Bewegungsabläufen angelegten Gedächtnisspuren in dem synaptischen Netzwerk neuronaler Verbindungen geraten automatisch beim erneuten Hören dieser Musikstilarten in starke «Resonanz». Sie verstärken dadurch laufend ihre synaptisch verzweigten Verbindungen und schwingen synchronisiert im selben Taktmass mit. [35, 36a.b, 90] Da in dem verzweigten Netzwerk dieses Nervensystems, was sich vorwiegend auf die taktmotorischen Schlagzeugbeats einpendeln lässt, auch gewisse Muskelgruppen in nervlicher Verbindung liegen, entstehen auch körperliche Bewegungsäusserungen.[19a-e, 27b.c] Diese taktrhythmische Einpendelung gewisser Bereiche des Nervensystems tritt besonders beim Hören solcher Popularmusik ein, in der die ständigen Taktschläge in *zeitgleichen* Abständen das gesamte Musikgeschehen massgeblich steuern und beherrschen. Je *zeitgleicher* die Schlagabstände einer Beatmusik erfolgen, um so weniger kann sich darin eine atemrhythmische Ausdrucksebene entfalten, umso leichter stellt sich aber der körperliche Einpendelungsvorgang ein, den die Musikpsychologen als «Magneteffekt» bezeichnen. [27b.c.f.g, 62d]

Da die zeitlichen Erwartungshaltungen zu den Schlagfolgen der Schlagzeuginstrumente genau der *neuronal vorprogrammierten* gefühlsmässigen Erwartungshaltung des Hörers entsprechen, kann diese Befriedigung seiner Erwartungen ihm unterbewusst ein gewisses Gefühl der Selbstbestätigung vermitteln, die ihm dadurch auch ein Gefühl entspannender Beruhigung beschert. Tatsächlich besteht das *wichtigste Kennzeichen aller Popularmusik im wesentlichen in den ständig ununterbrochenen Taktschlägen von Schlagzeug oder Bassinstrumenten.* Als weiteres Merkmal für die leichte Aufnahme und Beliebtheit solcher Musikstile wären noch die *häufigen Wiederholungen gleicher und möglichst kurzer Melodieteile* zu nennen. So primitiv es auch erscheint, bereitet doch die stetige Wiedererkennung von bereits gehörten Melodiebausteinen besonders dem ungeschulten Musikgedächtnis eine Art von Erfolgserlebnis über dieses rasche Wiedererkennen, denn auch hier werden nun neben der erwarteten Taktrhythmik auch die melodischen Erwartungshaltungen in dieser Weise erfüllt. Das bereitet dem Hörer dann wieder unterschwellig Gefühle der Selbstsicherheit und Befriedigung, ähnlich einer ständigen Zufuhr von Beruhigungsdrogen. [57c.d, 4a]

Ein weiträumiges musikalisches Gedächtnis und das Wachbewusstsein wird beim Hörer solcher Popularmusik so gut wie nicht beansprucht, so dass es mehr und mehr in Passivität sinkt. [58] Anstelle weiträumiger Melodieentfaltungen treten vorwiegend nur kurze Melodiefragmente und deren Wiederholungsstrukturen, welche dann drogenartige Auswirkungen haben. Bekanntlich lassen sich viele Menschen auch während ihrer täglichen Arbeitszeit gewohnheitsmässig von solchen Musikstilen akustisch «berieseln», weil sie dies als Beruhigung schon in einer gewissen Abhängigkeit bereits brauchen. Schaltet jemand aber unerwartet diese «Berieselungsmusik» (z.B. Kofferradio oder Kassettenrecorder) ab, so reagieren sie oft sehr empfindlich, fühlen sich nicht mehr wohl infolge von Entzugserscheinungen, wie man sie in ähnlicher Weise bei Drogenabhängigen beobachten kann. Entspannung und Ruhe treten erst wieder ein, wenn diese Musik «läuft», *auf deren Wirkungsmechanismus diese Hörer bereits neuronal konditioniert wurden.* Diese «Drogen-Ruhe» [4c.d] führt aber niemals in *die* innere Ruhe und Stille einer demütigen Anbetungshaltung, welche nur durch eine *geistliche* Ausrichtung der menschlichen Gemütsverfassung entstehen kann im Sinne von Psalm 37,7: *«Sei stille dem Herrn.»*

Sicherlich wird man viele junge Menschen unserer Zeit, deren Musik-«Konsum» grösstenteils aus ca. 90-100 % Rock- und Popmusik besteht, aufgrund ihrer entsprechenden Geschmackskonditionierung nicht evangelistisch mittels Bachscher Kirchenkantaten oder alter traditioneller Kirchenlieder «abholen» können. Paart man aber evangelistische Textbotschaften mit musikalischen Stilmitteln, welche aufgrund ihrer ursprünglichen Grundkonzeption der Stimulans weltlich ausgerichteter Amüsierbetriebsamkeiten (z.B. Disco und Tanz) zugeschnitten sind, so werden doch unterschwellig gerade *jene* menschlichen Wesenszüge geweckt und bestärkt, die dem Wirken des göttlichen Geistes entgegenstehen. Gerade jene Lebenshaltungen motivierten doch ursprünglich die damit behafteten Komponisten zu der Entwicklung entsprechender musikalischer Ausdrucksformen, welche in den Tanz- und Unterhaltungsmusikstilen und in der Weiterentwicklung zur Rock-und Popmusik bekanntlich ihren wirksamen Niederschlag fanden (s. auch Zitat von Eibesfeld und Rudhya in Abschnitt 2).

Die psychologischen Auswirkungen solcher spezifischen «Musikmodule» (s. Abschnitt 12) als Ausdrucksmittel der vorher beschriebenen Lebensgefühle wirken nämlich nicht plötzlich in entgegengesetzter Geistesrichtung aufgrund eines beigegebenen geistlichen Bibeltextes. Ausserdem zerstören die in der Rockmusik vielfach verwendeten schöpfungswidrigen und aufreizend wirkenden Klang- und Rhythmusstrukturen die gesunde körperlich-seelische Balance durch einseitige Überreizung der Körperstimulans.

Der Geist Gottes, *welcher allein* evangelistischen Botschaften zum Erfolg verhelfen kann, wird sicherlich Mühe haben, körperlich-seelisch aufgereizten Hörern für Seine Lebensbotschaft das Herz zu öffnen. Die evangelistische Botschaft kann nämlich laut biblischer Hinweise (z.B. Joh 16,8) eigentlich nur von Hörern in gedemütigter Herzensstellung fruchtbar aufgenommen werden, die sich wohl kaum unter der Einwirkung der genannten aufreizenden Musikwirkungen entfalten kann (s. Abschnitt 10 u. 11).

Wenn nun trotzdem der eine oder andere Musikhörer vom Wort des Evangeliums erreicht werden konnte, obwohl es in einer discomusikartigen Verpackung dargeboten wurde, so kann man dies aus den genannten Gründen keinesfalls der Musikwirkung zuschreiben, wohl aber um so mehr der überschwänglichen Gnade Gottes, die auf Grund ihrer Vorsehung schon manche Seele selbst aus tiefsten moralischen Sümpfen heraus errettete! Solchen Wundertaten Gottes, dem nämlich laut biblischer Auskunft von Psalm 139 jeder Gedankengang auch aus den dunkelsten Winkeln menschlicher Herzen bekannt ist, sollten wir solche Eingriffe um so dankbarer zugestehen. Die normale biblisch gebotene Evangelisation unter Verwendung musikalischer Mittel hat sich an die bereits genannten biblischen Anweisungen zu halten, wenn der Geist Gottes als die letztlich den Sünder zur Bekehrung überführende Kraft dabei wirken soll, denn Gott wirkt stets treu entsprechend Seinem Wort!

Es ist letztlich eine Entscheidung zugunsten der biblisch gebotenen Anbetung im Geist (Joh 4,24; 1.Kor 2,12-14; Spr 20, 27) mit der Einsicht, dass die gewünschte *geistliche* Auferbauung der Gemeinde *niemals* vordergründig über Körper- und Gefühlstimulans funktioniert, sondern allein über die biblischen Wortbotschaften, zu *deren tieferer Verständlichkeit nur textentsprechende* Liedmelodien *dienen* können, um so auch dem *geistlichen* Wachstum der Gemeinde zu dienen.

Zu diesem Zweck ist nicht unbedingt eine Beschränkung der Liedauswahl auf alte traditionelle Gemeindelieder erforderlich, denn es gibt genügend modernere Liedstrukturen, welche textentsprechend komponiert wurden ohne Verwendung der genannten schöpfungswidrigen Musikbausteine mit vorwiegend körperstimulierender Auswirkung. Möglicherweise werden sich bei diesen Entscheidungen in der Gemeinde auch einige «Geister» scheiden müssen, entsprechend 1. Korinther 11,19.

44. Geistliche Ausrichtung nach 1. Korinther 2,14 und anderen Bibelaussagen

Die biblische Auskunft aus 1. Korinther 2,14 macht deutlich, dass wir Menschen das Wort Gottes nur dann wirksam aufnehmen können, wenn wir uns im biblischen Sinne geistlich ausrichten lassen. Ebenso macht uns die Aussage aus Sprüche 20,27 deutlich, dass der Geist Gottes die Menschen nicht über ihren gefühlsmässigen seelisch-körperlichen Bereich leiten möchte, sondern die viel tiefer greifende Einflussnahme Gottes wirkt über die *geistige* Ebene des Menschen bis hinein in die tieferen Schichten seiner *Geistespersönlichkeit*: «*Der Geist des Menschen ist eine Leuchte des Herrn. Sie durchforscht alle Kammern des Leibes.*» Eine Buber-Übersetzung von Sprüche 20,27 lautet folgendermassen: «*Eine Lampe von Ihm ist der **Atemgeist** des Menschen; **sie** durchspürt alle Kammern des Busens!*» Dies wird in Hiob 32,8 auch bestätigt, denn dort heisst es: «*Jedoch **der Geist ist es in dem Menschen,** der **Odem des Allmächtigen,** der sie verständig macht.*» Ebenso können wir aus

1. Korinther 2,13 erfahren, dass wir gelehrt sind durch den Geist: «*mitteilend geistliche Dinge durch* ***geistliche Mittel***» (u.Elb.).

Fleischliche Gesinnungen erzeugen fleischliche Lebensgewohnheiten, und deren Kommunikationsmittel, die Ausdrucksstile ihrer Mitteilungsarten sind ebenfalls aus dieser Gesinnung geboren. «*Was vom Fleisch geboren wird, das ist Fleisch; und was vom Geist geboren wird, das ist Geist*», sagt Jesus Christus (Joh 3,6). Viele Christen scheinen vergessen zu haben, dass die Stimulans auch *ihrer* fleischlichen Empfindungsebenen leider möglich ist. Nur das, was aus dem Geist geboren wurde, vermag auch die Geistespersönlichkeit des Menschen geistlich zu bewegen (Spr 20,27). Ausserdem erfahren wir von Jesus aus dem Johannesevangelium, Kap. 4,24: «*Gott ist Geist, und die Ihn anbeten, müssen Ihn im Geist und in der Wahrheit anbeten.*»

Es ist deshalb nicht egal, in welchem Geisteszustand sich der Mensch gerade befindet, wenn er biblische Botschaften aufnehmen und verstehen möchte. Christen kennen erfahrungsgemäss die Schwierigkeit im Aufnehmen und Verstehen biblischer Aussagen, wenn sie in ihrer sogenannten «Stillen Zeit» die Bibel zu einer Zeit lesen wollen, in der sie sich zuweilen gar nicht in der geeigneten Stimmung befinden und ihre oftmals wechselhaften Gefühle ihrem Geist dann vernebelnd im Wege stehen. Man liest dann zwar die Schriftstellen der Bibel, ist mit seinen Gedanken aber gar nicht recht bei der Sache, so dass die geistliche Bedeutung der Schriftstellen verdunkelt erscheint, und man liest oftmals nur noch mechanisch die Worte, ohne sie im Herzen aufnehmen zu können. Es braucht dann gewöhnlich eine längere Zeit, bis man innerlich wieder in einen geistlich ausgerichteten Gemütszustand hineinkommt, welcher die nötige Ruhe und Stille für eine angemessene Gebetshaltung bringt, die wir unbedingt als Voraussetzung benötigen, damit der Geist Gottes in uns zur Auswirkung kommen kann. Wir wissen doch, dass (laut 1. Kor 2,14) schliesslich nur der Geist Gottes uns Sein Wort verständlich machen kann, und das bedingt unsererseits eine geistliche Ausrichtung. Oft wird uns gar nicht bewusst, durch welche Einflüsse von Gedanken und Gefühlen wir das stille sanfte Wirken des Heiligen Geistes in uns hemmen und manchmal geradezu blockieren. Aber ohne die Mitwirkung und Verbindung zum Geist Gottes bleiben unsere Bibelstudien leer, und so sind auch unsere Versammlungen oft nur eine äussere Anbetungsform ohne geistlichen Segen. Wahre Anbetung kann auch entsprechend dem bereits genannten Jesus-Wort aus Johannes 4,24 nur im Geist Gottes vollzogen werden. Denn Er sagte, dass die wahren Anbeter Gott *anbeten im Geist* und in der Wahrheit. Unsere Gefühle stehen uns oftmals im Wege, wenn wir biblische Botschaften richtig aufnehmen und vermitteln möchten (Erinnert sei auch an die Aussagen von Watchman Nee über das Gefühl, in Abschnitt 11).

Musik, welche aus Emotionen weltlicher Freuden entstand und deren Stilmittel auch allgemein vorwiegend in weltlichen Veranstaltungen, zum Beispiel in Tanzcafés oder in Rockveranstaltungen sowie in Discos verwendet werden, sind niemals im biblischen Sinne geistlich gepolt. Sie übermitteln vorwiegend die Lebensgefühle weltlicher Lust und weltlicher Lebensanschauungen. Ob sich nun diese Musikart als Träger biblischer Botschaften, also als Übermittler des Wortes Gottes, eignen kann, beantwortet uns die Heilige Schrift eigentlich sehr deutlich. Texte, Bilder oder Musik, welche vorwiegend körperliche Empfindungen verursachen und das fleischliche Wesen im Menschen erregen, sollten wir gemäss dem Paulus-Wort aus dem Galater-Brief, Kap. 5,17, meiden. Da wird uns deutlich gesagt, dass Fleisch stets gegen Geist streitet. Der Apostel Paulus warnt uns, damit wir uns von fleischlichen Empfindungen abwenden: *«Denn das Fleisch gelüstet wider den Geist und den Geist wider das Fleisch; diese widerstehen einander, so dass ihr nicht tut, was ihr wollt»* (Schl.).

45. Kriterien für geistliche Loblieder

Gott lässt uns durch den Apostel Paulus wissen, welche Eigenschaften wir pflegen sollen; dies ist auch auf Musik und Lieder für die Gemeinden direkt anwendbar. Er sagt: *«Liebe Brüder, was wahrhaftig ist, was ehrbar, was gerecht, was keusch, **was lieblich, was wohl lautet**; ist etwa eine Tugend, ist etwa ein Lob, dem denket nach»* (Phil 4,8).

Wir haben also in dieser Aussage des Philipperbriefes ein weiteres Kriterium für unsere geistlichen Loblieder. Sie sollen gemäss der Schöpfungsordnung Gottes einfach *schön, lieblich und wohllautend* sein. Die Bezeichnung *lieblich* und *wohllautend* kann nur bedeuten, dass eine ausgewogene Balance zwischen Melodie, Harmonie und Rhythmus auch unseren geistlichen Liedern zugrunde liegen sollte. Als *geistliches* Liedgut sollte hierbei entsprechend den Aussagen von Kolosser 3,16 und Epheser 5,19-20 alles auf eine musikalische Ausdeutung im Bezug zur Verständlichkeit der Lied-Texte zugeschnitten sein, denn hier wird ja gerade im Kontext mit der Aufforderung zur Pflege «geistlicher Lieder» besonders das «Reden» und die Wichtigkeit des «Wortes Christi» genannt.

Gemessen an diesen Kriterien ist zum Beispiel die sogenannte «christliche Rockmusik» ein prototypisches Beispiel eines *ungeistlichen* Liedes. Denn die kompositorische Struktur verhält sich hier genau umgekehrt proportional zum Aufbau eines geistlichen Liedes:

Beim geistlichen Lied rangiert:
1. der **Text obenan,** dem dann
2. Melodie und Harmonie und
3. der rhythmische Ablauf **zu dienen haben.**

In der Struktur der Rockmusik finden wir aber eine geradezu diabolisch **umgekehrte** Rangfolge. Hier dominiert nämlich:

1. die taktmetrische Rhythmuskomponente durch das alles übertönende, meistens fortwährend taktschlagend gebrauchte Schlagzeug oder auch die stark betonten Taktschläge der elektronisch sehr verstärkten Bassgitarren, worauf als zweitrangig

2. die übrigen rhythmisch-melodischen Strukturen rangieren, und dann erst

3. der Text in Erscheinung tritt, den man oftmals wegen der verhältnismässig lautstarken vordergründigen Musik sowieso schlecht verstehen kann.

Da diese Musik infolge der stark dynamisierten rhythmischen Struktur vorwiegend auf das **körperliche** Empfinden einwirkt, könnte man solche Musikstücke auch als «Körpermusik» bezeichnen (s. Abschnitt 20,21). [13b.c, 19a]

Durch das lautstarke, vorwiegend starre Taktschema, welches durch die führenden Schlagzeug- und Bassgitarrenschläge die gesamte übrige Musikstruktur beherrscht, sind zwangsläufig alle Melodiebildungen in dieses starre Taktschlagmetrum eingebunden und können infolge dessen ihren ausdrucksmässig bedingten Wechsel von Zeitausdehnungen bzw. Zeitraffungen gemäss eines Atemrhythmus nicht zur Entfaltung bringen. Alles ist eingezwängt in einen relativ starren Taktrhythmus, wodurch sich natürliche Melodie-Spannungsbögen gemäss einem organischen Atemrhythmus nicht entfalten können. Diktiert durch die überlauten Schlagzeug- und Bassgitarren-Beats, gestattet die alles zerhackende starre Taktrhythmik keine freie Entfaltungsmöglichkeit für längere zusammenhängende Melodiebildungen in dem durch Schlagzeug und Bassgitarren diktierten Ghetto einer starren Zeitrhythmik taktmotorischer Prägung. Deshalb findet man in der Rockmusik nur kurze Melodiemotive in fetzenhaften, extrem kurzatmigen Melodiebildungen, welche oftmals mehrere Takte lang nur ständig wiederholt werden und somit durch ihre armseligen Wiederholungsstrukturen eigentlich vorwiegend nur primitive rhythmische Wirkungen haben. [21, 58] Deshalb stimuliert die Rock- und Popmusik vorwiegend die seelisch-*körperliche* Empfindungsebene der Hörer, erreicht aber dadurch nicht die tieferen Schichten seiner Geistespersönlichkeit, (siehe auch Zitat von Bob Larson in Abschnitt 14).

Bei geistlichen Anbetungsliedern nimmt die Textbotschaft eine zentrale Stellung ein. Alle musikalischen Mittel stehen dabei im Dienst einer wirksamen Übermittlung des textbotschaftlichen Inhalts. Die *geistlich* bewegende Kraft des Wortes wird aber in der Rock- und Popmusik nicht nur aufgrund der vorher genannten Gründe abgeschwächt und in den Hintergrund gedrängt, sondern oftmals durch die emotionalen Wirkungen seines puren Vokalklanges ersetzt, und diese Wortbehandlung geschieht besonders ausgiebig in Technomusikstilen (s. in Abschnitt 8 über Tekknoproduktion). Bekanntlich gibt es eine gefühlsmässige Beeinflussung des menschlichen Stimmklanges, so dass man bereits aus dem Tonfall gesprochener Worte die gefühlsmässige Ausstrahlung der sprechenden Person heraushört, wobei sich deren emotionale Befindlichkeit auf den Hörer übertragen kann. Selbst bei Telefongesprächen, wo aus technischen Gründen zwar nur die höheren Tonfrequenzen des Stimmklanges (ab ca. 300 Hz) übertragen werden können, kann man aber aus dem individuellen Klang der Obertonstruktur von Sprechstimmen die emotionalen «Beimischungen» vernehmen, welche oftmals unbeabsichtigt verraten, was der Sprecher am anderen Ende der Leitung bezüglich seiner Wortaussagen gerade empfindet und denkt. Zur charakteristischen Klanggestaltung sind nämlich lediglich die höheren Frequenzbereiche einer Obertonstruktur entscheidend, so dass selbst tiefe Bassstimmen als solche am Telefon erkannt werden können, obwohl deren Grundfrequenzen unter 300 Hz liegen. Dies zeugt bereits von der Existenz einer nonverbalen Kommunikations-Verstehensebene in der Übertragung menschlich emotionaler Zustände mittels unterschiedlicher Klangfärbungen der Vokale nicht nur beim Singen, sondern sogar beim Sprechen. Diese Tatsache macht auch deutlich, dass es nicht egal sein kann, von *welchem* Gesangssolisten christliche Botschaften übermittelt werden. Eine wesentliche psychologische Bewegungsenergie im Wirkungsspektrum der Rock-, Pop- und Technomusik geht auch von der Wirkung der verwendeten Klänge aus (zu neudeutsch: «Sounds»). Das Qualitätsurteil über einen Song der Rock- und Technofans richtet sich sehr wesentlich nach den darin verwendeten «Sounds», welche eine entscheidende Komponente der emotionalen Ausstrahlung für das sogenannte «Feeling» des gesamten «Soundtracks» ausmachen. Starke exotische Klänge im Zusammenwirken mit taktrhythmisch stereotypen Wiederholungsstrukturen verstärken auch die ekstatischen Auswirkungen auf die Hörer. [20b, 23, 26, 45, 61b, 84]

Es liegt dieser neuzeitlichen Tendenz der Überbewertung klanglicher Mittel zur bevorzugten Übermittlung emotionaler Botschaften die grosse Gefahr zugrunde, den beigegebenen Textbotschaften die geistliche Bedeutung zu vernebeln. Textbotschaften werden leicht verdeckt durch Gefühlsbotschaften. Das Wort wird dabei ersetzt durch den Klang. Konsequente Vollendungen dieser Erscheinungen sind dann im Technomusikstil erreicht, wo das Wort von seiner semantischen Bedeutung, der geistigen Substanz, völlig entkleidet benutzt wird. Lediglich die nackten physischen Klangwirkungen der Vokale werden noch gebraucht. Dazu genügen dann auch einzelne Wortsilben, deren Klänge man in beliebiger Reihenfolge nach digitaler Speicherung in Computer-Soundbänken mittels vorprogrammierter Sequenzertechnik taktrhythmisch abrufen kann. Akustische Abbilder emotionaler Klangimpulse vielfältigster Gattung bis hin zu ekstatischen Schrei-Lauten werden zu rhythmischen Elementen degradiert und auf dem elektronisch hergerichteten akustischen Fliessband den Hörern serviert. – Die sogenannte christliche Rock- und Popmusik hat diese letzten Stufen solcher Entwicklungen noch nicht beschritten, zeigt aber in zunehmender Häufigkeit bevorzugte Anwendungen von elektronisch zubereiteten Klangwirkungen zur

Verstärkung emotionaler Impulse in Verbindung mit ekstatisch wirkendem Taktrhythmus. In solchen betont klangsinnlichen Verpackungen werden aber auch gutgemeinte Textbotschaften kaum die geistigen Wesensschichten der Hörer erreichen können infolge der übermässig starken Stimulans jener emotionalen körperlich gepolten Empfindungsbereiche, welche eine *geistliche* Verarbeitung biblischer Textbotschaften erschweren. Geistliche Wortbotschaften können niemals über die Gefühlssensoren aufgenommen werden (Spr 20,27).

Vielen Lesern mag unverständlich erscheinen, dass so viele junge Menschen sich solchen unnatürlichen akustischen Tonkulissen weltlicher Rock-, Pop- und Technomusik aussetzen und dann entsprechende Musikveranstaltungen oftmals suchtartig immer wieder aufsuchen. Die Begründung der Anziehungskraft dieser Musikstilarten liegt nach Aussagen vieler Beobachter ursächlich in einer Auswirkung von entsprechend vorkonditionierten Reizreaktionsmustern im nervlichen Hörgedächtnis dieser Hörer. Diese neuronalen Reizstrukturen konnten sich mittels vieler Wiederholungen der vorwiegend stilistisch typischen musikalischen Grundelemente wie entsprechende Resonanzfelder im Hörgedächtnis ausbilden. Sie werden dort deshalb zu einer Art einprogrammierter musikalischer Hörerwartungen, die nun bei erneutem Anhören derartiger Musikstrukturen wie Resonanzschwingkreise sich erneut in die gleichartige taktrhytmische Frequenz einpendeln können. [34a.b.c, 35, 36a.b, 90]

Bekannte Insider und Kenner der weltweit verbreiteten Rock- und Popmusikszene, wie der in der Schweiz lebende Publizist Jean Martin Büttner, welcher mit profundem Sachverstand in seiner journalistisch brillant verfassten umfangreichen Darstellung die psychologisch energetischen Abläufe von Rockmusikwirkungen trefflich schildert, (12) bestätigt darin die genannten Konditionierungsvorgänge: «*Aus Laboruntersuchungen wissen wir, dass die ekstatische Musik konditionierenden Charakter hat, dass der veränderte Bewusstseinszustand durch Techniken wie Hyperventilation, Bewegung, Lautstärke und Rhythmus intensiviert wird. Auch die Ethnologie (Erforschung anderer Völkerkulturen) beobachtet* ***kulturunabhängige*** *Gemeinsamkeiten ekstatischer Musik. ... Alle Ekstasetechniken lassen sich im Rock 'n' Roll nachweisen* (S. 377).

Dieser zunächst körperlich empfundene Einschwingvorgang in ekstatisch wirkende Musikstrukturen, als sogenannter «Magneteffekt» definiert, ist von sensumotorischen körperlichen Bewegungsimpulsen begleitet und kommt vorwiegend beim Hören von betont taktrhythmisch ausgerichteter Musik zustande, wo eine gewisse Beständigkeit in den periodisch sich wiederholenden zeitgleichen Grundtaktschlägen gewährleistet ist. [27c] Offenbar bereitet dieser Einschwingvorgang den betroffenen Hörern unterschwellig lustvolle Entspannungsmomente, weil sich auf Grund der bereits beschriebenen ständigen Erfüllung der vorprogrammierten rhythmischen Hörerwartungen solche antizipierten (vorwegempfundenen) rhythmischen Zeitmuster stets genau mit diesen Vorerwartungen decken. [57c.d] Auf Grund der Psychosomatik, einer gegenseitigen Steuerung und Beeinflussung körperlicher und seelischer Bewegungsvorgänge, bewirken diese sensumotorischen Bewegungsimpulse möglicherweise auch jene psychologischen Veränderungen in der persönlichen emotionalen Befindlichkeit, welche von der Psychoanalyse als Regression erklärt werden. Der Begriff «Regression» bezeichnet den emotionalen Zustand von Menschen, der auf eine längst überwundene frühkindliche Lebensphase zurückgeht und äussert sich in entsprechenden Verhaltensweisen. Diese sind mehr oder weniger von körperlich gepolten Lustempfindungen gekennzeichnet, wo in Entsprechung frühkindlicher Lebensphasen das Gefühl und nicht der Verstand die Lebensführung innehat. Ekstatische Taktrhythmik in Verbindung mit überdimensional verstärkten Klangwirkungen «verhelfen» am schnellsten zur Regression. [71, 20a.b, 23]

Aus der Gehörneurologie weiss man, dass sich auch komplexe Klänge nach wiederholtem Hören als entsprechende Klangbilder im Hörgedächtnis ausbilden, die verständlicherweise bei erneutem Hören dieser Klänge jene ursprünglich damit verbundenen Bewegungsempfindungen auch wieder auslösen können. Je öfter solche Klangreize in Verbindung mit ekstatischen Rhythmusabläufen gehört werden, um so tiefer und nachhaltiger bildet sich mit der Zeit ein permanentes Hörbedürfnis nach solcher Musik im Hörer aus. Verständlicherweise können solche Konditionierungsvorgänge dann auch zu drogenspezifischen Abhängigkeiten führen. [4c] Horst Neumann (60) schildert treffend die Regressionswirkung, welche sich bei jugendlichen Hörern in der Disco verstärkt einstellt durch laute Klänge. [20b] Im Zusammenhang mit der Regression durch Popmusik spricht Dr. Norbert Bolin von einer «akustischen Babyflasche» für Rock- und Popmusikhörer und meint damit den «Walkman», aus dessen Kopfhörern sich viele jugendliche Hörer regelmässig Rockmusik zuführen. [4a, 4d]

Angesichts der genannten Wirkungsmerkmale der Rock- und Popmusikstile, die ihre spezifischen Wirksamkeiten ja nicht plötzlich verlieren, wenn christlich gemeinte Texte hinzugegeben werden, sollte gründlich hinterfragt werden, warum viele Christen diese Stilarten in ihren Gemeinden trotzdem zulassen. Möglicherweise will man dadurch die genannten lustvollen Regressionsvorgänge erhalten, die sich allerdings nur bei *den* Hörern einstellen, welche auf diese Stilarten entsprechend konditioniert sind. Wir sollten also genauer untersuchen, ob vielleicht jene lustbereitenden «kindlichen Gefühle», die sich infolge der genannten Musikwirkungen bei einigen Hörern einstellen, einer geistlichen Anbetung förderlich sein können.

Offenbar besteht eine Übereinstimmung der christlichen Rockmusikliebhaber in der diesbezüglichen Meinung über jene Regressionszustände, die auch der professionelle Rockmusiker Jimmy Hendrix seinen Fans schmackhaft erläuterte, als er von den hypnotischen Kraftwirkungen der Rockmusik sprach (s. 1. Zitat in Abschnitt 8). Den auf diese Weise bei den Hörern erreichbaren *«ursprünglichen Zustand»* charakterisiert er als *«durch und durch positiv. Wie bei Kindern, die wie selbstverständlich auf Höhen leben.»*

Welchen Charakter tragen diese «Höhen»-Zustände und was soll darin das «Positive» sein? Vom Standpunkt der agierenden Rockmusiker liegt das «Positive» sicherlich in der Erfahrungstatsache, dass man sich jugendliche Hörer gefügig machen kann, sobald sie mittels der beschriebenen Wirkungsmechanismen, von allen konventionell bedingten Hemmungen befreit, sich wieder *«wie Kinder benehmen»*. Während solcher frühkindlich emotionalen Zustände reduziert sich nämlich die Kommunikationsebene erwartungsgemäss auf jene akustischen Reizreaktionsmuster, welche vornehmlich emotional und körperstimulierend wirken. Eventuell noch vorhandene Reste von Denkansätzen auf der Bewusstseinsebene der Rockmusikhörer können nun mittels der ekstatischen Körperstimulans weiterer Rockmusikeinwirkungen gänzlich «weggeprügelt» werden, wobei diese akustischen «Prügelrationen» dann wie willkommene «Streicheleinheiten» empfunden werden. Eine Steigerung der Euphoriegefühle auf der nun vom früheren Denkbewusstsein «befreiten» emotionalen Empfindungsebene der Hörerschaft kann somit aus verständlichen Gründen gewährleistet werden. Hendrix konnte also aufgrund dieser erkannten Wirkungsgesetzmässigkeiten entsprechend sichere Ergebnisse erwarten.

Das sind nun offensichtlich die «Höhen», die Jimmy Hendrix meint, denn auf dieser psychischen «Höhenlage» wird infolge der erreichten Ausschaltung des Wachbewusstseins bei den jugendlichen Rockfans das möglich, was er folgerichtig im Kontext der obigen Aussage direkt anfügt: *«Und wenn man die Leute an ihrem schwächsten Punkt erwischt hat, kann man in ihr Unterbewusstsein alles predigen, was man will!»* – Eine erstaunlich wahrheitsgemässe Erkenntnis, denn nur wenn das Wachbewusstsein ausser Funktion gesetzt ist, liegt das passive Unterbewusstsein offen da zum Empfang aller möglichen Botschaften, die widerstandslos aufgenommen werden und sich nachhaltig einprägen! – Welcher Geist wird ihm wohl zur Erkenntnis dieser Weisheit verholfen haben? Möglicherweise wollen einige christliche Vertreter nun die Rockmusik für christliche Zwecke nach gleichen Gesetzmässigkeiten zur Anwendung bringen, um auf diese Weise ihre Predigten effektiver auch in die mittels Rockmusik offen gelegten Unterbewusstseinsschichten hineinpredigen zu können!?

In seinem bereits in Abschnitt 8 genannten Buch «Moderne christliche Musik» möchte der Autor Steve Miller aufgrund vieler sicherlich zunächst plausibel erscheinenden Argumentationen die auf diese Musikstilarten bereits weltweit konditionierten jugendlichen Hörer mittels «ihrer» Musik nun auch *geistlich* erreichen. Das scheint auch verständlich in Anbetracht des statistisch nachgewiesenen hohen Stellenwerts der Rock- und Popmusikstilarten bei der Musikauswahl der meisten Jugendlichen. Mit Hinweisen auf die grauenvollen Textbotschaften der bekanntesten weltlichen Rockgruppen fordert er die Eltern und Gemeinden zum Umdenken auf mit dem Vorschlag, einfach diese Rockmusikstile mit neuen Texten gepaart für christliche Zwecke umzufunktionieren. Den meisten Jugendlichen ginge es ohnehin nur um den Musikgenuss, wobei die Texte am wenigsten zur Kenntnis genommen würden, aber man könne doch wenigstens die destruktiven weltlichen Texte durch christliche austauschen. Auf diese Weise würde die Rockmusik dann zum wirksamen Evangelisationsmittel. Angebliche Parallelerscheinungen in der schon früher üblichen Verwendung populärer Volksmelodien für kirchliche Zwecke durch entsprechenden Textaustausch führt er als weitere Begründung an, auf deren Argumentationen bereits in Abschnitt 8 eingegangen wurde.

Nochmals möchte ich auf die *unvergleichbaren* Verfahrensweisen des Textaustausches bei weltlicher Volksmusik aus dem vergangenen Jahrhundert hinweisen, denn jene Musikstrukturen waren früher wenigstens noch mit natürlichen schöpfungsgemässen Musikbausteinen aufgebaut *ohne* die nachweislich destruktiven schöpfungsfremden Elemente heutiger Popularmusikstile (s. Abschnitte 23-28, 51-53). Selbst die profansten Melodien trivialer Gassenhauer-Songs, die noch vor ca. 100 Jahren in verruchten Bierkneipen mit primitiver Instrumentalbegleitung dargeboten wurden, bedienten sich nicht solcher vergleichbaren *schöpfungsfremden* Kompositionsmittel, die heute als «Normalgebrauch» vieler Rock- und Technogruppen zur Anwendung kommen. Diese Vergleiche mögen beleidigend wirken für viele Liedermacher und Arrangeure von heute. Aber aus der Sicht Gottes – und nur aus Seiner Perspektive sind Wahrheiten erkennbar – ist eine *uns* vielleicht sehr simpel und primitiv anmutende Liedmelodie als Textträger für *geistliche* Zwecke immer noch wesentlich geeigneter als ein professionell brillant komponiertes Popmusikarrangement mit ekstatisch wirkenden Rhythmen und exotisch aufreizenden Klangstrukturen. Es werden nämlich dadurch genau *jene* menschlichen Wesensschichten bestärkt, die sich immer schon als grösste Bremse gegen geistliche Botschaften erwiesen haben (s. Abschnitt 11, 12ff.).

Solange man schöpfungswidrige Ausdrucksmittel, selbst in edelster missionarischer Absicht, zum Träger göttlicher Botschaften verwendet, kann man nicht erwarten, dass sich der Geist Gottes solcher Ausdrucksmittel bedienen wird. Aber ohne seine Mitwirkung findet überhaupt keine erfolgversprechende Mission statt – insofern man unter Mission eine bibelgemässe Überführung verlorener Sünder zur Bekehrung versteht.

In dem alttestamentlichen Bericht von dem ersten missglückten Versuch Davids, die Bundeslade auf einem Ochsenkarren zu transportieren, was entgegen der ausdrücklichen göttlichen

«Transportverordnung» geschah, denn Seine Bundeslade sollte ausschliesslich von den dafür vorgesehenen levitischen Priestern getragen werden, wird uns ein markantes Beispiel solcher ungeistlicher Fehlhandlungen demonstriert (s. Abschnitt 49). Da wir es heute immer noch mit demselben Gott zu tun haben, können wir nicht erwarten, dass Er den «Transport» Seiner biblischen Botschaften absegnen wird, wenn wir diese *solchen* Trägern anvertrauen, deren ursprüngliche Herkunft und Verwendung heidnischen Ursprungs sind (auch die Transportart des Ochsenkarrens hatten sich die Israeliten von den benachbarten Heidenvölkern abgeschaut). Die in der Rock- und Popmusik vorwiegend verwendeten Grundelemente - wie zum Beispiel der ekstatische Taktrhythmus, die unharmonikalen Klangstrukturen und die vielen Wiederholungsstrukturen kurzer Melodiefetzen - kann man noch heute bei den afrikanischen Heidenvölkern vernehmen. Die ungeistlichen Auswirkungen werden nun aber durch *unsere* «Ochsenkarren» der *elektronischen Potenzierung heidnischer Musikgebräuche* keineswegs milder, sondern verstärkt.

Die Anwender jener schöpfungsfremden Transportmittel wie rock- und technoartige Musikstile rechnen offenbar bei ihrem Tun nicht mehr mit Gott. Die in Abschnitt 10 und 22 genannten Massstäbe kommen jedenfalls nicht mehr darin zur Anwendung.
Die Verteidiger christlicher Rockmusik begründen ihr Tun immer wieder mit dem Argument, man könne die Ungläubigen in der Welt nur mittels dieser weltlich ausgerichteten Verkündigungsstilarten zur Evangelisation abholen. Aber im Bericht von Abschnitt 58 wird genau das Gegenteil bestätigt.

Wie ein mit Herz und beiden Beinen in dieser exotischen Welt stehender Bürger über den Gebrauch ekstatisch ausgerichteter Musikstile in christlichen Versammlungen denkt, kann man in dem bereits genannten Buch von Jean M. Büttner ganz offiziell erfahren (12). Persönlich von der Faszination der Rock- und Popszenen dieser Welt berührt, vermag er aber in seinem Buch diese auch ganz objektiv zu beschreiben. Hier ein kurzer Ausschnitt seiner prägnant geschilderten Eindrücke von einer christlichen Gospelveranstaltung in New Orleans:

«... bleibt kein Zweifel, dass zwar der Lord (= Gott) anvisiert wird, die Werkzeuge des Devils (= Teufel) aber auch nicht verachtet werden.

Der satte Rhythm'n-Blues der Begleitcombos, die explodierenden Soul-Shouts der Prediger und Gospelköniginnen sind eine einzige Verführung. Dem Gospel scheint jedes Mittel recht, die Gemeinde heimzuholen. Die Prediger schreien ihren Sermon heraus, während der vierzigköpfige Chor im Hintergrund Zunder gibt. Es klingt, als läse James Brown aus dem alten Testament.»

Vielleicht meinen einige christliche Rockmusikliebhaber, dass jene «positive» Seite bei der Regressionswirkung ekstatisch wirkender Musikstrukturen auch für christliche Zwecke verwertbar sein könnte. Solche Bewusstseinsveränderungen zu kindlichen Empfindungs- und Reaktionsäusserungen könnte mancher Prediger als begrüssenswert erachten mit der Erwartung, dass auch christliche Botschaften dadurch mit dem wünschenswerten kindlichen Vertrauen aufgenommen werden könnten. Empfahl doch auch Jesus die Annahme kindlicher Gemütshaltungen mit dem bekannten Hinweis: *«Wahrlich, ich sage euch: Wer das Reich Gottes nicht empfängt wie ein Kind, der wird nicht hineinkommen»* (Mk 10,15). Könnte Jesus jenen kindlichen Zustand auch gemeint haben, den Jimmi Hendrix anpries? – (1. Zitat in Abschnitt 8). Wenn es so wäre, dann müssten alle Kirchenmusiker sich möglichst schnell und intensiv auf Rockmusik umstellen! – Wir sollten Gott darüber befragen und Er antwortet mit 1. Korinther 2,14; Sprüche 20,27 u. a. wie auch sehr deutlich in 1. Korinther 2,13: *«Dass wir, gelehrt durch den Geist Gottes, mitteilen Geistliches* ***mit Geistlichem****»* (u.Elb.).

Der von Hendrix gepriesene «kindliche» Zustand kann also keinesfalls identisch sein mit dem, was Jesus gemeint hatte, denn Er kann nur *die* kindliche Vertrauensgrundhaltung gemeint haben, die bekanntlich bei Erwachsenen grösstenteils abhanden gekommen ist, so dass solche Leute aus Mangel an kindlichem Vertrauen schwerer zum lebendigen Glauben kommen. Eine durch ekstatische Musik hervorgebrachte Bewusstseinsveränderung mit Regressionserscheinungen führt aber stets radikal weg von natürlich klarem Denkvermögen und stimuliert hin zu enthemmter Emotionalität mit instinkthaften Reaktionen, so dass geistliche Botschaften während solcher Bewusstseinsphasen sicherlich nicht einmal wahrnehmbar sind und noch viel weniger aufgenommen werden könnten. Die Charakteristik solcher Zustände ist eigentlich nicht mit dem Begriff «kindlich» zu beschreiben und auch nicht mit «kindisch», sondern eher mit dem aus Frankreich entlehnten (ursprünglich lateinischen) Wortbegriff «infantil».

Will man also die biblisch-evangelistischen Glaubensbotschaften mittels Musik an Menschen herantragen, welchen das von Jesus so dringend anempfohlene kindliche Gemüt abhanden gekommen ist, so kann man diese verschüttete kindliche Gemütshaltung gewiss nicht wieder neu erwecken durch aufreizende Sounds und ekstatische Musikstilarten. Es müssten wohl eher Kompositionen sein, deren emotionale Ausstrahlung jene von Jesus Christus gemeinte reine kindliche Vertrauenshaltung zum Ausdruck bringt, welche in den Hörern erweckt werden soll. Abschnitt 58 zeigt ein solches Beispiel, wo gerade eine Person mit Hilfe solcher Liedstruktur zum lebendigen Glauben fand. Obwohl diese Person in ihrem Vorleben in denkbar ungeistlicher Umgebung lebte, wo sie sicherlich ausschliesslich von weltlicher Trivialmusik vorkonditioniert wurde, konnte ein relativ schlichter Liedvortrag das kindliche Verlangen nach dem erlösenden Evangelium in ihr wecken. Der von Hendrix gerühmte Regressionszustand ist dagegen eine *diabolische Umkehrung* dessen, was Jesus in Markus 10,15 forderte!

Um den eventuellen Verdacht zu entkräften, dass der Autor dieses Buches die geschilderten Rockmusikwirkungen wohl doch nur zu einseitig aus seiner persönlichen Perspektive beurteilt, mögen folgende Zitate aus dem bereits genannten Buch von Jean M. Büttner dienen, der sich auch durch Einfügung vieler Zitate anderer Autoren dieses Fachgebiets um eine objektive Darstellung bemühte. Büttner, als parteiisch unverdächtiger Beobachter, weil er von der nicht-christlichen Perspektive aus die Wirkungsmechanismen dieser Musikstile beschreibt, möge durch einige seiner Beobachtungen, Kenntnisse und eingestreuten Zitate anderer Forscher das bisher Gesagte abrunden. So erläutert er zum Beispiel den Regressionsbegriff sehr trefflich als *«einen psychischen Umkehrprozess mit destrukturierenden, in letzter Konsequenz gefährdenden Folgen für das Individuum und seine Umgebung»* (S. 462). Eine weitere dort angeführte psychoanalytische Betrachtung von Heinz Kohut erklärt es folgendermassen: *«Indem er (der Musikhörer) sich mit der Musik identifiziert, hat der Zuhörer die endgültige Bewältigung seiner äusseren Aufgabe erreicht. Er hat sie durch Regression auf einen früheren Zustand seines Ich vollbracht, der einen ekstatischen Musikgenuss zulässt [...] In diesem Augenblick unterscheidet der ekstatische Zuhörer nicht mehr klar zwischen sich und der Aussenwelt, er empfindet die Töne als von ihm selbst hervorgebracht oder sogar als Teil seiner Selbst, weil sie emotional das sind, was er fühlt.» (‹Psychoresonanz›: S. 195-198)*

Ein anderes diesbezügliches Zitat von Theodor W. Adorno lautet:

«Die regredierten Hörer benehmen sich wie Kinder. Sie verlangen immer wieder und mit hartnäckiger Tücke nach der einen Speise, die man ihnen einmal vorgesetzt hat. Für sie wird eine Art musikalische Kindersprache präpariert, die sich von der echten dadurch unterscheidet, dass ihr Vokabular ausschliesslich aus Trümmern und ***Entstellungen der musikalischen Kunstsprache*** *besteht.»*

Eine äusserste Grenze von Regressionsentwicklungen, die durch ekstatische Musikstilarten provoziert werden können, wäre im Extremfall wohl eine restlose Betäubung des Wachbewusstseins, wobei die betroffenen Hörer dann nur noch instinktiv emotional auf ihre Umwelt reagieren wie Kleinkinder im Babystadium. Auswirkungen dieses Grades sind normalerweise während kurzzeitiger Einlagen von Rockmusik in christlichen Gemeinden wohl nicht zu erwarten. Das ändert aber nichts an der *Richtwirkung* der Rockmusikstilarten, welche, auch in kleinen Dosen verabreicht, Gefühlsrichtungen zum Ausdruck bringen, die mit biblisch ausgerichteten Lebenshaltungen und deren Gefühlsqualitäten überhaupt nicht übereinstimmen, sondern ihnen entgegenwirken und somit auch die damit verbundenen Denkweisen weiterhin bestätigend konditionieren. Diese emotionale Gegenpoligkeit zur biblischen Geistesausrichtung und die betonte Körperstimulans kann zwar viele Leute, die auf diese Stilarten in ihrem Vorleben bereits konditioniert wurden, anlocken und man wäre dann allerdings genötigt, sie mit dieser Musik-Stimulans auch weiterhin zu halten.

Die allgemein von vielen Hörern zugegebene Gewohnheit, bei den Rockmusik-Titeln am allerwenigsten auf den Text zu achten, sondern vorwiegend den Musikstil zu geniessen, ist verständlich, weil der Text ohnehin meistens von der lautstarken Musikverpackung bei diesen Musikstilen in den Hintergrund gedrängt wird. Man wählt diese Musik meistens nicht wegen der beigegebenen Texte aus, denn diese Beatmusik allein erlaubt bereits über ihre körperliche Stimulanswirkung auch den psychologischen

Einschwingvorgang einzuleiten, den die Hörer aufgrund ihrer entsprechenden Vorkonditionierung erwarten. Um so weniger wird aber verständlich, dass man diese Beatmusikstilarten zum neuen Textträger *biblischer* Botschaften verwenden möchte.

Einige Kritiker moderner Musikstilarten könnten sich aufgrund vieler in diesem Buch angeführten Argumente nun in ihrer Ansicht bestärkt fühlen, dass eigentlich nur die traditionelle Kirchenmusik der allein brauchbare «Stil Gottes» sei. Die Opposition des Buchautors St. Miller gegenüber solchen Traditionalisten ist sehr verständlich und berechtigt, denn der Geist Gottes ist in Seinem Wirken wahrhaftig nicht beschränkbar auf traditionelle Kulturformen. Die entscheidende Frage lautet aber: *Wird der Geist Gottes, auf dessen Mitwirkung die Christen stets angewiesen sein werden, Seine Kraftwirkungen mit Musikstrukturen verbinden, die in ihren elementaren Grundstrukturen schöpfungsfremder Herkunft sind?* (s. Abschnitte 17, 23, 24, 26, 27, 28-33, 47). Wird Gott mittels Musikbausteinen wirken, die entsprechend ihrer ursprünglichen Verwendung solche Lebensgefühle verbreiten, die letztlich antibiblische Lebenshaltungen bestärken und dadurch geistliche Lebensausrichtungen erschweren? Müssen denn neue Kompositionen unbedingt von durchgehender Beatbegleitung dirigiert werden, die doch infolge der einseitigen Körperstimulans die tieferen Wesensschichten der Hörer kaum ansprechen können, so dass geistlichen Lebensausrichtungen entgegen gewirkt wird? – Müssen wir uns aus dem Bereich schamanistischer Musikgebräuche Trommelrhythmen ausborgen, um evangelistische Botschaften attraktiver gestalten zu können? – Oder kommt vielleicht darin bereits eine theologische Bankrotterklärung zum Ausdruck?

46. Das Wesen einer Anbetung im Geist

Eine Anbetungshaltung im biblischen Sinne, also entsprechend den Erwartungen Gottes, wird sicherlich nicht erreicht in den vielen modernen sogenannten «Lobpreisgottesdiensten», worin man heute in vielen Gemeinden meint, eine Anbetung Gottes mittels modischer Popularmusik nach den weltlichen Geschmacksrichtungen einleiten zu können. Eine *geistlich* ausgerichtete Anbetung richtet sich ausschliesslich *an Gott*. Man hat sich also auf die *Erwartungen Gottes* einzustellen im Sinne des Gebotes aus Hebräer 12,2, nämlich durch eine *Abwendung von uns selbst* zu einer *Hinwendung zu Ihm.* Die modernen Popmusikstilarten bewirken aber genau das Gegenteil, denn entsprechend ihren ursprünglichen Verwendungszusammenhängen in der Stimulierung zu weltlichen Vergnügungsveranstaltungen bestärken sie gerade jene genusssüchtige Ich-Gefühlsebene, von der wir uns eigentlich lösen sollten, um uns von unserem alten Wesen abwendend auf das Wesen Gottes auszurichten.

Die eigentliche Grundbedeutung des biblischen Begriffs «Anbetung» wäre nach der wörtlichen Übersetzung aus dem hebräischen Sprachgebrauch in unsere Ausdrucksweise mit «sich niederwerfen» übersetzbar. Der erste biblische Beleg einer Anwendung dieses Wortes ist für das Verständnis von praktizierter Anbetung im tiefsten Sinne besonders aufschlussreich, denn er bezeichnet den Gehorsam und die persönliche Opferbereitschaft eines Abraham, als er auf dem Berg Morjia auf Gottes Geheiss seinen geliebten Sohn zu opfern bereit war, *als Anbetung*. Diesen wichtigen Aspekt vergessen wir meistens in unseren kümmerlichen Anbetungsversuchen, aber gerade *diese* Anbetungshaltung löste das Reden und Handeln Gottes aus! (Eine vortreffliche biblische Argumentation bezüglich wahrer Anbetung findet der Leser auch in dem empfehlenswerten Buch: «Ekstase oder Ergebung?» von Benedikt Peters). Kann eine solche Anbetungsgrundhaltung überhaupt auch nur ansatzweise in den sogenannten «Lobpreis-Gottesdiensten» zustande kommen, wo durch klangsinnliche Musikarrangements die Teilnehmer gerade in *dem* seelischen Empfindungsbereich eingewiegt und bestätigt werden, der das selbstgefällige *Eigen-Leben* der menschlichen Seele bestärkt? (Die Beliebtheit solcher Musikstile erklärt sich auch daraus.)

Ein Lob-*Opfer im biblischen Sinne* auch nach neutestamentlichen Belegen geschieht wesentlich anders. Es liegt in der opferbereiten Hingabe des eigenwilligen «Ichs», was gemäss den Paulus-Worten aus Römer 12,1 als «vernünftiger Gottesdienst» bezeichnet wird. In diesem Zusammenhang warnt er dann auch gleich im nächsten Vers vor den Gefahren, welche in der Angleichung der Gemeinde an weltliche Lebensweisen lauern. Neben den Gebeten, dem Danken und den Lobpreisungen, die wir Gott darbringen, bildet daher die persönliche Opferbereitschaft aller anbetenden Teilnehmer einer gottesdienstlichen Versammlung eine sehr wichtige Komponente. Die Bereitschaft zur Christusnachfolge im Sinne von Markus 8,34 und ähnlichen Schriftstellen verliert in Gegenwart von «Lobpreisgottesdiensten» ihre Bedeutung, bei denen man mittels modischer Popmusikstilarten evangelistische Textbotschaften unterhaltsam verpackt. Dadurch wird gerade den aussenstehenden Weltmenschen, welche man damit erreichen möchte, ein *entstelltes Gottesbild* übermittelt, weil solche musikalischen «Verpackungen» irreführende Erwartungshaltungen auf ein billig zu habendes unterhaltsames Wohlstandschristentum erwecken. Bekehrungen zu diesem Christentum, welche aus solchen Erwartungshaltungen zustande kommen, führen meistens zu folgenschweren Enttäuschungen, denn sie fanden nur auf seelischer Ebene statt, ohne die tieferen Schichten der Geistespersönlichkeit solcher Menschen überhaupt zu berühren.

Bei vielen sogenannten Lobpreisgottesdiensten, die in unserer Zeit zunehmend viele Gemeinden praktizieren, spielt die Musik eine sehr wichtige Rolle und scheint mehr und mehr ein unersetzliches Mittel zur Anbetung zu sein. Die Frage, ob Musik unbedingt zur Anbetung dazu gehört, beantwortet sich nur in der vertieften Frage, *welche Rolle* bzw. welchen Platz die Musik dabei einnimmt. Geht die bewegende Kraft bei den Anbetungsformen hauptsächlich von der Musik aus, so bleibt auch die Anbetung hauptsächlich in der seelischen Ebene der teilnehmenden Gemeinde haften. Eine Anbetung im Geist gemäss der biblischen Hinweise von Johannes 4,24 und Sprüche 20,27 kommt nur dann zustande, wenn die Musik mit ihren Ausdrucksmöglichkeiten allein *der Wortbotschaft dient*. Die seelischen Bewegungen, welche mittels Musik zustande kommen, sollten in ihrer Grundstimmung zum Inhalt der Wortbotschaft passen, und allein *diese* emotional bekräftigend unterstützen. Durch einen *wortgemässen Melodieaufbau*, welcher der *sinngemässen* Textdeklamation entspricht und dadurch auch die zentrale Wortbedeutung der Botschaft besonders markant hervorheben kann, ist es tatsächlich möglich, biblische Botschaften mittels Musik zu bekräftigen.

Musik *allein* vermag wohl verschiedene seelische Bewegungen in den Hörern in Gang zu setzen, aber eine *geistliche* Funktion erfüllt sie nur dann, wenn sie in *dienender* Stellung *Wortbotschaften verdeutlicht*, weil *diese allein* den geistlichen Kern bilden, den es darzustellen gilt. *«Die **Worte**, die ich zu euch geredet habe, sind Geist und sind Leben»* (Joh 6, 63), so belehrte Jesus Seine Jünger. Besonders ungeistlich wirken Rock- und Popmusikstilarten schon allein deshalb, weil infolge ihrer Lautstärken die Textverständlichkeit sehr beeinträchtigt wird. Laut stampfende Beatmusik stimuliert vorwiegend körperliche Empfindungsbereiche der Hörer, wodurch aber niemals *geistliche* Anbetungshaltungen zustande kommen.

47. Tranceartige Empfindungen – erzeugt mittels «körperloser» Musik

Gemäss biblischer Aussagen besteht der Mensch aus der Dreiheit von Geist, Seele und Leib (Schöpfungsbericht 1.Mose u. 1.Thess 5,23). Bei geistlich gesunden Christen stehen Seele und Leib unter der Herrschaft des Geistes. Seele und Leib fügen sich dem Willen des Geistes. Wenn der Mensch sich nur von seinen seelischen Empfindungen oder gar von seinen körperlichen Impulsen regieren lässt, bewirkt dies einen krankhaften Zustand, den Paulus in Galater 5,17 erklärt, wo er zu einem Wandel im Geist auffordert, weil das Fleisch gegen den Geist streitet, so *dass ihr nicht tut, was ihr wollt,* sagt er. Christen, welche sich vorwiegend auf körperliche Empfindungen und deren Stimulationen einlassen, können dadurch in ihrem geistlichen Wachstum behindert werden. Natürlich sind die *Aussagen der Bibel nicht körperfeindlich,* aber es geht lediglich um ein *gesundes Gleichgewicht* innerhalb der drei Empfindungsebenen des Menschen, der *rechten Balance zwischen Geist, Seele und Leib.*

Die gesunde menschliche Empfindung einer Balance zwischen Geist, Seele und Leib kann auch mit musikalischen Mitteln ganz anderer Art als die beschriebenen taktrhythmisch orientierten Beat-Musikstilarten gestört werden, welche vornehmlich über Körperstimulans wirken. Es kann auch mittels Klangstrukturen eine Stimulans in den Hörern bewirkt werden, die von der natürlichen Bewusstheit körperlicher Existenz wegführt in völlig andere Emotionen in Richtung *transzendal-meditativer* Gefühlszustände ohne jegliche taktrhythmischen Körperstimulanzien. So gibt es auch in den Ausdrucksmöglichkeiten der Musik gewisse Klangstrukturen, die gleichsam wie im Hintergrund stehende «Klangwände» mit speziell irisierend bewegtem Obertonspektrum eine *psychedelische* Auswirkung auf die Hörer haben. Mit modernen elektronischen Tongeneratoren und psychoakustischen Soundprozessoren kann man die Klangstruktur des Obertonspektrums beliebig dynamisch und klanglich verändern. Mittels elektronischer Modulationen zum Beispiel werden Vibratos in beliebigen Frequenzen und Amplitudenverläufen hinzugemixt usw. Es können damit auch gewisse seelische Ebenen im Hörer zu Empfindungen in Richtung meditativer Kontemplation mystischer Versenkungen stimuliert werden. Solche psychedelisch wirkenden Klangstrukturen sind geeignet, den seelischen Empfindungsbereich für Erwartungshaltungen in Richtung transzendentaler aussersinnlicher Wahrnehmungen zu öffnen, vergleichbar dem tranceartigen Zustand, der durch transzendentale Meditationen erreicht werden kann.

Ein verändertes Zeitgefühl – wie bei Trancezuständen üblich – und ein Gefühl von Entkörperung wird dadurch in besonderer Art und Weise mittels völlig rhythmusloser Klangstrukturen übertragen, weil jene bekannten körpergefühl-stimulierenden Musikbausteine der musikalischen Zeitordnungen von Takt und Rhythmus hier *überhaupt nicht* verwendet werden. Das bekannte Phänomen von Trancezuständen, stets begleitet vom Verlust normaler Zeitempfindung, kann sich auch in dieser Weise einstellen. Das seelische Gleichgewicht des Menschen, das Bewusstsein einer gesunden Balance zwischen Geist, Seele und Leib, kann auch auf diese Weise gestört und durcheinandergebracht werden. Es entsteht eine einseitige Ausrichtung zu Stimulationen, die in das andere Extrem menschlicher Empfindungsebenen, nämlich in esoterische und magische Erwartungshaltungen hineinführen. In solchen Musikstilen findet man die Ansätze fernöstlicher Musikgebräuche wieder, wo oftmals auch ohne erkennbaren Taktrhythmus lang angehaltene Töne produziert werden, um eine meditative Versenkung des Bewusstseins zu kontemplativen und transzendentalen Empfindungen von Körperlosigkeit zenbuddhistischer Prägung einzuleiten.

Es soll Gemeinden geben, in welchen mittels Synthesizer und elektronischer Raumklangsimulation (Hallgeneratoren) solche Klanggebilde als musikalische «Background-Kulisse» die Hörer zu solcher transzendentaler Ausrichtung ihrer Gefühle einstimmen. Besonders bedauerlich ist dabei die irrtümliche Annahme einiger Hörer, wenn sie darin infolge ihrer Gefühlsveränderungen eine Wirkung des Heiligen Geistes zu erkennen glauben und dieses dann als eine Bestätigung ihrer Bekehrung missdeuten! Ein Jugendlicher berichtete mir von einem solchen Klangerlebnis, das er im Rahmen eines Musikbeitrags bei einem Jugendtreffen von «Jugend mit einer Mission» erlebte. Die Gefühlsbewegung, die er infolge dieser Klänge erlebte, deutete er als Zeichen einer göttlichen Zuwendung, denn er meinte, dass darin «nun Christus zu ihm spräche!» (s.a. Abschnitte 67, 68).

Es gibt aber im Grunde diesbezüglich «nichts Neues unter der Sonne» und man wird daran erinnert, was der «König der Prediger» Spurgeon schon vor mehr als 100 Jahren seinen kirchlichen Zeitgenossen vorwarf, als er ihre «christlichen» Gefühlsverwirrungen brandmarkte:

> «Das Aufleben der Massen unter neu erfundenen Reizmitteln setzen wir zu leicht mit der Kraft Gottes gleich! ... Sie wollen durch Musik gerettet werden, oder durch Theatervorführungen, oder durch was weiss ich noch alles!»

Solche Meditationsmusik ohne jeglichen Taktrhythmus wird auch in Indien mittels monotoner lang anhaltender Grundtöne der Zitar praktiziert, deren Klang sich durch ein überragend stark klingendes Obertonspektrum auszeichnet. [26, 31c, 37b, 61b] Reine Klangkompositionen also, *ohne* jeden erkennbaren Rhythmus, der doch das Körperhafte in der Musik darstellt, wirken wie «körperlose» Musik.

Es ist bemerkenswert, dass mittels zweier Musikbausteine (entweder einseitig stereotyper Taktrhythmus oder nur Klanggebilde *ohne* jeglichen Rhythmus) in besonderer Weise die Empfindung für die natürliche Balance der drei schöpfungsgemässen menschlichen Ebenen Geist, Seele und Leib mittels dieser zwei speziellen extrem unterschiedlichen musikalischen Strukturen durcheinander gebracht werden kann. Dies kann immer nur dann geschehen, wenn die *natürliche Balance* auch *zwischen den natürlichen Bauelementen der Musik verlassen wird* zu Gunsten einseitigen Gebrauchs von einerseits entweder vorwiegend taktrhythmischen Bauelementen mit den zeitgleichen Wiederholungsstrukturen (entsprechend der Beschreibungen von Abschnitt 17, 20, 23, 26) oder andererseits nur anhaltender Klanggebilde wie zuletzt beschrieben, *ohne* jegliche rhythmische und melodische Formgebungen. *In beiden Fällen wird also auch die natürliche Balance naturgegebener Grundelemente der Musik verlassen.*

Entsprechend Schriftstellen wie 1. Thessalonicher 5,23 wird aber auf die Bewahrung der Ganzheitlichkeit aller drei menschlichen Empfindungsebenen von Geist, Seele und Leib hingewiesen. Entgegen biblischer Gebote, ein stetig wachendes Glaubensbewusstsein zu bewahren, kann also auch mittels solchen trancefördernder Klangstrukturen dieses Wachbewusstsein der Hörer «vernebelt» werden. *Deshalb sollte für den Musikgebrauch in christlichen Gemeinden weder das eine noch das andere mögliche Extrem der beschriebenen Musikstrukturen verwendet werden.*

48. Die Tempelmusik der Israeliten im Alten Bund

Bei der Tempelmusik des Alten Bundes wurden Musikinstrumente nur unter der Leitung von gottesfürchtigen Männern gebraucht, die Gott gut kannten, und wir können in 2. Chronik 29,25 nachlesen, dass die Instrumente auf Gottes Befehl eingesetzt wurden:

«Und er stellte die Leviten auf im Hause des Herrn mit Zimbeln, Psaltern und Harfen, wie es David befohlen hatte und Gad, der Seher des Königs und der Prophet Nathan; denn es war des Herrn Gebot durch seine Propheten.»

Was im Gottesdienst geschah, musste von Gott ausgehen, deshalb kam der nun folgende falsche Anbetungsversuch unter die göttliche Strafe:

«Die Söhne Aarons, Nadab und Abihu, nahmen ein jeglicher seinen Napf und taten Feuer darein und legten Räuchwerk darauf und brachten das fremde Feuer vor den HERRN, das Er ihnen nicht geboten hatte. Da fuhr ein Feuer aus von dem HERRN und verzehrte sie, dass sie starben vor dem HERRN» (3.Mo 10,1-2).

Hieraus kann man folgern, dass eigenwillig gestaltete Gottesdienste immer in Gefahr sind, «fremdes Feuer» vor den Herrn zu bringen, welches Gott dann als einen Greuel bewertet. Musik hatte nur *begleitende* Funktionen und *war nicht die Anbetung*. Anbetung waren die Worte, mit denen die Anbetenden Gott lobten. Die Darbringung des Brandopfers stand ebenfalls im Mittelpunkt der alttestamentlichen Anbetung, was in geistlicher Übertragung für neutestamentliche Anbetungen soviel wie *Ganzhingabe* bedeutet.

Diese Ganzhingabe, die wir bis heute im Opfertod Jesu am Kreuz von Golgatha für uns in Anspruch nehmen, sollte auch für uns der Mittelpunkt demütiger Anbetung sein, wobei Musik niemals vordergründig durch sich selbst wirken sollte, sondern nur dienende Funktionen einnehmen darf. In 2. Chronik 29, ab Vers 26 geschah dies so:

«Und die Leviten standen mit den Saitenspielen Davids und die Priester mit den Drommeten. Und Hiskia hiess ***Brandopfer tun auf dem Altar.*** *Und um* ***die Zeit, da man anfing das Brandopfer, fing auch der Gesang des HERRN und die Drommeten und dazu mancherlei Saitenspiel Davids,*** *des Königs Israels, an. Und die ganze Gemeinde betete an; und der Gesang der Sänger und das Drommeten der Drommeter währte alles,* ***bis das Brandopfer ausgerichtet war.*** *Da nun das Brandopfer ausgerichtet war, beugten sich der König und alle, die sich bei ihm fanden, und beteten an. Und der König Hiskia samt den Obersten hiess die Leviten den HERRN loben mit den Liedern Davids und Asaphs, des Sehers. Und sie lobten mit Freuden und neigten sich und beteten an. Und Hiskia antwortete und sprach: Nun habt ihr eure Hände gefüllt dem HERRN; tretet hinzu und bringt her die Opfer und Lobopfer zum Hause des HERRN. Und die Gemeinde brachte herzu Opfer und Lobopfer, und* ***jedermann freiwilligen Herzens Brandopfer.»***

49. Nur geistlich geeignete Boten zur Übermittlung göttlicher Botschaften

Nur die Leviten, also die Priester, die als geistlich geeignete Träger von Gottesbotschaften vorgesehen waren, leiteten auch den musikalischen Ablauf für die Anbetung. Auch die Bundeslade (also die Gebote Gottes) sollte stets auf *ihren* Schultern weitergetragen werden. Andere Leute durften das nicht und wurden damals sofort bestraft (s. 1.Chron 13,10).

Hier ist ein geistliches Prinzip erkennbar: Dass nämlich geistliche Texte, also die Worte Gottes, nur von *geeigneten* Trägern transportiert werden sollten, die dazu geistlich prädestiniert sind. Wir können dieses Prinzip auch heute direkt auf unseren Musikgebrauch übertragen, indem wir *nur geistlich geeignete* Musikstrukturen und Liedmelodien als Text-*Träger* für biblische Botschaften auswählen.

Die Rock- und Popmusikstile sind gemäss ihrer ursprünglichen Verwendungszusammenhänge als musikalische Ausdrucksbausteine zur Stimulans weltlicher Freuden und entsprechender Lebensanschauungen konzipiert. Gefühle weltlicher Lebensfreuden und die typischen musikalischen Grundbausteine der heutigen zeitaktuellen Popularmusik, welche vorwiegend körperstimulierend sind, eignen sich nicht als Träger zur geistlichen Übermittlung *biblischer* Lebensbotschaften gemäss Johannes 4, 24-25 und Sprüche 20,27.

Ein bemerkenswertes biblisches Beispiel dafür, wie Gott es beurteilt, wenn Sein Wort geistlich ungeeigneten Trägern anvertraut wird, finden wir in dem Bericht über den fehlgeschlagenen Versuch Davids, der entgegen dem Gebot Gottes die Bundeslade nach dem Vorbild der heidnischen Völker auf einem Ochsenkarren transportieren liess (1.Chron 13,7-12).

Erst der 2. Transportversuch (1.Chron 15,11-28) gelang schliesslich, als David begriff, dass die Bundeslade *nur* gemäss der durch Mose überlieferten Transportvorschrift Gottes bewegt werden durfte. Nur die Leviten sollten die Bundeslade nämlich *persönlich auf ihren Schultern* tragen als die von Gott dazu vorgesehenen Priester. David beauftragte demgemäss zur Ausführung des 2. Transportversuchs der Bundeslade dann auch nur *die* geistlich bewährten Sänger und Musiker, welche sich für den Gottesdienst schon bewährt hatten. Diese werden bezeichnenderweise auch alle mit Namen genannt, womit deutlich wird, dass nicht irgendwelche Leute daran beteiligt wurden, sondern eben *nur bewährte* Gottesdiener. David begründet reuevoll das Misslingen seines ersten Transportversuchs in 1. Chronik 15,12ff.:

*«**Ihr** seid die Häupter der Vaterhäuser unter den Leviten; so **heiligt nun euch und eure Brüder,** dass **ihr** die Lade des Herrn, des Gottes Israels, heraufbringt an den Ort, den ich ihr bereitet habe; denn das erste Mal, da **ihr** nicht da waret, machte der Herr, unser Gott, einen Riss unter uns, **darum dass wir ihn nicht suchten, wie sich's gebührt**. Also heiligten sich die Priester und die Leviten, dass sie die Lade des Herrn, des Gottes Israels, heraufbrächten. Und die Kinder Levi trugen die Lade Gottes **auf ihren Achseln** mit den Stangen daran, wie Mose geboten hatte **nach dem Wort des Herrn.** Und David sprach zu den Obersten der Leviten, dass sie **ihre Brüder***

zu Sängern bestellen sollten mit Saitenspiel, mit Psaltern, Harfen und hellen Zimbeln, dass sie laut sängen und mit Freuden.»

Der aufmerksame Leser dieser beiden unterschiedlichen Berichte über den Transport der Bundeslade wird bei dem 2. Bericht darüber erstaunt sein, dass bei der genauen Aufzählung der beteiligten Musik-Instrumente nun hier die im ersten Bericht genannten Pauken *nicht* dabei waren.

Vermutlich hat dies eine tiefere Bedeutung als man auf den ersten Blick erkennen kann. Die Pauken, wie Luther übersetzte, waren natürlich keine grossen Kesselpauken, wie wir sie kennen. Es waren Tamburine, wie in der rev. Elberfelder Übersetzung richtig gedeutet, also kleinere Handtrommeln, die man sicherlich vornehmlich zur rhythmischen Stimulans für den Reigentanz verwendete. Diese Schlaginstrumente einschliesslich der Zimbeln wurden damals beim Gottesdienst natürlich niemals mit taktrhythmisch durchgehender Beatbegleitung verwendet, wie es bei den ekstatischen Tanzritualen der Heidenvölker bis heute noch üblich ist und auch ein *charakteristisches Grundkennzeichen der heutigen Popularmusik immer noch darstellt* (42).

Vielleicht haben die Israeliten bei dem ersten Versuch ihres missglückten Transportes der Bundeslade die Tamburine benutzt nach den Vorbildern der umliegenden heidnischen Völker, welche die Handtrommeln stets mit durchgehenden Beatfolgen zur trancefördernden Stimulans ihrer Tanzrituale für die Götzenanbetung benutzten. Hatten die Israeliten doch die Anwendung eines «neuen» Transportmittels, den Ochsenkarren, auch den heidnischen Völkern abgeschaut. Wenn nun die ganze Transport-Kolonne der Israeliten, hinter oder vor dem Wagen marschierend, neben den anderen genannten Instrumenten auch Tamburine benutzt hat, so ist es einleuchtend, dass sie diese Tamburine nicht nur signalartig nach grösseren Zeitabständen gelegentlich benutzten sondern marschmusikmässig mit stetig durchgehenden Beatfolgen, nach deren Schlagfolgen man im Takt marschieren konnte.

Die gruppendynamische Stimulans zur Gleichschaltung der Empfindungen wurde bekanntlich immer schon gerade von bekannten Diktatoren in der Weltgeschichte auch benutzt, um individuelle Empfindungen und Denkungsweisen zu verhindern. Besonders an den Fronten kämpfender Kriegsheere konnte man sich keine Individualisten leisten, sondern nur gleichgesinnte

Soldaten mit diktierter Kampfausrichtung. Deshalb verliefen die Kriege in den vergangenen Jahrhunderten entsprechend ab: Man marschierte im Gleichschritt, stets von Pauken und Trommeln stimulierend angetrieben, auf das gegnerische Heer mit aufgesetzten Bajonetten in breiter Front zu. Solche durchgehend taktrhythmische Musik, verstärkt durch Pauken- oder Trommelschlag-Folgen regen zu körperlicher Bewegung an. Es «geht in die Knochen» oder mindestens «in die Beine», wie man zu sagen pflegt. Kritisches Nachdenken kann dabei leichter unterdrückt werden und eventuelle Ansätze von Zweifel an den ablaufenden Geschehnissen werden auch durch die gruppendynamische Wirkung mittels der ununterbrochenen Trommelschläge bereits im Keim erstickt.

Man kann sich gut vorstellen, dass es den Israeliten und selbst dem König David ähnlich ergangen sein könnte, als sie bei dem ersten Transportversuch in ihrer überschwänglichen Begeisterung, angetrieben durch die mittels Tamburine dirigierte Musik, gar nicht bedacht haben, dass Gott diese Transportart Seiner Bundeslade niemals segnen würde. Sie hatten nämlich Seine unmissverständlichen Anweisungen bezüglich der gebotenen Art und Weise des Transports Seiner Bundeslade nicht befolgt (1.Chron 15,15).

50. Der Gebrauch von Schlagzeuginstrumenten im alten Israel

Schlaginstrumente wurden damals zur Anbetung im Tempel hauptsächlich zur Signalgebung verwendet, um zum Beispiel zu Beginn oder zum Ende der verschiedenen Anbetungsabschnitte (Opferdarbringung, Psalmengesänge usw.) bestimmte Höranstösse zu setzen, wodurch natürlich jedesmal die Aufmerksamkeit aller Beteiligten verstärkt auf den weiteren Verlauf der gottesdienstlichen Handlungsabschnitte gelenkt werden konnte. In manchen Psalmen finden wir als Hinweis zur Gliederung auch das Wort «Sela», was man als Hinweis deuten kann, dass hier als besinnliche Pause ein kurzes instrumentales Zwischenspiel eingefügt werden konnte. Keinesfalls wurden die Tamburine im Tempel zur taktschlagenden Begleitung mit durchgehenden Beatfolgen nach der Art heutiger Tanzmusikstile gebraucht (42).

Im Tempelgottesdienst waren grundsätzlich nur ein paar Zimbeln erlaubt, welche aber niemals taktschlagend gebraucht wurden. Sie gaben lediglich kurze Signale zwischen der Aufgliederung längerer Psalmengesänge. Den Chorsängern wurde dadurch jeweils der Neubeginn des folgenden Psalmengesangs angezeigt, der in der Regel von mehreren Harfen begleitet wurde, welche aufgrund ihrer Bauart wirklich *nur dienend begleitende Funktion* hatten und niemals den Gesang übertönen konnten. Ähnlich wie die Zimbeln hatten auch die Trompeten, welche dort paarweise und ausschliesslich von den Leviten bedient werden durften, nur Signalfunktionen. Sie bliesen einige fanfarenartige Signaltöne zwischen den einzelnen Abschnitten der Anbetungsformen, um den jeweils neuen liturgischen Abschnitt der Anbetung einzuleiten. Sobald die Trompeten bliesen, beugte sich das Volk im Tempel erneut zur Anbetung nieder. Die einfache Bauart dieser Trompeten erlaubte ohnehin nur das Blasen der Naturtöne dieser Instrumente, so dass keine Melodiebildungen, sondern vornehmlich Quint- und Quartintervalle und allenfalls ein Oktavintervall möglich war.

Die gesamte musikalische Gestaltung des Tempelgottesdienstes oblag zur Zeit Davids ausschliesslich professionell ausgebildeten Sängern, die zugleich auch Instrumente spielen konnten. Sie wurden in einer strengen fünfjährigen Ausbildung für den Tempeldienst liturgisch zugerüstet und durften erst ab ihrem 30. Lebensjahr bis zum 50. Lebensjahr den Dienst im Tempel ausführen (42).

Wenn an besonderen Festtagen wie am Laubhüttenfest, Erntedankfest, Fest der ungesäuerten Brote usw. (5.Mo 16,9; 2.Mo 34,22; 2.Mo 23,26) auch als Ausdruck der Freude Reigentänze aufgeführt wurden, die von Männern und Frauen stets in getrennten Gruppen vollzogen wurden, so darf man annehmen, dass diese Tanzbewegungen stets würdevollen und gesetzten Charakter hatten. Sicherlich haben die schriftgemäss gut ausgebildeten Leviten, welchen die Verantwortung oblag für alles, was im Tempel geschah, auch streng darüber gewacht, dass ekstatisch wirkende Tänze nach dem Muster der benachbarten heidnischen Völker (also mit durchgehend gebrauchten Beatfolgen der Tamburine) niemals bei den Anbetungsformen im Tempel verwendet wurden.

Die Bibel berichtet aber auch von orgiastischen Festmahlen, welche im alten Israel bereits mit Musikinstrumenten unterstützt wurden. Von diesem Missbrauch der Musik berichtet Jesaja 5,11-12 sowie Amos 6,4-5 und auch schon Hiob in Kapitel 21,12-15. Offenbar war auch damals bekannt, dass sich gewisse Musikstrukturen zur Unterhaltung und Stimulation bei Trinkgelagen, orgiastischen

Festmahlen, ekstatischen Tänzen und sonstigen sündhaften Tätigkeiten eignen.

51. Bewusstseinsveränderungen durch motorische Taktrhythmik ohne Lebensodem

Der taktmotorisch geprägte Musikstil erreicht seine letzte Steigerung in Richtung einer *völlig naturfremden* Rhythmusgestaltung in dem heute verbreiteten Maschinenrhythmus der Technomusik, wo infolge der ausschliesslich dazu verwendeten Rhythmuscomputer *absolut zeitgleiche Wiederholungsstrukturen* erfolgen, so dass anstelle von Rhythmus nur noch «Taktmotorik» herrscht.

Durch stundenlanges Hören von Technomusik können die Gefühle und Bewusstseinszustände der Teilnehmer mittels solcher «Musik» derart zu einer gleichartigen Ausrichtung synchronisiert werden, dass diese emotionale Gleichschaltung auch alle individuellen persönlichen Schranken moralischer Empfindungen zurückdrängen kann.

Der mittels Technomusik bewirkte gruppendynamische Prozess kann über einen längeren Zeitraum der Einwirkung auf die Teilnehmer allmählich deren unterschiedliche individuelle Gefühle persönlicher Vorbehalte bezüglich gegenseitiger Sympathien untereinander einebnen und in eine gleichartige Richtung bringen.

Teilnehmer von Technomusikveranstaltungen haben schon berichtet, dass sich einige Teilnehmer, die sich anfangs sehr unsympathisch und fast feindlich gegenüber standen, schliesslich im Verlauf einer gemeinsam erlebten Technoveranstaltung zunehmend sympathischer fanden. Unterschiedliche Meinungen und persönliche Vorbehalte zwischenmenschlichen Zusammenlebens konnten mittels der bewusstseinsverändernden Wirkung der Monotonie gleichbleibender Rhythmusstrukturen «ausgebügelt» werden, die schliesslich auch eine gewisse Gleichschaltung des Fühlens und Denkens bei den Teilnehmern bewirken. Das bisherige Denken wird verändert, was sicherlich auch mit der bereits beschriebenen Veränderung des Zeitgefühls zusammenhängt (s. Abschnitt 25, 26).

Während bei Hardrockmusik die Gemüter oftmals rebellionsartig aufgewiegelt werden (z.B. auch durch die in Abschnitt 33 beschriebene Wirkung des Afterbeats usw.), so dass nicht selten ein Rockmusikabend mit tumultartigen Schlägereien endet, bewirkt hingegen eine Technomusikveranstaltung bei den Teilnehmern keine Rebellion, sondern eher eine Zunahme gegenseitiger Sympathien; deshalb verlaufen Technoveranstaltungen meistens sehr friedlich.

Solche Erfahrung fasziniert sicherlich viele Teilnehmer und man könnte geneigt sein, die neuartige Wirkung dieser seelenlosen Maschinenrhythmik trotz aller Vorbehalte positiv zu bewerten. Die technische Präzision der computergesteuerten und deshalb absolut zeitgleichen Wiederholungs-Tonketten von geradezu spiegelbildlich gleichartig geklonten Klangstrukturen synthetischer Klänge stellt auf musikalischer Ebene auch ein kulturelles Spiegelbild unseres durch Computertechnik veränderten menschlichen Lebensgefühls dieser Zeitepoche dar. Veröffentlichte Begutachtungen über die neuartige Wirkung von Technomusikstilen rühmen geradezu dieses neuartige Wirkungselement der monotonen Wiederholungs-Tonketten, welche nach einer gewissen Zeit des Anhörens bei den Teilnehmern ein ganz neuartiges Lebensgefühl bewirken, dessen spezifische Eigenart durch andere Musikstile nicht zustande kommt (s. Abschnitt 8 Zitat eines Techno-Produzenten).

Gemessen an den bisherigen Erkenntnissen über die Auswirkungen unterschiedlicher Musikrhythmik, die sich ja nachweislich in entsprechend unterschiedliche Gefühlsqualitäten beim Hörer umwandelt, gibt die von Ernest Ansermet herausgearbeitete Definition wichtige Anhaltspunkte auch zur Begründung der Technomusikwirkung (s. auch Abschnitt 19). [38a]

Hierbei sollte man bedenken, dass die Lebensempfindungen von Gefühl und persönlicher Wille allgemein der menschlichen Wesensschicht der Seele zugeordnet werden. Bei der natürlichen Ausübung der *Zeitkunst* Musik werden bekanntlich die unterschiedlichen Empfindungsmomente innerhalb einer Musikdarbietung durch entsprechend unterschiedliche Zeitbewegungstendenzen (zeitweise Tempoausdehnungen- und Beschleunigungen innerhalb einer atemrhythmischen Zeit-Periodik) durch den Interpreten hörbar gemacht. Diese variabel zu gestaltenden Zeitempfindungen als musikalische *Ausdruckskomponente seelischer Empfindungen entfällt zwangsläufig bei allen Technomusikstilen vollständig.*

52. Die *unterschiedlichen* Auswirkungen von Rock- und Technomusik

Bezüglich der Auswirkungen von Technomusik sollte man nun hinterfragen, worin sich denn nun - geistlich besehen - die destruktiven Wirkungen dieses Musikstils zeigen, wobei die genannten Erklärungen Ernest Ansermets diese Frage eigentlich schon beantworten, sobald man hierbei die Kriterien seiner Argumentationen anwendet. [38a]

Zunächst kann man sich aber täuschen durch die Feststellung, dass sich Erfahrungen mit den Auswirkungen von Technomusik merklich von Rockmusikveranstaltungen unterscheiden. Die negativen Nachwirkungen, die zuweilen bei Hardrockmusikveranstaltungen auftreten, wo oftmals die Teilnehmer zu rebellionsartigen Ausschreitungen aufgeputscht werden und sich dann anschliessend auch zu Schlägereien hinreissen lassen, findet man bekanntlich kaum bei Technoveranstaltungen. Deshalb könnte man geneigt sein, den Stilübergang von Hardrock- zur Technomusik zu begrüssen und - wie mancherorts schon üblich - auch für christliche Veranstaltungen zu verwenden. - Man könnte meinen, dass solch eine gruppendynamische Auswirkung zur Einigung der Gemüter auf eine gemeinsame Bewusstseinsausrichtung mittels Technomusikstrukturen auch für christliche Gemeinden vorteilhaft sein könnte. - *«Auf dass sie alle eins seien»,* bittet auch Jesus in Seinem hohepriesterlichen Gebetseinsatz für Seine Gemeinde (Johannes Kap. 17). Einigungsbestrebungen für die zerstrittenen Glaubensrichtungen unter den vielen Religionsgemeinschaften werden doch gerade in unserer Zeit von den ökumenischen Interessengruppen verstärkt propagiert. Vielleicht entdeckt man schon sehr bald, dass unter Zuhilfenahme von Technomusikstilen gerade bei der jungen Generation unserer Zeit die noch vorhandenen individuellen Vorbehalte bezüglich einer religiösen Welteinheitsbewegung mittels dieser gruppendynamischen Musikauswirkung erfolgreich «ausgebügelt» werden könnten?! - Die Tatsache, dass gerade durch solche Musikstrukturen Bewusstseinsveränderungen erreicht werden können, ist ja musikwissenschaftlich hinlänglich bewiesen [4, 14-16, 21, 40, 48b, 51c, 54a.b, 58].

Diese verführerischen Gedanken finden aber sofort die nötige Ernüchterung, sobald man die Vorgänge geistlich durchleuchtet mittels Gottes Wort. Die erstrebte Einigung im *biblisch*-christlichen Sinn kann nur durch *geistliche* Ausrichtung der menschlichen Seele (Gefühl und persönlicher Wille) durch den Heiligen Geist Gottes erreicht werden, der dieses stets *durch Sein Wort* bewirkt (1.Kor 2,14). Diese Einigung wird nicht durch Gefühls- und Bewusstseinsveränderungen mittels Musikeinwirkung erreicht. Es kann dabei zwar ein zeitlich begrenzter Abbau der unterschiedlichen seelischen Befindlichkeiten bei den Teilnehmern stimuliert werden, was diese sogar bis zu schrankenlosen Toleranz- und Sympathiegefühlen zueinander führen kann, aber dabei werden doch nur die persönlichen individuellen seelischen Grundhaltungen mittels Musik *verdrängt* und in gruppendynamischer Neuausrichtung gleichgeschaltet.

Christen, welche mit Technomusik liebäugeln, sollten Folgendes bedenken: Die Ursachen von Uneinigkeiten und Feindseligkeiten zwischen den Menschen liegen in ihren durch Sünde und entsprechendem Fehlverhalten verunstalteten seelischen Lebensgrundhaltungen begründet. Diese können nachhaltig nur auf einer geistlichen Ebene durch die Annahme des evangelistischen Heilsangebotes im Glauben entsprechend biblischer Unterweisung korrigiert werden (Joh 7,38). Eine solche Einigkeit, wie sie zum Beispiel vorbildlich in Apostelgeschichte 4,32 vorgestellt wird, kann niemals durch Betäubung und Verdrängung der unterschiedlichen seelischen Befindlichkeiten mittels Musikeinwirkung erreicht werden. Solche einheitliche Bewusstseinsausrichtung geschieht auf einer völlig ungeistlichen Ebene durch gruppendynamische Einpendelung über das Nervensystem in den gleichförmigen «Fremdrhythmus», was dann die allmähliche Gleichschaltung der Gemüter zu einer entsprechend einheitlichen Gesinnung bewirkt.

Diese Auswirkungen der Technomusik im Rahmen christlicher Veranstaltungen können – geistlich betrachtet – schlimmere Folgen haben als die genannten ungeistlichen Auswirkungen von Rockmusik. Da die Rockmusik ohne Rhythmuscomputer betrieben wird, ist zwangsläufig noch ein gewisser Groove (s. Abschnitt 34) durch die manuell zu spielenden Bassgitarren – bzw. Schlagzeugbeats vorhanden, der sich dadurch natürlich unterscheidet von dem *absolut* unorganischen Maschinentakt des computergesteuerten Technostils. Wenn auch der rhythmische Charakter des Rockmusik-Groove vorwiegend *über die Körperstimulans* den seelischen Bereich der Hörer entsprechend beeinflusst, so vermag hingegen der Techno-

Grundtakt-Rhythmus *völlig ohne jeglichen Groove* ablaufend den seelischen Bereich der Hörer kaum noch zu berühren. Er ignoriert und überspringt dadurch gleichsam die seelischen Befindlichkeiten der Hörer, pendelt aber zwangsläufig deren Nervensystem in den neuartigen Taktrhythmus ein in der Verstärkung der entsprechenden neuronalen Konditionierung (s. auch Abschnitte 38-40). Offenbar vermag die Monotonie der lang anhaltenden taktrhythmischen Klangwiederholungen das Wachbewusstsein der Hörer so weit zu einer passiven Geisteshaltung zurückzudrängen, dass sich daraus schliesslich eine unumschränkte Toleranzhaltung auch innerhalb zwischenmenschlicher Lebensbereiche entwickelt. Auf diese Weise kommen also tatsächlich Bewusstseinsveränderungen zustande, welche einer Gehirnwäsche vergleichbar sind (vgl. Zitate im Schlussteil, S. 183 von Abschnitt 53).

Aus geistlicher Sicht beurteilt, wird bei diesen Bewusstseinsveränderungen die Realität des eigentlichen Sündenschuldproblems und die daraus notwendige Erlösungsbedürftigkeit völlig verdrängt durch ein neuartiges Lebensgefühl von scheinbarer Befreiung. Die technische Präzision im akustischen Ablauf der zwar seelenlosen und völlig schöpfungsfremden Technorhythmen in Verbindung mit den elektronisch steuerbaren Klangfiltern und Soundprozessoren vermag aber sicherlich eine gewisse Faszination bei den Hörern und natürlich besonders bei den ausführenden «Musikern» bewirken. Müssen sie doch zur Steuerung des «Musikablaufs» lediglich die vorhandenen elektronischen Bausteine programmatisch zusammenstellen, um sie für den vorprogrammierten Ablauf der elektronischen «Kettenreaktion» einfach per Knopfdruck abzurufen. In diesem faszinierenden «Magnetfeld» der fortlaufenden Einpendelung des menschlichen Hörnervensystems in den organfremden Taktrhythmus können sich die beschriebenen Konditionierungsvorgänge auf diese taktrhythmischen Zeitmusterbildungen ständig verstärken. [56b.c, 57d, 90, 34-36]

Das hierbei entstehende «neue Lebensgefühl», wie es ein Technoproduzent benannte (siehe Abschnitt 8), vermag aber sicherlich beim Einsatz dieses Musikstils für evangelistische Zwecke bei den Hörern schliesslich noch die letzten Reste *der* Bewusstseinsschichten zu verdrängen, über die sie vielleicht noch zur nötigen Selbsterkenntnis und Bussgesinnung hätten überführt werden können. Dieser «neue» Gemütszustand vermag den Hörer für biblische Botschaften gänzlich zu verschliessen und gegen die evangelistische Rettungsbotschaft zu immunisieren. Technomusik für evangelistische Zwecke zu verwenden wäre deshalb – aus biblischer Sicht betrachtet – tödlich!

Für Christen, welche sich durch Technomusik auf diese Bewusstseinsebene «einpendeln» liessen, kann man nur noch beten, dass sie nach dem Abklingen ihrer neuen «Bewusstseins-Euphorie» anschliessend in ein möglichst tiefes «psychisches Loch» fallen, damit sie aus dieser Erfahrung heraus wieder zu der nötigen Nüchternheit gelangen, und sich zur Umkehr überführen lassen. Der «psychische Tiefstand», in den nach anfänglicher Techno-Euphorie viele Technofreaks dann nach dem Abklingen dieser Euphorie hineingeraten, veranlasst allerdings etliche zur weiteren Technomusikberieselung, um sich auf diese Weise wieder «aufmöbeln» zu lassen zu erneuter Techno-Euphorie. Sie dürfen sich aber nicht wundern, wenn sie dadurch in den Teufelskreis einer Abhängigkeit mit drogenspezifischen Folgeerscheinungen geraten.

Da sich *natürlicher Lebensrhythmus* beim *normalen* Musikvortrag wesentlich in den taktübergreifenden atemrhythmisch geprägten Grooves variabler Pulszeiten äussert, haben wir es bei Musikstilen, worin *dieser natürliche Lebensrhythmus gänzlich fehlt*, mit einer «*toten*» Musik zu tun. Als eine solche «Totenmusik» kann man deshalb den Musikstil des heutigen Technokults bezeichnen. Leider wurden für den christlichen Gebrauch – sogar durch christliche Verlage verbreitet – bereits christlich gemeinte Textbotschaften in Verpackung mit rap- und technoartigen Musikstilen komponiert, wo sich anstelle von Gesang nun durch rhythmisches Hineinsprechen der Texte die Übergänge zum computergesteuerten Technomusikstil bereits ankündigen. Inzwischen werben bereits seit längerer Zeit einige Gruppen über das Internet für die Verbreitung ihrer Technomusikprodukte, worin nun auch christlich-evangelistisch gemeinte Texte – *als taktrhythmische Elemente eingebettet* – dargeboten werden.

Ob Gott, der Schöpfer des Menschen und des gesamten Universums sich wohl darüber freut, wenn Seine Gemeinden Ihm «Lobeshymnen» zur Anbetung darbringen auf elektronisch erzeugten Maschinenrhythmen, die in *Seiner* Schöpfung überhaupt nicht existieren, sondern gegenüber allen natürlichen Rhythmusformen organischen Lebens sich als «tote Rhythmen» erweisen? – Noch brennender wird diese Frage im Hinblick auf die ungeistlichen Auswirkungen, welche Gott gewiss auch kennt!

Bereits vor Jahrzehnten erkannte auch der bekannte Musikpädagoge Cesar Bresgen (7) den zerstörerischen Zerfall natürlicher Rhythmusempfindungen durch die Verbreitung der heutigen Beat-Musikstile. In seinem bemerkenswerten Buch «Am Anfang war der Rhythmus» beklagt er diese Entwicklung folgendermassen:

«Dieser rhythmische Instinkt scheint – aller ‹rhythmischen Erziehung› zum Trotz – zunehmend zu schwinden. Es sei schon jetzt vorweggenommen, dass die sogenannte ‹rhythmische Musik›, etwa Beat- und Rhythmusmesse keineswegs zur Förderung rhythmischer Erziehung beigetragen hat, im Gegenteil: **Durch ihr einseitiges Betonen der metrischen Grundschläge zerstört sie das Empfinden für subtilere Rhythmik. Hier wird in eklatanter Weise Rhythmus und Metrum verwechselt.»**

In der Verurteilung der *unnatürlichen zeitgleichen* Taktschläge des genannten Musikstils betont er den asymmetrischen Charakter echter natürlicher Rhythmen:

«Man vergisst, dass die organische Grundbewegung allen Lebens das eingangs zitierte Diastole-Systole-Verhältnis, also der Schlag des menschlichen Herzens, a-symmetrisch ist. ... Eine strenge Symmetrie ist dem natürlichen Organismus fremd» (= Zitat von Seite 9 u. 10 seines Buches).

Als Cesar Bresgen diese Zeilen 1977 schrieb, gab es den letzten Auswuchs naturwidriger Maschinenmusiken heutiger Technomusik noch nicht. Wie würde er wohl heute diese Entwicklung beklagen?!

53. Ausbildung «biologischer Resonanzböden» für naturwidrige Taktrhythmen?

Die immer wieder zu beobachtenden körperbewegenden Kraftwirkungen durch taktrhythmisch dargestellte Musikstrukturen, der sogenannte «Magneteffekt» [27], zeigen sich bekanntlich besonders stark bei den Hörern, welche sehr oft solche Musikstilarten hören. Dies macht verständlich, dass der unbewusst zwingende Einschwingvorgang ihrer daran beteiligten Nervenstruktur aufgrund häufigen Hörens solcher Beat-Musik eine entsprechende

Vorkonditionierung erfuhr. Infolge des so vorgebildeten nervlichen «Resonanzbodens» kann sich dieser Einschwingvorgang in Reaktion auf den entsprechenden externen Rhythmus wesentlich früher und intensiver vollziehen als bei Hörern, welche erstmalig oder wenig solche Beat-Musik hörten, wo sich also solche taktmotorischen Reizreaktionsmuster im sensorischen Nervennetz ihres Gehörnervensystems noch nicht so nachhaltig als entsprechende «Rhythmus-Resonanzböden» ausprägen konnten.

Interessanterweise bestätigen Erfahrungsberichte aus der Praxis der noch sehr jungen medizinischen Disziplin der sogenannten «Bioresonanztherapie», dass die Zellstrukturen menschlicher Körperorgane offenbar erstaunlich schnell und spontan mit externen auf den Körper einwirkenden Frequenzen in Resonanz geraten können, sobald in den jeweiligen Molekularstrukturen des Organismus ein entsprechender frequenzspezifischer «Resonanzboden» vorhanden ist. Andererseits wird berichtet, dass der Organismus offenbar auch auf organfremde (also destruktive, krankmachende) Frequenzen konditioniert werden kann. Solche schädlichen Resonanzstrukturen sollen sich aber nur dann bilden können, wenn ein solcher Fremdrhythmus *regelmässig und oft über längere Zeit* einwirken kann! [91, 92, 93]

Offenbar können in ähnlicher Weise die sensorischen Empfangsorgane des Hör-Nervensystems und ihre weiteren neuronalen Verzweigungen bis hin zu dem autonomen vegetativen Nervensystem und den Verbindungen zur Hirnrinde auch zu naturfremden akustischen Schwingungen entsprechende Resonanzstrukturen ausbilden. Bekanntlich «konsumieren» viele Musikhörer auch gewohnheitsmässig langzeitliche Überdosen von dissonanten Klängen (z.B. bei dem Gebrauch von grundsätzlich elektronisch verzerrten Rockmusik-Gitarren und der Bevorzugung von durchgehend lautem Schlagwerk mit dem bekanntlich ebenfalls sehr unharmonisch beschaffenen Obertonspektrum usw.). Auch hier geschieht eine Gewöhnung an das Unharmonische, an eine ständige Aufreizung des Hörnervensystems mit der Ausbildung entsprechender Hör-Erwartungshaltungen, die sich in solchen Reizreaktionsmustern im gesamten neuronalen Netzwerk des Hörmechanismus dann ebenfalls als eine Art entsprechender Resonanzböden zwangsläufig ausbilden können. [16, 18a, 28, 29, 34c, 57c.d, 84, 89, 90, 36b]

Erinnert sei in diesem Zusammenhang auch an die bereits beschriebenen unnatürlichen taktrhythmischen Einschwingvorgänge in die völlig unorganischen naturwidrigen Techno-Taktrhythmen. Die Fähigkeit des menschlichen Organismus zur Ausbildung organfremder Resonanzstrukturen macht verständlich, dass in ähnlicher Weise auch mittels längerer Einwirkung der bekanntlich völlig organfremden Techno-Taktrhythmen zwangsläufig entsprechende Resonanzstrukturen entstehen. Die nächtelange Einwirkung der dynamisch bekanntlich sehr hohen Dosen langzeitlich stereotyp gleichbleibender Frequenzimpulse *gleicher* Obertonmischungen (oftmals über 100 Takte lang unverändert) sowie die starre Periodik der motorisch gleichförmigen Taktrhythmusmuster erfüllen sicherlich die Voraussetzungen zur Ausbildung entsprechender «Resonanzböden» in den daran beteiligten Hörern. So können sich solche im neuronalen Hörgedächtnis in dieser Weise vorgeprägten Repräsentationen der Techno-Rhythmuspattern infolge der resonanzbedingten Feedbackwirkungen der sich ständig gegenseitig verstärkenden Einschwingvorgänge nachhaltig im nervlichen «Gedächtnis» niederschlagen.

Angesichts dieser Wirkungsmechanismen ist es nicht verwunderlich, wenn sich infolge solcher tief greifenden Konditionierung der entsprechenden Nervensensoren auf diese organfremde Maschinentaktmotorik die entsprechenden Synchronisationserscheinungen auch in einer Gleichschaltung der Gemüter und Bewusstseinszustände wie eine Art von Gehirnwäsche auswirkt. Darin mag schliesslich auch eine Begründung zu finden sein, weshalb diese massenhaft besuchten ausgedehnten Techno-Festveranstaltungen erfahrungsgemäss so erstaunlich friedlich mit auffallend einheitlichen Sympathie-Gefühlen unter den Beteiligten ablaufen.

In seinem interessanten Buch «Körper, Geist und neue Physik» (82) beschreibt Fred Alan Wolf unter anderem die Vorgänge der menschlichen Lern- und Konditionierungsvorgänge aus der Perspektive quantenphysikalischer Gesetzmässigkeiten. Er bestätigt darin auch die Möglichkeit einer nachhaltigen Umkonditionierung des menschlichen Geistes infolge ständig wiederholter Einwirkung von Informationsdaten, wodurch – einer Gehirnwäsche vergleichbar – sich seine Persönlichkeitsstruktur verändert. Dazu schreibt er auszugsweise auf Seite 275:

«Bei der Gehirnwäsche versucht man, den ständig aktiven Geist durch endlos wiederholte Eingabe von neuen Daten zu ermüden, bis schliesslich die an der Formulierung von Gedanken beteiligten Muskeln und Energieumwandlungen erschöpft sind. Damit bekommt die neue Information direkten Zugang zu den DNS-Molekülen, und so entsteht durch die Gehirnwäsche schliesslich eine neue Persönlichkeit.»

Auf Seite 279 erklärt er dazu die Auswirkung von Veränderungen der Schwingungsmuster in den genannten Zellstrukturen:

«Der veränderte Schwingungstakt der DNS kann, je nachdem, welcher Art die äussere Erfahrung ist, zu einem stabilen Muster werden, das der Veränderung entspricht, die sich aussen bei der Umwandlung von Impuls zu Empfindung vollzieht. Hat sich dieses Muster erst einmal gefestigt, so ist es zu einem Bestandteil von ‹uns› geworden.»

54. Wessen Geistes «Resonanzböden» lassen wir in uns zu?

Der schwedische Psychotherapeut Aleks Pontvik (63) veröffentlichte seine musiktherapeutischen Erfahrungen und Gedanken in einem seiner Bücher unter dem Namen «Der tönende Mensch». Unter den Begriffen «Psychoresonanz» und «Psychorhythmie» bestätigt er die Möglichkeiten, mittels geeigneter Musik die bei musikhörenden Menschen im «kollektiven Unterbewussten» vorgeprägten entsprechenden Resonanzstrukturen gewissermassen «spiegelbildlich» reflektierend «ertönen» zu lassen. Sein Gedankengang erinnert an ähnlich begründete Sichtweisen über Musikwirkungen, wie sie Dane Rudhyar (67) in seinem Buch «Die Magie der Töne» darstellt, welcher die psychische Resonanzfähigkeit der Hörer zu Musikstilen der Eigenart des von ihm sogenannten «kollektiven Psychismus» zuschreibt, über den ein entsprechender Musikstil wie über ein in den Hörern vorhandenes Medium eine bestimmte Art von Kommunikation ermöglicht. Die Art und Weise solcher Kommunikation mittels Musik ist also entscheidend vorgeprägt, von der stilistischen Eigenart einer Tonsprache, die er als Modus bezeichnet. Dieser Stil-Modus, welcher als spezifisches musikalisches Ausdrucksvokabular zur emotionalen Übermittlung von bestimmten Gefühlserlebnissen zugeschnitten ist, kann durch die kollektiven Empfindungen der gesellschaftlichen Erlebniswelt von Discoveranstaltungen ausdrucksspezifisch vorgeprägt sein. Je mehr nun eine Hörerschaft die Gefühlswerte jener Disco-Erlebniswelt in sich trägt, um so intensiver gerät sie beim Hören jener Musikstile natürlich psychisch in Resonanz zu diesen Kollektivempfindungen solcher Disco-Gesellschaft.

Weitere Faktoren der verstärkten Vereinnahmung der Hörer sind psychosomatischer Natur und funktionieren entsprechend der bereits in vorhergehenden Abschnitten beschriebenen körperlichen Stimulanzien, die resonanzartige Einpendelung körperlicher Empfindungen auf den Taktrhythmus der Beatmusikstile. Auch Dane Rudhyar bestätigt, dass ein Stil-Modus bereits aufgrund seiner spezifischen «psychoaktiven Faktoren» eine entsprechende Charakteristik der psychischen Verstehensebene bildet (s. Zitate in Abschnitt 2, Seite 17-19).

Welche «psychoaktiven Faktoren» durch die Stil-Modi der Rock- und Popmusik wirksam werden, erklärt sich deshalb aus deren ursprünglicher Zweckbestimmung, Enwicklungsgeschichte und der Verwendungszusammenhänge dieser Stilelemente [6]. Der von Rudhyar genannte «kollektive Psychismus» der Rock-Kultur trägt natürlich die entsprechende Charakteristik der spezifischen Lebensanschauungen und Lebensziele *jener Rock- und Discogruppen,* für deren Unterstützung und gegenseitige Verständigung (entsprechender Kommunikationsbedürfnisse) dieser musikalische Sprachstil ursprünglich entwickelt wurde. Deshalb werden jene Musikhörer, die solche Lebensgrundhaltungen hegen, bereits aufgrund ihrer entsprechenden psychischen Grundhaltung sehr schnell gefühlsmässig damit in Resonanz kommen.

Mit dem Wortbegriff «Psychoresonanz» versucht der Psychoanalytiker Aleks Pontvik die Musikwirkungen zu erläutern. Entsprechend akustischer Gesetzmässigkeiten unterscheidet er dabei zwischen echter «Resonanz» und einem nur «erzwungenen Mitschwingen», das unabhängig von der Grundfrequenz der ausgesendeten Schwingung *auch* die *nicht* zu dieser Grundfrequenz resonanzfähigen Empfänger-Medien bis zu einem gewissen Grade zum Mitschwingen zwingt. Am bekannten Beispiel des Gebrauchs einer Stimmgabel erläutert er dies folgendermassen:

«Die Lehre von der Akustik unterscheidet sehr genau zwischen den Begriffen der «Mitschwingung» und der «Resonanz». Das Mitschwingen, welches auch «erzwungenes Mitschwingen» genannt wird, kennzeichnet sich dadurch, dass beim Schwingungsakt der Schwingungszahl keinerlei Bedeutung zukommt. So vermag beispielsweise ein Medium den Ton von Stimmgabeln verschiedenster Schwingungszahl zu verstärken. Im Gegensatz zum Phänomen der Resonanz, des sogenannten «freiwilligen Mitschwingens» findet keine Auswahl statt. Resonanz setzt immer voraus, dass ein Medium gleicher Schwingungszahl angesprochen wird.»

Im Hinblick auf die bereits genannten und auch von verschiedenen Seiten bestätigten Erfahrungen destruktiver Auswirkungen von Rockmusikstilarten gewinnen seine weiteren Ausführungen an Bedeutung, wo er die Möglichkeiten vorteilhafter aber auch nachteilhafter «Beeinflussungen chaotischer Verhältnisse» erwähnt:

«Wenn wir dem Ablauf eines Melos, einer musikalischen Folge, welcher Art sie auch sein mag, folgen, indem wir sie anhören, ohne über sie nachzudenken, dann arbeitet die Tonfolge oder Tonentwicklung mit den harmonikalen Gegebenheiten der individuellen seelischen Gestalt. Ihre Wirksamkeit ist doppelter Natur: Sie begegnet erstens der psychischen Grundstruktur als solcher, zweitens aber klingt sie zusammen mit der akuten, der gegenwärtigen (in den Augenblicken des Anhörens gegenwärtigen) Entwicklung der psycho-rhythmischen Verhältnisse. Je nachdem nun die Tonqualitäten sich in einem von der Psychoresonanz bedingten Grad der relativen Beziehung befinden, d. h. je nachdem sie auf Grund massgegebener qualitativer Voraussetzungen imstande sind, die aktuelle Situation der Seele anzutönen, wird es möglich sein, eine Wirkung im Sinne einer Beeinflussung chaotischer Verhältnisse zum Vorteil **oder Nachteil einer Ordnung des seelischen Kreislaufes** hervorzurufen.»

Nach seiner Darstellung arbeitet also die Tonfolge der Musik «mittels den harmonikalen Gegebenheiten der individuellen seelischen Gestalt» des Hörers mit einer *zweifachen* Natur: Erstens entsprechend der psychischen Grundstruktur des Hörers und zweitens klingt sie zusammen mit den zur Zeit des Hörens massgeblichen qualitativen Voraussetzungen seines *gegenwärtig vorgeprägten* psychischen Zustandes (s. Gembris-Zitat S. 199, Abschnitt 57).

Aufgrund einer gegenwärtig beim Hören sich vollziehenden «relativen Beziehung» der «Psychoresonanz» zu den «Tonqualitäten» der Musik wird es also möglich sein, im «Antönen der *aktuellen*

Situation der Seele» eine Wirkung hervorzurufen, welche die «Ordnung des seelischen Kreislaufs zum *Vorteil oder Nachteil chaotischer* Verhältnisse» beeinflusst!

Aufgrund der Tatsache, dass die körperlichen und seelischen Bereiche des Menschen sich grundsätzlich gegenseitig beeinflussen (s. Abschnitt 13), kann man von *psychosomatischen* «Resonanzböden» sprechen. Diese können sich auch infolge der bereits beschriebenen neuronalen Konditionierung durch lang anhaltende taktrhythmische Musikstrukturen mit chaotischen Klangstrukturen allmählich zu entsprechenden Resonanzstrukturen umformieren lassen (s. auch Abschnitt 38).

Es wurde schon darauf verwiesen, dass die stereotype Taktrhythmik der Rock- und besonders der Technomusikstile sowie viele dabei elektronisch hervorgebrachte Klangverbiegungen absolut nichts mehr mit den harmonikalen Urformen von Rhythmus und Klang gemäss der Schöpfungsordnung zu tun haben. Deshalb kommt beim Hören solcher Musik die von Pontvik genannte «Psychoresonanz» bei *den* Hörern, die noch keine oder wenig solche schöpfungswidrigen Musikstrukturen hörten, hierbei *zunächst* nicht zustande. Auf Grund ihrer noch unverbildeten schöpfungsgemässen Grunddisposition zur Wahrnehmung und zum resonanzartigen Mitschwingen mit entsprechenden *natürlichen* Musikstrukturen harmonikaler Ordnungen und natürlicher Rhythmik wirkt die völlig anders geartete Rock- und Technomusik zunächst befremdend und wird deshalb auch zunächst meistens abgelehnt.

Aber es existiert auch das von Pontvik genannte Phänomen «relativer Beziehungen», welches vergleichsweise auch in der Akustik vernehmbar wird, sobald man entsprechend seiner Darstellung zum Beispiel eine Stimmgabel anschlägt und sie dann auf eine Tischplatte oder auf andere Gegenstände hält. Obwohl die Eigenresonanz der Tischplatte keineswegs der Grundfrequenz der Stimmgabel (440 Hz) entspricht, wird sie doch durch die Stimmgabel bis zu einem gewissen Grade zum Mitklingen «gezwungen», so dass gewisse Bereiche der Holzplatte den Ton deutlich hörbar verstärken. Wäre die Beschaffenheit des mitklingenden Mediums der Holzplatte genau auf die Sendefrequenz der Stimmgabel von 440 Hz geeicht durch entsprechende Grösse und Stärke des Materials, so käme ein «*freiwilliges* Mitschwingen» zustande, das man als

Resonanz bezeichnet, wobei sich gewissermassen «spiegelbildlich» der Klang des Tones enorm verstärkt.

Die Erfahrungen der bereits beschriebenen Möglichkeiten von Umbildungen des Musikgeschmacks besonders durch langjährige Einwirkungen von stereotypischen Wiederholungsstrukturen der Rock- und Technomusikstile können offenbar zu einer entsprechenden Umbildung der molekularen Wachtums-Struktur des neuronalen Hörgedächtnisses führen. [29] Möglicherweise werden dabei durch längere Einwirkungen unnatürlicher Schwingungsenergien, natürliche harmonikale Resonanzstrukturen verdrängt, so dass sich daraus auch eine entsprechende Neuformierung der hörnervlichen Resonanzstrukturen mit entsprechenden Musterbildern in den Engrammen des Hörgedächtnisses niederschlagen können. Daraus resultieren dann verständlicherweise auch *psychosomatische* Umformierungen, welche nun beim Hören solcher Musikstrukturen zu «freiwilligen Mitschwingern» werden und dadurch neue Ebenen zur Psychoresonanz ausbilden können. [25a]

Die von Pontvik so genannten «relativen Beziehungen», welche beim Hören von weniger vertrauten Musikstrukturen nur bis zu einem gewissen Grade im Hörer vorhanden sind, bewirken zwar noch keine «Psychoresonanz», können sich aber durch wiederholtes Hören dieser Musikstrukturen mit der Zeit zu engeren «Beziehungen» verstärken und schliesslich dann auf diese Weise zu entsprechenden «Resonanzböden» anwachsen. Pontvik schreibt darüber, dass «die ‹freiwillige Mitschwingung› (Resonanz) ein sich aus der relativen ‹Sympathie›, *der inneren Übereinstimmung struktureller Verhältnisse* ergebender Vorgang ist».

Erinnert sei bei diesen Zusammenhängen an die in Abschnitt 2 zitierten Bemerkungen Dane Rudhyas über die eigentliche kommunikative psychische Komponente der Musikwirkung, die er als «kollektiven Psychismus» bezeichnet. Gleichartig vorgeprägte psychische Grundstrukturen in den Musikhörern kommen verständlicherweise zu kollektiver Übereinstimmung, sobald sie mittels entsprechender Musikstrukturen «spiegelbildlich» in resonante Schwingungen gebracht werden.

Der anfängliche Grad des Vorhandenseins solcher «relativen Beziehungen» ist nämlich auch in erheblichem Masse von allen Höreindrücken aus der Vergangenheit abhängig bis zurück zum *vorgeburtlichen* Alter von 4 Monaten! Der Gehörforscher und Arzt Alfred Tomatis konnte solche frühen vorgeburtlichen Gehöreindrücke nachweisen und berichtet unter anderem darüber in seinem Buch «Das Ohr und das Leben». (76)

Die Humanwissenschaftlerin Elisabeth Haselauer (36) weist auf die ersten Gehirnprogrammierungen der Säuglinge hin, welche grundlegend in den drei ersten Lebensmonaten auch besonders durch Musikstrukturen nachhaltig vorgeprägt werden. [28] Deshalb zeigen oftmals sogar schon kleine Kinder, nachdem sie in der Zeit ihrer ersten Lebensmonate mit Rockmusikstilen «berieselt» wurden, bereits im Kindesalter gewisse Anzeichen von «Psychoresonanz» zu Hardrockmusikstilen. Mir wurde bestätigt, dass in Familien, in deren Wohnbereich viel und oft Rockmusik ertönt, ein bereits daran gewöhntes Baby regelmässig mit Rockmusik beruhigt werden konnte. Sobald es unruhig wurde und zu schreien begann, konnte man mittels der «Beruhigungsdroge Rockmusik» aus der häuslichen Stereoanlage das schreiende Baby zum Einschlafen bringen. Aber bedauerlicherweise wird durch solche frühe Gewöhnung an die im Grunde schöpfungswidrigen Taktrhythmen von Hardrockmusik und Technomusik die psychosomatische Resonanzfähigkeit zu natürlichen harmonikalen Musikstrukturen für spätere Lebensabschnitte des Kindes verständlicherweise dadurch behindert werden. Man darf sich deshalb nicht wundern, wenn solche von Kindheit an vorprogrammierten Musikhörer nur wenig Sensibilität für *natürliche* Musikrhythmik entwickeln konnten, so dass sie solche Musik dann auch gar nicht mögen und oft sogar verabscheuen. [25b] Besonders bedauerlich bleibt die Tatsache, dass durch die generelle Bevorzugung von Musik mit vorwiegend körperlich empfundener Reizwirkung die Sensibilität zur Aufnahme natürlicher Musikdarbietungen allmählich abgebaut wird. Dadurch werden die Voraussetzungen zur Resonanzfähigkeit mit natürlichen atemrhythmisch und harmonikal ausgerichteten Musikwerken, welche auch die tieferen seelischen Empfindungsschichten der Hörer anzusprechen in der Lage wären, zertrampelt – oder gelinde gesagt – zugeschüttet.

Angesichts der bereits genannten Möglichkeiten von Ausbildungen unnatürlicher organfremder Resonanzstrukturen im Menschen durch wiederholte Einwirkung solcher naturfremden Schwingungsfolgen, die dann bei erneuter Zuführung solcher schöpfungsfremden Schwingungsenergien verstärkt zur Auswirkung kommen, erhalten Pontviks Erklärungen über die Ursachen von Psychoresonanzen mittels Musik eine bemerkenswerte Doppelbeleuchtung. Er führt die Ursachen solcher Psychoresonanzen und die daraus resultierenden positiven Auswirkungen nämlich ausschliesslich darauf zurück, dass die im Hörer latent vorhandenen «harmonikalen Urformen» (also jene schöpfungsgemäss im Menschen bereits vorhandenen gesunden Dispositionen seiner körperlichen und seelischen Ganzheitspersönlichkeit) mittels Musik neu belebt und gestärkt werden im Sinne eines gesunden Gleichgewichts (s. auch Abschnitt 22). Deshalb kann eine *solche* Psychoresonanz natürlich nur durch entsprechend aufgebaute harmonikale Musikstrukturen zustande kommen. Klangstrukturen mit vorwiegend disharmonischer Zusammensetzung entgegen der natürlichen menschlichen Gehördisposition (s. Abschnitt 31, 32) sowie die einseitige Taktrhythmik von Rock- und Technomusikstilen mit ihrem Übergewicht zu körperlicher Stimulans können niemals das von Pontvik gewünschte *Gleichgewicht* zwischen seelischer und körperlicher Befindlichkeit bestärken. Ebenso wenig wären die extrem entgegengesetzten Formen von psychedelisch wirkenden Klangstrukturen geeignet (s. Abschnitt 47), welche infolge des Fehlens rhythmischer Elemente die körperliche Empfindungsebene der Hörer so gut wie gar nicht ansprechen.

Nun reagieren aber erfahrungsgemäss besonders in unserem Jahrhundert viele Hörer durchaus nicht mit positiven Resonanzerscheinungen ihrerseits im Sinne einer harmonisierenden Auswirkung zum Beispiel beim Hören von entsprechenden klassischen Musikstrukturen, wo zwar in gut ausgewogenen Kompositionen sowohl die seelischen wie körperlichen Empfindungsbereiche naturgemäss harmonisierend gleichermassen angesprochen werden. Hingegen kann man sehr häufig gerade bei dieser Hörerschaft resonanzartiges Mitschwingen beim Hören von Musikstilen mit einseitig taktrhythmischer Grundkonzeption beobachten, welche überdies auch keineswegs immer harmonikale Formen und Klangstrukturen bevorzugen. Es gibt in unserer Zeit sogar auch viele Hörer, welche gerade bei unharmonischen Klängen und destruktiven Maschinenrhythmen fast in Verzückung geraten, wenn sie in solche schöpfungswidrigen und antiharmonikalen Musikstrukturen «eingeschwungen» werden. Offenbar findet dann eine ganz andere Art von Psychoresonanz statt. Zur Hinterfragung der Ursachen solcher Psychoresonanzen bieten die Erklärungen Pontviks einige Hilfen, sobald man seine diesbezügliche Logik weiterverfolgt. Er schreibt nämlich weiter zu diesem Thema:

«Wenn es zutrifft, dass der Vorgang einer ‹Spiegelung› durch Darstellung akustisch-harmonikaler Urformen im Psychischen hervorgerufen zu werden vermag, so besagt das, dass nicht eigentlich diese akustischen Urformen ertönen, sondern dass sie vielmehr den Menschen selber ertönen machen. Es ist der Mensch, die erkennende Seele, die Partnerin, in der sich die Töne spiegeln, **in der jene Formen resonieren, weil sie gleichen geistigen Ursprungs sind.** Damit ist ausgedrückt, dass das, was wir im ‹Aussen› hören, d. h. durch das Ohr erfahren, doch lediglich eine Projektion dessen ist, wie wir in uns selber tönen. Ohne Psychoresonanz sind wir beziehungslose Geschöpfe, unfruchtbare Einzelteile einer uns unverständlichen Umgebung, der wir ebenso unverständlich sind. Die ‹freiwillige Mitschwingung› spricht immer nur Gleiches an: Resonanz ist Konsonanz der Schwingungswerte.» [s. . 45]

Wenn also beim Musikhören eine Psychoresonanz zustande kommt, weil nach den Erklärungen Pontviks *etwas im hörenden Menschen selber zum «Tönen» gebracht werden kann, sobald die klingenden Formen «gleichen geistigen Ursprungs» sind wie das im Hörer «zum Tönen gebrachte»*, so erhebt sich die wichtige Frage, *welchen geistigen Ursprungs* jene schöpfungswidrigen unharmonikalen Musikstrukturen denn sein könnten, die sich in den entsprechend angelegten Resonanzstrukturen der Hör-Nervensysteme jener darauf konditionierten Hörerschaft widerspiegeln? (s. Abschnitt 53). Wenn die Klangstrukturen jener Formen nicht entsprechend harmonikaler Gesetzmässigkeiten beschaffen sind, dann *sind und bleiben sie eben unnatürlich und schöpfungswidrig!* Sobald die rhythmische Gesamtstruktur jener Formen von einseitiger Taktrhythmik oder sogar durch elektronisch gesteuerte Maschinen-Taktrhythmik dirigiert wird, widersprechen sie allen natürlichen rhythmischen Strukturen des organischen Lebens und wirken ihnen *destruktiv* entgegen! – Der *geistige Ursprung*, also die *Herkunft* jener schöpfungswidrigen Musikformen kann demnach also nur in *solchen* Menschen gesucht werden, *die dazu niemals vom Geist des Schöpfer-Gottes geleitet gewesen sein können.*

In Psalm 22,25 steht: *«Von **dir** kommt mein Lobgesang in der grossen Versammlung!»* Die Schöpfungs-Formen *des* Gottes, von dem die Bibel berichtet, kennzeichnen sich bekanntlich durch *lebendige* Rhythmen und *harmonikal* ausgerichtete Kreaturen aus! (s. Abschnitt 22). Die sogenannte «christliche» Rockmusik benutzt aber grösstenteils die genannten völlig naturwidrigen Ausdrucksformen! Der geistige Ursprung jener schöpfungswidrigen Musikformen müsste demnach in einer entgegengesetzten Geistesrichtung seinen Urgrund haben. – Gibt es einen Widersacher Gottes, dessen Geist bei der Produktion der genannten schöpfungswidrigen Musikformen mitgewirkt haben könnte? – Inwieweit die Information aus Epheser 2,2 und der Hinweis von Kapitel 6,12 diese Frage diesbezüglich beantworten, möge sich der christliche Leser in prüfender Betrachtung gewisser Musikstrukturen von Fall zu Fall selber beantworten.Vor allen Dingen sollten wir uns aber immer zuerst selbst hinterfragen, von welcher Art und aus welcher Geistesrichtung die psychischen «Resonanzstrukturen» sind, die jeder von uns – bewusst oder unbewusst – in sich trägt!

War der bekannte Rock-Gitarrist Keith Richard (von der Rock-Gruppe Rolling Stones) sich vielleicht der Wahrheitstiefe seiner Worte bewusst (s. Abschnitt 8), als er von den «grossen Möglichkeiten der schwarzen Magie» sprach und seine Äusserungen darüber abschloss mit dem denkwürdigen Ausspruch: *«Jeder hat etwas davon in sich!»?* – Seine Worte gewinnen an Bedeutung auch im Lichte von Äusserungen der übrigen Rockmusik-Stars (Abschnitt 8), wie zum Beispiel von Jim Steinman, dem Komponisten der Rockgruppe Meat Loaf: *«Ich bin schon immer vom Übernatürlichen fasziniert gewesen und ich habe Rock immer schon als das ideale Medium dafür empfunden!»* Hierzu passen dann auch die Aussprüche des bekannten Leadgitarristen Jimmy Page (Led Zeppelin), der die Vorgänge bei Rockkonzerten mit *«Fähigkeit, Energie auszusenden, Energie vom Publikum zu empfangen um sie wieder zurück zu geben»* beschreibt (also eine Art von Psychoresonanz) *«bei dem psychische Kraft freigesetzt und umgesetzt wird* ... mittels *Lautstärke, Wiederholung und Rhythmus»*. – Er verrät auch etwas über die Ursprünge dieser Rockmusik: *«Sie haben viel Ähnlichkeit mit der Trance-Musik Marokkos, die in ihrem Ursprung und Zweck magischen Charakters ist.»* So gibt er dann auch zu, dass zur Freisetzung der von ihm genannten psychischen Energie *«man die Quellen magischer Kraft anzapfen muss, so gefährlich das auch sein mag»*.

Ähnliche Feststellungen über die Auswirkungen gewisser Rockmusikstile äusserten auch Bob Larson, O. Markmann und aus anderer Sicht auch P. M. Hamel (32). Hamel, der viel Asien-Erfahrung besitzt [78], bemerkt in seinem Buch «Durch Musik zum Selbst» Folgendes: *«Wenn der Rhythmus uns begeistert, so erwacht das magische Bewusstsein in uns.»* – Er verrät auch, durch welche rhythmische Struktur das magische Bewusstsein erweckt werden kann: *«... die unendlichen, zeitlos wiederholten Perioden ...»!* – Die letztere Beschreibung kennzeichnet wesentlich die weiteren Steigerungen jener taktrhythmischen Musikstilarten mit bewusstseinsverändernden Auswirkungen, welche in logischer Konsequenz in die heute benutzten Technomusikstile hineinmünden.

Wenn wir nun zusammenfassend aus den bisherigen Feststellungen und Betrachtungen logische Schlussfolgerungen ziehen, dann müssten wir uns zunächst selbst aufrichtig hinterfragen:

Gibt es entsprechende «Resonanzböden» in uns? – Haben wir vielleicht *auch* etwas davon in uns, wie der Rock-Gitarrist behauptet? – Können wir alle die absolut glaubwürdige Selbstprüfung nachvollziehen, die Jesus Christus uns in Johannes 14,30 verkündet: *«Es kommt der Fürst dieser Welt, aber* ***er hat nichts in mir!****»*?

Im Hinblick darauf, dass uns der Apostel Paulus (Eph 2,2) verrät, dass der Geist des Fürsten dieser Welt jetzt *«wirksam ist in den Söhnen des Ungehorsams»*, möge sich jeder von uns prüfen, ob infolge Ungehorsams gegenüber den biblischen Geboten der Geist des Fürsten dieser Welt auch in uns seine «Resonanzböden» möglicherweise durch entsprechende Musikstrukturen anlegen konnte. Resonanzböden, die sich auf *seine* «Wellenlängen» einschwingen, werden sich aber im Sinne einer von *ihm* beabsichtigten «Psychoresonanz» dann geistlich destruktiv auswirken. Sie können sich durch ihre gruppendynamischen Auswirkungen vornehmlich über entsprechende Musikstrukturen unerkannt in christliche Gemeinden ausbreiten! – «Darum wachet!»

55. Die Sucht nach extremen Sinnesreizen

Erfahrungsgemäss schadet einseitige Ernährung immer der körperlichen Gesundheit und nicht alles, was beim Essen besonders reizvollen Gaumenkitzel bereitet und deshalb in grossen Mengen verzehrt wird, ist deshalb auch unbedingt bekömmlich. Wer würde seine Kinder völlig unkontrolliert in einem Süsswarengeschäft hemmungslos pfundweise Pralinen und Schokoladen naschen lassen, *weil es ihnen doch so gut schmeckt?* – Die darauf garantiert nachfolgenden Magenverstimmungen werden aber bestimmt nicht *deshalb* ausbleiben, weil es den Kindern doch so gut geschmeckt hatte! Menschen können aber bekanntlich durch regelmässigen Genuss von Schokoladenwaren ihre Geschmacksnerven samt Verdauungsorgane auch so weit konditionieren, dass sie nach solchen Süsswaren schliesslich regelrecht süchtig werden. Sie scheinen dann unbedingt solche Genussmittel zu brauchen und bewerten diese deshalb oft für sich als unbedingt notwendige «Nervennahrung». Diese persönliche Bewertung ändert allerdings nichts an der allgemein bekannten Tatsache, dass trotzdem der übermässige Verzehr solcher Naschwaren der körperlichen Gesundheit schadet.

In ähnlicher Weise bekommen Drogensüchtige und Alkoholiker unangenehme Gefühle infolge von Entzugserscheinungen, wenn sie nicht regelmässig die nötige Ration des «Stoffes» zu sich nehmen, auf den ihr Organismus infolge der vorangegangenen regelmässigen Zuführung konditioniert wurde. Die nach der Drogeneinnahme sich zwar einstellenden Entspannungsgefühle täuschen aber darüber hinweg, dass letztlich diese Scheinhilfen doch der Gesundheit immer schädlich sein werden, zumal die Mengenrationen erfahrungsgemäss nach einer gewissen Gewöhnungszeit des Organismus ständig erhöht werden müssen, um weiterhin dieselbe Entspannung zu gewähren.

Natürliche Grundnahrungsmittel sättigen, *ohne* Suchterscheinungen zu bewirken, und sie dienen auch der Gesunderhaltung des menschlichen Organismus. Aber durch *Abweichungen von der natürlichen Ernährung* kann es auch hier zu Geschmacksverbildungen kommen, und das kann bemerkenswerterweise ebenfalls durch Überreizung der Geschmacksnerven, also durch übertriebenen Gaumenkitzel geschehen, wenn zum Beispiel jemand ständig seine Nahrung mit übergrossen Gewürzmengen versieht. Dies kann bekanntlich so weit übertrieben werden, dass die natürliche Sensibilität der Geschmacksnerven schliesslich so weit abstumpft, dass normale Nahrung mit einer fein ausgewogenen Geschmacksmischung kaum noch als solche wahrgenommen wird, weil die abgestumpften Geschmackssensoren infolge gewohnheitsmässiger Überreizung nur noch durch entsprechend verstärkte Gewürzmengen «ansprechbar» sind. Die nun zur Geschmacksbefriedigung notwendigerweise grössere Aufwendung an Gewürzzufuhr in grösseren Mengen ist aber der körperlichen Gesundheit nicht deshalb weniger schädlich, weil die inzwischen abgestumpfte Geschmackssensibilität es zu rechtfertigen scheint.

Dieser kurze Einblick in die Möglichkeiten fehlgeleiteter Ernährungsgewohnheiten möge gleichnishaft die parallelen Erscheinungen aufzeigen, die sich in ähnlicher Weise bei psychosomatischen Vorgängen abspielen können, wo sich in einseitiger Ernährung des menschlichen Gefühlslebens der Seele infolge regelmässiger «Überwürzung musikalischer Gerichte» durch hohe Dosen vornehmlich taktrhythmischer Elemente sowie dissonanter Klangstrukturen ebenfalls nachhaltige Geschmacksverbildungen einstellen können.

Hinreichend bekannt sind inzwischen diese, sich über das vegetative Nervensystem automatisch vollziehenden Konditionierungen, welche sich bis zu drogenspezifischen Suchterscheinungen verstärken können. [4c, 53b, 77] Hierbei wird zwar nicht vordergründig die körperliche Gesundheit beeinträchtigt, sondern hauptsächlich der psychische Zustand solcher «Musikkonsumenten» verändert. Seelische Bewegungen, durch Musik in Gang gebracht, bewegen aber schliesslich auch die geistige Wesensschicht der Hörer mit den jeweiligen Wirkungsmerkmalen des Musikstils, denn die seelischen und geistigen Empfindungsebenen berühren sich. [41a.b, 44] Somit ist also offenbar auch mittels einseitig zubereiteter *«Musiknahrung»* eine nachhaltige Veränderung des Gesundheitszustandes möglich, aber hierbei handelt es sich um Beeinträchtigungen der *geistigen* Gesundheit, was dann entsprechende Bewusstseinsveränderungen zur Folge hat. [4a-d, 14a.b, 15a, 20a, 21, 33a.b, 48b, 51, 54, 58, 59, 64]

Die allgemein akzeptierte Warnung der Ernährungswissenschaftler vor einseitiger Ernährung um der körperlichen Gesunderhaltung willen müsste in Anbetracht der drogenspezifischen Wirkungen bestimmter einseitig taktrhythmisch zubereiteter Musikstilarten eigentlich ebenfalls bezüglich bestimmter «Musiknahrung» geltend gemacht werden um der *seelisch-geistigen* Gesundheit der Hörer willen. Eine natürliche musikalische «Nahrung» setzt sich nämlich ebenso aus der gesunden Mischung eines *ausgewogenen* Zusammenwirkens *aller* zur Verfügung stehenden Musikbausteine aus den Grundelementen Melodie – Harmonie – Rhythmus – Takt – Klangfarben – Formenaufbau zusammen.

Eine *äusserst einseitige* «Musiknahrung» besteht zweifellos am meisten in den Zusammensetzungen der Technomusikstilarten. Die «musikalischen Köche» dieser Computer-Kompositionen mixen aus den angeführten sechs Grundelementen «musikalischer Kochkunst» lediglich zwei elektronisch erzeugte Elemente zusammen, so dass die «Gerichte» dann etwa zu 90 % aus maschinell leblosen Computertaktrhythmen bestehen, wobei die restlichen 10 % durch elektronisch erzeugte Klang-Obertonmischungen ausgefüllt sind. Man könnte diese einseitig sterile und karge «Nahrung», die hauptsächlich aus leblosen Taktrhythmen besteht, deshalb als eine Art synthetische «Techno-Toten-Suppe» bezeichnen.

Ein anderes Beispiel der Anwendung ebenfalls extrem einseitig ausgerichteter musikalischer Mittel wäre zum Beispiel ein Tongemix aus 90 % fremdartigen Oberton-Klanggemischen, 5 % Harmonik und 5 % Melodik. Solche Musikstilarten wirken dann wie «körperlose Nebelgestalten» (ihre psychedelischen Auswirkungen sind in Abschnitt 47 beschrieben).

Beide Extreme von einseitiger Verwendung der genannten Musikbausteine sind niemals für den christlichen Gebrauch verwendbar oder gar mit biblischen Botschaften aufzuwerten, denn infolge ihrer beschriebenen schöpfungsfremden Unnatürlichkeit sind sie eher geeignet, die menschlichen Empfindungen in eine lebensferne und völlig realitätsfremde Lebenshaltung hineinzustimulieren. Die Lebensgrundlagen gemäss biblisch-christlicher Lebenshaltungen finden keinerlei emotionale Entsprechungen im Ausdruckscharakter dieser Musikstile und es wäre deshalb geradezu theologisch kriminell, wenn man eine solche schöpfungsfremde akustische Kulisse eventuell noch durch Beimischung christlich gemeinter Textverkündigungen aufwerten wollte.

Angesichts der vielen religiösen Verirrungen und sonstigen Verführungen in unserem Jahrhundert mag sich mancher fragen, wozu und worin denn die Christen unserer Tage eigentlich nicht verführbar sein könnten, sobald sie die gegebenen biblischen Lebensmassstäbe und die Massstäbe der Schöpfungsordnung verlassen!? – Leider scheint die Klage des Jeremia aus Kapitel 8,5 auch bezüglich vieler zeitaktueller «christlich sein sollender Musik» für christliche Gemeinden heute zutrefflich: *«Sie halten so fest am falschen Gottesdienst, dass sie* ***nicht umkehren wollen!»***

Um so dankbarer darf man sein, dass wir unabhängig von allen kulturellen Verirrungen die natürlichen Normen und Gesetzmässigkeiten der Schöpfungsordnung immer noch als zeitlosen unumstösslichen Massstab in vielfältig neuer Weise gerade in der Musikpraxis sinnvoll anwenden können. In den unausschöpflichen Möglichkeiten zu neuen Kombinationen sinnvollen Zusammenmenwirkens der genannten sechs natürlichen Grundelemente der Musik wären noch genügend Reserven zur Erfindung neuer Kompositionen möglich, um auch dem biblischen Gebot zur Schaffung neuer Lieder *nach schöpfungsgemässen* Massstäben gerecht zu werden.

56. Hatte der Apostel Paulus seine Evangelisationsmittel heidnischen Kulturstilen angepasst?

Nach allem, was man über die Wirkungsweise der genannten Musikstrukturen weiss, sollten wir nun hinterfragen, ob und inwieweit man die Stilmittel aus der weltlichen Popularmusik der heutigen Zeit zum Gebrauch im christlichen Bereich oder zur Evangelisation geistlich dadurch rechtfertigen kann, indem man zum Beispiel die Aussagen des Apostels Paulus aus 1. Korinther 9, 19-23 ins Feld führt. Paulus spricht hier davon, dass er sich selbst jedermann zum Knechte gemacht habe, auf dass er ihrer viele gewinne, den Juden wie ein Jude und denen, die ohne Gesetz sind, wie ein Gesetzloser (V. 20). *«Den Schwachen bin ich geworden wie ein Schwacher, auf dass ich die Schwachen gewinne. Ich bin allen alles geworden, auf dass ich auf alle Weise etliche errette»* (u.Elb.).

Inwieweit hatte Paulus seine Evangelisationsmittel tatsächlich an die Hör- und Denkgewohnheiten zum Beispiel der heidnischen Griechen angeglichen? Wo lagen denn eigentlich seine Anknüpfungspunkte, um die Griechen im biblischen Sinne *geistlich* zu bewegen?

Wir wissen doch, dass Bekehrungen nur über den Geist des Menschen möglich sind, aber nicht über den seelisch-körperlichen Bereich. Wir lesen das auch im 1. Petrus-Brief: *«Wiedergeboren aus dem lebendigen Wort Gottes»* (Kap. 1, 22) und nicht: «Wiedergeboren aus der Musik der Komponisten X, Y, Z».

Paulus hatte auch nicht durch raffinierte und kunstvoll angewandte Rhetorik der Erwartungshaltung der Griechen entsprochen, er hatte sich nicht der Dialektik ihrer philosophischen Betrachtungsweise angepasst. Lockten die Apostel ihre Zuhörer mit einer attraktiven Botschaft? War ihre Verkündigung mit der bei den Römern und Griechen beliebten Kunst des Theaters angereichert oder setzten sie die antiken, pantomimischen Darsteller ein, die es damals in grosser Anzahl gab? Bedienten sie sich folkloristischer Tänze oder feilten sie an ihren Reden, um mit der Rhetorik ihrer Zeit zu brillieren? Kam Paulus mit seinem Evangelium dem Verlangen nach «Brot und Spielen» entgegen?

C. H. Spurgeon, der sicherlich kein altmodisch verkrusteter Traditionalist war, schrieb im Bezug auf die Evangeliumsverkündigung Folgendes:

«Tatsache ist, dass viele gern Kirche und Theater, Spielkarten und Gebet, Tanz und Sakrament verbinden möchten. Wenn wir zu schwach sind, uns diesem Sturzbach entgegenzustellen, können wir doch wenigstens vor ihm warnen und bitten, sich davor in Acht zu nehmen. Wenn der alte Glauben dahin und die Begeisterung für das Evangelium erloschen ist, so nimmt es nicht wunder, dass die Leute sich etwas anderes suchen, an dem sie Gefallen haben. Es fehlt an Brot, darum essen sie Asche; sie verwerfen die Wege des Herrn, darum rennen sie ungestüm auf den Pfaden des Irrtums. ... Das Aufleben der Massen unter neu erfundenen Reizmitteln setzen wir zu leicht mit der Kraft Gottes gleich. Dieses Zeitalter der Neuheiten scheint geistliche Kraft in Blaskapellen und Tamburinen entdeckt zu haben ...

Diese Zeit neigt zu Grösse, Gepränge und Kraftprotzerei, als ob diese gewisslich das schaffen würden, was man mit regulären Mitteln nicht fertigbrachte. ... Jesus sagte, ‹das Evangelium jeder Kreatur›. Doch die Menschen werden des göttlichen Planes überdrüssig; sie wollen lieber durch den Priester gerettet werden, oder sie wollen durch Musik gerettet werden, oder durch Theatervorführungen, oder durch was weiss ich noch alles! Nun gut, mögen sie diese Dinge ausprobieren, solange sie wollen; aber nichts kann je bei der ganzen Sache herauskommen, ausser bitterer Enttäuschung und Verwirrung, Gott wird entehrt, das Evangelium entstellt, Heuchler werden zu Tausenden hervorgebracht, und die Kirche wird auf die Ebene der Welt herabgezogen. Lasst uns zurückkehren und von Paulus ganz neu lernen: ‹*Und ich, als ich zu euch kam, Brüder, kam nicht, um euch mit Vortrefflichkeit der Rede oder Weisheit das Geheimnis Gottes zu verkündigen. Denn ich nahm mir vor, nichts anderes unter euch zu wissen, als nur Christus, und ihn als gekreuzigt*» (1.Kor 2,1-2), (Murray Ian: «Spurgeon, wie ihn keiner kennt», Reformatorischer Verlag 1992).

57. Berührung geistlicher Anknüpfungspunkte im Lebensbereich der Ungläubigen

In bemerkenswerter Weise wählte der Apostel Paulus den *geistlichen* Anknüpfungspunkt, der ihm bei den Hörern geeignet erschien, um sie *geistlich* bewegen zu können. Deshalb erinnerte er sie an die Inschrift einer ihrer Altäre: «Dem unbekannten Gott», um ihnen nun den *ihm* bekannten grossen Gott der Bibel zu verkündigen. Er holte sie also an dem Punkt ab, wo sie *geistlich* stehengeblieben waren. Und dieser wunde Punkt war ihr ungelöstes Problem, die Unwissenheit über ihr Verhältnis zum einzigen wahren Gott, der ihnen ja zugegebenermassen unbekannt war. Paulus vermittelte also lediglich geistliche Informationen, die er nicht notwendigerweise erst in einer modischen «emotionalen Verpackung» darbieten musste, die dem heidnisch-griechischen Lebensgefühl angepasst war, sondern *seine* Anpassungs-Taktik war *geistlich* orientiert und richtete sich gegen die falsch geleiteten Denk- und Glaubenshaltungen mit dem Hinweis auf die daraus resultierenden Probleme seiner Zuhörer. Er sprach also die *geistliche Ebene* der Menschen an, um ihnen den geistlichen Blick zu öffnen für ihr *eigentliches Lebensdefizit:* die Unkenntnis ihrer Verlorenheit infolge unvergebener Sündenschuld. Dann verkündigte er das göttliche Gnadenangebot mit den Glaubensbedingungen zur rettenden Schuldvergebung.

Übertragen und vergleichen wir nun die evangelistische Taktik des Paulus mit unseren evangelistischen Versuchen, mittels Musik und Liedern eine biblisch-geistliche Hinführung zu den Verkündigungstexten zu ermöglichen, so müssen wir die geistlichen Anknüpfungspunkte vieler Liedstrukturen unserer Zeit kritisch hinterfragen und prüfen, inwieweit sie ungeistliche, weltlich geprägte Emotionen mitübertragen.

Eine geistlich gut gemeinte Textbotschaft kann sehr leicht dadurch entstellt werden, wenn sie mittels ungeeigneter Begleitmusik gewissermassen durch diese musikalische «Gefühlsbrille» mit vorwiegend seelisch-körperlichen Stimulationen hindurch betrachtet wird. Die *geistliche* Ebene in den Hörern wird durch solche Verkündigungsweisen meistens überhaupt nicht berührt. Die musikalischen Ausdrucksbausteine der Rock- und Popmusikstile sind auf Grund ihrer ursprünglichen Zweckbestimmung und Herkunft eher geeignet, die etablierten weltlichen und fleischlich ausgerichteten Lebenshaltungen der Menschen *zu stabilisieren*, aber dadurch stehen sie den evangelistisch-geistlichen Kräften der Wortverkündigung um so mehr im Wege.

Diese Möglichkeit einer Stabilisierung emotionaler Befindlichkeiten durch entsprechende Musik bestätigt auch H. Gembris (27) in seinem bereits genannten Buch wie folgt: «*Musik, mit der man sich identifizieren kann, weil sie dem augenblicklichen Befinden entspricht, ist gleichzeitig auch der indirekte (stellvertretende) Ausdruck dieser Befindlichkeit. Umgekehrt lässt sich sagen, dass man sich mit einer Musik identifiziert, weil sie Ausdruck der eigenen Befindlichkeit ist.*»

58. Ein bemerkenswertes Erfolgsbeispiel belehrt uns über Evangelisationsmethoden

Der erfahrene Seelsorger Dr. Kurt E. Koch veröffentlichte in seinem Buch «Das okkulte ABC» auf Seite 351-356 ein bemerkenswertes Glaubenszeugnis einer ehemaligen Prostituierten, welche zwar moralisch sehr tief gesunken war, aber andererseits einen grandiosen «Aufstieg» zur sogenannten «Königin der schwarzen Hexen» erlebte und im Dienst und in der Anbetung Satans als eine von ihm bevollmächtigte Hohepriesterin der schwarzen Magie «geehrt» wurde. Nach Meinungen vieler moderner Evangelisten müsste man diese Frau mittels einer Ausdrucksform evangelisieren, die dem Sprach- und Ausdrucksmilieu dieser Frau angepasst wäre entsprechend ihrer bisherigen «Arbeitsumgebung» sowie ihrer etablierten emotionalen Befindlichkeit. Choräle und traditionelle Heilslieder entsprächen sicherlich nicht ihrem kulturellen Geschmackssinn. Aber Gott benutzte als Evangelisationsmittel für diese Frau kein Popmusikarrangement und schon gar nicht so genannte «christliche Rockmusik»! Nein, sie wurde «gepackt» durch ein schlichtes Solo-Lied, das sie bei einer evangelistischen Versammlung hörte, die sie anfänglich nur aus Neugier besuchte und in der bösen Absicht, diese Veranstaltung zu stören. Völlig unerwartet liess dann aber der verständliche und schlichte Ausdruck eines dort vorgetragenen Heilsliedes sie schmerzlich erkennen, wie tief sie in den Schmutz der Welt gesunken war, so dass nun in ihr ein kindliches Sehnen nach der schlichten Reinheit wach wurde, die ihr aus dem gesungenen Lied entgegenstrahlte. Gerade *weil* sie sich mit dem emotionalen Gehalt solcher Lieder aufgrund ihrer völlig entgegengesetzten Gefühlshaltung überhaupt *nicht identifizieren konnte,* mag darin die Ursache gelegen haben, die zur *geistlichen* Wahrnehmung und Erkenntnis ihres eigentlichen Lebensdefizits führte. – Ob evangelistische Texte in einer weltlichen Verpackung moderner Disco- oder Rockmusik wohl diese Frau wirklich hätten geistlich berühren und überführen können?

59. Das Urteil des Galaterbriefes

Das 5. Kapitel des Galater-Briefes macht sehr deutlich, dass jede fleischliche Empfindung doch stark wider den Geist streitet, so, *«dass ihr nicht tut, was ihr wollt»,* sagt Paulus im Vers 17. Finden wir wirklich geistliche Anknüpfungspunkte in weltlich geprägten Liedstrukturen oder füttern wir damit nur die seelisch-fleischlichen Empfindungen, die letztlich der Aufnahme des Heiligen Geistes immer wieder im Wege stehen?

Es dürfte bekannt sein, dass tief greifende Bekehrungen, die auch zu echter Wiedergeburt führen, niemals nur aus seelischer oder gar körperlicher Stimulans hervorgehen, sondern durch eine bibelgemässe *geistliche* Überführung des Menschen zum Erkennen seiner Sündhaftigkeit gegenüber der Heiligkeit Gottes. Diese Erkenntnis seiner Sündenschuld lässt in ihm Gefühle der Reue und Busse entstehen, und er wird von *dieser* Gefühlsebene ausgehend das Gnadenangebot des Evangeliums für sich erst richtig begreifen und ergreifen. Der *geistliche Anknüpfungspunkt* sollte also vorrangig auf das Erkennen und Begreifen der völligen Verlorenheit des Sünders auf Grund seiner bisher unvergebenen Sündenschuld ausgerichtet sein. Vor diesem Hintergrund gewinnt der Hinweis auf das evangelistische Gnadenangebot Gottes mit den Glaubensbedingungen zur Sündenvergebung als Lösung seines *Sündenschuld-Problems* für ihn an Bedeutung.

Die Bibel belehrt uns unmissverständlich, dass der Heilige Geist den Menschen ***zuerst von Sünde*** überführt (Joh 16,8-11). *«Und wenn derselbe kommt, wird er die Welt strafen um die Sünde und* *um die Gerechtigkeit und um das Gericht»* (V. 8). Dieses kann aber nur über die *geistliche* Ebene im Menschen geschehen, denn die seelisch-*fleischliche* Gesinnung streitet bekanntlich gegen alles Geistliche. Deshalb können sehr schnell alle Gefühlsansätze von Reue und Busse zurückgedrängt werden, wenn biblische Texte in Verbindung mit Popmusikstilen dargeboten werden, welche die Gefühlswerte weltlicher Freuden dagegen stimulieren.

Auch die bereits genannte Aussage von Sprüche 20,27: *«Der **Geist** des Menschen ist eine Leuchte des Herrn, durchforscht alle Kammern des Leibes»*, bestätigt, dass *Gott über den **Geist** des Menschen wirkt* und *nicht über die leibliche oder seelische Ebene des Menschen.* Daraus ergibt sich aber eine ernsthafte Infragestellung von evangelistisch gemeinten Musikformen und Liedstrukturen, wenn sie häufig Stilmittel des kulturellen Ausdrucks *weltlicher* Lust und Freude benutzen, die doch ihrer Herkunft gemäss ein entsprechendes *weltliches* Lebensgefühl im Hörer wachrufen. Ob die Vermittlung eines solchen Lebensgefühls die Hörer auf eine Haltung einstimmen kann, welche ihnen die notwendige Bereitschaft zu persönlicher Busse und Lebensumkehr erleichtern, scheint im Hinblick auf das hier bisher Gesagte doch sehr fragwürdig. Noch weitaus fragwürdiger ist der Gebrauch der sogenannten christlichen Rock- und Popmusik, welche sogar oftmals mit Bühnen-Show-Manier nach Art von Unterhaltungsveranstaltungen biblische Botschaften in einer «Keep-smiling-Atmosphäre» darbietet, wodurch der Prozess von echten Bekehrungen sicherlich eher gebremst als gefördert wird. Entspricht eine solche Bühnen-Schau-Atmosphäre der Anbetungshaltung, die wir der Heiligkeit Gottes schulden in Anbetracht dessen, wie uns Gott in der Bibel vorgestellt wird? Sehr leicht *kann auf diese Weise bei den Hörern ein völlig **entstelltes Gottesbild** verbreitet werden.*

60. Tanz zur Anbetung?

Tanz mit entsprechender Musik zur Anbetung wird von einigen Leuten auf Grund von 2. Samuel 6,14 befürwortet: *«Und David tanzte mit aller Macht vor dem Herrn her und war begürtet mit einem leinenen Leibrock.»* Auf Grund dieses Verses glauben einige christliche Tanzmusikfreunde, nun auch den Tanz und unsere zeitaktuellen Tanzmusikstile zum Gebrauch im Gottesdienst rechtfertigen zu können. Abgesehen davon, dass die Bibel nirgends von Tanzgebräuchen innerhalb der Tempelgottesdienste berichtet, kann man die lediglich einmalig im Leben Davids aus besonderem Anlass sich zugetragenen Tanzbewegungen nicht als Rechtfertigung zur liturgischen Verwendung des Tanzes für unsere heutigen Gottesdienste ins Feld führen.

Sicherlich lassen Davids Tanzbewegungen sich auch wohl kaum in unsere Tanzstile einordnen, denn sie werden sich gewiss nicht im Stile von Foxtrott, Tango, Walzer, Samba oder Rock 'n' Roll abgespielt haben. Die Tanzmusikstilarten des 20. Jahrhunderts sind nämlich gesellschaftlich auf Paartanz zugeschnitten, während die alten Tänze stets Gruppentänze waren, wie auch in unserem Lande die alten traditionellen Volkstänze. Solche Gruppentänze, die im alten Bund «Reigen» genannt werden und bei besonderen Festlichkeiten besonders von Mädchengruppen ausgeführt wurden, waren sicherlich nicht nach der Art unserer Tanzmusikstilarten aufgebaut. Diese Bewegungsabläufe solcher Reigentänze werden vermutlich ähnlich wie unsere alten traditionellen Volkstänze gewesen sein, wo man sich nach vorgegebenen choreographisch festgelegten Bewegungsformen in harmonisch geordneten Schrittfolgen bewegte. Nach der Definition des «Biblischen Wörterbuchs» (Verlag R. Besser, 1856) ist der Reigentanz ein *«Reihentanz, da eine Anzahl Personen sich zu einem Kreis die Hände reicht und unter dem Schall der Handtrommel ... im Kreise sich herum bewegt, wie beim Ringelreihen unserer Kinder. ... Es ist Ausdruck der freudigen inneren Bewegung»*. Solche Reigentänze waren besonders bei festlichen Anlässen wie Siegesfeiern und Erntefesten als Ausdruck freudiger Bewegtheit üblich. Dies lässt aber nicht den Schluss zu, dass solche Tänze als liturgischer Bestandteil auch im Tempel üblich waren. Ekstatisch ausgerichtete Tanzmusik mit taktrhythmisch erfolgenden Trommelschlägen nach den Mustern der Heidenvölker war sicherlich nicht beim Reigentanz der gläubigen Israeliten anzutreffen. Es gibt allerdings eine bemerkenswerte Ausnahme, von der uns in 2. Mose 32,17-19 berichtet wird:

«Da nun Josua hörte des Volks Geschrei, dass sie jauchzten, sprach er zu Mose: Es ist ein Geschrei im Lager wie im Streit.

Er antwortete: Es ist nicht ein Geschrei gegeneinander derer, die obliegen und unterliegen, sondern ich höre ein Geschrei eines Singetanzes.

Als er aber nahe zum Lager kam und das Kalb und den Reigen sah, ergrimmte er mit Zorn und warf die Tafeln aus seiner Hand und zerbrach sie unten am Berge.»

Eigentlich könnten die heutigen Verfechter von Tanzmusik (und auch die Rock- und Popmusik ist diesem Bereich zuzuordnen) für den Gottesdienst ihr Anliegen mit diesem biblischen Beleg rechtfertigen, denn der götzendienerische Tanz um das goldene Kalb, den die Israeliten als «ein Fest dem Jehova» bezeichneten, wurde auch ziemlich lautstark begangen:

«Und als Aaron es sah, baute er einen Altar vor ihm; und Aaron rief aus und sprach: Ein Fest dem Jehova ist morgen!

Und sie standen des folgenden Tages früh auf und opferten Brandopfer und brachten Friedensopfer; und das Volk setzte sich nieder, um zu essen und zu trinken, und sie standen auf, um sich zu belustigen» (2.Mo 32,5-6, ur.Elb.).

Da Mose es schon aus der Ferne als «Singetanz» indentifizierte, während Josua «Kriegsgeschrei» zu hören glaubte («Es ist ein Geschrei im Lager wie Streit!»), kann man annehmen, dass der «Singetanz» damals schon sehr laut und turbulent gewesen sein muss, obwohl man noch keine elektronischen Verstärkeranlagen hatte. Offenbar hatten sich schon damals laute Tanzmusikarten als sehr geeignet erwiesen für solche ungeistlichen, götzendienerischen Festlichkeiten.

Tanzbeflissene Christen unserer Zeit kommen bei ihrem Drang zur Nachahmung von Davids Freudentanz aber eigenartigerweise nicht auf den Gedanken, dass sie dann eigentlich auch die anderen Tätigkeiten Davids ebenso übernehmen müssten hinsichtlich der damaligen Anbetungsformen mit Bundeslade und dem Altar mit Tieropfern und den Speisegeboten des Alten Testamentes, Beschneidung etc. Also müssten sie zurückgehen zu den «Vorschattungen des Christus» anstatt zu Christus selbst?

Einige Verfechter von Tanz im Gottesdienst verweisen auch auf Psalm 149: *«Sie sollen loben seinen Namen im Reigen; mit Tamburinen und Harfen sollen sie ihm spielen»* (V. 3).

Abgesehen davon, dass der Gebrauch von Tamburinen und Zimbeln im Tempel niemals nach den Gebrauchsmustern heutiger Tanzmusikstile üblich war (siehe Abschnitt 50), – sie wurden vorwiegend zur Signalgebung für bestimmte Anlässe im liturgischen Ablauf benutzt – so müsste man doch heute bei der Übernahme der «Lobes-Reigen-Tanzmusik» eigentlich auch die übrigen alttestamentlichen Anweisungen befolgen. Eine buchstäbliche Befolgung solcher Anweisungen nach diesem Kontext würde dann beispielsweise auch das Hantieren mit Schwertern einschliessen: *«Ihr Mund soll Gott erheben, und sie sollen scharfe Schwerter in ihren Händen haben, dass sie Rache üben unter den Heiden, Strafe unter den Völkern» (V. 6).*

Der biblische Massstab für geistliche Anbetung in geschwisterlicher Gemeinschaft bemisst sich am Ausmass der Selbstverleugnung und der Absonderung von der Welt und in der Hinwendung zum Herrn Jesus Christus – dem Wort, also im «Wegsehen von sich selbst und seinen Gefühlen» (= Hebräer 12,2). Wenn aber Gefühlsbewegungen vorwiegend durch weltliche Musikstilarten bewegt werden, besteht immer die Gefahr, dass gerade das *Eigenleben* der seelischen Empfindungsebene im Hörer bestätigt und verstärkt wird. Die Anbetung bleibt dann nur in der mittels *Musik* erregten seelischen Gefühlsebene stecken. Man betet sich dadurch im Grunde selbst an! Verstärkt durch die gruppendynamischen Auswirkungen von Popmusikstilarten, die den gefühlsmässigen Konsens vorwiegend über körperliche Stimulans erreichen, kommt deshalb auf diese Weise im Grunde eine *ungeistliche* Ausrichtung der Gemeinde zustande.

Es ist bekannt, dass das Gefühl, also die seelische Empfindungsebene des Menschen, durch Körperbewegungen und besonders durch Tanzen in Verbindung mit Musik stark mitbewegt werden kann, weil Leib und Seele miteinander verzahnt sind. Rock- und Popmusik stimuliert besonders stark zum körperlichen Bewegungsmitvollzug der taktrhythmischen Musikkomponenten, die mittels Schlagzeug- und Schlagbassbegleitungen verstärkt werden. Deshalb zeichnen sich populäre Tanzmusikstile generell durch eine durchgehend sich vollziehende Beat-Begleitung aus, die dabei eine führende Rolle übernimmt. Eine *geistliche* Anbetung im Sinne des neutestamentlichen Gebots von Johannes 4,23-24 kann durch Tanzbewegungen wohl kaum zustande kommen, denn der Ausdrucks- und Empfindungsbereich körperlicher Tanzbewegungen vollzieht sich nicht auf einer geistlichen Ebene des tanzenden Menschen, sondern bleibt zwangsläufig in der seelisch-*körperlichen* Polarität *seiner* Empfindungen verhaftet.

Dass Tanzbewegungen eine gewisse Entspannung und deshalb auch Spass und Freude an der Übertragung musikalischer Bewegungsvorgänge auf körperliche Bewegungen bereiten kann, bleibt unbestritten. Die *Ursache* solcher Freude liegt aber dann *im Vollzug des Tanzens* und *nicht* in der Freude am Herrn und Seinen Botschaften!

Es ist aber auch bekannt, dass gewisse Tanzmusikstile in Verbindung mit Tanz die Persönlichkeit des tanzenden Menschen so weit von seiner geistlichen Orientierung wegbewegen kann, dass sein Wachbewusstsein völlig zurückgedrängt wird bis hin zu Trancezuständen. Bekanntlich benutzen heidnische Urvölker in Afrika bis heute den Tanz zu ihrer Musik als verstärkendes Mittel zur schnelleren Herbeiführung der angestrebten Ekstase, die dann spirituelle, aussersinnliche Erfahrungen bis hin zur Geistbesessenheit ermöglicht.

Diese Erfahrungstatsache machen sich auch in unserem «christlichen Abendland» professionelle Tanzschulbetriebe zunutze und bestätigen damit, dass die dadurch ausgelösten seelischen Bewegungen in den Tänzern ihrer Schule *niemals* in einer geistlichen Richtung verlaufen, wohl aber eine antibiblische Spiritualität bewirken. Die im Schlussteil von Abschnitt 8 gezeigten Teilauszüge aus einem veröffentlichten Interview mit der Leiterin einer solchen Tanzschule bestätigen dies anschaulich.

61. Wirkungen falsch praktizierter «Anbetungsmusik»

In der Gemeindezeitschrift G.G.E[29] wurde ein sehr bemerkenswertes Interview veröffentlicht, worin der Leiter einer pfingstlich-charismatischen Gemeinde, Martin Bühlmann, sowie sein musikalischer Anbetungsleiter Kevin Prosch erstaunliche Aussagen in Bezug auf die Wirkung ihrer praktizierten Anbetungsmusik von sich gaben. Es wurde dort behauptet, dass musikalische Anbetung in die Gegenwart Gottes führe. Wie dies nun am wirksamsten geschehen könne, wird dann mit sehr bemerkenswerten Erfahrungen und Argumenten begründet, die mich sehr erschüttert haben.

Um die emotionsgeladene moderne «Anbetungsmusik» in seiner Gemeinde zu verteidigen, äusserte sich der Gemeindeleiter wie folgt: «*Uns wurde ja auch über Jahrhunderte hinweg eingeredet, dass Gefühle nicht zum Christsein gehören. Anbetung aber schliesst neben Verstand und Willen auch das Gefühl ein.*»

Er wollte also offenbar mit dieser Aussage seine Anbetungs-Musikpraxis verteidigen, mittels derer in der Gemeinde durch Rock- und Popmusikstile die menschlichen Gefühle stark bewegt werden. Nun ist diese Aussage allein schon deshalb absurd, weil es normalerweise überhaupt keinen lebendigen Menschen gibt, welcher gänzlich ohne Lebensgefühle existieren könnte, aber es kommt doch letztlich auf die *Qualität des Gefühls* an. Emotionen sind Gefühlsbewegungen, wie schon das Wort aussagt, und man muss doch in diesem Fall hinsichtlich der ethischen Qualität des übertragenen Gefühls gewisse Kriterien bedenken. Die charakterliche Ausdrucksqualität zeitaktueller Popularmusik ist in der Regel schon vorgeprägt von dem ursprünglichen Zweck und Gebrauchs-*Ziel* dieses Musikstils. Er wurde gezielt für *spezielle* gesellschaftliche Verwendungszusammenhänge zur Stimulation entsprechender Lebensgefühle entwickelt, so dass seine musikalischen Grundbausteine, d.h. sein musikalisches «Ausdrucksvokabular», *die* Ausdrucksmerkmale widerspiegeln, welche ursächlich der Einstimmung zu weltlichen Amüsierfreuden dienten und dazu auch geeignet sind. Allzu leicht überträgt solche Musik auch entsprechende Lebensgefühle auf die Hörer christlicher Gemeindeversammlungen und viele Hörer fühlen sich dadurch in eine Disco-Atmosphäre versetzt. Innerhalb solcher Einstimmungen verflachen auch die wertvollsten Textbotschaften und deren geistliche Tiefenwirkung wird gebremst.

In dem veröffentlichten Interview wurde der betreffende Anbetungsleiter weiterhin befragt, warum er so viel Instrumentalmusik verwende und welche Erfahrung er damit mache. Seine bemerkenswerte Antwort lautete interessanterweise: «*Ich habe bemerkt, dass bestimmte Wirkungen des Heiligen Geistes nur eintreten, wenn ich mit dem Schlagzeuger zusammen* ***spiele*** *(Gitarre), also* ***nicht singe.***» Und weiter: «*Bestimmte Noten und Harmonien bringen den Geist Gottes in Bewegung.*» Der Gemeindeleiter dieser Gemeinde ergänzte das Gespräch noch mit den Worten: «*Der Rock 'n' Roll hat der Welt eine Sprache gegeben, die alle verstehen; Gott wird diese Sprache nehmen, um den Völkern das Heil zu vermitteln.*»

Interessant an diesen Äusserungen ist die betonte Erfahrung mit purer Instrumentalmusik, also **ohne Liedtexte,** wobei «bestimmte Wirkungen des Heiligen Geistes nur eintreten», – wie gesagt wurde – wenn das *Zusammenwirken mit dem Schlagzeuger* gut verläuft. Offenbar scheint mir hier die Parallele gegeben zu sein zu den bekannten Wirkungen, die seit Urzeiten bereits die Schamanen mit ihren Trommeln zu Wege bringen, wo mittels einiger sich ständig wiederholender Melodiefetzen und Trommelrhythmen das Wachbewusstsein der beteiligten Hörer so weit zurückgedrängt wird, bis schliesslich fremde Geistesmächte sich der in Passivität gedrängten Bewusstseinsebenen der Hörerschaft bedienen können. Solche «Bedienung» könnte durchaus auch von euphorischen Gefühlen begleitet sein und sich dementsprechend auf das Verhalten der Hörer und Musiker auswirken.

Sehr erschreckend ist für mich nun die weitere Aussage des Leiters der genannten Gemeinde, der seine Gottesdienstbesucher evangelisieren will, indem er sie zur Lebensübergabe bereits im Rahmen des sicherlich sehr ausgedehnten musikalischen Anbetungsvorspanns aufruft, also – wohlverstanden – *im Rahmen der musikalischen Darbietungen,* ***bevor*** *die eigentliche Wortverkündigung* stattfindet!!! Der Apostel Petrus hatte demnach wohl keine Ahnung, aus welcher Ursache sich Menschen zu Gott bekehrten, denn er betont in seinem ersten Brief, Kapitel 1, 23: dass **Menschen** «*wiedergeboren werden* ***aus dem lebendigen Wort Gottes***». Die Erfahrungen in den genannten musikalischen Anbetungsversammlungen korrigieren anscheinend die biblischen Aussagen, denn der betreffende Gemeindeleiter sagte:

> «Wir gehen davon aus, dass Anbetung in die Gegenwart Gottes führt. Daher stehen Anbetung und Evangelisation in einem engen Zusammenhang. In unserer Gemeinde an den Sonntagabenden geben wir einen Aufruf zur Lebensübergabe im **Rahmen der Anbetung** und **nicht der Predigt,** weil da die Herzen für Gott geöffnet sind.»

Die Herzen sollen also demnach durch rock-'n'-roll-artige Musik für Gott heilbringend geöffnet werden, – sogar *mittels purer Musik ohne Textaussagen!* Wir müssen nun ernstlich hinterfragen, ob es denn überhaupt echte Bekehrungen geben kann, die vorrangig durch Musikdarbietungen bewirkt werden, bevor das Wort Gottes gepredigt wird? Kann es in Anbetracht der Gesamtaussagen der Bibel über das Wirken des Heiligen Geistes wirklich der Geist Gottes sein, dem man sich in dieser Weise mittels einer gruppendynamischen Auswirkung von Popularmusik öffnet?!

Der Apostel Paulus hätte demnach wohl noch grössere Missionserfolge haben können, wenn er «diese Wirkung» der Musik erkannt und angewendet hätte?! Aber er hielt sich an die Worte der göttlichen Eingebung: *«Der Glaube kommt aus der Predigt!»* (Röm 10,17). Demnach muss *dieser* Glaube als der «rettende Glaube» sich wohl wesentlich von *dem* Glauben unterscheiden, der angeblich durch die zuletzt beschriebenen Musikwirkungen erreicht werden kann.

62. Gruppendynamische Kommunikation mittels Musik

Das wesentliche Kennzeichen von Musik, die zu körperlicher Bewegung stimuliert, liegt in der Betonung ihrer taktrhythmischen Komponenten wie zum Beispiel bei Marschmusik, welche zum Gleichschritt einer Marschkolonne «aufruft». Die gruppendynamische Wirkung auf die «Marschierenden» ist um so stärker, je lauter die taktzeitgebenden Instrumente zu hören sind (Pauken, Trommeln und übrige Schlagzeuginstrumente). So kann das Bewusstsein der Soldaten eines Kriegsheeres, das in Begleitung marschmässiger Musik gegen ein feindliches Heer aufmarschiert, in eine gewisse «Gleichschaltung» hineinstimuliert werden, welche individuelles Nachdenken zurückdrängt zugunsten einheitlicher Gefühlsrichtungen zur vorwärtsdrängenden körperlichen Bewegung auf das gegnerische Heer zu. Individualisten kann sich bekanntlich keine Armee während eines Kriegsaufmarsches leisten! Die Geschichte lehrt, dass gerade kriegsführende Diktatoren dieses musikalische Mittel oft benutzt haben, um sich Soldaten und auch breite Bevölkerungsschichten gefügig zu machen. Jeder kann an sich und bei anderen Personen immer wieder beobachten, dass eine «stramm» gespielte Marschmusik doch irgendwie «in die Knochen geht», wie man zu sagen pflegt. Diese körperliche Reaktion, welche zwangsläufig über das menschliche Nervensystem zustande kommt – und zwar *unabhängig von musikalischen Geschmacksvorbildungen* – , bewegt dann auch gefühlsverändernd die seelische Ebene der Hörer. Je genauer die Zeitabstände ununterbrochener Beat-Folgen der Taktschläge in *gleichen* Zeitlängen erfolgen, um so zwingender wird sich das Nervensystem der Hörer darauf einpendeln. Das Wachbewusstsein kann dadurch allmählich zurückgedrängt werden, so dass die Hörer leichter manipulierbar werden. [4b, 12, 14c, 19, 47]

Musik hat stets eine kommunikative Auswirkung, sobald eine Gruppe von Menschen einer musikalischen Darbietung zuhört; denn sie stimuliert die Hörergruppe in eine bestimmte Gefühlsebene hinein, die dann eine spezielle emotionale Einstimmung vermittelt, entsprechend der musikalisch gestalteten Stimmungs-Aussage. Die Gemüter der Hörer können so auf eine gleichartige, gemeinsam empfundene Emotions-Ebene vereint werden, was dann dementsprechende kommunikative Auswirkungen hat.

Leider findet aber eine solche Kommunikation bei christlichen Versammlungen oftmals nicht auf einer *textentsprechenden* ***geistlichen*** *Ebene* statt, sondern es wird oft durch ungeeignete Musik lediglich die *seelisch-körperliche* Seite der Menschen stark angesprochen. Eine solche gemeinsame Erlebnisebene liegt deshalb vorwiegend im seelisch-körperlichen Empfindungsbereich, wobei die eigentlich ***erwünschte*** *Gemeinsamkeit in der textentsprechenden* ***geistlichen*** *Auferbauung* durch ungeeignete Musik verdrängt wird.

Hier findet also ein gruppendynamischer Prozess statt, gewissermassen eine Synchronisation der Emotionen in den Hörern zu einer gleichartigen Gefühlsebene mittels Musik. Es wurde schon darauf hingewiesen, dass Musikpsychologen und Musiksoziologen bestätigen, dass eine Musik mit *stark betont taktmetrischen* Grundschlägen – durch Schlagzeug- oder Beat-Bassbegleitung – sogar auf Menschen *verschiedenster kultureller Vorbildung* dennoch eine *gleichartige Wirkungsrichtung zu körperlichen* Stimulationen bewirkt, denn diese taktschlagmässig durchgehend angewandte Beatbegleitung wirkt vorwiegend auf das menschliche Nervensystem, das ja nicht abschaltbar ist und auf Grund seiner Funktionsgrundlagen *zunächst unabhängig* von kulturellen Konventionen reagiert. [5-8, 11, 13b.c] Bevor wir für unsere christlichen Versammlungen solche Beat-Musik einsetzen, sollten wir deshalb ernstlich hinterfragen, ob wir durch *körperlich gepolte Stimulationen* unsere Gemeinden wirklich *geistlich* erbauen können! Die Hörer können mittels taktrhythmisch betonter Musikstile zwar auf eine gemeinsame Gefühlsebene eingependelt werden, aber nun muss man hinterfragen: ***Was*** bewirkt denn diese Gemeinsamkeit der Empfindungen? Ist es diese bewegende Kraft der **Musik** oder die Aussage der *Textbotschaft*? ***Was*** wird ihnen dabei eigentlich zum *gemeinsamen* Erlebnis – Textbotschaft oder Musikwirkung?

In der Zentralstelle des Menschen, nämlich in Herz und Gewissen sucht der Herr die Hingabe an Ihn. Das kann nur ganz persönlich, ganz individuell vollzogen werden, nicht in der Masse, nicht gruppendynamisch. Werden die menschlichen Gefühle mittels dem Geist Gottes wesensfremder Mittel bewegt – wie mit naturwidrigen taktmotorischen Rhythmen, welche die geistliche Empfänglichkeit der Hörer zurückdrängen und betäuben – so können deren Herzen und Gewissen für Gottes Wort verschlossen werden.

Um also die dem Heiligen Geist wesensmässig stille Wirkungsweise an der ganz individuellen Persönlichkeit des Menschen zu stören, braucht es nur die Anwendung solcher wesensfremden Kommunikationsmittel, welche geeignet sind, die individuellen Lebensgefühle der Menschen einer Gemeindeversammlung auf eine ungeistliche Ebene hinzubewegen. Das Ausdruckswesen der Rock-, Pop- und Technomusik ist tatsächlich geeignet, christliche Versammlungen in eine solche gemeinschaftlich empfundene Gefühlsebene hineinzustimulieren, welche sich auch durch die gruppendynamische Kommunikationswirkung dieser Musikstilarten bei entsprechend vorkonditionierten Hörern bis zu Begeisterungs-Euphorien steigern kann. Der Heilige Geist Gottes wirkt aber nicht gruppendynamisch und schon gar nicht auf einer solchen körperlich-seelisch erregten Ebene. (s.a. Abschnitt 14, S. 66)

Wir müssen klar erkennen, dass die Feinde der Gemeinde Jesu gewiss die biblisch geistliche Ausrichtung verdrängen wollen, um die gesunde Empfänglichkeit zur Aufnahme und Verbreitung biblischer Botschaften zu erschweren. Dies kann in der Tat auch durch Musik geschehen, wenn darin die dem Geist Gottes wesensfremden Kommunikationsmittel zur Anwendung kommen. Den meisten Anwendern solcher Mittel ist dies aber leider nicht bewusst und sie ignorieren dabei auch Gottes Wort aus 1. Korinther 2,13, dass wir gelehrt sind durch den Geist: *«mitteilend geistliche Dinge durch geistliche Mittel»* (ur.Elb.).

Der gruppendynamische Prozess, der mittels geeigneter taktmetrisch geprägter Musikstile eine gewisse Gleichschaltung der menschlichen Emotionen bewirkt, verdrängt individuelle Empfindungen zugunsten kollektiver Gruppen-Empfindung. Man wird durch solche Musik zu gleichartig ausgerichteten Emotionen eingependelt und verwechselt solche Empfindungen übereinstimmender Gemeinschaft mit dem, was man als Gemeinschaft im Heiligen Geist bezeichnet. Damit ist also eine Möglichkeit gegeben, die Empfindungen der Hörer mittels Musik gewissermassen psychisch zu einem einheitlich empfindenden Kollektiv zu synchronisieren. Aber dieses Gemeinschaftsgefühl findet auf einer völlig *ungeistlichen* Ebene statt! Bekanntlich werden Handlungsmotivationen und die Denkungsart vieler Menschen weitgehend durch den qualitativen Wechsel ihrer individuellen Gefühle stark beeinflusst. [44] So könnte schliesslich ein solcher gruppendynamischer Vorgang bei unbiblisch ausgerichteten Religionsgemeinden z.B. auch zum Hilfsmittel von antibiblisch ausgerichteten Einheitsbestrebungen werden. [9a.b]

63. Biblische Kriterien für die Melodiestruktur geistlicher Lieder

Das wichtige *geistliche* Kriterium für die Beschaffenheit geeigneter Liedmelodien ist zweifellos eine entsprechende ***Wortbezogenheit*** der Melodiestruktur als geeigneter Träger und *Diener des Textes,* den sie emporheben soll. Denn die eigentlich *geistliche* Komponente ist der ***Text*** des Liedes. Wie sollten nun Melodien gebaut sein, um dieser geistlichen Aufgabe gerecht zu werden?

Musikalische Schönheit der kompositorischen Form im Sinne einer reinen musikästhetischen Betrachtungsweise muss noch lange nicht den bibelgemässen *geistlichen* Kriterien entsprechen. Schöne Musik kann Menschen im wahrsten Sinne des Wortes bezaubern. Aber damit wäre – biblisch betrachtet – keine geistliche Wirkung erreicht, sondern eher eine Verblendung beziehungsweise Ablenkung von der eigentlichen geistlichen Wahrheitsaussage des Textes. Es gibt sicherlich viel hochkünstlerische Kirchenmusik bekannter Komponisten, welche biblische Texte mit grossem musikalisch-handwerklichen Vermögen vertont haben, wobei die Musik allein durch die Schönheit ihrer kompositorischen Form die Hörerschaft so für sich gefangen nimmt, dass schliesslich der Text mehr und mehr in den Hintergrund gedrängt werden kann, als wäre er nur eine Beigabe. Hier wird dann der Träger – nämlich die Musik – *selbst* zur Hauptbotschaft. Die Melodiestruktur eines geistlichen Liedes sollte deshalb niemals so viel Eigenleben haben, dass sie den Hörer vom Text abzulenken vermag; sondern der tektonische Aufbau der Melodie muss sich ausschliesslich vom Text leiten lassen und denselben verdeutlichen.

Dass es diesbezüglich im Grunde nichts Neues unter der Sonne gibt, bezeugt bereits ein bemerkenswertes Zeugnis aus dem vierten Jahrhundert. Die Gefahr einer Ablenkung von der geistlichen Ebene der Wortverkündigung durch die liebliche Zauberkraft der Musik in ihrer Klangsinnlichkeit erkannte nämlich auch schon der bekannte Kirchenvater Aurelius Augustinus, obwohl damals die musikgeschichtliche Entwicklung der Vokal-Kompositionen noch in den ersten Anfängen war und an eine selbständige Entfaltung der Instrumentalmusik überhaupt noch nicht zu denken war. In seinen lesenswerten Bekenntnissen steht auszugsweise Folgendes:

«Die Freuden des Hörens hatten mich weit stärker umschlungen und unterjocht. Du aber hast mich losgebunden und befreit. Ich gestehe, dass ich auch heute noch mit Wohlbehagen ein klein wenig in den Tönen ruhe, die von Deinen Worten beseelt werden, sobald sie mit lieblicher und kunstvoller Stimme gesungen werden; **freilich nicht so, dass ich mich in sie verfinge,** sondern mich löse, wenn ich will. ... **Oft aber täuscht mich auch das Ergötzen meines Fleisches,** dem der Verstand nie bis zur Entnervung ausgeliefert werden darf; dann nämlich, **wenn sich die Empfindung nicht so der Vernunft als Begleiterin zur Seite stellt,** dass sie geduldig hintan steht, sondern just, wo sie doch nur um der Vernunft willen zugelassen zu werden verdient, versucht, **ihr voranzueilen und die Führung zu übernehmen. Und darin sündige ich, ohne es zu merken, und merke es erst später.**

Manchmal aber, wenn ich mich gar zu ängstlich vor solcher Überlistung hüten möchte, irre ich durch allzu grosse Strenge zuweilen so heftig, dass ich alle Melodien der lieblichen Gesänge, mit denen gewöhnlich der Davidische Psalter vorgetragen wird, von meinen Ohren und denen der ganzen Kirche ferngehalten wünschte. Gefahrloser scheint mir dann, was mir, wie ich mich erinnere, oftmals von dem alexandrinischen Bischof Athanasium erzählt wurde, **der den Lektor des Psalmes mit so gemässigter Schwebung in der Stimme singen liess, dass sich der**

Vortrag mehr einem Lesen als einem Singen näherte. Wenn ich mich dann aber meiner Tränen erinnere, die ich in den ersten Zeiten meines wiedergewonnenen Glaubens bei den Gesängen der Kirche vergossen habe, und sehe, wie ich auch heute **nicht durch den Gesang, sondern durch den gesungenen Inhalt gerührt werde, sobald er mit klarer Stimme und in der ihm angemessensten Gestaltung gesungen wird;** da erkenne ich wieder den grossen Nutzen dieser Einrichtung an. ... **Wenn es mir trotzdem widerfährt, dass mich der Gesang als solcher stärker bewegt als der Inhalt, der gesungen wird, gestehe ich, sträflich zu sündigen und möchte dann lieber den Sänger nicht hören.** Seht, so bin ich! Weint mit mir und weint für mich, die ihr im Herzen Gutes erwägt, woraus Taten hervorgehen.» *(Aus dem Lateinischen übertragen von Carl Johann Perl, Verlag Ferdinand Schöningh, Paderborn.)*

Damit der gesungene Textinhalt der Lieder von den Hörern als Hauptbotschaft empfunden wird, sollte die rhythmische Struktur der Melodien niemals der natürlichen Akzentuierung normaler Wortbetonungen zuwiderlaufen. Das heisst zum Beispiel für die metrische Gliederung, dass *unbetonte* Sprechsilben möglichst nicht auf *betonte* Taktteile fallen sollten. Synkopenbildungen sind heute sehr in Mode und werden gerade in den evangelikalen Liedern der heutigen Zeit oftmals nur wie eine Modeerscheinung stereotyp angewendet. Besonders ungeistlich und textentfremdend wirken solche synkopischen Akzentverschiebungen, wenn dadurch die normal *unbetonten* Wortsilben notgedrungen musikalisch betont und somit künstlich akzentuiert werden. Offenbar beabsichtigen die Liedermacher durch solche Synkopenbildungen eine *jugendgemässere Melodiegestaltung,* die dann mittels der synkopischen «Belebung» die taktrhythmische und deshalb körperliche Empfindungsebene der Hörer stärker ansprechen kann (s. Abschnitt 21). Man bezeichnet solche synkopierten Melodiestrukturen dann als *jugendgemäss «fetzig».* Die rhythmischen Strukturen vieler moderner Lieder, welche vielfach in den heutigen evangelikalen Gemeinden landauf und landab gesungen werden, unterstützen aber infolge solcher zwar «fetzig», aber textwidrig gesetzten Synkopen oftmals nicht den natürlichen Sprachrhythmus, sondern können eben durch ihr spezifisch rhythmisches Eigenleben geradezu den natürlichen Textbetonungen *entgegenwirken*. Dadurch *dienen* sie aber nicht mehr dem Text!

Selbstverständlich bedeutet dies nicht, dass Synkopen überhaupt nicht verwendet werden sollten, denn sie geben der Melodie Frische und Lebendigkeit, aber sie sollten stets der *Textverständlichkeit dienen*, indem sie den natürlichen Sprachrhythmus den *Wortbetonungen entsprechend* synkopisch akzentuieren. Genau dies praktizierte bereits der Reformator Martin Luther in seinem bekannten Lied «Ein feste Burg ist unser Gott». Leider wird die Urfassung dieser Liedmelodie nur von wenigen Gemeinden noch verwendet. Entsprechend einer sinngemässen Wortdeklamation seines Textes setzte Luther einfach die bedeutungswichtigsten Textsilben entweder auf betonte Taktteile, auf längere Notenwerte oder auf zeitlich vorgezogene Akzentuierungen, indem er betonte Silben genau zwischen die Taktschlagzeiten hineinsetzte. Diese zuletzt genannte Verfahrensweise ergibt dann zuweilen eine synkopenartige Liedstruktur, wobei aber *diese Synkopen ausdrücklich der Textverständlichkeit dienen* und dadurch zugleich die gesamte Textdeklamation schlagkräfiger wirken lassen.

Martin Luther, der bekanntlich das Kompositionsprinzip für geistliche Lieder immer textorientiert verstand und forderte, erklärte dazu: *«Die Noten machen den* ***Text*** *lebendig*!» Bereits 1524 hatte Luther in Polemik gegen die Schwärmer für den einstimmigen liturgischen Gesang die Beachtung des Grundsatzes gefordert: *«Es muss beides, Text und Noten, Accent, Weise und Gebärde aus rechter Muttersprache und Stimme kommen»* (aus Luthers Vorwort zur «Deutschen Messe und Ordnung des Gottesdienstes» von 1526, Wittenberg).

Das grundsätzliche Prinzip dieser Logozentrik, wo die Wortbedeutung im Mittelpunkt steht, war ja mit der Verbreitung des sogenannten Gregorianischen Chorals durch die Römisch-Katholische Kirche weitgehend verloren gegangen.

Aus alten Handschriften mit den Psalmengesängen, welche noch mit «Neumen» (kleine Zeichen über den Textsilben) in den Klöstern aufgezeichnet wurden, kann man erkennen, ob das Wort-Ton-Verhältnis der inhaltlichen Textbedeutung angemessen war. Es gab also *noch keine Verselbständigung von längeren Melodiebildungen* auf einzelnen Textsilben, sondern eine durch Neumen angezeigte «musikalische Sprechanweisung», die gewissermassen eine Predigtanweisung zu einer entsprechenden Tongestaltung für die Rhetorik war. Dies geschah gemäss textinhaltlicher Schwerpunkte, die es mit einer entsprechenden Hebung bzw. Senkung der Stimme zu verdeutlichen galt. Die Klangwerdung der Textinterpretationen zu melodischen Elementen geschah also massgeblich auf Grund *der* textinhaltlichen theologischen Bedeutungen, welche man damals den Bibeltexten zumass und deren emotionale Unterstützung in dem melodischen Sprachverlauf hörbar wurde. So konnte man also aus der Tongebung der Textdarstellung auch etwas von der Exegese, also einer gewissen Textauslegung, hörbar erkennen. Dabei haben sich natürlich auch immer wiederkehrende kleine «Melodiebausteine» herausgebildet, die dann in entsprechender Textbezogenheit sinngemäss für die Darstellung ähnlicher Texte wiederholt anwendbar wurden. Deshalb wäre heute die Theologie des Mittelalters in dieser besonderen Weise hörbar zu vernehmen. In Ermangelung einer präzisen Notenschrift sind uns die damaligen Melodieaufzeichnungen mittels der Neumen natürlich nicht *ton-genau* überliefert worden, aber durchaus *geist-genau*. Man darf deshalb wohl diese alten Psalmengesänge als Urzellen der geschichtlichen Entwicklung zum *geistlichen* Lied werten. (Eine bisher leider wenig bekannte geschichtliche Darstellung dieser frühen Entwicklungen des sogenannten Gregorianischen Chorals, welche sich tiefgründig mit der Bedeutung und Übersetzung der überlieferten alten Schriftzeichen befasst, ist studierbar in (41) «Christologie der Liturgie Quaestines disputatae» Bd. 159, Herder-Verlag, Seite 270: «Christologie im Gregorianischen Choral» von Godehard Joppich, Rodenkirchen.)

Dass die ursprüngliche Gesangart in Verbindung mit Bibeltexten bereits im Tempel des alten Bundes in Israel ebenfalls ausschliesslich wort-orientiert ausgerichtet war, bezeugen mehrere jüdische Musikwissenschaftler. Joel Walbe (79) veröffentlichte einige dieser Forschungsergebnisse in seinem Buch «Der Gesang Israels und seine Quellen, ein Beitrag zur hebräischen Musikologie». Im Kapitel «Die Akzente der Thora» (Text der 5 Bücher Moses) schreibt er über den «Sprechgesang» oder das «rezitativische Singen» der alten Israeliten:

«Das Gelesene verstanden, das sind die Akzente.» (Leitspruch aus Talmud Megillah I Fo. 3a)

«Die Akzente zum Vortrag der Bibeltexte sind ein wunderbares Zeugnis des musikalischen Geistes, der die alten Hebräer beflügelte: sie gelten als der lebendige Ouell der liturgischen Musik.

Zur Vervollständigung unserer musikologischen Betrachtung ist es unumgänglich notwendig, einen Blick auf die Tradition der Akzente oder Kantillationen zu werfen, da sie den Kern unseres musikalischen Erbes aus der Zeit, als das Volk Israel noch auf seinem eigenen Grund und Boden sass, bilden.

Die Akzente waren schon zur Zeit des Zweiten Tempels bekannt und in Gebrauch, allerdings noch nicht schriftlich niedergelegt, sondern von Generation zu Generation mündlich überliefert. Selbstverständlich blieben auch die Schöpfer der Akzente anonym.

In den letzten Jahren beschäftigten sich verschiedene Forscher eingehend mit diesem Problem, wobei sie auch zu aufschlussreichen und befriedigenden Ergebnissen gelangten. Ich weise auf Menachem Breuer («Die Akzente in der Bibel», Jerusalem) und auf Zwi Har-Sahav («Grammatik der hebräischen Sprache») hin. Letzterer äussert sich so über den Sprechgesang: «Dieses System des Vorlesens ist sehr gebräuchlich in den Gotteshäusern Israels wie auch anderer Völker und Religionen von Urzeiten bis zum heutigen Tage; es dient der Erhebung des Geistes und zur Läuterung der Seele derer, die an einem religiösen Kult teilnehmen. Der *Sprechgesang aus der Heiligen Schrift* und den Schriften unserer Lehrer und Weisen wurde von Generation zu Generation überliefert» (Band II, 376). Har-Sahav und andere Forscher sind der Meinung, dass die uns überlieferten Akzente folgende Funktion haben: sie *bestimmen den Verlauf des Vortrags,* d.h. sie bezeichnen die fortlaufenden Worte und die Unterbrechungen und schnelles oder gemässigtes Tempo in Frage und Antwort. Zudem legen sie auch die Vortragsweise (Kantillation) fest, die vom Ohr als Wohlklang aufgenommen werden soll, wie es zur Erhebung der Seele dient. *Die Akzente sind also eine Art Musiknoten, zugleich können sie aber auch als ein erster und grundsätzlicher Kommentar der Bibel angesehen werden.*

Den neutestamentlichen Aussagen können wir entnehmen, in welcher Art und Weise man den Psalmengesang gebrauchte, welcher sicherlich auch ausserhalb der Versammlungen im privaten Bereich üblich war. Im Jakobus-Brief lesen wir: *«Ist jemand guten Mutes, der singe Psalmen.»* Das Charakteristische dieses Psalmensingens und damit des geistlichen Liedes überhaupt zeigen uns die Aussagen aus Kolosser 3,16 und Epheser 5,18-19. Im Epheser-Brief empfiehlt Paulus der Gemeinde: *«Werdet voll Geistes und* ***redet*** *miteinander in Psalmen und Lobgesängen und geistlichen Liedern und singet und spielet dem Herrn in eurem Herzen und saget allezeit Gott, dem Vater, Dank für alles, in dem Namen unseres Herrn Jesus Christus, und seid dabei einander untertan in der Furcht Christi»* (Schl). Zu der Aufforderung *«werdet voll Geistes»* gibt uns nun Paulus Hilfestellungen, um dieses Ziel zu erreichen, und sagt uns, dass wir uns gegenseitig erbauen können, indem wir zueinander **reden** *in geistlichen Liedern*, Lobgesängen und Psalmen. Es fällt auf, dass hier nicht steht *«singet»* in geistlichen Liedern, sondern *«redet!»* (Leider wird in der Neufassung der Lutherbibel von 1984 dieses Wort *«redet»* ersetzt durch den nicht grundtextgemässen Wortbegriff *«ermuntert.»*)

Hier haben wir ein deutliches *Kriterium für die geistliche Qualität von Liedern* für unsere Versammlungen. Die melodische Struktur und natürlich auch die instrumentale Begleitung eines Liedes sollen das ***Reden*** zueinander besonders unterstützen. Die eigentlich geistliche Komponente eines Liedes ist ja bekanntlich der Text mit seiner geistlichen Aussage. Deshalb müssen alle musikalischen Bestandteile geistlicher Lieder in erster Linie der *Textverständlichkeit* dienen. Die musikalische Struktur sollte also nicht ein zu starkes Eigenleben ausstrahlen, wie es zum Beispiel auch in den langen Melodieketten auf einzelne Wortsilben beim Gregorianischen Choralgesang geschieht, weil der Hörer dadurch vom Text zu sehr abgelenkt wird und seine Aufmerksamkeit vorwiegend von dem *musikalischen* Ablauf angezogen wird. Ganz besonders ungeistlich sind Melodien und Begleitarrangements, welche zwar als Musik interessant und stimmungsvoll wirken, aber oft in ihrem eigenwilligen Gefühlsgehalt gar nicht der Grundhaltung der im Text gemeinten biblischen Aussagen entsprechen und dadurch die Hörer emotional auf eine Gefühlsebene einstimmen, welche die Aufnahme des geistlichen Inhalts der Textaussage erschwert oder gar verhindert.

64. Fehlentwicklungen bei Vertonung biblischer Texte durch katholische Gregorianik

Leider ist von dieser ursprünglich gesunden Wortbezogenheit des Singens nach Neumen aber in den Ausführungen der sogenannten Gregorianischen Choräle nicht viel übrig geblieben von dem, was zum Beispiel in den Neumen-Gesängen der alten St. Gallener Handschriften an sprachgemässen Wortbetonungen und Bedeutungen verwirklicht war. (s. auch Literatur: «Zwischen Wissenschaft und Kunst», Hrg. Peter Becker, Arnfried Edler und Beate Schneider, Schott Musik International, Mainz 1995 ED 8349) Die uns überlieferten Gregorianischen Choräle mit ihren ausgedehnten Melodieketten auf einzelnen Wortsilben der lateinischen Textvorlagen werden bekanntlich völlig ohne einen pulsgebenden Taktrhythmus ausgeführt und berücksichtigen auch in keiner Weise den natürlichen Sprachrhythmus. In solchem sogenannten melismatischen Choralgesang wird also nicht vordergründig eine Textverdeutlichung durch Anlehnung der Melodie an den Sprachrhythmus angestrebt. Hier dominieren die langen Melodieentfaltungen auf einzelne Wortsilben. Die Melodiestrukturen werden ohne jegliche Taktorientierung vorgetragen, wodurch dieser Gesang vorwiegend meditative Ausstrahlung bietet, gewissermassen losgelöst von dem mehr zu körperlicher Empfindung tendierenden Taktrhythmus. Aber es wird hier nicht mehr die Textverdeutlichung angestrebt wie bei den alten Neumen-Gesängen, sondern eher eine Art Einstimmung zu klerikal-mystischen Meditationen, welche ja auch die Mystik der römisch-katholischen Glaubensrichtung wirkungsvoll unterstützt.

Zweifellos kann die weitgespannte Melodik der Gregorianik sehr starke und beeindruckende Wirkungen auf den seelischen Bereich der Menschen ausüben. Da diese Gesänge völlig ohne Taktrhythmus vorgetragen werden, wird nämlich die körperliche Empfindungsebene der Hörer so gut wie gar nicht berührt. Die langen melodischen Spannungsbögen der Melodieketten auf einzelnen Silben der lateinischen Texte bewirken mehr eine meditative Gefühlshaltung in Richtung religiöser Mystik. Der Gregorianische Gesang ist auch *untrennbar verbunden* mit der grossen Raumakustik der *Kirchengebäude*, ohne die er sehr kläglich und «trocken» klingen würde. Die geistliche Wortbedeutung wird in keiner Weise unterstützt durch eine *sprachgemässe* Betonung wichtiger Wortsilben. Auch die im normalen Sprachgebrauch betonten Hauptsilben der Wortlaute gegenüber den unbetonten Nebensilben bleiben völlig unberücksichtigt. Da aber die eigentlich *geistliche* Funktion einzig und allein in der *Verdeutlichung* der *Wortbotschaft* liegt, die hier aus den genannten Gründen vernachlässigt wird, sind *diese* Gregorianischen Gesänge im ***biblischen*** *Sinne auch* ***keine geistlichen*** *Lieder.*

65. Musikwirkungen können Wortbotschaften verdrängen

Auch eine künstlerisch wertvolle und emotional ausdrucksstarke Musik aus dem klassischen Konzertbereich mit stark ausgeprägt musikalischem Eigenleben kann oftmals die Bedeutung der beigegebenen Texte in den Hintergrund verdrängen, weil hier möglicherweise die Aufmerksamkeit der Hörer vorwiegend auf die ***künstlerischen*** *Musikformen* gelenkt wird. Solche Musik kann zwar schön und ergreifend sein, aber dennoch nicht *geistlich* auferbauen, denn wenn sie durch ihren eigenständigen «Zauber» die Hörer von der Wortbotschaft zu stark ablenkt, wird sie schliesslich selbst zum Mittelpunkt der Bewunderung und Anbetung. Die Aufnahme des biblischen Worttextes als wichtige Voraussetzung für das geistliche Wachstum der Gemeinde nennt Paulus in Kolosser 3,16 im Zusammenhang mit der Ermunterung zum Singen geistlicher, lieblicher Lieder und Psalmen: *«Das* ***Wort Christi*** *wohne reichlich unter euch; lehret und ermahnet euch selbst mit Psalmen, Lobgesängen und* ***geistlichen*** *Liedern; singet Gott* ***lieblich*** *in euren Herzen.»*

In dem verständlichen Wunsch vieler Christen nach dem «Voll-Geistes-Werden» kommen allerdings mancherorts kuriose Praktiken zur Anwendung, welche diesen Geisteszustand mittels bestimmter Musikstrukturen herbeiführen möchten. Ähnlich den religiös-mystischen Wirkungen in Richtung transzendental-meditativer Gefühlszustände, welche im vorigen Abschnitt mittels der Klangwirkung gregorianischer Melodieketten stimuliert wurde, erreicht man solche seelischen Einstimmungen heute auch mittels moderner Synthesizerklänge. Die psychedelische Wirkung von sogenannten Background-Klangwänden, wie sie bereits von bekannten Popmusikgruppen ausgiebig verwendet wurden mit der elektronisch zubereiteten Raumsimulation einer grossen «Pseudo-Kathedrale», kann auch in einer religiös-transzendentalen Richtung die seelische Befindlichkeit der Hörer bezaubernd gefangen nehmen. Diese Klangstrukturen (in Abschnitt 47 bereits beschrieben) vermögen den seelischen Bereich der Hörer auf eine für ihn ungewohnte Gefühlsebene zu bewegen, so dass einige Christen sich dabei geneigt fühlen, diese Klangauswirkungen für Kraftwirkungen des Heiligen Geistes zu halten. Leider sind viele

Christen mehr gefühls-hörig als wort-hörig und meinen deshalb, dass Bekehrungen und Wiedergeburten (nach Johannes, Kapitel 3) über Gefühlsbewegungen bewirkt und angezeigt werden. Darum ist es in einigen Gemeinden durchaus üblich, unter der Einwirkung von gefühlsbewegender Musik die anwesenden Hörer mit der evangelistischen Botschaft zur Lebensübergabe aufzurufen. Die grosse Tragik für die Beteiligten solcher Anbetungsversammlungen liegt in ihrer Unkenntnis, dass der Geist Gottes entsprechend Sprüche 20,27 weder über den körperlichen noch über den seelischen Gefühlsbereich zum Menschen spricht, sondern allein über seine geistige Wesensschicht und zwar *durch Gottes Wort* (entsprechend Röm 10,17 und 1.Petr 1,23; s. hierzu auch die Abschnitte 43, 47, 61).

Schon im Epheser-Brief, Kapitel 5,19 richtet sich das Singen unmittelbar *an Gott* und erst in zweiter Linie *an die Gläubigen*. Das leuchtet auch ein, wenn man bedenkt, dass letztlich nur der Geist Gottes selbst Sein Wort in den Herzen der Gläubigen recht verständlich machen kann, wodurch dann erst der *geistliche* Segen fliessen kann. Die spezielle Ausrichtung eines Lied- und Musikstils nur auf den Geschmack bestimmter Gesellschaftsgruppen *weltlicher* Prägung bewirkt demnach keine *biblisch-geistlichen* Bewegungen, sondern schafft allenfalls ein gemeinsames Musikerlebnis. Deshalb wird im Neuen Testament reiner Instrumentalmusik keine evangelistische Bedeutung zugemessen. Eine «Musik Christi» gibt es nicht. Aber: Das *Wort Christi* wohne reichlich unter euch, lesen wir in Kolosser 3,16 und zwar ***im unmissverständlichen Zusammenhang*** *mit dem Hinweis auf* ***Lobgesänge und geistliche Lieder in der Gemeinde.***

66. Musik ist – *geistlich beurteilt* – nicht wertneutral

Nun meinen einige Leute im christlichen Lager unserer Zeit, alle jene Musikstilarten, welche ursprünglich der Stimulation zu weltlichen Freuden dienten, auch für die geistliche Auferbauung christlicher Gemeinden empfehlen zu können. Sie verwenden sogar jene rhythmischen Musikbausteine, die ursprünglich schamanistischen, Trance fördernden Beschwörungsriten dienten. Ein Extrem solcher Musikstile ist in heutiger Zeit besonders die Technomusik. (s. Abschnitt 8, Seite 49)

Aber – geistlich betrachtet – ist Musik nicht wertneutral, denn der Verwendungszweck bestimmt die Auswahl und Zusammensetzung der musikalischen Ausdrucksbausteine, die zur Stimulans sehr unterschiedlicher Lebensgefühle zugeschnitten sein können. Gewiss ist ein musikalischer Einzelbaustein wie ein einzelner Ton noch wertneutral, denn man könnte ihn (wie in ähnlicher Weise einzelne Buchstaben zu einem Wortausdruck zusammengesetzt werden) für die *verschiedensten* musikalischen Ausdrucks-«Vokabeln» im Verbund mit anderen Tönen verwenden. Sobald der Einzelton aber in *Verbindung* mit anderen Tönen erscheint, erhält er eine tonale Funktions-Richtung, die im Zuhörer eine bestimmte emotionale Bewegung auslöst. Er verliert dadurch seine anfängliche Wertneutralität. Ebenso wäre im Bauwesen ein einzelner Mauerstein bezüglich seiner vielseitigen Verwendbarkeit zunächst wertneutral. Sobald aber mehrere Steine zu einem Baugebilde zusammengesetzt werden, das einen bestimmten Zweck erfüllen soll (Mauer, Hausfassade, Garage oder Ähnliches), so richtet sich der Wert nach seiner zielgerichteten Verwendbarkeit. Diese Bausteine sind deshalb dann nicht mehr «wertneutral». Ebenso ist eine zusammenhängende Folge von Tönen nicht mehr so wertneutral wie ein einzelner Ton, sondern wird dann bereits zu einem musikalischen Ausdrucksgebilde, das beim Hörer eine bestimmte emotionale Einstimmung bewirken kann. Da der formale Aufbau von Musik an Zeitproportionen gebunden ist, spielt nun die spezielle rhythmische Folge der Tonreihe eine weitere entscheidend wichtige Rolle für die Ausprägung einer bestimmten emotionalen Richtwirkung, die von solchen zusammengesetzten rhythmischen Zeit-Bausteinen ausgeht.

Ich bezeichne solche musikalischen Ausdrucksbausteine gern als «musikalische Ausdrucksmodule», also eine zusammengesetzte Bausteingruppe, die man nicht mehr für *jeden* Zweck benutzen wird, sondern gewissermassen als eine bestimmte musikalische Ausdrucks-«Vokabel», die nur zur Gestaltung *ähnlicher* Emotionsrichtungen wiederverwendbar wäre. [7c, 49]

Es gibt auch einen volkstümlichen Stil von Trivialmusik, deren melodische Ausdrucksmodule man sehr oft im Melodieverlauf von Schlagern findet, die auch als «Schnulzen» bezeichnet werden (Literaturliste: 3, 14, 64). Gewisse Melodiebausteine werden wiederholt zum Ausdruck einer bestimmten Lebenshaltung verwendet, deren Ziel im unverbindlichen und unterhaltsamen Genuss oberflächlichen Amüsements liegt. Süsslich anmutende Schlagermelodien stimulieren sentimentale Rührseligkeit, gefühlvoll aber flach und ohne Tiefenwirkung. Melodiewendungen von verschlissener Banalität zeichnen auch oftmals die sogenannten Moritaten-Lieder und Gassenhauer aus. Der Mythos einer schönen blumigen und heilen Welt wird vorgetäuscht mit naiv-primitiven Melodieschnulzen und in «schmalzig-süsslichem» Terzenabstand gestalteten Solo-Duetten, eingebettet in ein klangsinnlich untermalendes Instrumentarium. Rührselig «seufzende» Streichinstrumente unter*streichen* (hier auch im wörtlichen Sinne) den akustischen Gefühlsmythos, der natürlich auch oft noch eine «klangliche Umarmung» erfährt mittels eines psychedelisch wirkenden Background-Klangteppichs (frequenzmodulierte Synthesizer-«Klangwände») als Kulisse zur Vortäuschung einer «himmlisch räumlichen Weite», die man mittels entsprechend verwendeter elektronischer Raumhallgeneratoren hinzu mixen kann. Musikproduktionen mit Glätte also durch bewährte musikalische Klischees, worin meistens auch die rhythmischen Grundstrukturen der Tanz- und Unterhaltungsmusik zum Zuge kommen, deren *Kennzeichen* sich *stets in der Betonung des nie in Frage gestellten stereotypen Taktschlagschemas* bekunden. Solche musikalischen Baustrukturen eignen sich ganz bestimmt nicht als klangliche Ausdrucksmittel zur Unterstützung geistlicher Textbotschaften. Vergleichbar den modernen Baumethoden für Fertighäuser kann man den vorbestimmten Verwendungszweck so eines vorgefertigten «Haus-Moduls», also zum Beispiel einer Hausfassade, deutlich erkennen, denn je nach dem Verwendungszusammenhang kann man dort Türen und Fenster, Küchen oder Bäder an den Wänden usw. sehen. Eine Bäderwand erfüllt ihren Bauzweck gewiss nicht in einer Wohnzimmerseite oder umgekehrt. Ähnlicherweise gibt es auch im Aufbau musikalischer Baustrukturen musikalisch zusammengesetzte Bausteine mit ganz spezifischem Ausdrucksgehalt für eine *bestimmte emotionale Richtung*. Deshalb erfährt ein beigegebener Text immer eine der Musik entsprechende emotionale Einfärbung. Man sieht ihn durch die emotionale Einfärbung wie durch eine «emotionale Brille». Die Textbedeutung kann dadurch mit einer emotional textfremden Beleuchtung sogar entstellt werden. Deshalb sollten wir die typischen musikalischen Ausdrucksbausteine, die für den Gebrauch der Tanz- und Unterhaltungsmusik gefertigt wurden, nicht mit den ernst zu nehmenden Texten biblischer Botschaften paaren, weil die Textbedeutungen auf diese Weise profanisiert und abgewertet erscheinen. Die ernsthafte Verbindlichkeit zum Befolgen der biblischen Textbotschaften, welche letztlich die Anbetung Gottes ausmachen und Freude im Herrn zum Inhalt haben, werden abgewertet, wenn sie mit Melodien und Musikbegleitungen unterlegt werden, deren «Musik-Module» aus Klang- und Rhythmusmustern zusammengesetzt sind, deren eigentlicher Verwendungszweck in der Stimulation weltlicher Freuden lag. Musikstile, die zur Stimulans *weltlicher* Freuden zugeschnitten sind, werden sich nicht als Träger von evangelistischen Botschaften oder Lobpreisungen Gottes eignen, welche doch *geistliche* Freude bereiten sollen. Der Wesenszug von Freuden an weltlichen Vergnügungen ist eben völlig anders geartet als das Grundwesen der Freude an unserem Herrn und Erlöser!

67. Der seelische Empfindungsbereich – ein Einfallstor für verführerische Kräfte

Bei vielen Christen ist der seelische Bereich ihrer Persönlichkeit ein grosses Einfallstor für die umfangreiche Palette verführerischer Kräfte des Widersachers Gottes und seiner Helfershelfer. Leider sind viele Christen entgegen dem biblischen Gebot von Kolosser 3,16 vorwiegend *gefühls*-hörig anstatt *wort*-hörig! Die seelische Empfindungsebene des Menschen kann zu einem geeigneten Instrument werden, auf dem der Widersacher Gottes, der Fürst dieser Welt, mit seinen vielfältig verführerisch wirkenden Geisteskräften meisterhaft zu spielen versteht.

Diesen Sachverhalt hat auch der gesegnete China-Missionar Watchman Nee klar erkannt und bekundet es ausführlich in seinem sehr empfehlenswerten Buch: *«Der geistliche Christ»*, wo er auch vor den Gefahren «seelischer» Erlebnisse im Leben der Christen warnt, weil dadurch die Sensibilität dieser Christen für das Wirken des Heiligen Geistes geschwächt und unterdrückt wird. Er schreibt in diesem Zusammenhang:

«Es ist für den Gläubigen von allergrösster Wichtigkeit zu begreifen, dass Satan nicht nur im körperlichen Bereich seinen Hebel ansetzt, sondern auch die Seele als Einfallstor benutzt. ... So wird die geistliche Empfindsamkeit durch den Körper und die Seele zugeschüttet und verkümmert schliesslich. Das geistliche Aufnahmevermögen geht verloren. Damit wird auch das geistliche Wachstum behindert oder gar ganz unterbrochen. ... Viele Gläubige bemerken die Bewegung des Heiligen Geistes nicht. Was ‹seelisch› ist, halten sie oft für geistlich und so wird der Heilige Geist unterdrückt.»

Entsprechend der uns gegebenen biblischen Information durch den Apostel Paulus im Epheserbrief, Kapitel 2, Vers 2, wirken diese Geisteskräfte nicht nur in den ungläubigen Weltmenschen, sondern schlicht und unmissverständlich eben *auch «in den Söhnen des Ungehorsams»* (grundtextgemässe r.Elb.)! Diese Tatsache wird ja auch hinreichend in der Kirchengeschichte bestätigt, wo Glaubensirrlehren mit den entsprechenden Fehlverhaltensweisen stets aus den eigenen Reihen der Kirchengemeinden hervorgingen! Christen sind bekanntlich am ehesten durch Christen verführbar, was schon Paulus verkündete (Apg 20,30). Die Ursache dieser Möglichkeit liegt einfach darin begründet, dass seit dem Sündenfall Adams die Seele des Menschen grundsätzlich dazu tendiert, *ihr* Eigenleben zu führen und zu pflegen und möglichst unabhängig vom Geist Gottes zu sein, welcher laut Sprüche 20,27 nur über die Geistespersönlichkeit des Menschen wirkt. Der Apostel Paulus beschreibt in den letzten Versen des 2. Kapitels im 1. Korinther-Brief den geistlich gesinnten Menschen als Gegensatz zum *«seelischen» (psychischen)* Menschen: *«Der seelische Mensch aber nimmt nicht an, was vom Geiste Gottes ist»* (Schl.). Bemerkenswert ist in diesem Zusammenhang auch nochmals sein Rat in Vers 13, dass wir *geistliche Dinge durch geistliche Mittel mitteilen* sollen: *«Welche wir auch verkünden, nicht in Worten, gelehrt durch menschliche Weisheit, sondern in Worten, gelehrt durch den Geist,* ***mitteilend geistliche Dinge durch geistliche Mittel****»* (u.Elb.).

68. Verführung über Gefühlsveränderungen

Ich persönlich bin überzeugt, dass der Widersacher Gottes sehr genau weiss, wie er die christlichen Gemeinden möglichst unbemerkt unterwandern kann, um die rechte Aufnahme und Verständlichkeit der evangelistischen Botschaft der Bibel zu verhindern oder doch wenigstens stark zu bremsen. Leider wird hierbei auch die Musik als ein wirksames Mittel benutzt, um damit die Emotionen der Menschen möglichst weit von der biblisch-geistlichen Ebene weg zu lenken, damit ein vom Heiligen Geist gewirktes rechtes Verständnis der rechten rettenden Glaubenshaltung verhindert wird. Solche körperlich gepolten seelischen Emotionen stören und blockieren oftmals die biblisch-geistliche Anbetung, die Gott von uns erwartet, und sie können den menschlichen Willen zur persönlichen Ganzhingabe schwächen, der eben *nicht* auf der ungeistlichen Ebene einseitig seelischer oder gar körperlicher Gefühle geboren wird, sondern stets in den tieferen Schichten der menschlichen Geistespersönlichkeit die dazu nötige Bussgesinnung bewirkt.

Nichts fürchtet der Fürst dieser Welt mehr als echte Bekehrungen, woraus dann im biblischen Sinne geistliche Wiedergeburten bewirkt werden; denn er verliert dadurch Seelen aus seinem bisherigen Einflussbereich. Deshalb versucht er verständlicherweise mit allen ihm zur Verfügung stehenden Mitteln, den ausgestreuten Samen, das Wort Gottes, zu vernebeln, damit der Same nicht in den Herzen der Menschen aufgehen kann. Die Bibel drückt das (Mt 13,19) im Gleichnis vom Sämann mit folgenden Worten aus: «*Wenn jemand das Wort von dem Reich hört und nicht versteht, so kommt der Arge und reisst hinweg, was da gesät ist in sein Herz.*» Dies kann leider auch mittels Musik geschehen. Zu der Verführungstaktik gehören auch gewisse Stilmittel der Musik, durch die der Fürst dieser Welt möglichst viele weltliche Lebensgefühle in die christlichen Gemeinden unmerklich einschleusen lässt. Natürlich weiss er sehr gut, dass gewisse Musikbausteine, welche besonders in der Popularmusik unserer Zeit vorwiegend benutzt werden, vielfach die Charaktereigenschaften des weltlich gesinnten, alten Menschen wieder neu zu stimulieren vermögen, um bei vielen Christen die Lebensempfindungen ihrer alten Naturen neu anzuregen, die ihm dann als Brücken für seine teuflische Einflussnahme dienen.

Leider werden aber dazu nicht immer nur schöpfungswidrige Musikstrukturen verwendet, wie sie in den beschriebenen Bauelementen von Hardrock- und Technomusikstilen gebräuchlich sind, sondern oftmals auch ausgesucht schöne kompositorische Klanggebilde, welche viele Hörer geradezu aufgrund ihrer Schönheit bezaubern können. Es hat eine tiefe Bedeutung, wenn man bei der Definition von Musik auch sehr zutreffend vom Zauber der Musik spricht. Musik vermag das Eigenleben seelischer Empfindungen in besonderer Weise zu bestätigen und zu verstärken und hat wirklich bei vielen Menschen eine bezaubernde Wirkung auf ihr seelisches Empfinden. Dies trifft auch in besonderer Weise für viele Kompositionen aus dem sogenannten klassischen Bereich der Kunstmusik zu. So können leider auch gottgegebene natürliche Schönheiten zum Mittel von Verführungen werden, sobald dieser Ausdruck des Schönen ausserhalb *des* Rahmens wirkt, den Gott dazu vorgesehen hat und dadurch Menschen in bezaubernder Weise gefangen nimmt. Bekanntlich können junge Frauen oder Mädchen bereits allein mittels ihrer naturgegebenen Schönheit selbst verheiratete Männer derart betören, dass diese nicht selten dadurch zum Ehebruch verführt werden. So können überhaupt auch alle anderen schöpfungsgemässen Gegebenheiten naturgesetzlicher Art sowohl positiv wie auch negativ angewendet werden; das heisst, entweder im Rahmen der vom Schöpfer vorgesehenen Funktion oder ausserhalb dieses gebotenen Rahmens und dadurch dann auch *gegen Gottes Willen*. In der gottgeschenkten Handlungsfreiheit des Menschen liegt deshalb begründet, dass er sogar *mit den Mitteln Gottes gegen Gott* wirken kann, was sich letztlich auf das menschliche Leben immer destruktiv auswirkt und darum in den lebensfeindlichen Rahmen eines *satanisch geführten Willens* einzuordnen wäre.

Es ist deshalb bemerkenswert, dass das Dämonische ja auch aus der Kraft Gottes lebt und dabei sogar die *gegebenen Kräfte Gottes gegen Gott verwenden kann,* und Gott lässt es grossmütig bis zu einem gewissen Grade zu, dass Seine Geschöpfe sich mittels Seiner Gaben *gegen Ihn selbst richten.* Solche dämonischen Auswirkungen können auch durch musikalische Mittel zustande kommen, wenn deren schöpfungsgemässe Schönheiten so gebraucht werden, dass die Hörer allein durch diesen Klangzauber der «Kunstform Musik» vereinnahmt werden, so dass ihnen dadurch die nötige Nüchternheit für geistliche Erkenntnisse verloren geht.

Auch biblisch fundierte Texte im Rahmen einer bezaubernd schönen Musik verlieren meistens ihre geistliche Kraft, wenn infolge einer vorrangigen Musikauswirkung durch deren «emotionale Brille» den Hörern die Texte vernebelt werden können zum Beispiel durch eine mittels Musik bewirkten Atmosphäre unbiblisch-religiöser Mystik. Besonders die vielen zu religiösen Empfindungen erzogenen Hörer-Seelen geraten dann schnell und willig mit solchen Kompositionen in Resonanz, und weil dadurch ihr seelisches Eigenleben gefühlsmässig bestätigt wird, fühlen sich solche Hörer beim Genuss einer solchen vermeintlich geistlichen Musik völlig befriedigt, *bleiben allerdings dadurch im seelischen Empfindungsbereich gemäss 1. Korinther 2,14 fern von jeglicher geistlichen Erkenntnis im Sinne von Johannes 3,3-7.*

Sicherlich hat der Widersacher Gottes gegen solche mittels Musik bewirkten «religiösen Feierstunden», nichts einzuwenden und man muss annehmen, dass er und alle seine «geistlichen» Mithelfer (gemäss Eph 2,2) sogar die entsprechend medial veranlagten Komponisten zur Schaffung solcher «religiösen Werke» gern und oft inspiriert. Seine Verführungstaktik beschränkt sich sicherlich nicht nur auf die Anleitung zur musikalischen Verwendung schöpfungswidriger Musikstrukturen, die in den vorhergehenden Buchabschnitten beleuchtet wurden.

Aus der biblischen Information des Propheten Hesekiel in Kapitel 28, ab Vers 13 kann man erfahren, dass Satan, als eines der schönsten himmlischen Engelwesen, offenbar auch mit der Ausführung von Musik betraut wurde. Bemerkenswerterweise werden dort neben seiner Schönheit, repräsentiert durch die bei ihm befindlichen Edelsteine, auch die «*Kunstwerke **seiner** Tamburine und Pfeifen*» als ihm zugehörig benannt. Die genannten «Tamburine» repräsentieren als die rhythmisch verwendbaren Perkussionsinstrumente sicherlich die Rhythmuskomponenten der Musikausübung, während «seine Pfeifen» als Vertreter der klanglich harmonikalen und melodischen Musikstrukturen gewertet werden können. – Sicherlich bedient sich der Widersacher Gottes auch im kirchlichen Rahmen zum Zwecke der Verführung *aller* möglichen Kulturkreise entsprechend raffiniert ausgewählter Kunstmittel. In perverser Art und Weise können auch dort die Hörer mittels schöpfungsgemäss gegebener schöner harmonikaler Musikelemente «bezaubert» werden, damit *lediglich seelische Bewegungen verstärkt werden zur Verdrängung geistlicher Bewegungen.*

Bemerkenswert im Hinblick auf die genannten Verführungsmöglichkeiten ist die musikhistorisch belegte Tatsache, dass namhafte Komponisten aus dem klassischen Musikbereich tatsächlich zugeben, dass bedeutende Musikwerke ihnen inspirativ zugeflossen sind

(50), während sie sich in «tranceähnlichen» Zuständen befanden. Die näheren Beleuchtungen dieser Begebenheiten würden den vorgegebenen thematischen Rahmen dieses Buches überschreiten. Interessenten können sich aber diesbezüglich anhand vorhandener Literatur informieren (z.B. «Gespräche mit berühmten Komponisten» von Arthur Abell, Schroeder-Verlag, Eschwege).

Aber Christus ermahnt uns dagegen mit den Worten: *«Seid nüchtern und wachsam!»* Bezauberung und die dadurch bewirkte Vernebelung des Denkens sind von jeher die Mittel Satans gewesen, um Menschen zu verführen, damit das biblische Heilsangebot Gottes entstellt und verdunkelt wird.

69. Biblische Warnungen

Im Gegensatz zu den biblisch-*geistlichen* Liedern, wie sie im Epheser-Brief, Kapitel 5,19 und im Kolosser-Brief, Kapitel 3, 16 empfohlen werden, erkennen wir im 18. Kapitel der Offenbarung, in Vers 22, das Gegenstück geistlicher Lieder: Es sind Gerichtsprophetien über die falsche Kirche, die sogenannte «Hure Babylon», deren Merkmal die äusserliche Pracht und Üppigkeit ist, welche sich ja auch in pompöser Instrumentalmusik äussern kann. Wir lesen darüber: *«Und die Stimme der Harfensänger und Musiker und Flötenspieler und Trompeter wird nie mehr in dir gehört werden, und nie mehr wird ein Künstler irgendwelcher Kunst in dir gefunden werden.* ***Denn durch deine Zauberei sind alle Nationen verführt worden.»*** Sicherlich ist hiermit auch *die* Musik gemeint, welche vorwiegend die fleischlichen Wesensschichten der Menschen anspricht, obwohl ihr von den Ausführenden biblisch-geistliche Wirkungen zugeschrieben werden. Wie wir sehen, steht Gottes Gerichtsurteil über solche «Zauberei» schon fest, durch die «alle Nationen verführt wurden».

Bekanntlich spricht man auch der Musik eine bezaubernde Wirkung zu, die das geistige Wachbewusstsein der Hörer zurückdrängen und vernebeln kann. Dies geschieht immer dann, wenn durch starke Musikwirkungen Textbotschaften in den Hintergrund gedrängt werden. Sicherlich ist der Widersacher Gottes gerade hieran sehr interessiert, die evangelistischen Wortbotschaften den Hörern mittels Musik zu vernebeln, denn das führt dann den biblischen Geboten Gottes gegenüber zum Ungehorsam. Vor diesem

Hintergrund wird auch die biblische Aussage von 1. Samuel 15, 23 verständlicher: «*Ungehorsam ist Zaubereisünde.*»

70. Einblick und Ausblick

Aus den bisher festgestellten Erscheinungen der zunehmenden Geschmackskonditionierung vieler Hörer auf die taktrhythmischen Musikstrukturen erwächst nun sicherlich die Frage: Wäre es zu verantworten, in Kenntnis der beschriebenen ungeistlichen Auswirkungen solcher Popmusikstilarten trotzdem ihren Einsatz in Verbindung mit biblischen Verkündigungstexten grundsätzlich zu erlauben, um durch die Befriedigung solcher Stimulans-Erwartungen die Bereitwilligkeit der Hörer zu «ködern» für die Annahme der beigegebenen biblischen Textbotschaften?

Mancher Gemeindeleiter mag zu Kompromissen bereit sein, um den zeitaktuellen Musikerwartungen seiner jüngeren Gemeindemitglieder entgegenzukommen. Die Gemeinde setzt sich dabei allerdings der Gefahr aus, dass allmählich – spätestens nach dem Ausscheiden der älteren Mitglieder – immer weniger traditionelles Liedgut verwendet wird, weil sich infolge der bereits geschilderten automatischen Konditionierungsmechanismen mittels vorwiegend taktrhythmisch angelegter Popmusikstrukturen eine weitere in diese Richtung sich verstärkende Geschmacksprogrammierung auch bei den übrigen Hörern in der Gemeinde unbewusst vollzieht. Dadurch verkümmert aber allmählich die Sensibilität der singenden Gemeinde für die Wahrnehmung der tieferen Ausdrucksqualitäten melodischer statt taktrhythmisch ausgerichteter Liedstrukturen. Solche Entwicklungen kann man bei vielen Gemeinden bereits feststellen, wo dann kaum noch traditionelles Liedgut benutzt wird. Traditionelle Melodiebildungen und alle Liedstrukturen, die nicht vorwiegend taktrhythmisch wirken, werden dort immer seltener gesungen und schliesslich ganz gemieden, weil sie nicht die inzwischen gewohnte und erwartete Körperstimulans bieten. Die Gemeinde verzichtet dabei aber langfristig auf die grösseren Tiefenwirkungen wertvoller Texte, die sich im Verbund mit geeigneten Melodien im Verlauf langer Zeiträume bestens bewährt hatten und deshalb jenseits aller zeitbedingten Modeströmungen bereits eine zeitunabhängige geistliche Qualität aufweisen.

Viele Gemeindeleiter spüren sicherlich diese Problematik und einige lassen sich in den Kompromiss drängen, während andere den mutigen Versuch wagen, sich und die Gemeinde möglichst von allen zeitaktuellen neueren Liedern abzugrenzen. Sie bedenken dabei aber zu wenig, dass ihre Gemeindemitglieder nicht nur in einem abgrenzbaren Kirchengelände leben, sondern die *meiste* Zeit den weltlichen Medien ausgesetzt sind und auch ungewollt musikgeschmacklich entsprechend vorgeprägt werden durch die vorwiegend dort ausgestrahlten Musikstrukturen der Tanz- und Unterhaltungsmusik mit den discomässigen Pop-, Rock- und Technomusikstilen. Viele geistliche Textbotschaften werden deshalb bekanntlich von Komponisten unserer Zeit auch in Verbindung mit weltlich ausgerichteten Stilmitteln der Popmusik angeboten. Aber sie verbreiten infolge der dadurch zwangsläufigen Beimischung weltlicher Emotionen aus den Lebensbereichen der Disco ungeeignete emotionale Lebenshaltungen, die einer ernsthaften Bereitwilligkeit der Hörer zu tief greifender Annahme geistlicher Textbotschaften eher im Wege stehen.

Andererseits sollte für unsere Zeitepoche auch das Psalmgebot «Singet dem Herrn ein neues Lied» nicht unberücksichtigt bleiben! Deshalb sei hier nochmals an die Verpflichtung erinnert zu einer sorgfältigen Überprüfung der Musikproduktionen unserer Zeit, insoweit diese für den Gemeindegebrauch angeboten werden, denn wir können das Rad der allgemeinen kulturellen Entwicklungen nicht zurückdrehen und es werden erfreulicherweise doch auch aus unserer Zeit einige geeignete neue Liedproduktionen angeboten mit durchaus textentsprechender musikalischer Ausdrucksweise ohne Verwendung von destruktiven Stilelementen weltlich geprägter Unterhaltungsmusik.

Die Ausrichtung unserer Musikpraxis nach biblischen Richtlinien erfordert sicherlich auch nicht erstrangig eine Einschränkung des Instrumentariums bei der Auswahl aus dem grossen Angebot der uns heute zur Verfügung stehenden Musikinstrumente. Das übergrosse Angebot der instrumentalen Gestaltungsmöglichkeiten einschliesslich der vielerorts umstrittenen Verwendung von Schlagzeug, Synthesizer und Elektronik erfordert allerdings eine sorgfältige Auswahl bezüglich der geistlichen Zielsetzung zu ihrer Anwendung und Brauchbarkeit. Die Bibel verbietet bekanntlich nicht den Gebrauch bestimmter Musikinstrumente, ermuntert aber relativ oft zum Gebrauch aller damals vorhandenen Instrumente allerdings stets in der Einschränkung zielgerichteter Zweckbestimmungen (s. Abschnitte 48-50).

Es ist also unbedingt notwendig, die aus der Bibel ersichtlichen *geistlichen Prinzipien* bezüglich aller dort genannten Musikanwendungen einschliesslich des Gesangs auf die entsprechenden *geistlichen* Zielsetzungen unserer Gemeinden zu übertragen, denn *diese* biblischen Richtlinien haben sich nicht geändert und behalten ihre Gültigkeit für alle Zeiten. Dabei geht es weniger um die Frage der Instrumentenauswahl als um die Frage nach der Art und Weise ihrer Verwendbarkeit zum Zwecke der Anbetung Gottes sowie zur geistlichen Auferbauung der Gemeinde (s. Abschnitte 3, 9-12, 42, 45, 46, 50, 63).

So beantwortet sich zum Beispiel die Frage nach der Anwendbarkeit von Schlaginstrumenten nach *geistlichen* Prinzipien bereits durch die Art des Gebrauchs von Pauken in vielen Beispielen der Kirchen-Kantaten Johann Sebastian Bachs. Er verwendete die Pauken sehr zweckdienlich stets textgemäss – *natürlich nicht mit durchgehend taktschlagenden Beatfolgen im Stile der sogenannten christlichen Rockmusik* –, aber im biblischen Sinne gewissermassen als festlich anregende Signale zur kräftigen Unterstreichung bestimmter Textbotschaften, markante Impulse gebend zur Ermunterung und Anbetung Gottes. Ebenso «unterstreicht» auch Georg Friedrich Händel absolut textentsprechend mit sehr wirksam eingesetzten Paukenschlägen geradezu signalartig genau jene wichtigen Textbotschaften in seinem Oratorium «Der Messias», wo besonders wichtige Kernaussagen dem Hörer dadurch einprägsam verdeutlicht werden. In diesem Sinne, als akustische Unterstreichung markanter Textaussagen, wären auch heute viele Klangmittel unseres modernen Instrumentariums durchaus verwendbar.

Sicherlich besteht heute weit mehr als früher die grosse Gefahr einer Versuchung zu einem allzu massiven Einsatz der üppigen Klangmittel mit elektronischen Verstärkungen und psychoakustischen Manipulationsmöglichkeiten infolge der Riesenauswahl an modernen Klangbausteinen, so dass viele Komponisten dieser Versuchung erliegen. Sobald aber diese Klangmittel um ihrer selbst willen benutzt werden, als reizvoller Ohrenkitzel zwar klangsinnlich imponierend einsetzbar, so lenken sie jedoch von der geistlichen Zielbestimmung ab, nämlich der Verständlichkeit und Verdeutlichung biblischer Verkündigungsbotschaften *dienlich* zu sein (s. auch Zitat von B. Larson in Abschnitt 14). In Beachtung dieser geistlichen Zielsetzung verbieten sich deshalb selbstverständlich auch alle schöpfungswidrigen maschinellen «Rhythmen» sowie chaotisch und destruktiv sich auswirkende dissonante Reizklänge (s. Abschnitte 23-33, 51).

Es könnte nun die Frage aufkommen, ob die Musik-Erwartungen von Christen, welche infolge langjähriger Hörgewohnheiten auf jene einseitig taktrhythmisch angelegten Beat-Musikstilarten und Disco-Klänge bereits tief gehend konditioniert wurden, nun überhaupt noch Bereitschaft und Interesse entwickeln könnten für Musikdarstellungen, die nicht von Beat-Taktrhythmik und Disco-Sounds geprägt sind. Haben sich die Gemeinden unter Rücksichtnahme gegenüber den Rock- und Popmusikliebhabern nun deren Musikerwartungen zu beugen, weil die «Resonanzstrukturen» jener Disco-Musikstile im neuronalen Hörgedächtnis der Hörer sich bereits schon so tief gehend und fest «eingraviert» haben, dass man diese vorgeprägten Hörgewohnheiten als endgültig «chronisch» und «normal» hinnehmen muss? Müssten sich nun alle Gemeindemitglieder damit abfinden, entsprechende Musikstilarten vornehmlich zu pflegen, damit jene Hör-Erwartungen stets befriedigt werden?

In Anbetracht der nachweislich drogenspezifischen Grundursachen zu dem oftmals nahezu suchtartigen Verlangen nach Beat-Musikstilen wäre dies vergleichbar einer generellen Kapitulation vor fragwürdigen Musikelementen und deren ungeistlichen Auswirkungen. Die weitere Folge wäre eine zunehmende Entsensibilisierung der Hörer für die gesunde «Kost» naturgemässer Musik-«Nahrung» und dadurch das gesteigerte Verlangen nach erhöhten Reizwirkungen entsprechend exotischer Musikstrukturen, deren Einzug in die Gemeinde dann sicherlich vorprogrammiert wäre. Sobald nämlich drogenspezifische Faktoren an der Musik-Reizwirkung beteiligt sind, müssen diese Reize ständig erhöht werden, um längerfristig «reizvoll» zu bleiben. Je mehr jemand auf solche Reizwirkungen konditioniert ist, um so weniger könnte er durch weitere Zufütterung solcher Reize davon entwöhnt werden, weil die in ihm drogenspezifisch vorgeprägten Reizreaktionsstrukturen dadurch nur verstärkt würden. [34b.c]

All jene Musikhörer, welche nun infolge ständiger Berieselung mit einseitig taktrhythmischen Popmusikstilen inzwischen in ihrer Aufmerksamkeit zur Wahrnehmung der vielfältigen Schönheiten *natürlich-lebendiger* Rhythmusführungen die natürliche Sensibilität verloren haben, müssten zunächst deren gravierende Vorzüge der wesentlich variableren Ausdrucksqualitäten wieder richtig kennen und schätzen lernen. Demonstrative Gegenüberstellungen unterschiedlicher Ausdrucksdarstellungen an überzeugenden Liedbeispielen verschiedener Stilarten könnten manchen Hörer sicherlich zur rechten Wahrnehmung der tieferen Ausdrucksmöglichkeiten atemrhythmisch empfundener Melodiebildungen verhelfen sowie zur rechten Wertschätzung und Unterscheidung gegenüber allen einseitig taktrhythmisch angelegten Liedstrukturen. Wem nämlich die musikalische Ausdrucksqualität zugunsten einer grösseren Tiefenwirkung der darin dargebotenen biblischen Textbotschaften mehr am Herzen liegt als die Zufriedenstellung musikalischer Erwartungen gemäss moderner Modetrends zeitaktueller popularisierter Musikstile, der wird schliesslich in solcher ehrlichen Absicht auch *seine* persönlichen musikalischen Geschmacksvorbildungen im Sinne der genannten Kriterien hinterfragen und nötigenfalls zurückstellen beziehungsweise korrigieren. Gott sei Dank gibt es Bekenntnisse vieler Christen, welche in früheren Zeitabschnitten ihres Lebens regelmässig Rock- und Popmusik hörten, so dass ihre hör-nervlichen «Resonanzstrukturen» schon richtig tief auf diese Musikstile «eingefahren» waren. Ein beigegebener christlicher Text *schien* diesen Hörern dann auch den zu geniessenden körperlichen Einschwingvorgang in die Taktrhythmik der Rockmusik rechtfertigen zu können. Obwohl aber während der Zeit ihrer fast drogenabhängigen Sucht nach diesen Musikstilen diese Hörer wohl um keinen Preis davon abzubringen gewesen wären, konnten sich aufgrund ehrlicher Hinterfragungen bezüglich der ungeistlichen Auswirkungen dieser Musikstile diese Christen doch wieder davon lösen. Der Verfasser kennt solche Christen, die heute grosse Freude gerade an der erbaulichen Wirkung natürlicher Liedstrukturen haben, die sie hingegen in der Zeit ihrer «Rockmusik-Lebensphase» verachtet hätten. Offenbar sind Gott sei Dank nämlich die *ursprünglichen schöpfungsgemäss angelegten «Resonanzstrukturen»,* welche zur Aufnahme entsprechend abgestimmter Rhythmus- und Klangstrukturen vorgesehen sind, noch nicht gänzlich zerstört, sondern nur zugeschüttet. Würden diese Christen weiterhin jene schöpfungswidrigen Musikstrukturen anhören, so bliebe dieser «alte Schutt» weiterhin bestehen und würde sich auf Grund der bereits beschriebenen nervlichen Konditionierungsvorgänge sogar vergrössern. [34c, 57d]

Diese Erfahrungstatsache, dass jene ursprünglichen natürlichen musikalischen Empfangssensoren im Hörer wieder «aufgeweckt» werden können, *wenn diese ausschliesslich mit den entsprechenden* ***natürlichen*** *Musikelementen wieder neu in Resonanz gebracht werden,* sei hiermit allen Gemeindeleitern hoffnungsvoll zur Kenntnis gegeben.

In Kenntnis der in diesem Buch dargelegten Sachverhalte bleibt den Gemeinden eine klare Entscheidung nicht erspart: Entweder für die sich fortsetzend gestaltende Befriedigung modisch zeitaktueller Musikerwartungen mit entsprechend taktrhythmischer Körperstimulans – oder zugunsten *solcher* musikalischen Ausdrucksmodelle, *die ausschliesslich der Textinterpretation dienen* und auf Grund einer entsprechend musikalisch-rhythmischen Grundstruktur auch geeignet sind, jene seelisch tieferen Empfindungsbereiche der Hörerschaft anzusprechen, welche die tieferen Schichten ihrer Geistespersönlichkeiten berühren.

71. Christlicher Musikgebrauch erfordert wohlüberlegte Musikauswahl

Selbst ein biblisch unanfechtbarer Liedtext wird in seiner geistlichen Auswirkung auf die Hörerschaft zumindest dann gebremst, wenn nämlich die ihn tragende Melodie die im Text wohlgemeinten geistlichen Anknüpfungspunkte wieder dadurch vernebelt, indem sie durch die Verwendung ausgesprochen weltlicher Stilelemente aus der Popmusik entsprechend weltliche und fleischliche Empfindungen dagegenstellt. Kann denn Musik, die durch eine vordergründig rhythmische Struktur zwar körperlich stimuliert und entsprechend ihrer Herkunft aus dem Bereich der Tanz- und Unterhaltungsmusik eine entsprechend *unterhaltsame Unverbindlichkeit* ausstrahlt, zu einem Textträger werden, um dem Hörer eine äusserst wichtige und für sein Leben *verbindliche Botschaft* wirksam übermitteln zu können? Wird dadurch nicht der hohe Stellenwert dieser Botschaft, deren persönliche Annahme beziehungsweise Nichtannahme letztlich ewiges Leben oder ewigen Tod für den Hörer bedeutet, profanisiert und herabgesetzt? Kann man die Übermittlung dieses lebenswichtigen Evangeliums einem Träger anvertrauen, welcher es mit einer *Ausdrucksweise von unterhaltsamer Unverbindlichkeit* darbietet? Werden durch solche weltlich geprägten musikalischen Ausdrucksbausteine der allgemein gebräuchlichen Pop- und Rockmusik nicht gerade solche Lebensgefühle angeregt, welche einer *verbindlichen* Bereitschaft zur persönlichen Annahme der biblischen Botschaft durch echte Busse und Bekehrung im Wege stehen?

Jeder Christ steht schliesslich auch immer wieder neu vor der täglichen Entscheidung, von welcher Seite seines Denkens und Fühlens er sich leiten lässt. Gibt er den Empfindungen der alten Natur seines Wesens nach, wird sein geistliches Wachstum garantiert verhindert. Wenn wir geistlich wachsen möchten, sollten wir auf die stille und sanfte Stimme des Heiligen Geistes hören in Verbindung mit Seinem Wort aus der Heiligen Schrift. Bedenken wir doch stets, dass ein richtiges Verständnis der Heiligen Schrift nur durch Hilfestellung des Heiligen Geistes möglich ist und dadurch auch geistliches Wachstum zur Folge hat. Wenn wir wirklich ein gesundes geistliches Wachstum anstreben, sollten wir uns allem entziehen, das unsere alte gefallene Natur in irgendeiner Weise gegen den Geist Gottes aufrühren könnte. Hinterfragen wir uns doch auch beim Anhören von Musik, welche Seite unseres Wesens dadurch in uns bewegt wird, damit wir rechtzeitig erkennen, ob es uns gemäss den biblischen Ratschlägen geistlich hindert oder nützt. Denn Gottes Wort ermahnt uns freundlich in Liebe, aber eindringlich: «*Alles ist mir erlaubt, aber nicht alles ist nützlich. Alles ist mir erlaubt, aber ich will mich von nichts beherrschen lassen*» (1. Kor 6,12 u. 10,23). Deshalb: «*Prüfet alles und das Gute behaltet*» (1.Thess 5,21). Das Gute sollen wir behalten und pflegen; und was damit gemeint ist, erklärt Paulus uns nochmals in Epheser 5,10 mit den Worten: «*Prüfet, was da sei wohlgefällig **dem Herrn**.*»

Zum Abschluss unserer Betrachtung mögen uns noch die eindringlichen Worte an die Philipper aus Kapitel 1,9-11 dienen: «*Und darum bete ich, dass eure Liebe je mehr und mehr reich werde in allerlei **Erkenntnis und Erfahrung,** dass ihr **prüfen möget, was das Beste sei,** auf dass ihr seid lauter und unanstössig auf den Tag Christi. Erfüllt mit Früchten der Gerechtigkeit, **die durch Jesum Christum geschehen** in euch zu Ehre und Lobe Gottes.*»

72. Zusammenfassung der aufgezeigten Richtlinien als Raster der Kriterien für den Gebrauch von Musik und Gesang in christlichen Gemeinden.

I. Die Auswirkung von Musik in christlichen Gemeinden hängt im Allgemeinen davon ab, welche Art der gebräuchlichen musikalischen Ausdrucksmodelle dort vorwiegend verwendet werden.

Entsprechend der bisherigen Kenntnisse über die allgemeine Wirkungsweise der verschiedenen musikalischen Strukturen auf den Menschen gibt es empirisch-wissenschaftliche Forschungsergebnisse. Diese ermöglichen in gewissen Grenzen eine objektive Einschätzung der Wirkungsweise bestimmter Musikstrukturen. Die Beurteilungskriterien sind also nicht nur auf persönliche Geschmacksrichtungen und kulturelle Konventionen allein angewiesen.

Da auf Grund der unterschiedlichen Musikstrukturen auch entsprechend unterschiedliche emotionale Qualitäten auf die Hörer übertragen werden können, ist die Musik in ethischer Hinsicht nicht wertneutral. Deshalb sollten bei der Auswahl für den Musikgebrauch in den christlichen Gemeinden zur geistlichen Auferbauung die diesbezüglichen Aussagen der Bibel als wichtige Kriterien ernstlich zu Rate gezogen und in sinngemässer Anwendung auf die heutigen Verhältnisse und Möglichkeiten übertragen werden.

II. Gemäss der biblischen Aussage von Philipper 4,8 sollten die verwendeten Musikformen und Klangbausteine der natürlichen Schöpfungsordnung entsprechen.

Demgemäss ist die schöpfungsmässig allen Menschen gegebene natürliche Gehördisposition ein weiteres objektives Kriterium für die Auswahl der Melodien und Harmoniefunktionen der Musik.

Folgende Faktoren gehören dazu:

- Ein ausgewogenes Verhältnis in den Wechseln von Spannung und Entspannung, also keine Anhäufung von disharmonischen Klängen ohne Spannungsauflösungen.
- Die formalen Strukturen der Musik sollten in ihren Proportionen die in der Schöpfungsordnung der Natur ebenfalls vorgegebenen Symmetrien widerspiegeln.

• Klangschönheit sollte angestrebt werden. Klangverfremdende, elektronisch erzeugte Tonverzerrungen sowie lärmartige Lautstärken sollten vermieden werden, weil sie auch das Gehör schädigen und das Nervensystem überreizen.

III. Entsprechend der biblischen Forderung von Römer 12,2 sollten die allgemein geläufigen musikalischen Ausdrucksmodelle, welche der Stimulation in der weltlich geprägten Amüsiersphäre als Tanz-, Unterhaltungs- und Discomusik dienlich sind, vermieden werden.

Entsprechend Sprüche 20,27 sollte die Musik nicht vorwiegend körperstimulierend ausgerichtet sein zum Beispiel durch laute und ostinat verwendete Schlagzeugbeats oder entsprechend *durchgehende* Taktschlagbetonungen mittels der Bassinstrumente oder Gitarren, weil dadurch die seelisch-*geistliche* Ebene im Hörer kaum angesprochen wird.

Überhaupt *sollte niemals mit den Begleitinstrumenten durchgehend der Takt geschlagen werden (Bass, Gitarre, Schlagzeug)*, weil infolge der durchgehenden Taktschläge die Musik leicht den Charakter von Tanz- und Unterhaltungsmusik erhält und der Hörer dadurch vorwiegend körperlich stimuliert wird. Die geistliche Aufnahmefähigkeit für Wortbotschaften bei den Hörern kann dadurch stark gebremst werden, denn der Geist Gottes wirkt gemäss Seiner Aussage (Spr 20,27) nicht über die Körperempfindungen.

Auch sollten gemäss der natürlichen Schöpfungsordnung die rhythmischen Zeitstrukturen nicht in maschinenhafter und taktschlagbetonter Starrheit ablaufen, wie es meistens in Discos bei Rockmusik üblich ist. Rhythmuscomputer und Musiksequenzer bieten keine natürlichen Rhythmusstrukturen gemäss der Schöpfungsordnung und laufen entgegen den organisch gegebenen menschlichen Rhythmen von Puls und Atemrhythmus.

Die gemäss dem natürlichen Atemrhythmus vorgegebene Agogik (das «Atmen» innerhalb der musikalischen Zeitabläufe durch geringe Zeitdehnungen und entsprechend ausgleichende Zeit-Raffungen als übergeordneter Spannungs- und Entspannungswechsel) kommt nicht zustande durch die vordergründig lautstarken Taktschläge von Schlagzeug oder Bassgitarren mit permanent gleichen Zeitabständen oder wird bereits in den Ansätzen verhindert.

Dadurch spricht der vorwiegend motorische Ablauf der Musik kaum die seelisch-geistliche Ebene des Menschen an, sondern mehr die körperliche Empfindungsebene.

Text – Rhythmus – Melodie – Harmonie *sollten in einem ausgewogenen Verhältnis zueinander stehen, damit der zuhörende Mensch in seiner Ganzheitlichkeit von Geist, Seele und Körper angesprochen wird.*

a) Die geistliche Ebene wird durch die Textaussage,
b) die seelische Ebene vorwiegend durch die Spannungsverläufe der Melodiebögen und harmonischen Funktionen der Musik,
c) die körperliche Empfindungsebene ausschliesslich durch die rhythmischen Abläufe innerhalb der Musik angesprochen.

Der rhythmische Verlauf der Musik sollte möglichst nicht einen durchgehend betonten Schlagzeug-Afterbeat enthalten, weil dadurch eine permanent aufpeitschende Erregungsspannung in den Hörern aufgebaut werden kann, wie man es auch bei Rockmusikveranstaltungen beobachten kann. Eine Hinführung der Gemeindemitglieder zur Andacht, zum Gebet oder gar zur Stille ist bei derartiger Musik nicht möglich.

Auch die lautstarken, gleichmässig betonten Taktschläge einer Basstrommel mit durchgehend stereotyp gleichen Zeitabständen sind in der Gemeinde nicht angebracht, weil dadurch das Wachbewusstsein der Hörer allmählich zurückgedrängt wird. Längeres Anhören solcher gleichartig ablaufender Rhythmuspattern kann sogar Trance-Auswirkungen erzeugen, wie sie im Techno-Stil angestrebt werden. Die Bibel fordert die Gemeinden aber zur Nüchternheit und Wachsamkeit auf (1.Thess 5,6 u. 8; 2.Tim 2,26; 1.Petr 4,7; 5,8).

Tranceähnliche Zustände können aber auch durch bestimmte psychedelisch wirkende Klangstrukturen der Musik erreicht werden (und dies sogar ohne erkennbare Rhythmen) – und zwar vorwiegend durch elektronisch erzeugte «Klangteppiche» mit sphärischer, ausserirdisch anmutender Ausstrahlung, die überhaupt nicht mehr die körperliche Empfindungsebene des Menschen anspricht, sondern die unterbewussten Ebenen der menschlichen

Psyche fantasiehaft in einer Art meditativer Ich-Entgrenzung entführen kann. Hier wird dann auch das *Gleichgewicht zwischen Geist, Seele und Leib* verlassen, nun aber in Richtung einer psychischen Stimulation zur weltentrückten, unkörperlich anmutenden Unwirklichkeit, ähnlich einem Drogentrip. Die Psyche des Menschen kann sich auf diese Weise fast unmerklich für transzendente Regionen öffnen wie in einer transzendentalen Meditation fernöstlicher Prägung. Auf diese Weise kann Musik auch drogenhafte Wirkungen erzeugen. Transzendentale Meditationen sowie Drogen bieten aber gegenüber dem Erlösungsangebot des Evangeliums eine verlogene Ersatzerlösung an und sind absolut unbiblisch und letztlich auch als antichristliches Angebot zu bewerten, das vom biblischen Christentum wegführt.

Das *Wachbewusstsein* der Musikhörer kann aber auch *zurückgedrängt* werden durch die in der Rockmusik oft gebräuchlichen *Wiederholungsstrukturen gleicher kurzer Melodiefragmente*, welche oftmals nur auf wenige Töne beschränkt sind, die sich ständig wiederholen und einschläfernd wirken, weil die Erwartungshaltung der Hörer auf den weiterführenden Verlauf der musikalischen Ereignisse durch neue oder wenigstens etwas variierte Melodieformen nicht mehr gefordert wird.

Die gleichen Auswirkungen zur Zurückdrängung des Wachbewusstseins haben ständig wiederholte Harmoniewechsel besonders dann, wenn sich nur drei oder gar nur zwei harmonische Funktionen in stereotyper Gleichförmigkeit ständig wiederholen.

Bei normal aufgebauten zusammenhängenden Melodiestrukturen sollten möglichst nicht solche Melodiefloskeln verwendet werden, welche modellhaft bereits in den weltlich geprägten Schlagerproduktionen allgemein gebräuchlich sind, weil sonst die *geistlichen Textbotschaften leicht eine Abwertung und Profanisierung erfahren durch die von der Musik stimulierten Emotionen von unterhaltsamer Unverbindlichkeit.*

Evangelistische Botschaften, und überhaupt alle biblischen Botschaften, müssen mit verbindlicher Entschlossenheit und ernster Bereitschaft aufgenommen werden. Sie dürfen deshalb nicht mit der emotionalen Geste einer unterhaltsamen Unverbindlichkeit dargereicht werden.

Der emotionale Gehalt der meisten Schlagermelodien, welche durch die Massenmedien verbreitet werden, strahlt aber eine flache

Sentimentalität ohne geistigen Tiefgang aus. Eine Paarung solcher Melodiemodelle mit geistlichen Texten weicht deshalb dem Ernst der biblischen Botschaft auf. Solche Melodien können manche Menschen seelisch stark stimulieren bis zu einer Rührseligkeit, die aber die tieferen wesentlichen Ebenen ihrer Geistespersönlichkeit nicht erreicht.

Sollen geistliche Texte in Verbindung mit Musik dargeboten werden, sollte der emotionale Ausdrucksgehalt der Musik eine Gemütshaltung widerspiegeln, die sich mit der *Textaussage* verträgt und *diese* emotional unterstreicht. Wenn die verwendete Musik ein sehr stark ausgeprägtes «Eigenleben» ausstrahlt, das nicht mit der Textaussage übereinstimmt, kann die Musik den Hörer von der Textbotschaft ablenken und seine Aufmerksamkeit vorwiegend auf die Musik lenken, so dass die Textaussage ganz in den Hintergrund gedrängt wird. Die Musik hat dann ihre dienende Funktion verloren und sich selbst in den Vordergrund gedrängt.

IV. Biblische Kriterien für die Beschaffenheit geistlicher Liedmelodien.

Gemäss der biblischen Aufforderung in Bezug auf das geistliche Lied in Epheser 5,19 ist die zentrale *geistliche Komponente* bei Liedern einzig und *allein durch den Text* gegeben. Deshalb sollte die *rhythmische Struktur der Melodie* dem *natürlichen Sprachrhythmus* der betonten und unbetonten Silben entsprechen, um die Verständlichkeit der Textaussagen zu gewährleisten. Unbetonte Sprechsilben sollen also möglichst nicht auf betonten Taktzeiten liegen, und bei Akzentverschiebungen durch *Synkopen* sollten diese möglichst *nur mit betonten Sprechsilben* gebraucht werden.

Die Melodien sollten also möglichst *keine rhythmischen Eigenheiten* aufweisen, *die nicht mit den natürlichen Betonungen der Sprache konform gehen*, um als geeignete Träger der Texte der Verständlichkeit und Verdeutlichung *der Textaussage zu dienen.*

V. Kriterien für instrumentale Begleitarrangements.

Für Begleitarrangements zu geistlichen Liedern gilt grundsätzlich auch das oben Gesagte für den Gebrauch von Musik in der Gemeinde im Allgemeinen.

Die Vor- und Zwischenspiele sollten sich darauf beschränken, jene stimmungsmässige Grundhaltung, die der Textaussage entspricht, zu unterstützen. Wenn die Zwischenspiele eine zu starke, rein musikalische Ausstrahlung bewirken, können die Hörer allein dadurch fasziniert und zu stark allein an die Musik gefesselt werden, wodurch die geistliche Aufnahme der Textbotschaft erschwert oder gar verhindert werden kann. In professioneller Art raffiniert ausgeführte klangsinnliche Begleitarrangements, welche die Hörer zwar zu starker seelischer Euphorie stimulieren können, lenken aber die Aufmerksamkeit von der eigentlichen Textaussage ab, die ja *geistlich* verstanden werden will.

Eine zu starke seelische Erregung durch Musik kann die geistliche Aufnahmebereitschaft für die Textbotschaft auch vernebeln und damit verhindern, denn entsprechend Sprüche 20,27 wirkt der Geist Gottes, der für das geistliche Verständnis Seiner Wortbotschaft unbedingt erforderlich ist, nicht über die seelische Ebene des Menschen, sondern allein über Seinen Geist.

Für aussereuropäische Gemeinden, welche die grosse Bandbreite unseres Kulturkreises nicht kennen, müssten entsprechend ihrem Kulturkreis solche musikalischen Ausdrucksmodelle ausgewählt werden, welche dort nicht im Verwendungszusammenhang zum Beispiel mit Götzenanbetungs-Zeremonien oder Dämonenbeschwörungen stehen, damit keine Assoziationen mit den schamanistischen und zur Trance führenden Musikstücken geweckt werden. Geeignet wären die musikalischen Ausdrucksmodelle, wie sie dort in dem einheimischen Volksgesang bei Familien-Festlichkeiten, Hochzeiten und Ernteliedern verwendet werden.

Wichtig ist dabei nur, dass der für diesen Volksstamm verständliche *emotionale Ausdrucksgehalt* der jeweils verwendeten Lied- und Musikstrukturen sich auch zur Übertragung biblischer Text- Botschaften *eignet,* wie das in unserem Kulturkreis ebenfalls in der Verwendung von *melodisch geeigneten* volksliedartigen Melodien möglich war, obwohl diese als Kontrafakturen bezeichneten Lieder ursprünglich keine geistlichen Texte trugen.

Literaturverzeichnis und eine Auswahl empfehlenswerter Literatur zum Thema

1. Albersheim, Gerhard, *Zur Musikpsychologie,* Heinrichshofen-Verlag, Wilhelmshaven
2. Ansermet, Ernest, *Die Grundlagen der Musik im menschlichen Bewusstsein,* Piper- u. Schott-Verlag
3. Bachmann, Fritz, *Lied, Schlager, Schnulze*, Leipzig
4. Bäumer, U., *Rockmusik, Revolution des 20. Jahrhunderts – Eine kritische Analyse,* CLV-Verlag
5. Bäumer U., *Wir wollen nur deine Seele*, CLV-Verlag
6. Birbaumer, Niels & Schmidt, R. F., *Biologische Psychologie,* Springer-Verlag, Berlin, Heidelberg
7. Bresgen, Cesar, *Im Anfang war der Rhythmus,* Heinrichshofens Verlag, Wilhelmshaven
8. Bruhn, Herbert, *Harmonielehre als Grammatik der Musik. Proportionale Schemata in Musik und Sprache,* Psychologie-Verlags-Union, München
9. Bruhn/Oerter/Rösing, Hrg. *Musikpsychologie – Ein Handbuch in Schlüssel begriffen,* Verlag Urban & Schwarzenberg, München, Wien, 1985
10. *Psychologie – Ein Handbuch*, Rowohlt, 1993
11. Buddemeier, Hans u. Strube, Jürgen, *Die unhörbare Suggestion,* Verlag Urachhaus
12. Büttner, Jean-Martin, *Sänger, Songs und triebhafte Rede*, Verlag Stroemfel/ Nexus, Basel, Frankfurt/M.
13. Burdach, Konrad J., *Musikpsychologie und Musiksimulation*, 1975, Dissertationsdruck Schön, München
14. Dahlhaus, Carl, *Studien zur Trivialmusik des 19. Jahrhunderts,* Gustav Bosse, Regensburg, 1967
15. Decker-Voigt, Hans-Helmut, *Handbuch der Musiktherapie*, Eres-Verlag, Lilienthai/Bremen, 1983
16. Dodt, Andreas, *Musik – Beitrag zur Lösung heutiger Jugendprobleme?*, Esprint-Verlag, Heidelberg
17. Eccles, John C., *Das Gehirn des Menschen. Sechs Vorlesungen für Hörer aller Fakultäten,* Piper-Verlag, München
18. Eibl-Eibesfeld, Irenäus, *Die Biologie des menschlichen Verhaltens. Grundriss der Humanethologie,* Seehamer Verlag, 1997
19. Enders, Bernd, *Lexikon Musikelektronik,* Atlantis-Musikbuch-Verlag, 1997
20. Epstein, David, *Aufsatz über Time and Timing in Musik – Musical and neurological Aspects.*, Mai 1988 (Seite 155-157) aus *Musik-Gehirn-Spiel*, Birkhäuser-Verlag, Basel, Boston, Berlin
21. Erdmann, Alies, *Humanitas Rhythmica*, Bouvier-Verlag, Hermann Grundmann, 1982, Bonn

22. Evangel. Brüderverein Schweiz, Hrg., *Rock für Jesus? – Eine kritische Betrachtung christlicher Rockmusik,* (mit Beilage v. Hörbeispielen auf CD)
23. Fehling, R., *Manipulation durch Musik,* München, 1976
24. Fraisse, P., *Rhythmen and Tempo,* (erschienen in Deutsch) *The psychologie of music,* New York, London, 1982
25. Frank, Chr., *Der Einfluss rhythmisch-musikalischer Ereignisse auf biologische Rhythmen,* Diss. Phil., Universität Salzburg (ist auch erschienen in Nr. 33 bei G. Harrer)
26. Frith, Simon, *Jugendkultur und Rockmusik. Soziologie der englischen Musikszene,* Rowohlt
27. Gembris, Heiner, *Musikhören und Entspannung,* 1985, Verlag der Musikalienhandlung, Karl Dieter Wagner, Hamburg
28. Gembris, H., *Psychovegetative Aspekte des Musikhörens.* Zeitschrift für Musikpädagogik, 4/1977
29. Gruhn, Wilfried, *Der Musikverstand – Neurobiologische Grundlagen des musikalischen Denkens, Hörens u. Lernens,* 1998, Georg Olm-Verlag, Hildesheim, Zürich, New York
30. Haase, Rudolf: *Über das disponierte Gehör,* Verlag Doblinger, Wien, München, 1977
31. Hahn, Fritz, *Luftelektrizität,* Albrecht Philler Verlag, Minden
32. Hamel, Peter Michael, *Durch Musik zum Selbst – Wie man Musik neu erleben und erfahren kann,* Bärenreiter-Verlag
33. Harrer, Gerhart (Herausgeber), *Die Grundlagen der Musiktherapie und Musikpsychologie,* G. Fischer-Verlag, Stuttgart, 1975
34. Harrer, Gerhart, *Das Musikerlebnis im Griff naturwissenschaftlichen Experiments* (ist in Nr. 33 enthalten)
35. Hart, Mickey (mit Jay Stevens und Fredric Lieberman), *Die magische Trommel. – Eine Reise zu den Quellen des Rhythmus,* Goldmann-Verlag
36. Haselauer, Elisabeth, *Berieselungsmusik – Droge und Terror,* Wien, Köln, Graz, Böhlau, 1986
37. Heide, Martin, *Musik um jeden Preis,* CLV-Verlag
38. Hildebrandt, G., *Das Zentrum des rhythmischen Systems. Kolloquium Prakt. Musikspychologie,* Verlag Dr. Otto Schmidt, Kohl
39. Hürter, Friedegard, *Heilung und Musik in Afrika,* Verlag Peter Lang GmbH, Frankfurt/Main, 1986
40. Husmann, Heinrich, *Vom Wesen der Konsonanz,* Heidelberg, 1953
41. Joppich, Godehard, *Christologie der Liturgie Quaestines disputatae,* Bd. 159 und *Christologie im Gregorianischen Choral* (S. 270), *Herder-Verlag*
42. Jüngling, Roland u. Sendrey, Alfred, *Die Musik im alten Israel* (teils in der Zeitschrift *Bibel und Gemeinde* erschienen.)

43. Karbusicky, Vladimir, *Grundriss der musikalischen Semantik,* Darmstadt, Wissenschaftliche Buchgesellschaft, 1986
44. *Keyboards,* Heft 4 und 7 von 1995, Musik-Media-Verlag, München
45. Keymer, Martin, Hrg. von *Bicom-Resonanz-Therapie,* Bd. l, Haug-Verlag, Heidelberg, 1996
46. Keymer/Schmedtmann/Will, *Bioenergietherapie,* Verlag Jopp, bei Oesch, 2000
47. Klages, Ludwig, *Vom Wesen des Rhythmus,* Verlag Gropengiesser, Zürich und Leipzig
48. Kleinen, Günter, *Zur Psychologie musikalischen Verhaltens,* Verlag Moritz, Disterweg, Frankfurt/M.
49. Kleinen, Günter, *Die psychologische Wirklichkeit der Musik, Wahrnehmung und Deutung im Alltag,* 1994, Gustav-Bosse-Verlag
50. Koch, Kurt E., *Musik unter der Lupe,* Bibel- und Schriftenmission, Aglasterhausen
51. Koch, Kurt E., *Okkultes ABC,* Bibel- und Schriftenmission, Aglasterhausen
52. Kohli, Walter, *Rockmusik und christliche Lebenshaltung – Die grösste musikalische Revolution des 20. Jahrhunderts,* Verlag «Das Haus der Bibel», Zürich, Basel, Genf
53. Kurth, Ernst, *Musikpsychologie,* Georg-Olms-Verlag, Hildesheim, 1969
54. Liebi, Roger, *Rockmusik, Daten, Fakten, Hintergründe; Ausdruck einer Jugend in einem sterbenden Zeitalter,* Beröa-Verlag, Zürich
55. Liedke, Rüdiger, *Die Vertreibung der Stille,* Schönbergers Verlag
56. Luban-Plozza, Borns u. Mario Delli Ponti und Hans H. Dickhaut, *Musik und Psyche – Hören mit der Seele.* Birkhäuser-Verlag, Berlin und Basel
57. Maler, Thomas, *Musik und Ekstase in einer ostafrikanischen Medizinmann-Praxis.* Aus *Musik und Entspannung,* Hrg. Harm Willms, Gustav-Fischer-Verlag, Stuttgart, 1977
58. *Musik u. Unterricht,* Nr. 34 von 1995, Heft 4 von Okt. 1977; und: *Musik als Droge,* in Heft 27 von Juli 1994
59. Neumann, Horst, *Die religiöse Subkultur der Musik- und Discoszene, eine Analyse und theologische Bewertung ihrer religiösen Wurzeln, ihres gegenwärtigen Erscheinungsbildes und ihrer faszinierenden Wirkung.* Dissertation, (Malente, 1986)
60. Pamcutt, R., *Harmony, A Psychoacoustical Approach,* Berlin, Springer-Verlag
61. Peters, Benedikt, *Ekstase oder Ergebung?* Christliche Literatur- und Kassettenvermittlung, Peter Güntert, Zürich
62. Petsche, Hellmut, *Gehirnvorgänge beim Musikhören und deren Objektivierung durch das EEG,* aus Bd.4, Forschungsberichte
63. Pontvik, Aleks, *Der tönende Mensch,* Rascher-Verlag, Zürich und Stuttgart, 1962

64. Rauhe, Hermann, *Das volkstümliche Lied des 19. Jahrhunderts*
65. Rösing, Helmut, *Musikalische Ausdrucksmodelle*
66. Rösing, Helmut, *Rezeptionsforschung in der Musikwissenschaft,* 1983, Wissenschaftliche Buchgesellschaft, Darmstadt
67. Rudhyar, Dane, *Die Magie der Töne, Musik als Spiegel des Bewusstseins,* Bärenreiter-Verlag, 1988
68. Salomon, Gerhard, *Die Gefahren der Endzeit für die Gläubigen,* Kommissionsverlag der St. Johannis-Druckerei, C. Schweickhard
69. Schering, A., *Musikalische Bildung und Erziehung zum musikalischen Hören,* Leipzig, 1924, Quelle & Meyer-Verlag
70. Schering, Arnold, *Das Symbol in der Musik,* Verlag, Köhler und Amelang, Leipzig
71. Schoenebeck, Mechthild von, *Was macht Musik populär? Untersuchungen zur Geschichte populärer Musik,* Verl. Peter Lang, Frankfurt/M., Bern, New York, Paris
72. Schweitzer, Albert, *J. S. Bach,* Verlag, Breitkopf & Härtel, Leipzig
73. Spektrum der Wissenschaft, 1988, *Gehirn und Nervensystem,* Verlagsgesellschaft mbH & Co., 6900 Heidelberg
74. Strauss, Christian, *Kausale Musiktherapie,* Verlag Heinrichshofen, Wilhelmshaven, 1985
75. Teirich, H.R,: Hrg., *Musik in der Medizin*, Gustav-Fischer-Verlag, Stuttgart, 1958
76. Tomatis, Alfred, *Das Ohr und das Leben. Erforschung der seelischen Klangwelt,* Walter-Verlag, Zürich und Düsseldorf
77. Trachsel-Pauli, Ernst, *Geistliche Musik – gibt es biblische Kriterien zur Beurteilung des geistlichen Liedgutes?* Telos-Verlag, Basel
78. Van Holst, *Der Magneteffekt als koordinierendes Prinzip im Rückenmark,* Plüger's Archiv für Physiologie, 1936
79. Walbe, Joel, *Der Gesang Israels und seine Quellen – ein Beitrag zur hebräischen Musikologie,* Christians-Verlag, Hamburg
80. Wallau, Rene H., *Die Musik in ihrer Gottesbeziehung, (zur theologischen Deutung der Musik),* Verlag Bertelsmann, Gütersloh
81. Will, Reinhold D., *Bioresonanztherapie,* Verlag Jopp, bei Oesch, 2000
82. Wolf, Fred Alan, *Körper, Geist und neue Physik*, Insel-Verlag, Frankfurt/M. und Leipzig, 1993
83. Wilder-Smith, A. E., *Der Mensch im Stress,* Hänssler-Verlag, Neuhausen-Stuttgart
84. Lucarini, Dan, *Worship bis zum Abwinken. Bekenntnisse eines ehemaligen Lobpreisleiters,* Betanien Verlag, Bielefeld
85. Edwards, Brian: Wenn die Schau das Wort erschlägt. Tanz und Theater in Evangelisation und Gottesdienst, Betanien Verlag, Bielefeld

86. Ebertshäuser, Rudolf: Fremdes Feuer im Heiligtum Gottes. Der charismatische «Lobpreis» aus biblischer Sicht. Betanien Verlag, Bielefeld

87. Neumann, Brian S.: Die Macht der Musik. Ein persönliches Zeugnis. Wegweiser-Verlag, Wien

Personenverzeichnis zu einigen Fach-Autoren der genannten wissenschaftlichen Zitate im Anhang:

Ansermet, Ernest, 1883-1963, Musiker, Mathematiker und Musikphilosoph, studierte Mathematik und war zunächst als Mathematiklehrer tätig. Danach studierte er Musik bei Felix Mottl in München und Arthur Nikisch in Berlin. Er gehörte jahrzehntelang zur Elite der europäischen Dirigenten. Über seine internationale Bedeutung als Gründer und Leiter des Genfer «Orchestre de la Suisse Romande» hinaus war er der Typ des spirituellen, von ursprünglicher Musikalität erfüllten Künstlers und Denkers. Aus dieser doppelten Berufung entstand Ansermets grundlegendes Werk, in dem er – selbst leidenschaftlicher Vorkämpfer der neuen Musik, Freund und Förderer Strawinskys – sich mit den musikalischen Grundproblemen und der zeitgenössischen Musik auseinandersetzt. Ansermet stellt die Frage nach den unveränderlichen musikalischen Grundlagen, d.h. nach dem natürlichen akustischen Material der Musik – dem Ton, und nach der Fähigkeit des Menschen, Töne wahrzunehmen, sie zu sondern und als Musik zu hören und zu verstehen. Seine Betrachtung steht von Anfang an in engem Zusammenhang mit der Frage nach der Bewusstseinsreaktion des Hörenden, nach dem musikalischen Ton- und Klangmaterial und schliesslich nach dem musikalischen Urphänomen: Gibt es eine schöpferische Urzelle, eine Urbewegung in der Musik, die bis heute und in alle Zukunft weiterwirkt?

Der Verfasser kommt zu dem Schluss, dass die Bewusstseinsphänomene, die in der Musik eine Rolle spielen, dieselben sind, die am Ursprung aller Grundbestimmung des Menschen in seiner Beziehung zur Welt, zu Gott und zur menschlichen Gesellschaft stehen. Ansermet versteht die Sprache der Musik als eine Sprache des Gefühls und nicht des Denkens. Von hier geht auch seine Kritik an vielen Postulaten der zeitgenössischen Musik aus. Als Bekenntnis und künstlerisches Vermächtnis eines bedeutenden Musikers und Musikphilosophen ist dieses Alterswerk – Summe einer lebenslangen Beschäftigung mit dem Gegenstand – ein wesentlicher, ja epochaler Beitrag zur Musik- und Geistesgeschichte der Menschheit.

Bharucha, Jamshed Ja: geb. 1956, M. A. in Philosophie, Ph. Doc. in Psychologie. Assistent-Professor am Dartmouth College. Forschungsschwerpunkt: kognitive Verarbeitung von Melodie, Harmonie und Rhythmus – Computer-Simulation dieser Prozesse – kognitive Verarbeitung von Text.

Bruhn, Herbert: geb. 1948, Prof. Dr. phil.; erstes Studium Dirigieren bei Wilhelm Brückner-Rüggeberg, Hans Swarowski und Sergiu Celibidache: Tätigkeit als Pianist und Dirigent an verschiedenen westdeutschen Musiktheatern; zweites Studium Psychologie, Musikpädagogik und Musikwissenschaft, mit Diplom und Promotion 1987 abgeschlossen: 1988-1989 Musikdirektor der Universität des Saarlandes; 1989 Ernennung zum Professor für Musik und ihre Didaktik in Kiel. Weiterhin tätig als Pianist und Dirigent. Forschungsschwerpunkt: Grundlagen der Musikpsychologie. – Wichtigste Veröffentlichung: Harmonielehre als Grammatik der Musik (1988).

Burdach, Konrad J.: geb.1946, Dipl.-Psych. Dr. phil.; wissenschaftlicher Mitarbeiter am Institut für Kommunikationswissenschaft der Universität München; Arbeitsschwerpunkte: Massenkommunikationsforschung, Wahrnehmungspsychologie (speziell: Chemorezeption), Musikpsychologie.

Decker-Voigt, Hans-Helmut: geb. 1945, Prof. Ph. D.; Arbeit mit geistig Behinderten, mit Jugendlichen in der Sonderpädagogik und mit Erwachsenen in der Psychiatrie. Direktor des Instituts für Musiktherapie an der Hochschule für Musik Hamburg.

Eccles, John C.: geb. 1930 in Melbourne, Medizinstudium in Melbourne. Nach Promotion Lehrtätigkeit in Oxford in Neurophysiologie, dann Institutsdirektor in Sydney. Professuren in Otago (Neuseeland), Canberra (Australien) und Buffalo (USA). 1957–1961 Präsident der australischen Akademie der Wissenschaften. 1963 Nobelpreis für Medizin.

Gembris, Heiner: geb. 1954, Dr. phil. Schulmusikstudium, Studium der Erziehungswissenschaft, Germanistik, Psychologie und Musikwissenschaft. Dissertation über ein musikpsychologisches Thema. Arbeitsschwerpunkte: empirische und angewandte Musikpsychologie. Wichtige Veröffentlichungen: Musikhören und Entspannung (1985).

Haase, Rudolf: geb. 1920 in Halle/Saale, studierte an der Technischen Hochschule Berlin sowie an den Universitäten Münster, Bonn und Köln. 1951 Promotion zum Doktor der Philosophie (Musikwissenschaft). Er war als Musikkritiker tätig, bis er 1955 als Dozent an das Konservatorium Wuppertal berufen und 1957 zu dessen geschäftsführendem Direktor ernannt wurde. 1962 berief ihn das Institut für Angewandte Psychologie, Zürich, bis auf weiteres als Gastdozenten. Seit 1965 Hochschulprofessor an der Hochschule für Musik und darstellende Kunst in Wien und Begründer des Instituts für harmonikale Grundlagenforschung. Neben Vortragsreisen in mehrere Länder Europas sind seine wichtigsten Publikationen anzuführen: Grundlagen der harmonikalen Symbolik (1966); Die harmonikalen Wurzeln der Musik (1969); Geschichte des harmonikalen Pythagoreismus (1969); Paul Hindemiths harmonikale Quellen – sein Briefwechsel mit Hans Kayser (1973); Aufsätze zur harmonikalen Naturphilosophie (1974); Der messbare Einklang (1976).

Harrer, Gerhart: geb. 1917, Dr. med.; Universitätsprofessor für Neurologie und Psychiatrie, Vorstand des Institutes für forensische Psychiatrie der Universität Salzburg. Arbeitsschwerpunkte: Psychiatrie, Psychosomatik, Vegetativum. Wichtige Veröffentlichungen: Harrer, G. (Hg.): Grundlagen der Musiktherapie und Musikpsychologie (1982).

Harrer, Hildegund: geb. 1924, Dr. med. Promotion zum Doktor der gesamten Heilkunde in Innsbruck; anschliessend Tätigkeit an den Nervenkliniken Innsbruck, Wien und Köln; seit 1957 Fachärztin für Neurologie und Psychiatrie; anschliessend Leiterin eines EEG-Labors; zahlreiche wissenschaftliche Publikationen mit dem Schwerpunkt Psychophysiologie.

Haselauer, Elisabeth: Studium an der Musikhochschule Wien, Konzertreifeprüfung Orgel, Lehrbefähigungsprüfung Klavier, Studium der Soziologie, Pädagogik und Musikwissenschaft an der Universität Wien, Mitarbeiterin am Institut für Musiksoziologie, Promotion zum Doktor der Philosophie 1976. Professorin an der Musikhochschule Wien. Konzert-, Rundfunk- und Fernsehtätigkeit im In- und Ausland.

Kleinen, Günter: geb. 1941, Ausbildung zum Toningenieur, Studium der Musikwissenschaft (Dr. Phil.), Lehrerprüfung. Habilitation; seit 1977 Professor für Musikpädagogik mit Schwerpunkt Funktionen musikalischer Massenkultur an der Universität Bremen, Arbeitsschwerpunkte: Musikpsychologie, Musiksoziologie, Didaktik technischer Medien, Musikästhetik. Wichtige Veröffentlichungen: Zur Psychologie musikalischen Verhaltens (1974), Massenmusik (1983).

Oerter, Rolf: geb. 1931, Prof. Dr. phil. habil.; Studium Psychologie, Philosophie und Musikwissenschaft an der Universität Würzburg, 1956-1963 Lehrer in Würzburg, 1963-1968 wissenschaftlicher Assistent an der PH München, 1969 Ernennung zum ordentlichen Professor für Psychologie an der Universität Augsburg, seit 1981 am Psychologischen Institut der Universität München. Arbeitsgebiete: Pädagogische Psychologie, Entwicklungspsychologie; Schwerpunkte: Entwicklung im Jugendalter, Spielverhalten bei Kindern, Musikpsychologie. – Wichtigste Veröffentlichungen: Entwicklung von Werthaltungen während der Reifezeit (1966): Moderne Entwicklungspsychologie (1967, 1982, übers. Span., Ital.); Psychologie des Denkens (1971, 1980); Struktur und Wandlung von Werthaltungen; Entwicklungspsychologie (1982 und 1987, zus. mit Montada).

Petsche, Hellmut: geb. 1923, Universitätsprofessor Dr. med.; Morphologische Grundlagen des EEG, Erforschung hirnelektrischer Korrelate von kognitiven Prozessen, besonders im Zusammenhang mit Musik.

Rösing, Helmut: geb. 1943. Prof. Dr. phil. habil.; Promotion 1968 (Themengebiet Vergleichende Musikwissenschaft, musikalische Akustik) 1968-1972 Redakteur für Sinfonie und Oper beim Saarländischen Rundfunk: 1974 Habilitation in Musikwissenschaft an der Universität in Saarbrücken (Musikalische Stilisierung akustischer Vorbilder in der Tonmalerei, 1977); 1975-1978 Leiter der Zentralredaktion des Internationalen Quellenlexikons der Musik (RISM) in Kassel; seit 1978 Professor für Systematische Musikwissenschaft an der Gesamthochschule Kassel. – Wichtigste Veröffentlichungen: Musik und Massenmedien (1978), Rezeptionsforschung in der Musikwissenschaft (1983); Musik im Alltag (1985); Beiträge zur Popularmusikforschung des Arbeitskreises Studium populärer Musik ASPM (1986 ff); Musik als Droge? (1991).

Willms, Harm: geb. 1937, Prof. Dr. med.; Psychoanalytische Psychotherapie, stationäre Psychotherapie, Musiktherapie, Musikpsychologie, Psychoanalyse und Musik. Leitender Arzt der Psychotherapeutischen Abteilung an der Fachklinik Schleswig.

Fremdwortverzeichnis

Wortbedeutungen der gebrauchten Fremdworte und fachspezifischen Ausdrücke im Anhang

Affekt: starke gefühlsmässige Erregung

afferent: afferente neuronale Impulse von den Sinnesorganen von aussen kommend, werden über nervliche Zwischenbahnen nach innen zur Gehirnrinde (Kortex) geleitet

Amplitude: Lautstärkegrad einer Tonschwingung

Analyse: Untersuchung der Bestandteile des Untersuchungsobjekts nach wissenschaftlichen Kriterien

anatomisch: die unterschiedliche Ausbildung körperlicher Organe betreffend

Antizipation: Vorwegempfindungen der zukünftigen Zeitpunkte von Zeitereignissen, die aufgrund von bisher wahrgenommenen Zeitintervallen (z.B. Taktschläge) im Ablauf des Geschehens genau abschätzbar werden, so dass daraus die zeitrhythmischen Vor-Erwartungen künftiger Zeitereignisse genau erfüllt werden

archaisch: siehe Archetypen

Archetypen: Urbilder, Urvorstellungen, die – gemäss der umstrittenen (!) Theorie C. G. Jungs – seit Urzeiten genetisch überkommen und allen Menschen gemeinsam sind als Inhalte des kollektiven Unterbewusstseins. Urtümliche allgemeine Bilder und Symbole von bestimmten Bedeutungsinhalten, die zu allen Zeiten und in allen Völkern als nonverbale Sprache des Unbewussten lebendig waren (z.B. in Kunst, Märchen, Mythen, Religionen)

Arrhythmien: dem normalen Rhythmus entgegenlaufend

Assoziation: erweckt Vorstellungen von bestimmten Erinnerungen, die ursächlich mit den gegenwärtigen Erlebnissen bzw. Eindrücken gedankliche Verknüpfungen hervorrufen

atavistisch: in Gefühlen, Gedanken, Handlungen usw. einem früheren, primitiven Bewusstseinssstadium entsprechend

atonal: unharmonisch, nicht auf einem gemeinsamen Grundton in Bezug stehende Tonreihe und deshalb im Widerspruch zur menschlichen Gehördisposition stehend

Attitüde: Einstellung, Lebenshaltung, Gebärde als Ausdruck einer Gesinnung

attraktiv: beim Musikhören ist der attraktive Rhythmus der aktiv akustisch hörbare Rhythmus (z.B. durch Trommel oder Bassinstrumente), welcher biologische Körperrhythmen «attrahiert» d.h. mitreisst und in den gleichen Taktrhythmus einpendeln kann, also synchronisiert

auditiv: hörbar

Basilarmembran: Eine hautartige Schicht aus feinen Fasern, auf der sich im inneren Ohr (dem sogenannten Cortischen Organ) die Hör-Sinneszellen befinden. Schallwellen setzen je nach Tonhöhe (Frequenz) die einzelnen verschiedenen Abschnitte (Fasern) in Schwingung, wodurch die Tonunterscheidungen eingeleitet werden

bioelektrische Signale: spezielle elektrische Stromimpulse, welche z.B. auch durch Schallereignisse im Gehör-Nervensystem entstehen und über weitere nervliche Verbindungen (Synapsen und Dendriten) zu anderen Nervenzellgruppen gelangen, welche ihrerseits die elektrischen Impulse informativ an weitere Nervenzellgruppen oder auch an Muskelfasern weiterleiten

blue Notes: zum Stil des «Blues» gehörig, die kleine Septime (erniedrigte 7. Tonleiterstufe) innerhalb einer Molltonart

Bordun-Formen: gleichbleibende Basstöne (z.B. nur zwei zusammenklingende Töne im Quintabstand), die durchgängig als Bassbegleitung benutzt werden

Cadence oder Kadenz: hier als die Anreihung rhythmisch periodischer Folgen zu verstehen

Chronologie: zurückliegende vergangene Zeitereignisse

Clavichord: kleines Saiteninstrument der Barockzeit, das mittels Tastenhebel gespielt wird

Cochlea: spiralig aufgewundener Teil im Innenohr, worin sich die Hör-Nervenfasern befinden, auch als Gehör-Schnecke bezeichnet

Cortisches Organ: schneckenförmiger Teil des Innenohres, worin die Basilarmembran (s. Basilarmembran) enthalten ist

Crescendo: in der Lautstärke allmählich zunehmend

Curriculum vitae: Lebensplanung, Lebenslauf

Dendriten: grosse und häufig komplizierte Äste von Nervenzellen, auf denen andere Nervenzellen und Synapsen (s. Synapsen) wachsen und sich verzweigen

Determinanten: die bestimmenden Faktoren

Dezibel: ein Grössenmass für Lautstärken

Dilatation: Ausdehnung, Erweiterung

dirty notes: wörtlich = schmutziger Ton, absichtlich ungenau und unsauber intonierte Tonbildung

Disposition: Ausgangslage

Dominanz: Vorherrschaft

EEG: Elektroencephalogramm (s. Elektroencephalogramm)

efferent: efferente neuronale Signale werden von der Gehirnrinde ausgehend über geeignete Nervenbahnen zu den jeweils angezielten Körperorganen geleitet (z.B. zu bestimmten Muskelgruppen)

Ekstase: Verzückungszustand, gekennzeichnet durch Verminderung der Selbstkontrolle, Überschäumen der Gefühle und oft durch Bewegungsüberschuss charakterisiert

Elektroencephalogramm: EEG, grafische Aufzeichnung der elektrischen Aktionspotentiale von verschiedenen Bereichen der Hirnrinde, die als Gehirnwellen über spezielle Elektroden von der Kopfhaut abgeleitet, sichtbar gemacht werden können

Elektrokardiogramm: EKG, die grafische Aufzeichnung der elektrischen Aktionspotentiale der Herzmuskeltätigkeit

empirisch: durch zahlreiche Versuche unter gleichen Voraussetzungen ermittelte Ergebnisse, die wiederholbar zu gleichen Ergebnissen führen und deshalb objektiv nachweisbare Wirkungsmechanismen erkenntlich machen

endokrin: an der Produktion und Ausschüttung von Hormonen beteiligt (z.B. durch neuro-endokrine Reizung)

endothym: betreffend psychisch unbewusster Gefühle

Engramm: neuronale Gedächtnisspur bei der Ausbildung einer entsprechenden Veränderung in den Strukturen der dafür vorgesehenen Nervenzellen

evozieren: hervorrufen, bewirken

exitatorische Synapsen: Synapsen, an denen der Transmitter (s. d.) normalerweise die Wirkung hat, die postsynaptische (nachgeschaltete) Membran (Berührungswand) zu depolarisieren und somit diese postsynaptische Zelle zu erregen

Exiter: Ein Psychoakustikprozessor, der dem Originalsignal künstlich erzeugte Obertöne hinzufügt und dabei die Präsenz und den subjektiv empfundenen Lautstärkeeindruck erhöht, ohne den Signalpegel messbar zu vergrössern

Expressivität: Ausdrucksstärke

Extrasystolen: zusätzliche Herzmuskelaktionen, entgegen der normalen Herztätigkeit

Feedback: Rückkopplung; beim Hören von Musik sich auswirkende körperliche Reaktionen, die sich gefühlsmässig rückverstärkend auf die seelischen Empfindungen auswirken

Fluktuationen: Veränderungen des Fliessgleichgewichts seelisch-körperlicher Dispositionen z.B. bei der Sinneswahrnehmung starker dynamischer Veränderungen während lautstarker Rockmusikveranstaltungen

funktionelle Musik: zu einem bestimmten gesellschaftlichen Zweck hergestellte Musik, z.B. zur Verwendung für Tanz- und Unterhaltungsbedürfnisse und Discoveranstaltungen, Militär, Film

Gammasystem: z.B. das motorische Gammasystem sind eine Anzahl kleiner Neurone (Nervenzellen), welche in Verbindung stehen zu vielen intrafusalen Muskelfasern und diese innervieren (nervlich aktivieren) können

Glissando: ein stufenloses Herauf- bzw. Heruntergleiten (Schleifen) von einer Tonstufe zu einer anderen

Hierarchie: Vorherrschaft

Hippocampus: eine dem limbischen System (s. Limbisches System) zugehörige Gehirnstruktur; spielt eine wichtige Rolle für affektives Verhalten (Verteidigung, Sex, hedonistische [Macht-] Gefühle)

horribile dictu: «schrecklich, dies sagen zu müssen» (hier sprichwörtlich gebraucht)

Hypothalamus: eine in den tieferen Gehirnschichten liegende Gehirnstruktur, welche für die Funktionskontrolle der Eingeweide zuständig ist, z.B. in Beziehung zu Temperatur, Salz, Wasser, Nahrung, Endokrinum (=Hormonbildungen) und Stimmungen (=Definition nach Eccles)

Induktion: Übertragung einer rhythmischen Bewegungsenergie

induzieren: Schwingungsübertragung; auch das Übertragen rhythmischer Bewegungsabläufe

infra-kortikal: unterhalb der Hirnrinde liegend

Infraschall: sehr tiefe Tonfrequenzen unterhalb der Hörgrenze

Instrumentalklischee: zum allgemeinen Verständnis bewährte modellhafte Anwendung von bestimmten Musikinstrumenten, die sich aufgrund ihrer speziellen Klangfarbe zur emotionalen Einstimmung der Hörer wiederholt für die Darstellung bestimmter Gemütsstimmungen stereotypisch musterhaft bewährten

Interneurone: im Zentralnervensystem vorhandene Nervenzellen mit gewöhnlich kurzen Aktionsbereichen

involvieren: miteinschliessen, einbeziehen

Kinästhesie, kinästhetisch: beim Musikhören mit Bewegungsvorstellungen verknüpft; z.B. durch automatisch sich vollziehende motorische Muskelbewegungen zum Musikrhythmus

kinetisch: bewegungsmässig

Kohärenz: Zusammenhang, Wirkungszusammenhänge

kollektive Präformierung: auf musikalischer Verstehensebene die in menschlichen Gesellschaftskreisen allgemein unbewusste Vorprägung des Gehörgedächtnisses und Verstehens von typischen Rezeptionsmustern (s. Rezeptionsmuster) besonders aus der funktionellen Musik (s. funktionelle Musik), wo durch stereotypische wiederholt verwendete Ausdrucksmodelle – z.B. von Lebensgefühlen aus dem gesellschaftlichen Lebensbereich der Disco und Tanz- und Unterhaltungsmusik – auch zugleich der entsprechende Mentalitätscharakter dieser Gesellschaftsgruppen ebenfalls den Hörern dabei übermittelt wird, der nun aufgrund ihrer unbewussten Vorprägung (Präformierung) resonanzartig bestärkt wird

Konditionierung: gemeint ist hier die zur neuronalen Ausbildung eines Langzeitgedächtnisses notwendige Bildung von nervlichen Verbindungsstrukturen mittels entsprechender Dendriten (s. Dendriten) und Synapsen (s. Synapsen), welche sich infolge von oft wiederholt eintreffenden gleichen Impulsmustern als ein entsprechendes Netzwerk von zusammenhängenden nervlichen Reaktionsmustern ausbilden. Dies kann z.B. über die Gehör-Nervenbahnen beim Musikhören geschehen, wobei sich besonders durch ständig wiederholte kurze Tonfiguren, Rhythmen und Klänge solche entsprechenden nervlichen Signalspuren als Reizreaktionsmuster im neuronalen Hörgedächtnis «eingraben», die dann auch später bei erneutem Hören gleicher Musikstrukturen resonanzartig assoziativ wieder zum Mitschwingen erregt werden können. Besonders bei taktrhythmisch geführten Beat-Musikstilen, wo im Hörgedächtnis in der Weise bereits solche präformierten nervlichen Reaktionsmusterbildungen entsprechende rhythmische Erwartungshaltungen vorprägen konnten, können diese mittels gleicher Musikstile stets befriedigt werden, wobei sich natürlich die präformierten nervlichen Reaktionsmusterbildungen in ihren synaptischen Verbindungen ständig verstärken können und somit zur Konsolidierung eines entsprechenden Hörgedächtnisses auch solche Erwartungshaltungen längerfristig ausprägen. Dieser sogenannte «Generalisation» werden (laut «Lexikon der Psychologie») Verhaltensweisen zugeschrieben, die bei Lernprozessen durch bestimmte Reizsituationen gekoppelt wurden, aber auch durch ähnliche Reizsituationen wieder hervorgerufen werden können. Solche konditionierten Reaktionen scheinen auch weitgehend auf Reaktionen beschränkt zu sein, die ihren Ursprung im autonomen Nervensystem haben (siehe auch «Limbisches System», Anhang 20c)

Konsolidierung: Ausbildung eines fest eingeprägten Langzeitgedächtnisses durch Wiederholungen gleichartiger Folgen nervlicher Impulsmuster

Kontingens: Berührung, Zusammenwirkung durch anteilhafte Berührung

Kontraktion: Zusammenziehung (z.B. eines Muskels) oder Verengung (z.B. der B!utgefässe)

Konvention: durch Erziehung und Vorbildung erworbene Verhaltens- und Verstehensregeln

Konvergenz: gleichzeitiges Zusammenwirken

Koordination: Übereinstimmung

Kuratorium: Hörerschar

latent: unterschwellig, unbemerkt, unsichtbar – aber trotzdem vorhanden

Limbisches System: eine zentral gelegene Gehirnstruktur; ist die Zentralstelle des endokrinen (s. endokrin) vegetativen (s. Vegetativum) und psychischen Regulationssystems; es verarbeitet Reize aus dem Körperinneren und solche von aussen über die «formatio reticularis» (s. Reticularformation; formatio reticularis, sowie im Anhang 20c)

endokrin: an der Produktion und Ausschüttung von Hormonen beteiligt (z.B. durch neuro-endokrine Reizung)

Meditation: transzendentale Meditation ist eine in der Geisteshaltung mystische Versenkung unter weitgehender Ausschaltung des Wachbewusstseins

Medium: Übermittler von Botschaften oder Stimmungen

mental: geistig, in gedanklicher Vorstellung, auch psychisch (zur Unterscheidung von physisch, körperlich)

metabolisch: metabolische Veränderungen = strukturelle Veränderungen der Zellstrukuren in ihren physischen Zuständen und chemischen Zusammensetzungen

Metapher: sinnbildlicher Übertrager von bestimmten Bedeutungen oder Stimmungen

Metronom: taktschlagende Uhr mit fest einstellbaren Schlagzeiten; wird als Hilfe zur Tempoangabe verwendet (z.B.: Viertelnotenwerte = 120, d.h. 120 Taktschläge innerhalb einer Minute, wäre also pro Viertelnotenwert = 1/2 Sekunde), wird auch im Musikunterricht als disziplinarisches Unterrichtshilfsmittel zur Erlernung des Spielens im Takt benutzt

Modulationen: In der Musik die Veränderungen der Tonart oder des Klanges

Monotonie: bei gewissen Musikstilen die ständige Wiederholung kurzer Melodieteile, Klänge und Taktrhythmen (siehe auch «Ostinato»)

motorisch: in Bewegung gebracht (z.B. durch taktrhythmische Musikabläufe)

Musikrezeption: Art und Weise des Aufnehmens und Verstehens von Musik

narzistisch: stark ausgeprägtes egoistisches Lustempfinden

Neuron: Nervenzelle

nonverbale Kommunikation: allgemeine Verständigung ohne Worte

Obertöne: Teiltöne eines Klanges mit einer Vielzahl von Sinus-Schwingungen verschiedener Frequenzen, deren Struktur die Klangfarbe bestimmt

Omnipotenz: alles übersteigende Stärke

Ostinato: eine sich ständig wiederholende kurze Tonfigur

Oszillation: Schwingung

Oszillogramm: Aufzeichnung der Veränderungen des Blutdrucks

Parameter: massgebliche Komponenten, deren Grundelemente zu einer Gesamtwirkung entscheidend zusammenwirken (z.B. in der Musik: Rhythmus, Melodie, Harmonie, Klang)

partizipieren: teilhaben

Pattern: Muster, charakteristische Figur, Rhythmus-Muster, Ton-Muster

Periodizität: sich stetig wiederholende gleichartige Vorgänge; z.B. Schwingungsfolgen gleichlanger Phasenlänge; sich ständig wiederholende Rhythmen gleicher Art, auch Taktrhythmus

postsynaptische Potenzierung: die gesteigerte Synapsenreaktion, die auf intensiver Synapsenstimulierung beruht (z.B. durch vermehrt eintreffende elektrische Impulse oder hormonale Veränderungen von Drogen, Medikamenten usw., welche erhöhte Produktion von Transmittersubstanzen verursachen)

pränatal: vorgeburtlicher Zustand

Präsenz: Gegenwart

präsynaptische Nervenfasern: die Endaufzweigungen von Nervenfasern, die in synaptische Endungen (Endkolben) auslaufen

psychisches Residuum: die latent vorhandenen Erinnerungsspuren (Engramme, s. Engramm) aller Erfahrungen des Lebens, die assoziativ (s. Assoziation) erweckt wiedererlebt werden können, z.B. auch durch bestimmte Musikstrukturen mit entsprechendem emotionalen Aufforderungscharakter, wodurch unterbewusste Erinnerungsspuren daran resonanzartig wieder anklingen können (s. auch «kollektiver Psychismus»)

psychogalvanische Reaktion: Veränderung des elektrischen Hautwiderstandes, der sich z.B. beim Anhören von Musik ständig ändert und durch Widerstandsmessgeräte sichtbar wird

Psychosomatik: wechselseitige Beeinflussung von Körper und Seele

Pulskurve: grafische Darstellung der Frequenz-Veränderungen von Pulsschlägen pro Minute

Reagibilität: Reaktionsbereitschaft

Reduktion: Verringerung, eine Zurückführung

Regression: das mittels bestimmter Musikstilarten erreichbare Gefühl von Kindheitszuständen, verbunden mit Wohlgefühlen in der scheinbaren Befreiung von realen Pflichten und Lasten, eine Art von unbewusster Realitätsflucht

Reliabilität: zuverlässlich gleichartige Erkennung und Werteinschätzung auf Grund übereinstimmender allgemeiner Grundmassstäbe des Erkennens

Reticularformation, (formatio reticularis): eine sensorisch wichtige netzartige Struktur von Nervenzellen im Bereich des Stammhirns und des Zwischenhirns. Sie reicht bis zum Hypothalamus (s. Hypothalamus) und enthält auch collaterale (von und zu allen Seiten kommende) Fasern und damit Informationen von allen (afferenten) nach innen und (efferenten) nach aussen gerichteten nervlichen Leitungsbahnen. Für die Aufmerksamkeit und Wachheit spielt diese Nervenstruktur eine wichtige Rolle

Reverberation: echoartiges Nachwirken (Nachklingen), z.B. der rhythmischen Impulsmuster, was sich nach Ende einer solchen erfolgten nervlichen Erregung mehrmals wiederholt in der betreffenden Nervenzellgruppe ereignet, wodurch diese Impulsmuster sich konsolidieren (einprägen). Dies führt besonders dann zu einer verstärkten Konditionierung, wenn weitere rhythmische Impulseinwirkungen gleicher Art zeitlich genau mit den reverberatorischen Impulsmustern zusammenfallen, so dass sich diese verstärken können. Auf diese Weise entstehen dann sogenannte präexistierende «stille» neuronale Verbindungen, die jederzeit assoziativ wieder erregt werden können durch erneute Einwirkung gleicher Impulsmuster (wie z.B. mit gleichartigen rhythmischen Impulsen eines früher oft gehörten Musikstils; s. auch Nr. 34-36 im Anhang)

Rezeptionsmuster: zu der allgemeinen Verständlichkeit von Musik die darin oft benutzten typischen Ausdrucksbausteine, die wiederholt besonders in der Popularmusik gebräuchlich sind und assoziativ (s. Assoziation) an oft gehörte stereotype rhythmisch-melodische Wendungen erinnern mit schnell wiedererkennbaren emotionalen Ausdrucksmerkmalen von typisch gleichartiger Wirkung und Prägung

Rezipient: Der Musikhörer beim Aufnehmen und Verstehen von Musik

reziprok: sich im entgegengesetzten Verhältnis auswirkend

scat-singing: Singen von einzelnen Wortsilben

sedativ: beruhigend

Semantik: unter Musiksemantik versteht man die allgemein verstehbare Bedeutung bestimmter Tonfiguren (wiederholt verwendete Ton-Motive) symbolischen Charakters, die als musikalische Ausdrucks-«Vokabel» wiederholt zur Darstellung ähnlicher oder gleicher emotionaler Bewegungen oder symbolischer Klangbilder verwendet werden

sensumotorisch: Zusammenwirkung von nervlich sensorischen und motorisch-muskulären Reaktionen, die z.B. beim Musikhören in dem Verhältnis der Art und Weise ihres Zusammenwirkens den Charakter einer Musikwirkung beim Hörer wesentlich beeinflussen

Spektrum: Ein Klang-Spektrum = Frequenz-Spektrum besteht aus einer Anzahl Sinus-Schwingungen, die in einem bestimmten Verhältnis zueinander stehen, harmonikal klingend, wenn ganzzahlige Faktoren frequenzbestimmend sind

signifizieren: anzeigen, aufzeigen

simultan: gleichzeitig

subliminal: unmerklich, unbewusste Vorgänge

subtil: mit Feingefühl, behutsam, verfeinert

Suggestibilität: Beeinflussbarkeit für Suggestionen, d.h. die nicht bewusst wahrgenommene Empfänglichkeit für Botschaften in das Unterbewusstsein

Synapsen: Spezielle Kontaktstellen innerhalb der dendritischen (s. Dendriten) Verzweigungen, mit deren Hilfe Nervenzeilen über Transmittersubstanzen (s. Transmittersubstanz) in Verbindung treten mittels elektrischer Impuls-Signale an den Zellmembranen

Synästhesie: bei der ganzheitlichen Auswirkung von Musik auf den Hörer, die dabei erfolgende Zusammenwirkung seiner verschiedener Sinne und Sensoren

Synkope: Akzentverschiebung, z.B. durch rhythmisch vorgezogene Betonungen gegenüber den normal üblichen Taktbetonungen

Tachykardien: allmähliche Temposteigerungen der Herzschlagfolgen

Thalamus: eine grosse Ansammlung von Nervenzellen tief unter der Grosshirnrinde (Zwischenhirn), teilweise zur Übertragung von Hautempfindungen zur Grosshirnrinde und an den nervlichen Hör- und Sehbahnen beteiligt und als eine Art Umschaltstelle bei der unbewussten Verarbeitung aller Sinneserregungen sowie der Entstehung von Lust- und Unlustgefühlen beteiligt

Thymopsyche: seelische Stimmung – und Empfindung

Tonotopie: bei den Hörnervenfasern (im Cortischen Organ) übliche Resonanz einzelner Hör-Nervenfasern für jeweils eine bestimmte Tonhöhenfrequenz

Trance: Übergang (lat.: transitus) in einen psychischen Ausnahmezustand, der durch Aufgabe von Realitätsprüfungen gekennzeichnet ist, eingeengtes Bewusstsein und vielfach nachfolgende Amnesie (Erinnerungsverluste). Einer Hypnose ähnlich, entsteht die Trance durch Konzentration auf einen isoliert kleinen (punktartigen) Ausschnitt des Erlebens, wobei monoton- rhythmische Stimulierung, körperliche Erschöpfung und emotionale Anspannung bzw. Erwartungshaltungen zusammenwirken können (z.B. durch monotone Tonwiederholungsstrukturen, Trommelrhythmen). Trance hat enge Beziehung zur religiösen Verzückung und visionären Erlebnissen. Sie ermöglicht dem Betroffenen, sich von allem bisher Gelernten zu lösen, und erlaubt ihm – seelisch wie körperlich – Leistungen, an die er sich sonst nicht wagen würde (Definition nach dem «Lexikon der Psychologie», Herder-Verlag)

Transformationsfähigkeit: Übertragungsfähigkeit

Transmittersubstanz: flüssiges Sekret, das zwischen den synaptischen Spalten (den Berührungsstellen von Synapse zu Synapse) zwecks gezielter Regelung der elektrischen Impulsübertragungen gebildet wird

transzendental: übersinnlich-grenzüberschreitend

Vegetativum: autonomes Nervensystem, das unabhängig vom menschlichen Willen funktioniert und bei der Entstehung von Gefühlsbewegungen eine wichtige Rolle spielt (s. Limbisches System, Anhang 20 c)

Verbalisieren: mit Worten zum Ausdruck bringen

vestibuläres System: ein zum Innenohr gehöriges System zur Regulierung des Gleichgewichtssinnes

viscerale emotional-motivationale Motorik: von innen erregte gefühlsmässig motivierte Bewegung

Zäsur: Einschnitt, Lücke

ZNS: Zentralnervensystem

Auszüge aus wissenschaftlichen Forschungsberichten über Musikwirkungen auf den Menschen.

Zum Buchtextbezug wichtige Hervorhebungen oder Anmerkungen des Verfassers sind durch **Kursivschrift, Fettdruck** oder **Unterstreichungen** gekennzeichnet.

Nr. 1: Elisabeth Haselauer: «Berieselungsmusik – Droge und Terror.»
«Unbeschadet der Fragwürdigkeit des Unternehmens, klare Grenzziehungen zwischen E- und U-Musik zu versuchen (die Grenzen fliessen), darf man sich immer noch einigermassen darauf verlassen, mit den Begriffen «ernste» oder «klassische» Musik Assoziationen zu wecken, die das Gemeinte treffen. Denn der Durchschnittsverbraucher zieht sehr scharfe Grenzen zwischen E- und U-Musik und charakterisiert Klassik durch Worte wie: feierlich, ernst, offiziell, traurig, ungemütlich, belastend, schwer, langweilig. Unterhaltungsmusik dagegen bekam Eigenschaften zugesprochen wie etwa: auflockernd, heiter, privat, gemütlich, entlastend, ablenkend, beschwingt, leicht. Die Begriffspaare ernst-heiter und schwer-leicht kommen also nicht von ungefähr und skizzieren, pauschal formuliert, Wirkungen auf die Psyche. Soweit der allgemeine Trend, der, so platt das Gesagte auch klingen mag, immer noch vorherrscht ...»

Nr. 2: «Von welcher Seite wir das Phänomen auch immer betrachten, es stimmt bedenklich. Wir sind von Musik umgeben, die meisten Menschen nehmen sie nicht mehr wahr; aber ihre Körper nehmen sie wahr, brauchen und verwerten sie im Sinne der Psychosomatik, obwohl der durchschnittliche Verstand von all dem nichts weiss. Das heisst erstens, wir wissen um zwei Faktoren der Musik, die unser autonomes Nervensystem direkt erreichen können, ohne uns in den Stand zu versetzen, dies zu steuern oder gar zu verhindern: *Tempo (bei entsprechender Bassführung) und Lautstärke.* Und das heisst zweitens, dass die früher erwähnte *‹direkte Beeinflussung› unseres Nervensystems* keineswegs nur positiv ausfällt.»

Nr. 3: Heiner Gembris: über «Psychosomatische Aspekte des Musikhörens» (aus «Zeitschrift für Musikpädagogik» Heft 4, Okt. 77) beschreibt den Weg der bioelektrischen Signale, die vom Ohr kommend «auf verzweigten und vielfach untereinander verschalteten Nervenwegen dem Zentralnervensystem weitergeleitet werden. Eine Schlüsselstellung nimmt die Reticularformation ein, ein Nervennetz, das für Wachheit, Aufmerksamkeit und Konzentrationsfähigkeit verantwortlich ist. Diese Struktur ist nämlich an die vegetativen Zentren, die Steuerungssysteme für Muskelruhespannung und die Kontrolle der Willkürbewegungen, an die für affektive Beimischung physischer und mentaler Prozesse verantwortliche Struktur sowie an die Hirnrinde angeschlossen. *Darum ändert sich mit dem Aktivitätsniveau in dieser «Wachzentrale» nicht nur die Bewusstseinshelligkeit, vielmehr kommt es simultan zu motorischen, vegetativen,* ***psychischen und mentalen Funktionsveränderungen»*** (siehe auch Nr. 19 c).

Nr. 4 a: Dr. Norbert Bolin: aus «Musik und Unterricht» Heft 27, Juli 1994 / 5. Jahrgang. Aufsatz über: «Musik – eine Droge!?» Aspekte zur historischen Entwicklung der drogenspezifischen Musikverabreichung.

Regression. Der menschliche Zustand, der mit diversen Arten der Musikverabreichung erreicht werden kann, wird als Regression bezeichnet. Regression ist das Zurückgehen auf einen früheren, kindlichen Entwicklungszustand oder Entwicklungsstand. Durch das ästhetische Angebot z.B. der funktionellen Musik, wird der Hörende vordergründig entlastet. Er regrediert auf einen Zustand, in dem Entscheidungen, die möglicherweise zu einer grundlegenden Änderung seiner aktuellen Situation beitragen könnten, abgewälzt werden zugunsten einer momentanen Verschnaufpause. Diese Erholungsregression, die nicht unwesentlich Erinnerung und damit ein gewisses Wohlgefühl an frühere Zeiten wiederbelebt, gestattet, vom Walkman als einer *«akustischen Babyflasche»* zu sprechen.

Nr. 4 b: ... *Jede Musik bewirkt Spannung und Entspannung, Erregung und Beruhigung. Sie vermag durch Veränderungen körperlicher Organe Affekte hervorzurufen, die sich bis zu exzessiven Verhaltensweisen steigern können, bis zu Raserei, Ekstase oder Tanzwut. Musik kann aber unseren Körper und Geist auch so willenlos machen, dass er manipulierbar ist* – sei es für Heilslehren einer Sekte, einer politischen Gruppierung oder für das Warenhausangebot im Kaufhaus.

Betäubung. *Intendiertes Ziel der Vergessens- und Entspannungstechniken mit Hilfe von Musik ist das Ausschalten oder die Betäubung des Bewusstseins, eine forcierte Form der Entspannung. Mit der Betäubung des Gehörs geht die Betäubung der Orientierung und der Wahrnehmung einher. Irrtümlich wird der angestrebte Zustand der Bewusstlosigkeit als Mittel der Bewusstseinserweiterung angesehen. Dabei handelt es sich bei jeder Betäubung um nichts anders als den Verlust von selbstbestimmter Orientierung in kritikfähigem Bewusstsein und differenzierter und separierender Wahrnehmungsfähigkeit. ... Ausser Frage steht, dass die verschiedenen Typen von funktioneller und kommerzieller Musik in der Gegenwart eine* ***bewusstseinsverändernde Wirkung*** *ausüben.*

Nr. 4 c: Eine freie Entscheidung über Zugriff oder Verzicht auf Musik ist uns gegenwärtig nicht mehr möglich. Für den Fall eines verfügten Musikverzichts ist nach der Meinung von Psychologen und Soziologen gesamtgesellschaftlich mit seelischen und körperlichen Reaktionen (Entzugserscheinungen) zu rechnen, vermutlich mit einer stark erhöhten Aggressivität. *Aufgrund ihrer weiten Verbreitung und allgemeinen Akzeptanz sowie ihrer bewusstseinsverändernden Wirkung ist die funktionelle Musik den als Volksdrogen bezeichneten Giften Nikotin, Alkohol oder Kaffee gleichzustellen.* Zu den Konsumorten gehören längst nicht mehr nur – wie zu Beginn der Entwicklung von funktioneller Musik – Werkshallen oder Büros, sondern längst auch Kaufhäuser und Einkaufsmärkte, Hotelzimmer, Laboratorien ebenso wie Restaurants, Ausstellungsräume und Empfangshallen, Banken gleichviel wie Friseursalons, Zahnarztpraxen ebenso wie Sanatorien oder Altersheime. Weltweit werden täglich fast 200 Millionen Menschen professionell beschallt. Musik ist eine Droge. Musik als Droge teilt viele Wirkungen traditioneller Drogenstoffe und ihrer Geschichte: Musik nimmt an die Hand, entführt in andere Welten, entspannt, beschützt vor der «bösen» Umwelt, vermag zu trösten, zu erquicken, zu erregen und zu beruhigen, abzulenken und zu lähmen, alles zu übertönen, zu berücken und zu berauschen. Es ist zu vermuten, existierte nicht eine mit grosser Macht ausgestattete und am unentwegten Konsum interessierte

Musikindustrie, begleitet von einer menschlichen Belangen gegenüber weithin gleichgültigen Gesundheitspolitik, dass Musik längst in die Diskussion um stoffungebundene Suchtformen integriert wäre. Sie vermag in vielfältigen Situationen des alltäglichen Lebens drogentypische Funktionen einzunehmen und gehört in ihren westeuropäisch domestizierten Formen der Darbietung zu den gebilligten und sogar hoch angesehenen Zivilisationserscheinungen. Sie teilt in ihrem gesellschaftlichen Einsatz inzwischen längst drogenspezifische Mechanismen in Verbreitung und Konsum, mit positiven wie schädigenden Auswirkungen. *Bestimmte Darbietungsformen von Musik müssten – in letzter Konsequenz – nach geltendem Recht wie die illegalisierten Drogenstoffe unter das Betäubungsmittelgesetz fallen.*

Nr. 4 d: Dr. Horst Neumann: «Die religiöse Subkultur der Musik- und Discoszene», Zitat aus Seite 146: «Die elektronisch überwältigende Einvernahme verdankt ihre Wirkungsmöglichkeit auch der narzisstischen Lust zur «Regression auf frühe Kindheitsphasen», die «jedoch nicht möglich sein» würden, «wenn sich diese archaisch-naiven Melodiegestalten nicht mit der übermässigen Lautstärke verbänden, wenn sie nicht in überwältigender Klangfülle präsentiert würden. So aber, in der Gestalt des ‹überdimensionierten Kinderliedes‹ entsprechen sie ziemlich genau der Situation des Pubertierenden ...» Dabei wird das «Kinderlied» zusätzlich «mit Hilfe des Instrumentalarrangements» «zu einem beeindruckenden Klangmonstrum» aufgebläht. «Häufig werden zusätzlich noch Gesangchöre einmontiert. Und schliesslich wird das Ganze noch durch Hall- und Echo- sowie andere elektronische Effekte in geradezu phantastische Dimensionen erweitert: Das Kind erstarkt zum Gott, aber es bleibt Kind.» Es wird «in der Regression» festgehalten.

Nr. 5: Helmut Rösing, Herausgeber von «Rezeptionsforschung in der Musikwissenschaft,» daraus das Kapitel über «Charakterisierung von musikalischen Phrasen». Ralph H. Grundlach schreibt darin Folgendes:

«In einer anderen Veröffentlichung hat der Verfasser gewisse Kennzeichen der Musik von sechs Indianerstämmen verglichen, um zu einer Vergleichsbasis für den musikalischen Gefühlsausdruck in verschiedenen Indianerkulturen einerseits und unserer eigenen Kultur andererseits zu gelangen. Bestimmt wurde der mutmassliche Charakter der Indianerlieder dadurch, dass der Anlass ihrer Darbietung, also ‹siegreiche Rückkehr eines Kriegerverbandes›, ‹Tod eines Helden›, ‹Tod eines Geliebten› usw. in Betracht gezogen wurde. Nach einer ausführlichen statistischen Analyse der Lieder wurden Vergleiche zwischen Liedertypen einerseits und zwischen Stämmen andererseits angestellt. Die verschiedene Stimmungen ausdrückenden (nach Situationen klassifizierten) Liedgruppen wiesen auffallende Unterschiede auf, während Liedgruppen, die dieselbe Situation darstellten, auch von Stamm zu Stamm ganz erhebliche Übereinstimmungen zeigten. Wir schlossen daraus, dass Musik gewisse Konventionen besitzt, die auf einer **gemeinsamen physiologischen Struktur und einer Ähnlichkeit im Verhalten aller Menschen fussen.»**

(R. H. Grundlach, «A Quantitative Analysis of Indian Musik»; The American Journal of Psycholog. 44, 1932).

Nr. 6: Herbert Bruhn: Harmonielehre als Grammatik der Musik. Aus welchen Quellen kommt die U-Musik?

«*Standörtlicher Massstab*: Der Standort, von dem aus Musik beurteilt werden muss, ist der *Verwendungszusammenhang, die Funktionalität von Musik.* Die Funktionalität wird durch den Kulturbereich, durch die Gesellschaft definiert, in der Musik produziert und gehört wird.

Die Erfassung der emotionalen Wirkung von Musik mittels introspektiver Methoden.

Im Verlaufe der sozio-kulturellen Entwicklungen haben sich – mitbedingt *durch ständig wiederkehrende Verwendungszusammenhänge bestimmter Musikarten – kollektive emotionale Bewertungs- und Rezeptionsmuster herausgebildet.* Es besteht daher im alltäglichen Gebrauch weitgehender Konsens über die Zuordnung von Musik und emotionalen Qualitäten.

Es ist zu berücksichtigen – und dies ist der entscheidende Ansatzpunkt für die *Massenwirksamkeit für die funktionelle Musik –, dass sich die überwiegende Mehrheit der Kommunikanten auf Grund unzureichender Voraussetzungen bezüglich Vorbildung und Sozialstatus der kollektiven Präformierung des Wahrnehmungsapparates mit den daraus erwachsenden Stereotypenbildungen kaum entziehen kann.*

Die Existenz solcher stereotypen Reaktionsweisen konnte durch eine Reihe empirischer Untersuchungen nachgewiesen werden. Von ihnen soll nun berichtet werden: Schoen und Gatewood (1927) liessen eine grosse Zahl vokaler und instrumentaler Musikstücke von etwa 20 000 Versuchpersonen mit vorgegebenen Eigenschaftslisten beurteilen und fanden bezüglich des gleichen Musikstücks *überraschend grosse Übereinstimmungen in der Charakterisierung der Anmutungsqualitäten ...*

Wiederholte Beurteilung der gleichen Musikstücke ergab einen hohen Grad an Reliabilität der Charakterisierung.

Hampton (1945) fand, *dass der Grad der Übereinstimmung mehrerer Beurteiler* ***von der Art der Komposition abhängt.***»

Nr. 7 a: Helmut Rösing, «Rezeptionsforschung in der Musikwissenschaft».

Zusammenfassung und Schlussfolgerungen:

«Die Frage, welche musikalischen Faktoren für den Stimmungsgehalt von Musik verantwortlich sind, wurde von zwei Seiten angegangen: Erstens, indem man die Äusserungen von mehr als 100 Versuchspersonen bezüglich des Stimmungsgehalts von vierzig hauptsächlich dem Orchester- und Instrumentalrepertoire entnommenen Musikabschnitten analysierte.

Obgleich die Charakterisierung eines Musikabschnitts individuell erheblich voneinander abweichen mag, erbrachten die Äusserungen der drei Gruppen von Versuchspersonen insgesamt sehr zufriedenstellende Daten für eine erste Analyse: *Es darf als gesichert gelten, dass viele typische Musikstücke von Hörern ausschliesslich auf Grund von der Musik innewohnenden strukturellen Faktoren eine ziemlich übereinstimmende Charakterisierung erfuhren ...*

Ein Vergleich dieser Ergebnisse mit einer früheren Analyse von Indianer- und anderen Volksliedern ergibt, dass ähnliche musikalische Elemente, nämlich in bezug auf Rhythmik, Häufigkeit bestimmter Intervalle u.a.m. auch bei diesen verschiedenartigen Gattungen eine vergleichbare Wirkung auf den Zuhörer ausüben.»

Nr. 7 b: Auch von H. Rösing: Beschreibung der «Grundzüge musikalischen Hörens», die Ausprägung von musikalischen Stereotypen. .... Gerade hierüber gibt es aufschlussreiche Tabellen, etwa von dem Werbespot- und Filmmusikkomponisten Klaus Wüsthoff (1978) oder dem englischen Komponisten Marlin Skiles (1976).

Vergleicht man diese oder ähnliche Übersichten mit den Ausführungen *über musikalische Ausdrucksmodelle* und mit den von Melvin Rigge zusammengestellten Ergebnissen zur Wirkung von musikalischen Stimuli auf den Rezipienten, so fällt auf, dass sich trotz aller Unterschiede bei dem Versuch des Verbalisierens musikbezogener Wirkungsweisen doch *gewisse Übereinstimmungen zwischen bestimmten musikalischen Merkmalen und Wahrnehmungsqualitäten feststellen lassen. ... Wir dürfen daraus folgern, dass es relativ unabhängig von dem jeweiligen, das Rezeptionsverhalten und die Empfindungsqualitäten prägenden gesellschaftlichen und soziokulturellen Umfeld auch sozusagen* ***biologisch-konstante Faktoren der Musikrezeption gibt.***

Nr. 7 c: Ausserdem steht in diesen Beschreibungen unter «*Musikalische Ausdrucksmodelle*» Folgendes:

«Musik als nonverbales Informations- und Kommunikationsmittel entzieht sich herkömmlicher Meinung zufolge leicht dem Verständnis derer, die nicht über musikalische Bildung und Ausbildung verfügen. *Untersuchungen zur Rezeptionsforschung konnten jedoch immer wieder belegen, dass es jenseits von rationaler Analyse und verbalen Äusserungen über Musik als Ausdruck des Musikverstehens* (Faltin & Reinecke 1973) *eine Verstehensebene gibt, die* schon von Kurth (1931, 30ff.) *als ‹Psychisches Residuum›*, von Albert Wellek (1963) *als ‹Physiognomisches Erleben› umschrieben wurde.*

Bemerkenswert gross ist die Konstanz der Ausdrucksmodelle innerhalb einer Kultur. Sie bilden, modifiziert durch die jeweils gültigen sozio-kulturellen Variablen, die Grundlage bei der Ausprägung musikalischer Stereotype, die in Musik zur Werbung, in Filmmusik, bei ‹funktioneller Musik›, im Schlager und in der populären Unterhaltungsmusik besonders deutlich zum Tragen kommen. Für verschiedene Musikbereiche gibt es *praxisbezogene Tabellen derartiger musikalischer Stereotype*: z.B. das umfangreiche ‹**Thematische Skalenregister**› von Giuseppe Becce zur musikalischen Unterlegung von Stummfilmen (Erdmann & Becce 1927: Tausende von Musiknummern sind hier nach Stichworten wie Erregung, Bedrohung, Angst, Idylle, Erste Liebe usw. zusammengestellt); die 15seitige Tabelle mit ‹Instrumentalklischees›, vorgelegt vom Film- und Werbekomponisten Klaus Wüsthoff (1978) ...

Musikalische Ausdrucksmodelle können, *gerade in ihrer Erstarrung zu musikalischen Stereotypen, den Rezeptionsvorgang nachhaltig lenken.*

Zur Verständlichkeit und Wirkung: ***Jeder Musikhörende hat Zugang zu diesen Modellen, da er die ihnen zugrundeliegenden Verhaltensweisen und deren Äusserungsformen kennt.»***

Nr. 8: Helmut Decker-Voigt: «Handbuch der Musiktherapie». Darin werden besonders die rhythmischen Stilelemente der Musik genannt, welche allgemein auch auf Menschen verschiedenster Vorbildung *gleichartige* Auswirkung zeigen: ***«Da rhythmische Elemente direkt auf das Stammhirn einwirken, erreichen sie auch Menschen, die kein melodisches oder harmonisches Erinnerungs- oder Erfahrungsgut besitzen.»***

Nr. 9 a: Dr. med. U. Senn: «Was ist Gruppendynamik?»
«Wenn auf der gefühlsmässigen Ebene kein Konsensus, keine Übereinstimmung, besteht, ist das ein starker Störfaktor für eine Zusammenarbeit auf intellektueller Ebene. Durch die Technik der Gruppendynamik sollen nun, so behaupten ihre Befürworter, Spannungen, Konflikte, Komplexe abgebaut und ausgeglättet werden.»

Nr. 9 b: Irenäus Eibl-Eibesfeld: «Die Biologie menschlichen Verhaltens»: «Die Verhaltensforschung belegt vielfältig, dass Musik unmittelbar an unsere Empfindungen appelliert. ... Musik packt unmittelbarer als die visuelle Kunst; sie richtet sich in erster Linie an unsere Emotionen. ... Fest steht die auf- oder abregende Wirkung auf Menschen in Gruppen ...»

Nr. 10: Krampfende Kinder nach Film. Bericht der Schwäbischen Zeitung vom 18. Dez. 1997, Ausgabe Nr. 292
«Nach einem Zeichentrickfilm im japanischen Fernsehen sind 729 Kinder mit Symptomen eines epileptischen Anfalls ins Krankenhaus gebracht worden.

TOKIO (dpa) – Ein grelles Blitzlichtgewitter in einem japanischen Zeichentrickfilm hat bei 729 jungen Fernsehguckern Krämpfe, Sehstörungen und Schwindelanfälle ausgelöst. Schuld war nach Ansicht von Ärzten, Psychologen und Trickfilmern insbesondere eine Szene in der TV-Serie ‹Pokemon›. Beim Kampf zwischen den Helden des Streifens explodierte eine sogenannte ‹Impfbombe›, um ein Computervirus zu vernichten. Die Zuschauer wurden mit kurzen Lichtblitzen bombardiert, die durch unheimlich schnellen Wechsel zwischen Rot und Blau – **54 mal in fünf Sekunden** – erzeugt wurden. Einige Zuschauer fühlten sich, als hätten sie direkt in gleissendes Sonnenlicht geblickt.» *(Anmerkung: also 10,8 Hz! – Und das liegt im Frequenzbereich der Gehirnwellen!).*

«... Bei einem elfjährigen Mädchen waren die Folgen so ernst, dass sie auf einer Intensivstation behandelt werden musste. Bei einer Fünfjährigen stellten die Ärzte zwischenzeitlich einen ernsten Zustand fest. 210 Kinder und Jugendliche mussten in Krankenhäusern bleiben.

Der Produzent der Serie sagte, **solche Effekte seien allgemein gebräuchlich in Trickfilmen,** um den Eindruck von hohem Tempo zu erzeugen. Die Symptome sind Fachleuten bekannt. Die Häufung der Fälle aber nach der Ausstrahlung im kommerziellen TV Tokyo gibt ihnen Rätsel auf.

Nr. 11: Rösing, Rezeptionsforschung in der Musikwissenschaft (Hrsg.), daraus ein Beitrag von Kate Hevner:
«Die Suggestionskraft von Musik ***hängt nicht direkt davon ab, wie gründlich der Hörer musikalisch geschult ist,*** *sondern sie ist für den Ungeschulten ebenso*

klar wie für den Geschulten. Frühere Experimente haben erwiesen, dass musikalische Vorbildung, Erfahrung und Neigung zwar das Erkennen von Bedeutungen in der Musik etwas fördern und erleichtern, dass diese Faktoren aber die Interpretation viel weniger beeinflussen, als gemeinhin angenommen wird.»

Nr. 12: Borris Luban-Plozza, Mario Delli Ponti, Hans H. Dickhaut, aus «Musik und Psyche», Hören mit der Seele:

«Wenn *Platon* zeigen konnte, dass bestimmte Tonarten zum Kampf anspornten, andere zur Liebe anregten, so können wir daraus höchstens schliessen, dass zu jener Zeit bestimmte Musikformen aus Überlieferung und Brauch mit besonderen Verhaltensformen und Bedeutungsinhalten in Beziehung gebracht wurden, also einer *kulturellen Überlagerung unterworfen* waren.

Damals wie heute können wir *bestimmte Musikformen als Träger einer Mitteilung, als Kommunikationsmittel* betrachten, die wir *‹subsemantisch›* nennen wollen. Die Homogenität der Wahrnehmung und – zum Teil – der im emotionellen Bereich erzeugten Wirkung wird höher sein, wenn der betroffene einzelne noch mehr **‹vermasst›, im Kollektiv von Menschen zum Objekt** wird; nicht mehr Subjekt, sondern eben Zuhörer ist. ... Und gilt ebenso für die als erhebend erlebte – *Funktion des Militärmarsches: Die Bewegungsabläufe des Soldaten* werden, ebenso wie sein Bewusstsein, zu einem Teil einer übergeordneten Ganzheit, von der der Soldat eine Zelle darstellt, lebendig zwar, aber nicht unentbehrlich. *So erklärt sich auch die* ***enthemmende Wirkung der Pop- und der Disco-Musik*** *sowie der anderen modernen Gruppentänze. Es geht um eine* ***Botschaft, bei der rhythmische Motorik und Gestik dominieren.»***

Nr. 13 a: Elisabeth Haselauer: **Rhythmus und Vegetativum.** Auszüge aus «Berieselungsmusik – Droge und Terror»: «Vor vielen Jahren schon wurde bewiesen, dass Musik in jedem Fall das Vegetativum in Schwingungen versetzt. Ob man will oder nicht, im Beat-Keller übt die mit über 65 Phon gespielte Musik Wirkungen auf Vegetativum, Befinden und Verhalten aus, denen sich niemand zu entziehen vermag. So kann sowohl durch eine entsprechende Lautstärke der Musik, wie übrigens auch **durch eine entsprechende Dominanz des Rhythmus gleichsam das Geleise über die Psyche übersprungen und das Vegetativum direkt erreicht werden** (Harrer 1971, S. 81).»

Man weiss inzwischen nur noch genauer, dass **nicht nur die Lautstärke den Ausschlag gibt,** sondern mehr noch die «entsprechende Dominanz des Rhythmus», also die **gleichförmige, ununterbrochene rhythmische Bassführung, die denn auch mindestens 90 Prozent der U-Musik kennzeichnet.** Denn diese regelmässigen Grundschläge, dem menschlichen Pulsschlag vergleichbar, ***animieren unsere Körperrhythmen,*** *sich ihnen anzugleichen.* Mit anderen Worten: *Rhythmisch dominante Musik «kann» unsere Körperrhythmen verändern,* ***ohne uns das wissen zu lassen.***

Warum wir davon – wenigstens rational – nichts wissen, das liegt an der Arbeitsweise unseres Vegetativums, also des autonomen Nervensystems. Dieses nämlich arbeitet, wie schon der Name sagt, eigenständig und entzieht sich der Beeinflussung durch unseren Willen. Wir können es also willentlich nicht steuern, und was immer das Vegetativum direkt erreicht und beeinflusst (in unserem Fall:

der «durchgängige» Rhythmus), ***das wirkt auch dann, wenn wir keine Wirkung wollen oder um keine wissen.*** (!)

Nr. 13 b: Diese Tendenz des Körpers, seine Funktionsrhythmen dem Taktschlag anzugleichen («Synchronizität» genannt), ***steht in keinem Zusammenhang mit dem Musikalitätsgrad des Menschen.*** *Auch Leute, die sich für gänzlich unmusikalisch halten, unterliegen dieser körperlichen Wirkung.* Es ist, und damit nehmen wir unser früheres Thema wieder auf, sogar einerlei, welche Art von Musik erklingt, solange sie über den bewussten gleichförmigen Rhythmus verfügt. Der Effekt stellt sich auf immer gleiche Weise ein. ... Alle Musikbearbeitungen **mit unterlegten Takt-Rhythmen** (durchgehende Bass- oder Schagzeugbeats) *erhalten somit eine* ***neue Qualität in ihrer Auswirkung,*** *welche dadurch* ***vorwiegend körperstimulierend*** *werden.*

Nr. 13 c: *Die körperliche Wirkung rhythmisch entsprechend angelegter Musik,* sagten wir, *nimmt mit dem Musikalitätsgrad des Menschen weder ab noch zu. Sie hält nur so lange an, wie der unmittelbare Reiz währt, wie bestimmte Musik nun tatsächlich erklingt. Überdies ist die* **besagte Wirkung in keinem Punkt von der Qualität der Musik abhängig, sondern ausschliesslich von ihrer Rhythmusführung und ihrem Tempo.** Damit erklären sich Wirkungen und Beliebtheit der Klangtapete zu einem grossen Teil von selbst: Beruhigung oder Anregung der Körperfunktionen, je nach Tempo des Rhythmus und der Gefühlslage; ***wirkungsunabhängig von Graden der Musikalität;*** Notwendigkeit steter Präsenz, um die Wirkung zu erhalten; kein absichtliches Verfolgen des musikalischen Geschehens (direktes Erreichen des Vegetativums unter Umgehung des Oberbewusstseins).

Schon häufig stellten wir uns die Frage, ob die somatische Wirkung nicht auch mittels Metronom oder Uhr erreicht werden kann. Nun, sie kann. Es gibt auch Menschen, die das Ticken ihrer Uhr brauchen. Zumeist aber wird die Monotonie rasch bewusst als solche aufgenommen und wirkt daher eher störend. Man muss sie «verpacken», damit sie das Oberbewusstsein umgeht und das Vegetativum direkt erreicht – Monotonie, die auffällt, geht vielen Leuten auf die Nerven. Ist sie aber in (wenn auch noch so simple) *Musik verpackt,* ***in Form stereotypen Bass-Klopfens, dann wirkt dieser Reiz wohl körperlich, aber unterschwellig.***

Nr. 13 d: Dass die vegetative Wirkung von Musik auch dann besteht, wenn man anderes oder nichts tut, das wissen amerikanische **Werbeagenten,** die eine Menge Geld in derlei Untersuchungen stecken, seit langem. Ein Rhythmus von 72 Schlägen pro Minute etwa, entsprechend unserer «normalen» Pulsfrequenz, soll angeblich die Suggestibilität enorm erhöhen und sich daher gut eignen, vorhandene Dispositionen zu verstärken oder latent vorhandene Neigungen hervorzubringen (KEY 1974).

Nr. 14 a: Prof. Dr. Harm Willms, Fachkliniken Schleswig, Aufsatz in «Musik und Unterricht», Heft 27, Juli 1994/5. Jahrgang, Thema: «Musik – eine Rauschdroge?» (Ausschnitte daraus): ... was im Menschen **tatsächlich geschieht im Zustand von Trance, Ekstase oder Rausch:** ***Es verändert sich das Denken.*** Die geistige Tätigkeit regrediert vom Sekundärprozess zum Primärprozesshaften. Assoziatives

Denken und analoges Denken werden bestimmend und treten an die Stelle von logischem Denken. Sehr *charakteristisch ist die* ***Relativierung des Erlebens von Zeit und Raum.***

Nr. 14 b: Zeit und Raum sind die strukturgebenden Determinanten der äusseren Realität. Der Mensch entwickelt sie in seinen ersten Lebensjahren mit der Ausreifung seiner Wahrnehmung und seiner Gedächtnisfunktion. Dadurch erhält er die Fähigkeit zur Abgrenzung der eigenen Person, seiner inneren Realität gegenüber anderen Personen, der äusseren Realität. Auf diese Weise werden die Menschen zur Kommunikation des Dialogs fähig. ... *Im Rausch* ***genügt die Gegenwart, Zeitstruktur geht verloren.*** *Die historische Persönlichkeit löst sich auf. Man spricht auch von Selbstvergessenheit und Auflösung der Grenzen,* Begrenzungen und Abgegrenztheit. ... Das Zeiterleben ist im Übrigen verbunden mit dem Erlebnis des Vorgangs des Vergehens und später des Sterbens. *Denn* ***Zeiterleben beruht auf der Wahrnehmung von Veränderung ...***

Es ist möglich, ***mit Hilfe der Musik ein Gefühl der Zeitlosigkeit zu erlangen*** und das Gefühl des Alleinseins, der Verlorenheit, des «Aus-der-Welt-gefallen-Seins» wieder zu Überwinden. ... *Die* ***Entrückung aus Zeit und Raum, wenn Vergangenheit und Zukunft weniger bedeutend werden und nur die Gegenwart zählt, ist verbunden mit einer Veränderung des Denkens.***

Nr. 14 c: Marschmusik soll nicht nur die Angst vor dem Tod nehmen, sondern auch manipulierbar machen, in dem das **individuelle persönliche Denken aufgegeben** wird und der einzelne sich **in eine neue Masseneinheit einordnet.** Das **gleiche Phänomen kennen wir von massenhysterisch anmutenden Rock-Konzerten** und in etwas milderer Form – **«das Denken wird weniger kritisch» – bei Hintergrundmusik im Kaufhaus. ...** In der künstlerischen Entwicklung der Musik ist jedoch immer die Möglichkeit enthalten, Individualität beizubehalten, Autonomie und Abgrenzung nicht zu verlieren und diese beiden widersprüchlichen Prinzipien zu vereinigen. ... *In der Trance geht es um* ***Realitätsverleugnung,*** und es geht um wenigstens vorübergehende Aufhebung von Begrenzungen, wie sie uns unser wissenschaftliches Weltbild auferlegt.

Nr. 15 a: Horst Neumann: «Die religiöse Subkultur der Musik- und Discoszene ...» (Auszüge aus seiner Dissertation): Die elektronisch potenzierte Musik mit automatisch erzeugter Tanzbewegung zielt zentral auf Herz und Kreislauf und **beeinflusst die Gehirnfunktionen,** indem die übergrosse Lautstärke die vegetativen Reaktionen überdimensional vermehrt und den «Hörnerv unmittelbar mit den vegetativen Zentren» verbindet, «ohne dass hierbei Grosshirnrinde und psychische Reaktionen eingeschaltet sind». (G. Harrer) *Wenn Stresshormone in Überdosis ausgeschüttet werden», können sogar «Kodifizierungssubstanzen im Gehirn teilweise ausgelöscht werden», woraus dann «bleibende Wissenslücken entstehen» können.*[30]

Nr. 15 b: Das so erreichte «Involvement» entspricht einer Stresssituation, die jeden Rauschzustand begleitet und unter Ausschaltung der normalen, rational gesteuerten Verhaltensweisen in unkontrollierter Ekstase zu ungeahnter Aggressivität, ja sogar zu einem Kreislaufkollaps führen kann: «Wie Versuchsreihen der Göttinger Abteilung des Max-Planck-Instituts für Hirnforschung gezeigt haben, sind solche Anfälle darauf zurückzuführen, dass Beatmusik unter Umständen den Herzrhythmus beeinflussen und eine **vermehrte Ausschüttung des Nebennierenhormons Adrenalinals Ursache für einen Kreislaufkollaps bewirken kann.**»[31]

Nr. 16 a: Alies Erdmann: «Humanitas Rhythmica», Bouvier Verlag Hermann Grundmann, Bonn 1982

Aus dem Vorwort: «Schwer fallen die Bestätigungen ins Gewicht, die in den letzten Jahrzehnten von naturwissenschaftlich-medizinischer Seite meist in Universitätskliniken durchgeführte Untersuchungen erbrachten. Sie lassen sich zweckmässig unter dem Oberbegriff «Rhythmik/Musik und Bewegung, Medizin» zusammenfassen und unter dem Forschungsaspekt ihrer einzelnen Wissenschaftszweige betrachten. So haben die Untersuchungen aus der Sicht der Psychologie eindeutig gezeigt, dass rhythmisch-musikalische Eindrücke **Tiefenschichten des menschlichen Wesens berühren, die für die Ansprache durch das Wort nicht mehr erreichbar sind.** So hat die Physiologie die auf diesem Wege mögliche Beeinflussung des vegetativen Bereichs, also der gesamten Herz-, Kreislauf- und Stoffwechselfunktionen, nachgewiesen. Die Sinnesphysiologie hat spezifische Reizeinwirkungen – z.B. rhythmisch-akustischer und rhythmisch-optischer Art – über ihr Eintreffen im Aufnahmeorgan hinaus auf ihr Weiterwirken in der Sinnesorganisation als Ganzes untersucht. Danach gilt das Miteinander-Tätigsein der einzelnen Sinne (die Synästhesie), ihre gegenseitige Beeinflussung und Transformationsfähigkeit von Wahrnehmungen als sicher. Schliesslich *konnte auf Seiten der Neurologie die* ***Resonanz von Klang und Rhythmus in einem Teil des Zentralnervensystems und des Zwischenhirns der Intensität nach exakt festgestellt werden*** ...

... Auf meine Grundtendenz bezogen darf ich nach Walter C. M. Simon davon ausgehen: Die Wirkungen rhythmischer und musikalischer Phänomene sind **im somatischen menschlichen Bereich messbar,** im **psychischen Bereich beobachtbar und qualitativ schätzbar geworden.** Ferner ist das im Erleben Gegebene auf seine Wesensstruktur hin philosophisch analysierbar.* Untermauert durch diese «Funde» darf in Rhythmik/Musik und Bewegung ein **Psychosomatisches Medikament*** gesehen werden. (*Zitiert nach Walter C. M. Simon: «Musik und Heilkunst» in Kurt Pahlen [Hrsg.]: Musiktherapie, München 1973, (*nach Teirich ebenda.)

Nr. 16 b: Aus Gerhard Harrer, Herausgeber von «Das Musikerlebnis im Griff des naturwissenschaftlichen Experiments»: ... «Wir wollten zeigen, dass es für das Studium psychosomatischer Vorgänge, für die Auseinandersetzung mit dem Leib-Seele-Problem kaum ein geeigneteres Modell gibt als das Erleben von Musik. Unsere Ausführungen sollten aber auch erhellen, dass die Untersuchung dieses merkwürdigen anthropologischen Phänomens mit naturwissenschaftlichen Methoden durchaus kein fruchtloses Unterfangen ist.

Nr. 17: Prof. Dr. Richard Jakoby, Herausgeber von «Schriftenreihe zur Musikpädagogik» (Verlag Moritz Diesterweg, Frankfurt a. Main, Berlin, München), daraus ein Beitrag von Günter Kleinen: «Zur Psychologie musikalischen Verhaltens», Seite 37: *Musik und Vegetativum*. Eine Zusammenfassung der Forschungsergebnisse:

«Ohne näher auf den umfänglichen Komplex der Gefühlstheorien einzugehen, dürfen folgende Erkenntnisse zur Zeit als gesichert angesehen werden:

1. In der ***Thalamus-Hypothalamus-Region sind Gefühlsmuster angelegt, die durch Wahrnehmungsreize ausgelöst werden***. Man kann sie aber auch künstlich, durch elektrische Reizung, hervorrufen.

2. Mit der **Aktivierung der Gefühlszentren gehen körperliche Reaktionen einher,** die exakt erfasst werden können. In einem **Feedback verstärken sie die ausgelösten Gefühlsmuster.** Die Einflüsse aus Lernen und Erfahrung auf diesen Prozess sind noch ungeklärt. Auch Musik **löst vegetative Reaktionen aus, die denen von Gefühlserlebnissen gleichen.** Musikhören wirkt sich demnach auf Veränderungen der Atmung, der Herztätigkeit, des Kreislaufs, des Stoffwechsels und der Gehirnfunktionen aus. Sie sind ablesbar an Elektrokardiogramm, Elektroenzephalogramm, psychogalvanischer Reaktion, Pulskurve, Oszillogramm und Atemkurve. Harrer und Mitarbeiter (1968, 1971, 1973) benutzten ein polygraphisches Verfahren, bei dem alle relevanten «Biosignale» zugleich auf einem Papierstreifen erfasst werden. Der Zusammenhang von Musik, Emotionen und vegetativen Funktionen kann auf Grund zahlreicher Experimente wie folgt beschrieben werden:

«Musik ruft eindeutig Veränderungen der vegetativen Funktionen hervor. Generell werden die Körperfunktionen gesteigert, sie werden ausserdem unregelmässiger.» [siehe Bild Nr. 4]

Nr. 18 a: Die **stilistische Eigenart der Musik schlägt sich im Ausmass der vegetativen Reaktionen nieder.** Die stärksten Veränderungen werden durch kräftige, laute Musik hervorgerufen.

Wohlgefallen und Missbehagen können zu den gleichen physiologischen Reaktionen führen.

Die **vegetativen Veränderungen spiegeln bis in kompositorische Feinheiten den Ablauf einer Musik. Bei Wiederholung werden überraschend ähnliche «Biosignale» registriert.**

Von grundlegender Bedeutung ist die aktuelle subjektive Einstellung zur Musik. So finden wir bei entsprechender Hingabebereitschaft eine sehr ausgeprägte und bei rein kritischer Einstellung eine hochgradig abgeschwächte und sogar fehlende emotionelle Mitreaktion. Auch persönliche Assoziationen und Erinnerungen wirken sich aus.

Nr. 18 b: Auch wenn die Aufmerksamkeit abgelenkt ist, wenn ein dargebotenes Musikstück nicht bewusst wahrgenommen wird, wenn eine Versuchsperson nach der Untersuchung nicht einmal genau weiss, was bzw. ob ein bestimmtes Stück gespielt wurde oder nicht, reagiert das Vegetativum. Vor allem dann, wenn es sich um gut bekannte, charakteristische, ins Ohr gehende Stücke mit gewissermassen starkem affektivem Aufforderungscharakter handelt *(Anmerkung: s. auch Nr. 80: über Musikwirkungen im Tiefschlaf)*.

Zur galvanischen Hautreaktion wurde eine Abhängigkeit von praktischer musikalischer Erfahrung konstatiert, die anzeigt, dass eine affektive Reaktion sich im Lauf der Entwicklung eines Individuums herausbildet. Sie tritt bei musikalisch geübten Personen stärker in Erscheinung als bei musikalisch indifferenten.

Die **empirisch nachweisbaren Zusammenhänge zwischen Musik und Vegetativum** sind für jede Art funktionaler Musik von Bedeutung ...»

Nr. 19 a: Heiner Gembris: «Musikhören und Entspannung. Theoretische und experimentelle Untersuchungen über den Zusammenhang zwischen situativen Bedingungen und Effekten des Musikhörens.»

Spannung und motorische Infektion.

Eine weitere Variante ideomotorischer Reaktionen, die **motorische Infektion oder Bewegungsansteckung,** verdient in unserem Kontext eine nähere Betrachtung.

Motorische Infektionen treten z.B. bei Massenbewegungen grosser Menschenmengen auf. Dabei bringt das Wahrnehmen der Bewegungen der anderen Menschen den Betrachter selbst in Bewegung, eine Erscheinung, die auch bei Tanzveranstaltungen oder Rockkonzerten beobachtet werden kann.

Eine wesentliche äussere Bedingung für das Zustandekommen von Bewegungsansteckungen ist «das Erlebnis starker **dynamischer Veränderungen** im Aussenfeld». Innere Voraussetzung ist eine gewisse psychische und physische Anspannung des Individuums.

Diese psychophysische Anspannung zusammen mit dem «Erlebnis starker **dynamischer Veränderungen** im Aussenfeld», das der Einzelne als «ausgeprägtes **Fluktuationsgeschehen**» wahrnimmt, führt dazu, dass das Individuum «nicht nur erlebnismässig, sondern auch **real-motorisch in *Bewegung* gebracht wird»!**

Findet eine motorische Infektion statt, wird die Person «von der affektiven Eindruckskraft der Aussenfeldbewegung überschwemmt und in äusseres Fluktuationsgeschehen hineingezogen, von ihm mitgerissen, indem sie – aus ihren tieferen Schichten heraus reagierend – Aussenfeldimpulse unmittelbar, d.h. bei Umgehung regulierender zentraler Steuerungsmechanismen **kinetisch realisiert.** Die ***Person steuert sich in dieser Situation nicht mehr selbst, sie wird gesteuert***» (S. 225).

Nr. 19 b: Das Hören von Musik führt zu mehr oder weniger starken *motorischen Verhaltensreaktionen*. Diese motorischen Reaktionen, deren Erscheinungsformen von fast unbemerkten, kaum **wahrnehmbaren Mitbewegungen über Klopfen mit den Fingern oder Füssen bis hin zu ekstatischen Bewegungen** und zum Tanzen reichen können, werden in ihrem Ausmass und ihrer Intensität insbesondere durch die musikalischen Merkmale Rhythmus und Tempo beeinflusst und gesteuert (motorische Funktionsebene der Musik). «Es ist eine wohlbekannte Tatsache», schreiben Kreitler & Kreitler (1980), S. 149, «dass die Rhythmuswahrnehmung unweigerlich **von tatsächlichen Bewegungen oder kinästhetischen Motorimpulsen** begleitet ist, die dem Rhythmus entsprechen». Ausserdem hängen motorische Reaktionen vom Grad der aktuellen somatischen und psychischen Erregung des Hörers ab. Ein hoher Grad der Erregung bzw. Anspannung geht mit einer gesteigerten motorischen Reagibilität und Handlungsbereitschaft einher. Indem diese Handlungstendenzen realisiert werden, werden Erregung und Anspannung reduziert, was als Entspannung erlebt wird.

Nr. 19 c: Art und Intensität der motorischen Reaktionen beim Musikhören können durch bewusste Steuerung modifiziert, verstärkt oder unterdrückt werden. *Reaktionen auf der* ***motorischen Ebene beeinflussen*** *sowohl* ***physiologische als auch kognitiv-emotionale Prozesse*** (s. auch Nr. 3).

Nr. 19 d: Rhythmus und Tempo als musikalische Parameter sind hinsichtlich ihrer Wirkung deshalb so zwingend und unmittelbar wirksam, weil sie **nicht allein eine akustische Erfahrung sind, sondern gleichzeitig auch eine sensumotorische Erfahrung bilden:** «the more the rhythmic experience is sensory-motor, the more it is complete» (Fraisse 1982, S. 158). Die Wahrnehmung von Rhythmus und Tempo und motorisches Verhalten sind nicht voneinander zu trennen. «The subtle or rough motor component has the effect that rhytmic perception is plurisensional» (Fraisse, S. 176).

Nr. 19 e: «Je mehr Kanäle und Sinne aber an einem Wahrnehmungsvorgang beteiligt sind, desto intensiver sind die Eindrücke und Effekte der Wahrnehmung. Weil die Wahrnehmung von Rhythmus und Tempo zu einem wesentlichen Teil auch sensumotorische Erfahrungen sind, ist dadurch wegen der engen Verbindung zwischen motorischem Gammasystem und Formatio Retikularis ein unmittelbarer Zusammenhang mit dem Erregungs- bzw. Aktivierungsgrad hergestellt.»

Nr. 20 a: Borris Luban-Plozza, Mario Delli Ponti, Hans Dickhaut: «Musik und Psyche – Hören mit der Seele», S. 84:

«Der Rhythmus ist untrennbar mit dem menschlichen Bewusstsein verbunden, weil es im Übrigen auch Zeit und Raum sind. Er beinhaltet gleiche oder auch ungleiche Periodizität.

Die vom limbischen System völlig unabhängige Gehörbahn erreicht direkt die Hirnrinde (Area 41/42 nach Brodmann), wo die Wahrnehmungen erfolgen; erst die Wahrnehmungen treten ihrerseits mit dem hypothalamischen, thalamischen und limbischen System in Verbindung.

Vielleicht erklärt sich hierdurch, dass die musikalische Rhythmisierung im Sinne einer unveränderbaren Strukturierung bis zum Abbruch **der charakteristischen Metrik der Pop- und Disco-Musik** eine Art Rückkehr zu phylogenetisch älteren Automatismen beinhaltet (Hirn des Reptils). Hierbei wird die künstlerische Bedeutung gewissermassen durch die betäubende Lautstärke ersetzt, die so zum direkten und – motorisch gesehen – sehr wirkungsvollen Reiz auf den gesamten Körper wird. ***Die Stimmung (Thyme) kann so in Form einer gewissen Regression verbessert werden.*** Das Rhythmusgefühl erinnert an eine innere Welt, in der unsere Psyche Eindrücke wiederfindet.

Die betont rhythmischen Effekte wirken zweifellos sehr suggestiv, aber sie sind keineswegs die alleinigen Träger der Musikstruktur; sie ***sind auch nicht das eigentliche Prinzip des Zeitmasses der Musik»*** *(s. auch Nr. 37, 38a, b, 39: Erklärungen der musikalischen Zeit von E. Ansermet und bei Ludwig Klages (47), Buchausgabe: «Vom Wesen des Rhythmus»).*

Nr. 20 b: «Es ist übrigens **nicht allein der Rhythmus, sondern seine Kombination mit einem starken Klang,** welche rauschähnliche Zustände und kollektive Ekstasen hervorrufen.

Jeder Mensch hat seinen eigenen Rhythmus, sein Rhythmusprofil, das individuell gestaltet werden kann.»

(Eigene Anmerkung: Diese individuellen Rhythmen können zerstört werden, wenn z.B. verstärkt taktrhythmische Musik gruppendynamisch den vormals eigenen individuellen Rhythmus mit einem starken neuen Rhythmus synchronisiert, d.h. sich mitreissen lässt und in dem organfremden sich einpendelt.)

Nr. 20 c: (S. 82): «Der Rhythmus steht als grundlegendes musikalisches Element in direkter Beziehung mit der menschlichen Psyche. ... **Neurophysiologisch wird dem limbischen System die Integration des emotional-instinktiven Verhaltens des Menschen mit bestimmten rhythmischen Abläufen zugeordnet.** Dieses ‹viszerale Gehirn› (Begriff n. McLean) – verbliebene Restanteile des Reptils in uns – **steuert den Nahrungs- und Sexualtrieb; es kontrolliert ferner die emotionalen Reaktionen wie Ärger und Angst;** es ist auch bei den Vorgängen der Erinnerung, der **Konditionierung sowie bei den Handlungsmotivationen beteiligt.** Es hat enge Verbindungen zum Hypothalamus, über welche es die grundlegenden biologischen Rhythmen reguliert: Temperatur, Nebennierenrindenaktivität, Nierenausscheidung, Schlaf-Wachrhythmus (die ‹biologische Uhr›) einige dieser Rhythmen scheinen sich tatsächlich im limbischen System zu befinden und auch jene wichtigen rhythmischen Funktionen wie Herzrhythmus und Atmung. In diesen vitalen Nervenzentren laufen die Vorgänge gewissermassen unabhängig vom Bewusstsein ab, unwillkürlich; die übergeordneten Bewusstseinszentren müssen sich in regelmässigen Abständen durch den Schlaf ‹erholen›.

Das primitive, viszeral, limbische Gehirn ist nicht fähig, eine Sprache zu analysieren; es ist beim Menschen aber dennoch in der Lage, an der kreativen Entwicklung eines **nichtverbalen bzw. präverbalen Symbolismus teilzuhaben.**

Dieses **Phänomen der Bewusstwerdung** erscheint seinerseits **streng an die Zeitlichkeit gebunden.** Gerade die **zeitliche Strukturierung, d.h. die Organisation der Abläufe des Instinktverhaltens ist ein Charakteristikum des limbischen Systems.**

Hypothalamus und limbisches System haben enge Verbindungen zum Thalamus, der nicht nur die psychomotorischen Funktionen steuert (mimische Bewegungen), Pendelbewegungen der Gliedmassen, Sprache u.a., sondern **auch an der Organisation der Emotionen und der Instinkte beteiligt ist.** Im Übrigen scheint der Thalamus mittels neuro-endokriner Reize an der Organisation weiterer Funktionen teilzuhaben, den Erinnerungen, den Wahrnehmungen, den lebenswichtigen Bedürfnissen sowie auch an der Rhythmisierung aller dieser Funktionen im Rahmen einer Instinkthandlung und schliesslich auch am Lustempfinden. Es bestehen hierbei vielfältige Verbindungen zur Hirnrinde.

Es wird also deutlich, dass **grundlegende biologische Rhythmen, Instinktverhalten und Emotionen** auf der Ebene der infra-kortikalen Strukturen sehr eng miteinander verknüpft sind und immer weitere Integrationsbereiche finden.»

Nr. 21: Helga de la Motte-Haber, Handbuch der Musikpsychologie von Seite 144ff. (Laaber-Verlag).

Über Minimal-Musik *(= minimal-kurze Tonfolgen werden ständig wiederholt, wobei sich nur minimale Veränderungen fast unmerklich während längerer Zeiträume vollziehen):*

«Der Angriff der Minimal-Musik auf die Physis ist so total, dass der körperliche Mitvollzug zur Hauptsache wird. Dieser Einbezug ist *weiter gehend*, als er im Zusammenhang mit der Besprechung der physiologischen Wirkungen von Musik dargestellt wird. Das liegt an den Wiederholungsstrukturen dieser Musik. Alle repetitiven Tätigkeiten bewirken beim Menschen ein *Überschreiten des Wachbewusstseins*; eine Art Dämmern, das keine Müdigkeit ist, *wird mit monoton strukturierten Situationen fast zwangsläufig erreicht.* Litaneien, die Trancen erzeugen sollen, nutzen Wiederholungsstrukturen, deren minimale Änderungen dem Bewusstsein die vollkommene Gewöhnung – im Falle der Musik das Überhören – versagen. Es *schwindet aber im Gleichlauf in jedem Fall das Zeitbewusstsein.* Wird auch die räumliche Orientierung ausser Kraft gesetzt durch die Hingabe an die propriozeptive Stimulation des eigenen Körpers, so ist der Hörer aus der Helle des Bewusstseins herausgetreten. *Verstehen als aktive Tätigkeit des Verstandes wird damit unmöglich.* Die Minimal-Musik appelliert an andere Formen des Hörens als die, die wir gewohnt sind» (vergl. Zitat über Technomusik im Buchtext Abschnitt 8).

Nr. 22: Hans-Helmut Decker-Voigt, «Handbuch der Musiktherapie», Kapitel über «Musik und Hirntätigkeit», steht Folgendes:

«Auch bei der Auswirkung von Musik auf die Hirntätigkeit konnte bezüglich der Hirnstromfrequenz ein ‹Driving›-Effekt beobachtet werden (Bärtschi-Rochaix). Die Gehirnwellen von Patienten wurden dahingehend beeinflusst, dass sie den Rhythmus annahmen. ... Andererseits kann man **mit akustischen Reizen,** insbesondere mit **vorwiegend rhythmisch geprägter Musik** – ähnlich wie mit optischen Stimuli – **einen epileptischen Anfall provozieren.** Die *Hirnströme synchronisieren sich dabei zu schnell mit dem von aussen kommenden Rhythmus, so dass sich fast alle Hirnzellen bioelektrisch im selben Rhythmus entladen.*»

Nr. 23: Harrer (34) stellte Folgendes fest: «Kombiniert man **grosse Lautstärke mit intensivem Rhythmus, wird die Wirkung verstärkt.** Im Gehirn wird eine Region angesprochen, die für das ‹Wachsein› unseres Bewusstseinszustands verantwortlich ist. So lässt sich die erhebliche Folgeerscheinung von lauter Rockmusik erklären: **Die Psyche wird übersprungen, das Vegetativum wird direkt erreicht und der Mensch fühlt sich ‹high›.**» Harrer stellt auch dar, dass sich bei Lärm oberhalb einer Lautstärke von ca. 65 Phon zwangsläufig vegetative Reaktionen in Gestalt von Kontraktionen kleiner und kleinster Blutgefässe, sowie Veränderung des Herzschlagvolumens einstellen.

«Es konnte festgestellt werden, dass – gemessen an der vegetativen Reizantwort – **akustischen Reizen gegenüber allen anderen Sinnesreizen eine deutliche Dominanz zukommt, d.h. dass sie die stärksten vegetativen Ausschläge hervorrufen.** Eine Erklärung dafür wird in der **engen Verknüpfung von Hörorgan, Thalamus und limbischem System** gesehen. Im Zusammenhang damit steht auch die Feststellung, dass der **Gehörsinn die unmittelbarste Verbindung zum emotionellen Bereich hat, der Thymopsyche.**»

Nr. 24: Aus einer Veröffentlichung der «Forschungsberichte. Bd.4» «Gehirnvorgänge beim Musikhören und deren Objektivierung durch das EEG», *(EEG = Elektroenzephalogramm ist ein diagnostisches Verfahren zur grafischen Aufzeichnung des Verlaufs der Gehirnströme, als Gehirnwellen)* weist Hellmut Petsche auf die wesentlichen Komponenten hin, die das **Wachbewusstsein beim Musikhörer** in Gang halten: «Wie bereits erwähnt, haben Mander (1984) [G. Mander: ‹Mind and Body›, New York, 1984; Norton] und speziell für die Musik Berscheid (1983) [E. Berscheid: Emotion, in H. Kelly (Hersg.), *Close relationships*, San Francisco 1983. W.H. Freeman and Co.] im **Zusammenhang mit dem Erleben auf die besondere Bedeutung der Erwartungen** hingewiesen, die **durch die im Gehirn gespeicherten ‹Schemata› (Erregungskonstellationen)** produziert werden. Sobald diese Erwartungen nicht erfüllt werden, d.h. **das Informationsangebot grösser wird,** (‹Neues› angeboten wird), **kommt es zu einer mehr oder weniger starken ‹Weckreaktion›,** einem biologischen Signal, das den Körper von dieser neuen Situation benachrichtigt. ... Die Aufmerksamkeit nimmt augenblicklich für kurze Zeit zu.» *(Anmerkung: Dies lässt auch den Umkehrschluss zu, dass die Aufmerksamkeit des Bewusstseins nicht mehr gefordert wird und schliesslich ganz zurücktritt, wenn im musikalischen Verlauf nichts «Neues» geboten wird, sondern nur stereotype Wiederholungsstrukturen erscheinen, so dass dann keine «Weckreaktionen» mehr stattfinden. Lediglich die sensumotorische Körperstimulation durch das taktrhythmische nervliche Einpendeln schaukelt sich auf, was besonders in feedbackartiger Verstärkung geschehen kann, wenn infolge von länger vorangegangener Hörgewohnheit von Beatmusikstilarten sich im Hör-Nervensystem bereits entsprechende «präexistierende Neuronalmusterbildungen»* (s. Nr. 34 b u. c) *als solche taktrhythmischen Resonanzstrukturen vorbilden konnten.)*

Nr. 25 a: Bezüglich der unterschiedlichen Auswirkungen von stimmungskontrastierender Musik (also Musik, deren emotionale Ausstrahlung dem Lebensgefühl einer Hörergruppe entgegensteht) gegenüber stimmungsgleicher Musik, bemerkt H. Gembris Folgendes: «Gefühlslagen, die an Intensität stark ausgeprägt sind und/oder sich *als Dispositionen längerfristig* etabliert haben, lassen sich nicht *kurzfristig* verändern oder gar in ihr Gegenteil umkehren. Je intensiver eine Emotion ausgeprägt ist, desto stärker sind die entgegengesetzten Emotionen reziprok gehemmt und blockiert.» Nach folgendem Bericht benutzten einige Geschäftsleute diese psychologische Auswirkung als bewährte «Abschreckungswaffe»:

Nr. 25 b: US-Geschäftsleute greifen zur Musik. – Artikel von Gabriele Chwallek, aus Flensburger Tageblatt, 17.6.1993. (veröffentlicht auch in «Musik und Unterricht» 23/1993): «Frustriert von der wachsenden Zahl junger Leute, die tagtäglich vor den Geschäften herumlungern und Kunden abschrecken, greifen amerikanische Ladenbesitzer zu einem ungewöhnlichen Mittel: Sie vertreiben die Teens mit Mozart, Bach, Brahms und Tschaikowsky. Der Erfolg ist verblüffend. Während die Klassiker auf die ältere Generation entspannend wirken und eher zum Verweilen einladen, sind viele Jugendliche im Nu verschwunden. ... Der Erfolg sprach sich schnell herum. In Kalifornien, Illinois, Pennsylvania und Florida klingt mittlerweile vielerorts Tschaikowskys Klavierkonzert Nr. 1 den Kunden von ‹7-Eleven› entgegen – neben Beethovens Neunter der grösste Abschreckungshit. Auch Kevin Woo, Besitzer eines ‹7-Eleven› in der kalifornischen Hauptstadt Sacramento, verzeichnet eine ‹dramatische Verringerung› der Zahl von Jugendlichen, die sein Geschäft unsicher machten, bevor er Klassiker wie Paganinis Trio für Violine, Gitarre und Cello vom Band spielte. Inzwischen fragen ihn immer mehr Ladeninhaber aus der Umgebung nach einem geeigneten ‹klassischen Nervengas›. Woo meint, dass sich Mozart, Mahler, Paganini und Vivaldi, die er als ‹Hauptwaffen› einsetzt, ‹im Grabe umdrehen würden, wenn sie das wüssten›.»

Nr. 26: Auszüge aus dem Buch: «Die magische Trommel – Eine Reise zu den Quellen des Rhythmus» von Mickey Hart – mit Ko-Autor Jay Stevens und Frederic Lieberman, S. 140: «Den Gong zu schlagen – das war ein Gefühl, als schösse ich mit einem kräftigen Bogen Pfeile aus Klang in die Luft. ... Während dieser Tournee spielte ich die Gongs im Konzert, und als ich in den Stall zurückkam, merkte ich, dass ich schon richtig süchtig nach ihnen war. Sie versetzten mich in einen Zustand tiefer Trance, in dem ich lebhafte Halluzinationen hatte. Ich bat meinen Freund, den Psychologen Stanley Krippner, diesbezüglich Tests durchzuführen. Er untersuchte, wie schnell und tief man unter Zuhilfenahme von Gongs den Zustand der Hypnose herbeiführen kann. *Er gelangte zu der Überzeugung, dass Gongs die schnellsten ‹Hypnotiseure› seien, die er jemals kennen gelernt hatte.*»

Nr. 27 a: Heiner Gembris, «Musikhören und Entspannung». Über *Synchronisations-Erscheinungen und Magnet-Effekt*:

«Es kostet ausserordentlich viel Anstrengung, Bewegungen gegen einen externen auditiven Rhythmus auszuführen. Oft gelingt dies überhaupt nicht, und wenn, dann nur für eine relativ kurze Zeit. Sowohl bei Menschen als auch bei Tieren besteht die Tendenz, Körper- und Bewegungsrhythmen an andere, von aussen wahrgenommene Rhythmen anzupassen oder damit zu synchronisieren. Dieser Effekt wird auch ‹Magnet-Effekt› genannt. Van Holst (1936, S. 681) beschreibt ihn als eine ‹Attraktionswirkung›, die von einem Automatismus ausgeht und sich auf die Frequenz eines anderen auswirkt, je nach dem im Augenblick bestehenden Phasenverhältnis beider, entweder verzögernd (negative Attraktion) oder beschleunigend (positive Attraktion). Die Wirksamkeit dieses Effektes auf verschiedene vegetative Funktionen und Verhaltensweisen konnte in mehreren Experimenten demonstriert werden (Kneutgen 1964, 1970; Harrer 1975) Kneutgen (1970) misst der unwillkürlichen Synchronisation der Atmung mit den Taktschwerpunkten eines Wiegenliedes einen wesentlichen Anteil an dessen sedativer Wirkung zu, weil durch diesen Magneteffekt die Atmung deutlich verlangsamt werden kann. Harrer (1975, S. 42) konnte an einzelnen Fällen zeigen, dass sich durch die unwillkürliche Angleichung an ein immer schneller tickendes Metronom die Herzfrequenz erheblich steigern lässt» (s. Darstellung auf Bild Nr. 1).

Nr. 27 b: Van Holst formulierte diesen «Magneteffekt» wissenschaftlich: *Der «attraktive» Rhythmus erzwingt die Anpassung oder Synchronisation des «attrahierten»,* ***der jedoch latent nach seinem Tempo weiterstrebt. Je ähnlicher der***

attraktive dem attrahierten Rhythmus anfangs ist, um so leichter stellt sich der «Magneteffekt» ein.

Nr. 27 c: ... Nach Fraisse stellt dieses Synchronisationsverhalten und die Bewegungsinduktion durch externe Rhythmen eine Ausnahme in den Verhaltensweisen dar, weil hier nicht der Stimulus der Reaktion vorangeht, sondern Reiz und Reaktion zusammenfallen. ... «Synchronisation (= Magneteffekt) sei nur dann möglich, wenn Antizipation möglich ist, d.h.: *die* ***Reize müssen periodisch aufeinanderfolgen***» = (aus P. Fraisse: «Rhythmen and Tempo» 1982, erschienen in Deutsch D. Hrg. in «The psychology of music»).

Nr. 27 d: auf Seite 164: ... die Mitbewegungen etwa in Form von Finger – oder Fussklopfen und die Synchronisation von Körperrhythmen mit externen Rhythmen erfolgt ursprünglich spontan und unbewusst. Schon bei einjährigen Kindern, manchmal auch früher, lassen sich körperliche Mitbewegungen zu einer regelmässigen Folge von Klängen beobachten ...

Nr. 27 e: ... Nicht umsonst nennt Van Holst (1936) den Magnet-Effekt ein ... «koordiniertes Prinzip im Rückenmark. Unbewusste Synchronisation kann auch durch die unmittelbare Verschaltung von akustischen und motorischen Nervenbahnen an mehreren Stellen des zentralen Nervensystems unterhalb der Grosshirnrinde erklärt werden. ... *Reiz und Reaktion treten dabei, nur durch Sekundenbruchteile getrennt, praktisch synchron auf, sofern sie nicht bewusst unterdrückt werden.* Für diesen mehr physiologischen Erklärungsaspekt mag ebenfalls sprechen, dass Synchronisationen auch dann auftreten können, *wenn das Tempo der externen Cadence-Rhythmen sich ändert. In diesem Fall sind Antizipationen vielleicht nicht mehr oder nur teilweise möglich.* So spricht Harrer (1975, S. 40) von ‹Puls- und Atemdriving›, wenn Herz- und Atemfrequenz durch äussere Rhythmen ‹mitgezogen› werden».

Nr. 27 f: Zur Stimulierung von Mitbewegungen sind insbesondere markantperkussive Rhythmen geeignet, wie sie beispielsweise in Marsch- und Tanzmusik vorkommen. Je akzentuierter und artikulierter die perkussiven Elemente des Rhythmus sind, *desto mehr regt er zu körperlichen Mitbewegungen an* (vgl. Radocy & Boyle 1979, S. 240). Phänomene wie Synchronisationserscheinungen und «Magnet-Effekt» sind zwar des Öfteren beschrieben worden, man hat aber kaum den Versuch gemacht, sie zu erklären.

Nr. 27 g: S. 165: «Dass auf Musik und andere akustische Reize so unmittelbar motorische Reflexbewegungen folgen können, *liegt in hirnphysiologischen Gegebenheiten begründet* ...

Während die primären Neuronen der Hörbahn noch durch reine Töne gereizt werden können, reagieren die höheren Stationen der Hörbahn zunehmend mehr nur noch auf Impulsmuster. Die dabei ablaufenden Vorgänge sind ausserordentlich kompliziert und bei weitem noch nicht erforscht. ... Akustisch-rhythmische Impulse erzeugen entsprechende afferente neuronale Impulsfolgen, die ihrerseits durch die Verschaltungen mit den motorischen Bahnen entsprechende motorische

Efferenzen bewirken, was dann als motorisches Verhalten zutage tritt. Die Verbindungen sind dabei kurz und unmittelbar; die motorische Reflexion erscheint reflexartig. Das unbewusste Mitklopfen von rhythmischen Impulsen (besonders gut etwa beim Hören von Rockmusik zu beobachten), die Tendenz, unbewusst die eigenen Bewegungen den von aussen kommenden akustischen Impulsen anzugleichen (Synchronisierung der Bewegung), der sogenannte Magnet-Effekt und ähnliche Phänomene scheinen in diesen akustisch-motorischen Verflechtungen innerhalb des ZNS (Zentralnervensystem) ein physiologisches Substrat zu haben. Da die daran beteiligten Kerngebiete des ZNS unterhalb der Ebene des Grosshirns liegen, *sind diese motorischen Reaktionen auf akustische Impulse* ***unbewusst****.*

Nr. 27 h: Das schliesst jedoch keinesfalls aus, dass sie nicht ins Bewusstsein treten können. Sind sie erst mal wahrgenommen und vom Bewusstsein registriert worden, *kann sich das Bewusstsein hemmend oder verstärkend in diese Verbindung einschalten.*»

Nr. 28: Elisabeth Haselauer «Berieselungsmusik – Droge und Terror», über *Subliminale Programmierung:*

«Weder im Kaufhaus noch in der Disco strengt sich einer an, um den harmonischen, melodischen oder formalen Aufbau der Musik, die Instrumentation oder den Tonumfang zu ergründen. Dennoch ist die Musik ihm vertraut. Das heisst, der ‹wirksamste› musikalische Lernprozess muss ein absichtsloser sein, der sich also ‹subliminal›, unter der Grenze (des Rationalen) vollzieht. Rhythmisch dominante Musik erreicht das Vegetativum direkt, also wieder ‹subliminal› unter der Grenze (des Rationalen). Fast scheint, als würden diese Überlegungen in das Kapitel ‹Gefahren› passen, denn: Der Durchschnittsverbraucher in Sachen Musik entscheidet keineswegs immer selbst und so gut wie nie rational, auf welche Weise er mit welcher Musik umgeht. Das musikalische Curriculum vitae beginnt naturgemäss, wenn der Mensch mit den ersten (Hör)-Eindrücken eine offenbar grob unterschätzte Vorprogrammierung erfährt.»

Konditionierung im Säuglingsalter – (z.B. auch durch Rhythmusstrukturen der Rockmusik).

Auch Klänge sind Programme. Lernen ist in den ersten Wochen und Monaten nach der Geburt am nachhaltigsten. «Es ist dies die ‹einzige Zeit›, sagt der Humanbiologe Vester, in der sich äussere Einflüsse, wie die Wahrnehmung durch das Auge, die Nase, den Geschmack, Hören und Fühlen, in der Ausbildung des Gehirns direkt niederschlagen können, das heisst in anatomischen Veränderungen, in festen Verknüpfungen zwischen den wachsenden Zellen» (1975, S. 38). Ein amerikanischer Jesuit namens J.L. Conel entdeckte in jahrzehntelanger Forschung, dass das menschliche Gehirn zum Zeitpunkt der Geburt nicht voll ausgebildet ist; erst ab etwa dem dritten Lebensmonat nimmt die Zahl der Gehirnzellen nicht mehr zu, auch die Verdrahtungen werden nicht mehr wesentlich dichter. Das heisst also, wir kommen mit einem «unfertigen» Gehirn zur Welt, die «Natur» liefert bloss jene Verknüpfungen mit, die wir sofort brauchen und lässt im übrigen der sozialen Umgebung gleichsam freien Spielraum bezüglich Art und Qualität der weiteren Verknüpfungen und Zellentwicklungen, die «uns» schliesslich ausmachen. Und das – horribile dictu – während dreier Lebensmonate, auf deren Gestaltung wir selbst nicht den geringsten Einfluss nehmen können, weil es unsere ersten sind und mithin das Gehirnwachstum als weitgehend abgeschlossen gilt. Und, so die Forschung recht behält, sind es eben jene ersten drei Lebensmonate, die unser gesamtes Leben weitgehend bestimmen. Denn man glaubt zu wissen, dass (und wie) sich erste Eindrücke direkt in der anatomischen Struktur des Gehirns selbst niederschlagen können. Ich referiere Vester, so exakt es mir möglich ist: In unseren Organen vollzieht sich ständige Zellteilung bei gleichzeitigem Absterben von Zellen, davon ausgenommen ist einzig und allein unser Gehirn. «Dieser gegenüber der anderen Organen erstaunlich frühe Stopp jeder Zellteilung ist aber die einzige Garantie dafür, dass Lebewesen überhaupt lernen können», sagt er. Denn mit dem Absterben von Gehirnzellen ginge auch die darin gespeicherte Information für immer verloren. Bei Zellteilung wird nämlich wohl die Erbinformation, nicht aber das neu Hinzugelernte weitergegeben. Daraus geht zweierlei hervor. Erstens arbeitet jeder Mensch zeit seines Lebens mit jenen Zellen, die er schon als Säugling «entwickelte», und zweitens geschieht in der Fertigstellungsphase des Gehirns, also während der ersten drei Lebensmonate, etwas Einzigartiges, was wir im übrigen Körper des Menschen nicht kennen: Die Zellen *wachsen je nach der vorhandenen Umwelt anders! ...*

Man gelangt also auch von dieser Warte aus zu dem Schluss, dass programmierte Grundmuster äusserst fest sitzen. Weil sie sich subliminal bilden, humanbiologisch: weil sie sich anatomisch niederschlagen. Soziologisch: weil sie den Rahmen für das Attitüdengefüge abgeben. (*Eigene Anmerkung: z.B. natürlich auch durch oft und viel gehörte Disco-Musik.)*

«Der Säugling hat nämlich keine ausgebildete ‹Kontrollinstanz› (namens Bewusstsein), die prüfen könnte, was nun ‹passend› ist und was nicht. Daher gibt es auch keine Befürchtungen, weil keine Erfahrungen, keine Einwände, keine Wenn und keine Aber. Der Säugling weiss daher nicht, was zulässig ist. Er speichert, zunächst einmal wahllos – alles –, was sich ihm bietet. Daher ist auch die erste ‹Musiksprache›, die ein Mensch lernt, jene das Baby umgebende Tonkulisse, von welcher wir annehmen müssen, dass sie sich – wie alle übrigen Reize auch – an der Fertigstellungsphase des Gehirns beteiligt. ‹Die Zellen wachsen je nach der vorhandenen Umwelt anders!› Besteht die musikalische Umwelt des Kindes aus einem rund um die Uhr laufenden Unterhaltungssender, so speichert das Kind notwendig jene Tonkombinationen und Klangqualitäten, die dem Unterhaltungssender-Angebot entstammen. Sind die Eltern beispielsweise Barockmusik-Fans, so speichert das Kind Elemente und Klangqualitäten der Barockmusik. Es gibt Experimente, die sich mit der optischen Komponente während der Phase der ‹Gehirnfertigstellung›, also während der ersten drei Monate befassen. Wenn man Ratten während dieser Phase (sie werden ja blind geboren, besagte Phase ist hier die dritte und vierte Geburtswoche) die Augen verbindet, dann bleiben sie zeitlebens blind, – die zuständigen Gehirnkontakte knüpfen sich nicht, auch nachträglich nicht!»

Nr. 29: In der amerikanischen wissenschaftlichen Informationszeitschrift «Insight» kam bereits 1988 (in der April-Ausgabe, von Richard Lipkin verfasst) ein bemerkenswerter Forschungsbericht zur Veröffentlichung, wo die *destruktiven Auswirkungen nichtharmonikaler Musikstrukturen auf subkortikale Gehirnbereiche* *des Hippocampus nachgewiesen* wurden anhand einer wissenschaftlichen Versuchsreihe an weissen Mäusen.

Um der Meinung, Rockmusik könne auf Grund ihrer disharmonischen Klang- und Rhythmusstrukturen Amerikas Jugend ruinieren, nun mit wissenschaftlich fundierten Argumenten begegnen zu können, wurden drei Gruppen weisser Mäuse über einen längeren Zeitraum mit verschiedenen Musikstilen «beschallt». Das Ergebnis dieser empirischen Forschungsreihe brachte entwaffnende Argumente gegen die Rockmusikvertreter, welche ja auch bis heute noch in ihrem Musikstil keine destruktiven Wirkungen zu erkennen glauben.

Der wesentliche Inhalt des Artikels besteht aus einem Bericht der beiden Forscher Gervasia M. Schreckenberg (Neurobiologe vom Georgian Court College, Lakewood, N.J.) und Harvey H. Bird (Physiker der Faileight- Dickingson University in Rutherford, N.J.), welche die zerstörerischen Auswirkungen nachwiesen, die mittels disharmonischer Musikelemente (z.B. lautstarke Trommelrhythmen, wie bei Rockmusik üblich) besonders auf die Gehirnstrukturen des Hippocampus bewirkt werden. [siehe auch Nr. 75, 76]

Die Lern- und Orientierungsfähigkeit der Versuchstiere, welche mit diesen disharmonischen Musikstrukturen in Hörverbindung standen, liess rapide nach, so dass sie (im Gegensatz zu den anderen Gruppen) ihre Futterstätten infolge Erinnerungsverlusten nur sehr mühsam wiederfinden konnten.

Eine genaue Untersuchung der Gehirngewebe dieser Tiere zeigte abnormale Veränderungen im neuronalen Gewebe des Hippocampus, wo die Konditionierungsfunktionen von Lern- und Assoziationsvorgängen ihre neuronalen Repräsentationen haben. Man fand die Beweise in den abnormalen Veränderungen neuronaler Verzweigungen sowie im zusätzlichen Wildwuchs von Nervenverbindungen («... Evidence of abnormal branching and sprouting of the neurons»). Es zeigte sich auch eine Störung bei der Bildung von Transmittersubstanzen, welche eine entscheidende Rolle spielen bei den Lern- und Konditionierungsvorgängen der Gedächtnisspeicherung («... disruptions in the normal amounts of messenger RNA, a chemical crucial to storrage of memories»). Sie fanden ein wildes Wachstum neuronaler Verbindungen («... just wild growth of the neurons»). Ein klarer Beweis von Auswirkungen disharmonischer Klangstrukturen («... as the result of the exposure to the disharmonic sounds»). Sehr richtig folgerten die beiden Wissenschaftler, dass die *Ursache solcher destruktiven Auswirkungen niemals in melodisch und harmonisch geprägten Musikstrukturen, sondern in den taktrhythmischen Strukturen der Rockmusik zu finden sei* («... some musical rhythms help to synchronize an organism's natural biological rhythms, thus enhancing its functioning, while other rhythms tend to clash with, or disrupt, those internal rhythms»). Das heisst also: Einige Musikrhythmen bringen körperinterne biologische Organrhythmen zur Synchronisation, wodurch diese in ihrer Eigenfrequenz verstärkt werden, während andere externe Rhythmen mit den internen biologischen Naturrhythmen kollidieren und diese störend durcheinander bringen können.

Wahrheitsgemäss bestätigt dann der Neurobiologe Schreckenberg, dass grundsätzlich «... everything in life goes in rhythms, even the life of a single cell. All the biochemical reations are rhythmic. If the harmony is disrupt by some kind of disharmony, then it can cause detrimental effects». Das heisst also: Jedes Leben vollzieht sich in Rhythmen, gleichermassen auch im Leben einzelner Zellen. Alle biochemischen Reaktionen sind rhythmisch. Wenn die Harmonie durch gewisse Arten von Disharmonie gestört wird, können schädliche Auswirkungen entstehen. Ebenso bestätigten die beiden Wissenschaftler die Stresswirkungen disharmonischer Stimuli, wodurch natürliche biologische Funktionen gestört würden. [s. auch Nr. 90-96]

Eine der wichtigsten Erkenntnisse aus dem Bericht wird aber aus folgenden Worten deutlich: «An irritating beat might, for example, disturb the theta rhythm of the hippocampus in the mouse's brain, a rhythm linked to memory storage.» – Das heisst: Ein irritierender starker Beat (wie z.B. in der Rockmusik üblich), kann den hippocampalen Theta-Rhythmus im Gehirn störend durcheinander bringen infolge der nervlich bedingten Verbindungen rhythmischer Übertragungen bis zum Gedächtnisspeicher. Diese Störungsauswirkung kann dann, so die Wissenschaftler, zu Verlusten im Kurzzeitgedächtnis führen. [s. auch Nr. 15 a] Ausserdem käme noch hinzu, dass diese *Nervenstrukturen im Kampf gegen den rhythmischen Angleichungszwang zum irritierenden Fremdrhythmus nun ein entsprechendes wildes Wachstum neuronaler Musterbildungen begünstigt*, was dann auch zu tief gründigen Lernschwierigkeiten führt («... in struggling to coordinate the erratic stimuli, neurons may foster erratic growth patterns, leading to deeper learning difficulties down the road»). [s. auch bei Eccles Nr. 56 c.d]

Im Hinblick darauf, dass die Versuchsreihe nur mit Mäusen stattfand, wiesen die Wissenschaftler aber darauf hin, dass diese Versuche schliesslich ganz allgemein die Wirkung disharmonischer Musik auf Gehirnstrukturen von Säugetieren zeigen. Da der Mensch biologisch ebenfalls bei den «Säugern» einzuordnen ist, wären auf Grund gleicher biologischer Gesetzmässigkeiten auch bei Menschen gleichartige Auswirkungen durch disharmonische Musik zu erwarten.

Nr. 30 a: Günter Kleinen: «Die psychologische Wirklichkeit der Musik, Wahrnehmung und Deutung im Alltag», Bd. 21, 1994. «In der wissenschaftlichen Erforschung menschlicher Zeitempfindungen weisen Pöppel und Logothetis (1986) darauf hin, dass dem Nervensystem eine zentrale Periodizität zur Verarbeitung von Informationen zugrunde liegt. Neben den bekannten körpereigenen Naturrhythmen von Herzschlag, Puls und Atemrhythmus und noch anderen Langzeitrhythmen gibt es also auch kurzwellige neuronale Oszillationen (Schwingungsperioden), deren Periodenlänge etwa bei 30 Millisekunden liegt!

Forschungen ermittelten, dass der Mensch als zeitliche Gegenwart oder als das ‹Jetzt›, worin musikalische Ereignisse als Gegenwart empfunden werden, als ‹Zeitfenster› von ca. 3 Sekunden Länge empfindet (Pöppel 1990). Gerade in diesem kleinen ‹Zeitfenster› der Gegenwart stellen **die neuronalen Oszillationen ein elementares sehr genaues zeitliches Gerüst zur Verfügung, mit deren Hilfe unser geistiges Geschehen strukturiert wird. ...** Mit den neuronalen Oszillationen steht uns **eine Uhr in unserem Gehirn** zur Verfügung, **die grundlegend ist für die Gestaltung unserer Erlebnis- und Verhaltensabläufe** (Pöppel 1990). Mit Hilfe dieser Uhr **können elementare Zeiterlebnisse wie Gleichzeitig- und Ungleichzeitigkeit, Aufeinanderfolge, Gegenwart und Dauer festgestellt werden,** freilich mit der Einschränkung auf Vorgänge innerhalb der Drei-Sekundendauer.»

(Eigene Anmerkung hierzu: *Im Hinblick auf die rhythmischen Zeitstrukturen des «Offbeat» finden wir nun hier die wissenschaftliche Bestätigung, dass gerade in dem relativ kleinen Drei-Sekunden-«Zeitfenster» die winzig kleinen Zeitunterschiede zwischen den taktrhythmisch durchgehenden Bezugstaktschlägen und den nur geringfügig abweichenden Offbeat-Akzenten sehr genau (bis zu ca. 30 ms) durch das Zentralnervensystem wahrnehmbar sind als eine Information gegenrhythmischer Überlagerungen, welche dann leib-seelische Spannungen verursachen. Es wird verständlich, dass aufgrund dieser Verbindungen von Nervengeflecht und Muskeln hierbei nun auch physische Spannungszustände entstehen, die sich spontan zu körperlichen Ausgleichsbewegungen drängen. Deshalb reizen solche Musikstrukturen, wo diese Offbeat-Rhythmik vorherrscht, auch besonders zwingend zur Ausführung von Tanzbewegungen.)*

Nr. 30 b: Funktionsweise der Zeitwahrnehmung: «Ein Körperorgan für die Zeitwahrnehmung haben wir bekanntlich nicht. Als einzige feste Grösse allgemein akzeptiert ist das Zeitfenster der Gegenwart, das rund 3 Sekunden umfasst (Pöppel 1990). Innerhalb des Zeitfensters, das auch als erlebte Gegenwart, oder als ‹Jetzt› (Pöppel 1990, 114), als hörbares Jetzt (Fraser 1985) oder ähnlich bezeichnet wird, werden musikalische Ereignisse als gegenwärtig (präsent) empfunden, so dass wir sie im Zusammenhang überblicken und ihre Anordnung exakt bestimmen können. Es handelt sich um einen Integrationsmechanismus, den das Gehirn zur Verfügung stellt und der die Grundlage einer zeitlichen Segmentierung darstellt, die sich auf hörbare Wahrnehmungen ganz allgemein bezieht: auf Musik und Sprache gleichermassen. Man kann sie mit der zeitlichen Ausdehnung musikalischer Motive ebenso belegen wie mit der Länge von Gedichtzeilen. Das ‹Drei-Sekunden-Phänomen› ... (ist ein) elementares Phänomen der menschlichen Hirntätigkeit ... (und dient der) zeitlichen Integration von einzelnen Ereignissen zu Gestalten von etwa drei Sekunden Dauer» (vgl. Pöppel 1990, 116ff.).

Nr. 30 c: Erfahrungsbericht über Auswirkungen der körperbewegenden Kraft afrikanischer Trommler mit Polyrhythmik- und Offbeat-Spielarten. (Auszug aus «Geistliche Musik» von Ernst Trachsel-Pauli) Seite 60:

«Im Jahre 1973 befanden sich die beiden Schweizer Joel Pretre, Corgemont, und Arthur von Bergen, Delemont – beide Verkündiger des Wortes Gottes, für einige Zeit mit einem besonderen Auftrag in Afrika. Um Land und Leute besser kennen zu lernen, machten sie auch eine Rundfahrt in der Stadt Lome in Togo und besuchten dabei eine Ausstellung von Altertümern und anderem mehr. Hören wir nun, was Evangelist Arthur von Bergen darüber berichtet:

‹Der diese Ausstellung vorstellende Chef erklärte uns, sie würden nun auch noch echt afrikanische Musik machen. Er bat die Besucher – es waren etwa 35 Europäer, die zum ersten Mal dort waren –, Platz zu nehmen. Wir befanden uns in einem offenen Raum, ohne Dach, und es hatte dort Bretter zum Sitzen. Vor uns erblickten wir, verteilt in allen Ecken, sechs Afrikaner mit ihren Trommeln.

Als wir unsere Plätze eingenommen hatten, sagte der Chef, dass die europäische Musik allerdings nicht so sei wie die afrikanische, die wir jetzt gleich hören würden. Damit gab er einem Trommler das Zeichen zum Beginn. Dieser fing an zu trommeln. Irgend einen regelmässigen Rhythmus konnte ich nicht feststellen.

Dann bekam der zweite Trommler das Zeichen zum Einsatz, dann der dritte, der vierte, der fünfte, und schliesslich trommelten alle sechs Mann miteinander.

In diesem Moment erhoben sich die aufmerksam zuhörenden Europäer, stiegen auf die Bänke, hüpften und tanzten wie wild. Auch mich zog es mit einer unheimlichen Macht, aufzustehen, und so hielt ich mich mit beiden Händen an dem Brett, auf dem ich sass. Nach einer Weile schaute ich zu meinem Freund und Bruder, Joel Pretre, hinüber und sah, dass auch er sich mit beiden Händen festklammerte und sitzen blieb. Alle andern aber tanzten und sprangen durcheinander. Sogar über mich sprangen Leute hinüber.

Da, ganz plötzlich, gab der Chef ein Zeichen, und im gleichen Moment schwiegen die Trommeln. Sogleich ‹erwachten› die tanzenden Europäer aus ihrer Ekstase, waren komplett überrascht, schämten und entschuldigten sich für ihre Dummheiten. Sie wussten gar nicht, was sie eigentlich gemacht hatten.

Dann erklärte jener Chef mit einem Lächeln: ‹Das war jetzt diese Musik, wie sie heute nun auch von den Europäern eingeführt und praktiziert wird. Diese Musik ist auch der Ursprung zu den amerikanischen Negro Spirituals.» Und mit einem weiteren Lächeln fügte er noch hinzu: ‹Die europäischen Christen machen jetzt auch noch christliche Worte zu dieser Musik.› – Soweit der eindrückliche Bericht von Evangelist von Bergen.»

Nr. 31 a: Bruhn, Oerter, Rösing: Handbuch der Psychologie in Schlüsselbegriffen. Kapitel über *Musik und veränderte Bewusstseinszustände.* Zusammenfassende Formulierungen von Seite 431: «Ein Überblick über die musikalischen Mittel bei Tranceinduktion zeigt: **Starke Dominanz der rhythmischen Komponente. Die Strukturierung ist in der Regel einfacher als bei normaler Musik.** Entweder werden Steigerungen wiederholt (längere Crescendo-Sequenzen mit starker Dynamik, oder – Beschleunigung des Tempos), wobei eine nur leicht variable **starre Rhythmuswiederholung** (ohne komplizierte Aufteilungen) **über lange Zeit typisch ist, oder ein konstantes Metrum mit gleichlautem Beat (z.B. gehämmerte Viertel ohne Hierarchie)** in sehr schnellem oder knapp unter bzw. über dem Pulsschlag liegendem Zeitmass gespielt. Der Rhythmus soll einen motorisch-tänzerischen Impetus haben. Offbeat (d.h. sehr kurzes Anschwellen des Schlages) ist ebenfalls anzutreffen.

Nr. 31 b: Auch langsame *konstant* auf- und abschwellende Amplituden-Hüllkurven (Spindeln) sind der Trancewirkung förderlich. Melodisch sind Wiederholungen, Ostinati, Stufenschritte, Glissandi, Umspielung eines Tones und das Vermeiden allzu prägnanter Themen charakteristisch. Themenentwicklung oder Polyphonie werden vermieden, **formelhafte Strukturen dominieren.** Gelegentlich findet man auch sehr komplexe Verschränkungen, die eine rezeptive Auflösung in Stimmen nicht zulassen.

Klanglich ist *keine Variation* von Klangfarbe, vielmehr deren *Konstanz* förderlich. **Tiefe pulsförmige Strukturen eignen sich besser.**

Nr. 31 c: *Wobei auch eine **hochfrequente scharfe Modulation (Schwebungen, Rauhigkeit) häufig zu finden ist.*** Die Stimmgebung ist entweder leise-suggestiv oder befehlend-rauh. **Harmonisch sind einfache Ostinati oder Bordunformen dominierend.** Die Form pflegt einfach zu sein.»

Nr. 32: David Epstein: «Time and Timing in Musik, Musical and Neurological Aspects». Die Balance von Pulsrhythmus (=Taktschlageinheiten) und Atemrhythmus (=Agogik) als zwei gleichzeitig sich gegenseitig rhythmisch beeinflussenden musikalischen Komponenten bestätigt David Epstein auch am Schluss seines Aufsatzes (S. 157) (Veröffentlicht in einer Beitragsammlung der Gesellschaft der Musikfreunde in Wien, am 24. und 25. Mai 1988, Herausgeber: Hellmuth Petsche, unter dem Titel «Musik - Gehirn - Spiel»). *Ein Auszug meiner Übersetzung dieses Aufsatzes von David Epstein lautet:*

«Professor Freund diskutierte mit mir über die Bewegungs-Steuerung zahlreicher physischer Systeme, deren Kontrollsteuerungen ihrer Natur nach oszillatorisch sind und in ihrer Dauer verschiedenartige Zeitperioden durchlaufen. *Er stellt fest, dass das Nervensystem fähig ist, periodische Zyklen von abweichenden Längen zu unterstützen, wobei einige sogar Minuten überspannen. Ich finde hier eine bedeutungsvolle* ***Verbindung zu den zeitlichen Vorgängen des Rubato in der Musik, worin das Nervensystem letztlich zwei Zeitsysteme in einer Zeit zu unterstützen vermag.*** *Meine Forschungen über das Rubato, die in den kommenden Jahren im Druck erscheinen, zeigen, dass da tatsächlich mehr als zwei solcher Zeitsysteme existieren, die mit verschiedenen Tempi zur Auswirkung kommen.»*

Nr. 33 a: H. Gembris, «Musikhören und Entspannung», Auszüge aus dem Kapitel über «Stresserzeugte hormonale Veränderungen und psychisches Entspannungserleben» (S. 159):

«Passionierte Rock-Musikhörer berichten häufig, dass sie in Diskotheken und Konzerten, in denen die Lautstärke an der Schmerzschwelle liegt, Entspannung empfinden. Laute Musik als eine stressauslösende Form akustischer Überreizung übt höchstwahrscheinlich einige Effekte aus, die mit der Ausschüttung von Hormonen aus dem Nebennierenmark zusammenhängen. Bekanntlich wird z.B. bei Stressreaktionen das Flucht- oder Angriffshormon Adrenalin freigesetzt, das durch motorische Aktionen abgebaut werden muss, wenn längerfristig schädliche Wirkungen auf den Organismus vermieden werden sollen. Die Agressionsexzesse und Ohnmachtsanfälle, die nicht selten bei Rock-Konzerten zu beobachten sind, sind nach Auffassung von Mark (1976) auf solche Adrenalinausschüttungen zurückzuführen. Wie neuere Untersuchungen zeigen, *spielen neben Adrenalin noch weitere Hormone eine Rolle, die Veränderungen im psychischen Erleben hervorrufen.* ‹Zugleich mit der Adrenalinausschüttung, wenn auch etwas langsamer, werden via Hypothalamus auch andere stressabhängige Hormone wie das Wachstumshormon Prolaktin und Cortisol freigesetzt ...›» Neubauer & Jürgensen 1979, S. 483).

Nr. 33 b: «Diese Hormone haben auch einen *deutlichen Einfluss auf das psychische Befinden.* ... Die Stressaktion, die diese Effekte bewirkt, wird dann offenbar nicht mehr als Stress in negativem Sinne erlebt, sondern als angenehm. Dies ist sicher ein Grund dafür, dass Rockmusik meist laut gehört wird, denn durch leise Musik lassen sich diese Wirkungen wohl kaum hervorrufen» [siehe auch Nr. 66].

Nr. 33 c: Seite 160: ... Solche Formen der «Stimmungsaufhellung» bis zur Euphorie lassen sich beispielsweise bei Rockmusik-Konzerten leicht beobachten. Bemerkenswert ist, dass durch das Hormon TRH (Thyreotropin Releasing Hormone) im aktuellen akustischen Stress sogar ein Gefühl der Entspannung erzeugt werden kann. «Dieses Hormon bewirkt beim Menschen einen raschen, jedoch sehr kurzzeitig wirksamen antidepressiven Effekt» (Prange, Wilson 1972). TRH übt darüber hinaus vermutlich eine viel grössere Zahl von Funktionen aus, die Konsequenzen für die Verhaltensweisen haben. So fand etwa Wilson u.a. heraus (1972); «dass TRH bei gesunden Menschen neben einer deutlichen Stimmungsanhebung ein Gefühl der Entspannung erzeugt» (Neubauer & Jürgensen 1979, S. 458).

Nr. 34 a: Auszüge aus dem Lehrbuch «Biologische Psychologie» von Prof. Dr. Niels Birbaumer von der Universität Tübingen, und Prof. Dr. R. F. Schmidt vom Physiologischen Institut der Universität Würzburg. (S. 548):

«**Langzeitpotenzierung und dendritische Spines**.

Alle Untersuchungen über den Einfluss klassischer und instrumenteller Konditionierung auf das corticale Gewebe zeigen übereinstimmend, dass es im Laufe der Konditionierung, zusätzlich zu den bereits beschriebenen Änderungen, **zu vermehrten dendritischen Verzweigungen und Wachsen von ‹Spines›** (dendritische Fortsätze, an denen Synapsen anliegen) ausschliesslich **in den an der Konditionierung beteiligten corticalen Strukturen kommt.**

Nr. 34 b: Seite 548: **Reverberatorische Erregungskreise** nach Ende der aktuellen Reizung stellen die neurophysiologische Basis der Konsolidierung dar. **Nach mehrmaliger Reverberation treten anhaltende strukturelle synaptische und celluläre Änderungen auf,** die unser LZG repräsentieren. **In der Reverberationsphase müssen die Zell-Ensembles *ungestört* von weiterer Impulszufuhr bleiben, *da sonst keine wiederholte Erregung der Synapsen mit denselben Impulsmustern erfolgen kann.*** Diese Zeit ungestörter Erregungszirkulation wird Konsolidierungsphase genannt. Darbietung ähnlicher oder neuer Inhalte in dieser Zeit führt zu den bekannten Einprägungshemmungen. Während der Konsolidierungsphase werden zunächst schwache synaptische Verbindungen zwischen Neuronen *mächtiger,* **vor allem dann, wenn beide Neurone gleichzeitig oder in enger zeitlicher Nachbarschaft *mehrmals ‹assoziativ› erregt werden.*** Solche **zeitlich eng gekoppelten Aktivierungen von Synapsen** *bilden die* ***Grundlage von Konditionierungsprozessen.***» [siehe auch Nr. 90]

Nr. 34 c: Im Zusammenhang mit den Erläuterungen zur Konditionierung steht auch Folgendes auf Seite 547:

«Den cellulären Modellen liegt also die Annahme zugrunde, **dass nicht eine neue S-R-Verbindung** (Sinnesreiz-Verbindung) durch Lernen geschaffen wird, **sondern *präexistierende, ‹stille› neuronale Verbindungen verstärkt aktiv werden.*»**

Nr. 35: Abschnitt aus Seite 550, über «Erregungskreise, Lernen und Wiedergabe von Information»: «Entsprechend der Hebbschen Theorie von Konsolidierung, muss **eine Erregungskonstellation im Allgemeinen *mehrmals in ein und demselben Zellensemble ungestört kreisen,*** bevor strukturelle Änderungen des LZG (Langzeitgedächtnisses) und Wiedergabe möglich sind. John (1967) geht davon aus, dass nicht die Aktivität einer einzigen oder weniger Zellen, sondern *erst das gleichförmige, kohärente Entladungsverhalten eines ganzen Zellensembles ‹speicherbare› Information für das ZNS (Zentralnervensystem) darstellt.* Die Aktivität einer einzigen Zelle geht im elektrochemischen ‹Rauschen› des ZNS unter. Kohärenz entsteht **durch *gleichzeitiges Entladen eines Erregungsmusters in einem Zellenensemble,*** *dessen Form für den Gedächtnisinhalt spezifisch ist.* Ein Mass für die Kohärenz ist die Amplitudenhöhe evozierter Potentiale über einem gegebenen Zellensemble oder die Kreuzkorrelationsfunktionen der elektrischen Entladungsmuster bzw. des EEGs (Elektroenzophallogramm = Gehirnwellen) zwischen verschiedenen Zellensembles. *Je höher die Amplitude eines evozierten Potentials* oder eines EEG-Musters, ***um so mehr Zellen müssen synchron geordnet entladen.*** Je komplexer das Lernmaterial und je mehr Sinnessysteme an dem Engramm beteiligt sind, um so grösser werden die Zellensembles und um so länger muss die Erregung kreisen, um eine kritische Verschiebung metabolischer Änderungen (z.B. Ca + + = Anstieg in den Zellen) zu erzielen. [s. auch die ähnlichen Aussagen bei Eccles: Nr. 56 u. 60]

Nr. 36 a: Seite 542: Einige Hypothesen über synaptische Veränderungen, die eine Grundlage für Speicherung sein könnten. A: Nach einer **Trainingsprozedur führt jeder neue Impuls im betroffenen neuronalen System zu einer verstärkten Ausschüttung von Transmittermolekülen.** Entsprechend kommt es zu einem **Anstieg des postsynaptischen Potentials.**

B: Ein Interneuron moduliert die Polarisation der Axonendigung und löst die *Ausschüttung vermehrter* Transmittermoleküle pro nervalem Impuls aus. C: Modifikation der postsynaptischen Receptormembran führt zu einer verstärkten Reaktion auf dasselbe Ausmass von Transmittersubstanz.

Nr. 36 b: «Die Fläche des synaptischen Kontaktes erhöht sich mit Training. Ein **Erregungskreis, der öfters benutzt wird, erhöht die Anzahl der synaptischen Kontakte.** Eine häufig benutzte neuronale Verbindung ‹übernimmt› vorher weniger benützte Synapsen.» (Nach Rosenzweig u. Leiman 1982)

Nr. 37 a: Jonathan Kramer spricht über das «Spezifisch musikalische Zeitempfinden», von einer «dualen Natur der Zeit mit einem linearen und einem nichtlinearen Aspekt ...»

– Zeit relativ zur Zeit, das ist der musikalische Rhythmus. – Hierarchien, formale Gliederung, Symmetrien etc.;

– musikalische Kommunikation funktioniert oftmals dadurch, *dass rationale zeitliche Proportionen vorsätzlich verletzt werden.* Dieses Phänomen wird unter der Bezeichnung Timing weiter diskutiert.

Timing

Unterscheidet man bei der zeitlichen Gliederung zwischen einer chronometrischen Zeit und einer inneren Zeit, die Erlebnisdimension einbezieht, so trifft sich das im Modell von Marie Riess Jones mit dem Unterschied zwischen vertikaler und horizontaler Zeit: die vertikale entspricht der zeitlichen Gliederung, wie sie in den Noten fixiert ist; die horizontale bezeichnet die geringen Abweichungen von der «richtigen» Zeit, das Timing, durch das eine Interpretation subjektive Züge und einen individuellen Ausdruck erhält. «Die senkrechte Komponente steht in Verbindung mit dem Ziel einer proportionalen ‹korrekten› Zeitgebung, während *die horizontale Komponente durch Verletzungen dieses Timings der Expressivität dient»* (Jones 1990, 227).

Zeichnet man für eine Interpretation den exakten Zeitverlauf auf, so kann man zwei Arten von Timing untersuchen. *Jeder Interpret hat nämlich Freiheiten in zweierlei Hinsicht: eine, um Veränderungen des Tempos auszuführen, und eine, um das gleichmässige Zeitmass innerhalb eines Tempos oder zwischen den Zählzeiten eines Taktes, also innerhalb eines Metrums, abzuwandeln.* ***Stets dient das Timing einer Intensivierung des musikalischen Ausdrucks.*** Spannung und sinnfällige Gliederung werden erhöht, einzelne Töne oder Motive werden abgesetzt und dadurch hervorgehoben. ... Besonders die emotionalen Faktoren machen aus einer künstlerischen Interpretation einen Akt der ausdrucksvollen Kommunikation, und diese These erklärt die Abweichungen von den im Notentext fixierten Zeitwerten (Jones 1990, 226).

Nr. 37 b: Musikerleben ist dann besonders tief gehend, **wenn die Zeit «stehen bleibt», wenn das Gefühl für die Zeit verloren geht.** Zuweilen spricht man vom Wegtauchen durch Musik: in der psychischen Nische herrscht eine andere Zeit als am Arbeitsplatz. Andere Kulturen haben ein **anderes Verhältnis zur Zeit** als wir, wie sich z.B. **bei der indischen Musik** zeigt *(beispielsweise lang ausgehaltene Töne als Meditationsmusik).*

Nr. 38 a: Ernest Ansermet: «Die Grundlagen der Musik im menschlichen Bewusstsein». «*Die musikalische Zeit.* Jede musikalische Dauer ist, wie wir sehen konnten, ein innerliches Erlebnis, d.h. **in Wahrheit eine psychische Dauer.** Die hier auftauchende Frage lautet: Wie misst sich in unserer inneren Existenz eine seelische Dauer? ***Sie kann nicht mehr mit der Zeit der Welt gemessen werden, die die Seele ignoriert.*** Ebenso wie das Ohr die Frequenz des Tons *durch ein Mass seiner eigenen Energie misst*, d.h. einer körperlichen Energie, so *muss auch die seelische Dauer in uns durch ein körperliches Mass der Zeit gemessen werden.* Unsere *seelische Existenz gewinnt Form* ***nicht*** *unmittelbar auf Grundlage unseres arteriellen Pulsschlages,* ***sondern unserer Atemkadenz,*** die sich frei auf dem nicht signifizierten Hintergrund des Pulsschlages entfaltet. Deshalb hat der musikalische Rhythmus Kadenzstruktur und darum, so kann man sagen, **ist die melodische Kadenz die Weise, in der unsere Atemkadenz sich in der musikalischen Existenz signifiziert.**

Nr. 38 b: Die *melodische Struktur stellt uns also einer doppelten Zeitlichkeitsstruktur gegenüber,* deren eine sich durch die Aufeinanderfolge von Tonpositionen im Raum erstreckt und somit eine innerliche Dauer darstellt, welche sich durch den wiederholten Übergang von einer Gegenwart zu einer Zukunft verzeitlicht, während die andere sich in der Zeit erstreckt und eine gemessene und kadenzielle Zeitlichkeitsstruktur darstellt, welche die Dauer in der Äusserlichkeit erscheinen lässt und diese durch die Wiederholung ihrer Kadenz schafft. Die erste dieser Dauern kann sich daher ‹aussen› nur dadurch signifizieren, dass sie in der zweiten Gestalt gewinnt, und dieses Phänomen gibt uns den Schlüssel zum Problem der Zeit überhaupt in die Hand.

Die doppelte Zeitlichkeitsstruktur signifiziert jede melodische Struktur einerseits durch ihre Tonstruktur und andererseits durch ihre rhythmische Struktur. Der Mensch verknüpft seine Existenz buchstäblich mit der Zeitlichkeit unter diesen beiden Aspekten, und diese beiden Strukturen signifizieren sich nur gegenseitig – sie ergänzen sich.»

Nr. 39: *Der Puls:* Die metrische Zeit ist nämlich bloss eine Fiktion der universalen Zeit; denn unsere existenzielle Zeitlichkeit, die im besonderen Fall diejenige unserer psychischen Aktivität ist, gewinnt in unserem Körper auf dem Hintergrund unseres Pulsschlages Gestalt. Unser Puls ist die Uhr, die den Takt schlägt, nach dem sich unser Innenleben verzeitlicht. Er schlägt eine äussere Zeit, und er scheint ein Metrum zu schlagen. Zunächst einmal aber schlägt dieses Metrum einen *qualitativen und keinen quantitativen Takt.* Die Ärzte wissen, dass er sehr veränderlich ist, und bestimmen ihn mit qualitativen Bezeichnungen, wie stark, schwach, rasch, langsam, hart, weich, regelmässig, unregelmässig usw. Hier und in noch anderen Qualifikationen finden wir alle Charakteristika des musikalischen Taktes wieder. Vor allem aber ist der Takt, den der Puls schlägt, in den Arterien des Echo, die Überstruktur von zwei nicht gleichzeitigen Herzkadenzen, die durch ein gemeinsames Moment miteinander verzahnt sind; deshalb ist der Herzschlag im ganzen fünfzeitig. Dagegen ergeben – wegen einer leichten Verschiebung der Herzkammerkadenz gegen die Vorhofkadenz – die durch den Ablauf des Mechanismus erzeugten Herzgeräusche eine *dreizeitige* Kadenz ...

Ferner besteht bei der Signifikation einer jeden neuen Position eine leichte Verschiebung, eben die Zeit, in der sich die neue Positionalität signifiziert: Diese geringe Spanne ist das «Gelenk» der Kadenz, In unserem Fall zeigt sich diese Verschiebung bereits in dem Augenblick, in dem beide Organe zusammen in der Diastole sind*; es ergibt sich eine Pause, innerhalb deren die Muskelfasern keinen Reiz beantworten. Die Pause ist also wesentlicher Bestandteil der energetischen Struktur und signifiziert diese genauso wie das Geräusch. Wer Ohren hat, der höre: Man könnte sogar noch anfügen, dass die Pause von ungefähr 4/10 sec. im Herzrhythmus annähernd dem Zeitraum proportional ist, den wir innerhalb eines Tages dem Schlaf widmen. Der Rhythmus muss also atmen, mit einem Wort.*

Diese «Pause», die Zeichen einer «Ruhe» sein kann oder eine Zäsur, ist andererseits die Zeit, die zwischen dem Moment verstreicht, da eine Energie ausgelöst wird und dem, da sie sich entlädt. Das hat seinen Grund darin, dass die *Energie sich stets nur in der Kontingenz einer Substanz offenbart, und die Substanz ist «an sich» träge.*

Nr. 40: Horst Neumann: Auszüge aus seiner Dissertation: «Die religiöse Subkultur der Musik- und Discoszene».

«Die **körperlich geprägte Musik afrikanischer magisch beschwörender Tradition wirkt mittels der synkopenreichen Rhythmisierung in das ‹Zentrum des Unterbewussten› und weckt das ‹magische Bewusstsein›.** Die Gegenläufigkeit des synkopierenden Offbeat-Effektes erzeugt zudem einen physischen Spannungszustand, der sich im ekstatischen Tanz entlädt. Der Discotänzer partizipiert somit automatisch an ‹erlösendem›, kultischem Geschehen. Nach B. Larson , O. Markmann und aus anderer Sicht, auch P.M. Hamel wird **dabei die eigene Personalität als Folge magisch-kultischer Behaftung verlassen.** Das ist **aus christlicher Sicht als dämonisch zu bezeichnen.»**

Nr. 41 a: «Wahrnehmung». Eine Publikation von bdw & CHIP SPECIAL *«Gefühlskopplung.* Emrich führt Synästhesien darauf zurück, dass beim Menschen jeder Gedanke und jede Wahrnehmung – über das limbische System – mit einer mitlaufenden Gefühlsempfindung verkoppelt ist. Alles, was ins Bewusstsein dringt, wird in Echtzeit und über Kopplungsglieder in Gefühl, in affektive Erregung übersetzt.

Nr. 41 b: Auf der anderen Seite wird jede emotionale Anwandlung über entsprechende Querverbindung in Gedanken und sensorische Inhalte zurückübersetzt.»

Nr. 42: Günter Kleinen: «Zur Psychologie musikalischen Verhaltens». *Musik und Vegetativum.* ***«Akustische Gestalten sind nicht gefühlsneutral. Fast allen Gestalten, vor allem aber gerade den musikalischen Gestaltbildungen, wohnt ein Sinn inne über den eigentlichen Wahrnehmungsbereich ihrer Erscheinung und das rein Formale an ihnen hinaus*** (Wellek 1963, 196). Wellek spricht von einem ‹Moment der Bedeutung, in dem die Gestalten sich selbst transzendieren› (Wellek 1963). *Entsprechend ‹gibt es keine Gestalt, keine Form ohne Sinn und Bedeutung, und zu diesen Sinngehalten gehören notwendig die Gefühlsgehalte. Es gibt keine gefühlsleeren Erlebnisaugenblicke; soweit überhaupt etwas erlebt wird, so zum mindesten Gefühle oder allgemeinste Gestimmtheit. Und dementsprechend sind auch alle Gestalten und Formen mit Gefühlsgehalten verbunden.›* ... Entsprechend erscheinen die einzelnen Erlebnisinhalte, auch die Gestalten der Wahrnehmung, ‹niemals frei von gefühlsartigen Anmutungs- oder Ausdruckscharakteren› (Wellek 1963, 204). *Es besteht keine Veranlassung, diese Aussagen in Zweifel zu ziehen.»*

Nr. 43: Christian Strauss: «Musikalische Wirkungs-Forschung. Kausale Musiktherapie». «Dass durch Musik Emotionen evoziert werden können, ist durch die Forschungsergebnisse der sog. ‹Wirkungsforscher› (Harrer, Reinecke) erwiesen. ... Für eine sehr grosse Anzahl von Gefühlszuständen hat unsere Sprache überhaupt noch kein eigenes Wort. Was Lyriker in ihren Gedichten zum Ausdruck bringen, sind häufig Gefühle, die sich auf andere Art nicht schildern lassen; Stimmungen, die sich selbst in der Sprache des Dichters nicht voll erfassen lassen, kann der Musiker darstellen und hervorrufen – eine Ausdrucksart, die dem Wesen der Gefühle am besten entspricht ...»

Nr. 44: ... *Ebenso wird der Einfluss von Emotionen auf unser Handeln erklärbar, wenn wir uns verdeutlichen, dass auch unsere Interessen und Motivationen von gefühlsmässigen Anteilen durchsetzt sind. Diese übertreffen oftmals sogar die Rational-Anteile – was uns allerdings nicht immer bewusst sein dürfte, da die emotionalen Zuständlichkeiten sich weitgehend rationaler Kontrolle entziehen. Hierzu Rohracher: «Gefühle treten ohne Mitwirkung des Bewussteins auf. ... Sie entstehen autogen.»* [s. auch Nr. 41]

Zumeist werden wir neben unseren bewusst-rationalen Handlungs-Wegweisern durch subtilere Emotionen mitgesteuert, die in diesen bisherigen Ausführungen deshalb stets als «emotionale Befindlichkeit» apostrophiert wurden. Damit sind diejenigen Emotionen angesprochen, die in den tieferen Bereichen unserer Persönlichkeit verankert sind – in der Lersch'schen Terminologie der Person-Schichtung: die den tieferen Regionen des «endothymen Grundes» entstammenden Befindlichkeiten. *Sie entsprechen mehr Stimmungen als präzisen Gefühlen, sind vor allem an «Körpergefühle» gebunden – also besonders stark somatisierend und von daher sowohl Grundlage als auch Einschränkung unseres Handlungsspielraumes. Jeder hat sicherlich häufig die triviale Feststellung machen müssen, dass je nach Stimmung «die Welt heiter oder düster» wahrgenommen wird – unabhängig von den zugrunde liegenden Verhältnissen, oder dass Lebens- und Arbeitselan von der emotionalen Befindlichkeit abhängen, dass z.B. Missmut und Groll diesen Elan behindern, Wohlbehagen und Freude ihn stärken etc. und emotional bedingte Fixierungen, Widerstände oder Projektionen unser Bild von der Welt und den Menschen in starkem Masse mitprägen und am Zustandekommen subjektiver Urteile und subjektiven Verhaltens beteiligt sind.*

Kausale Musiktherapie geht von der Annahme aus, dass menschliches Verhalten nur sehr bedingt durch rationale Überlegungen gesteuert wird. Sie sucht deshalb die emotionalen Tiefenschichten der Person direkt zu beeinflussen mit dem Ziel, auf diese Weise die Grundlage für die Neuordnung der Person zu legen.

Nr. 45: Vladimir Karbusiky, Auszug aus «Grundriss der musikalischen Semantik» von (S. 64-65): Zeichenqualitäten: «Die **Klangfarben** in der Musik, die durch die Tongestaltung und Instrumentierung erreicht werden, spielen – wenn auch mehr ‹unbestimmt› – solche indexikale Register aus. ...

Musik entfaltet die in den Tiefenschichten des Bewusstseins chiffrierten Indizes in der Zeit, so dass wir ‹mitgerissen› werden. ... *Musik bewirkt Wandlungen in unseren seelischen Zuständen, deren wir uns oft nur schwer erwehren können,* Herder sprach von ‹gleichartigen Regungen›, die ‹jeder die Musik begleitende unwillkürliche Ausdruck unsrer Affekte zeigt›: ‹Das Leidenschaftliche in uns hebt sich und sinkt, es hüpft oder schleicht und schreitet langsam. Jetzt wird es zudringend – jetzt zurückweichend –, jetzt schwächer –, jetzt stärker gerührt; seine eigne Bewegung sein Tritt verändert sich mit jeder Modulation mit jedem treffenden Accent, geschweige mit einer veränderten Tonart. *Die Musik spielt in uns ein Clavichord,* ***das unsre eigne innigste Natur ist*** *...*›

Diese Energien mit wandelbaren Bewegungsakzenten werden in bestehenden Musiksystemen gestaltet, in stilisierte Formen eingebracht.»

Nr. 46: Hans-Helmut Decker-Voigt, in «Handbuch der Musiktherapie»: «Spielregeln bieten einen notwendigen Anhalt dafür, dass *seelische Bewegungen ausgespielt werden* bzw. sich ausspielen können. *Gestaltung des Seelischen ist die ‹Botschaft› des Mediums Musik. Selbst wenn Musik nicht bewusst* ***wahrgenommen*** *wird (Hintergrundsmusik) können vegetative Reaktionen beobachtet werden. Unbewusste Wahrnehmung kann sogar, insbesondere bei Musik mit affektivem Aufforderungscharakter zu gesteigerten vegetativen Ausschlägen führen.»*

Nr. 47: Helmut Rösing, Herbert Bruhn, Rolf Oerter, Hrsg. «Musikpsychologie, ein Handbuch in Schlüsselbegriffen», *Anwendungen und Ausblick – Gefühle einsetzen*: «Da Emotionen wesentlich über Verhalten und psychischen Gesamthaushalt bestimmen, können die *Emotionswirkungen von Musik prinzipiell überall dort eingesetzt werden, wo Verhalten oder psychische Zustände aufgebaut, stabilisiert oder verändert werden sollen. Die faktische Nutzung solcher Musikeffekte umfasst u.a. die Kanalisierung emotionaler Abläufe in bestimmten kollektiven, ritualisierten Situationen (z.B. Trauungen, Beerdigungen, Gottesdienste); die Beeinflussung von Käuferverhalten (Musik im Kaufhaus).»*

Nr. 48 a: Gerhard Harrer: «Das Musikerlebnis im Griff des naturwissenschaftlichen Experiments», *Sprache, Rhythmus und Musik:* «Musik und Sprache sind zwei verschiedene Formen menschlicher Kommunikation auf auditivem Wege. Hanslick versteht unter Musik ‹eine Sprache, die wir sprechen und verstehen, jedoch zu übersetzen nicht imstande sind.›» Mit Musik können wir keine abstrakten Gedankengänge darstellen, aber wir können mit ihrer Hilfe *Stimmungen vermitteln*. Auch die Sprache hat neben ihrem rationalen, semantischen, einen emotionellen Teil. Dies meint Nietzsche, wenn er ausführt: «Das Verständliche an der Sprache ist nicht das Wort selber, sondern Ton, Stärke, Modulation, Tempo, mit denen eine Reihe von Worten gesprochen wird – kurz, die Musik hinter diesen Worten, die Leidenschaft hinter dieser Musik, die Person hinter dieser Leidenschaft: alles das also, was nicht geschrieben werden kann.

Nr. 48 b: Bei der grossen Mehrzahl der Menschen dürfte sich die Musik zunächst in der Weise auswirken, dass es zu einer *Veränderung der Gestimmtheit und zu einer Veränderung der Klarheit der Bewusstseinslage kommt.*

Nr. 49: H. Helmut Decker-Voigt, «Handbuch für Musiktherapie»: «Die musikalischen Metaphern werden benutzt, um bestimmte Gefühle, Stimmungen und Verhaltensweisen auszudrücken bzw. scheint eine gehörte Musik diese auszudrücken. Dieser Aspekt hat besonders für therapeutische Zwecke Bedeutung, wo ja die Persönlichkeit des kranken Menschen im Vordergrund des Interesses steht.»

Musik kann seelische Bewegungen steuern: «Musikpsychologisch» gesehen ist es ein Vorteil, im Medium Musik von vornherein eine *umfassende seelische Modellproduktion vorzufinden.*

Mit Rückgriffen auf Produktionsmodelle in anderen Bereichen weist die Musikpsychologie darauf hin, dass die musikalischen Bewegungsabläufe allgemeinen unmittelbaren *seelischen Bewegungsabläufen entsprechen.*

Wenn sich Musik als Kunst der Variation, als «Kunst des Übergangs» (R. Wagner) erweist und die Analyse ganz unterschiedlicher Produktionsbereiche seelische Bewegungsabläufe in Übergängen (werk-)tätig zeigt, dann wird verständlich, wieso Musik ein so ausgezeichnetes *Medium des Seelischen ist.*

... psychologisch besehen sind Gefühle nicht die festumrissenen «Inhalte» oder «Zustände», für die sie oft gehalten werden, sondern sie sind Metaphern seelischer Bewegungen. Als Bewegungen, besser: als Bewegungsqualitäten treten Gefühle im Erlebensfluss hervor. Als Bewegungen entfalten sie sich, als Bewegungen werden sie verstanden. Als Bewegungen lassen sich Gefühle von musikalischen Bewegungen aufnehmen, vereinnahmen und weitertragen – so wie sie als Bewegungen musikalische Bewegungen aufgreifen.

Nr. 50: Bob Larson (Cleveland), ehemaliger Musiker und später an der medizinischen Erforschung von Rockmusikwirkungen beteiligt, sagte Folgendes: *«Die Vibrationen, erzeugt durch die tiefen Frequenzen der Bassgitarren, und der repetitive Beat verursachen einen eindrücklichen Effekt auf die Gehirnflüssigkeit. Durch diesen Einfluss findet unmittelbar eine Hormonausschüttung statt (das durch Hörstress ausgeschüttete Adrenalin wird in Adrenochrom umgewandelt, da es nicht in einer nützlichen Frist durch Enzyme im Körper abgebaut werden kann). Das Resultat ist ein Ungleichgewicht der Sexualhormone und ein radikaler Wechsel des Insulinstandes im Blut, so dass die Funktion moralischer Barrieren eingeschränkt wird oder ganz verloren geht.»* [Zitat aus (22)«Rock für Jesus?»]

Nr. 51 a: Roger Liebi, Zitate aus: «Rockmusik, Daten, Fakten, Hintergründe»:

«Das Adrenalin kann nicht mehr in einer nützlichen Frist durch Enzyme im Körper abgebaut werden und so wird es teilweise in Adrenochrom umgewandelt. Adrenonochrom ist jedoch nichts anders als eine psychedelische (bewusstseinsverändernde) Droge, wie LSD, Meskalin, STP, Psylocybin usw.! Es muss einen deshalb nicht wundern, wenn das Publikum an Rockkonzerten und in Discotheken ‹ausflippt›, ‹high› wird und die Selbstkontrolle verliert.

Durch den hypnotischen Effekt von Lichtorgeln, durch Genuss von Alkohol und anderen Drogen (auch in kleinen Mengen), durch die Ambiance und das starke Verlangen nach einer Flucht aus der Realität wird die Wirkung des Adrenochroms noch verstärkt. Adrenochrom ist an sich eine schwächere Droge als LSD, aber die Erfahrungen mit dieser körpereigenen Droge wecken das Verlangen nach noch intensiveren Rauscherlebnissen. Auch die chemische Molekularstruktur wird gezeigt mit: $C_9H_9O_3N$ = Adrenochrom; und $C_9H_{13}O_3N$ = Adrenalin. Es ist wohl eine Tatsache, dass der Rauscheffekt der Rockmusik auch auf eine erhöhte Bildung endorphiner (morphiumähnlicher) Substanzen im Gehirn zurückzuführen ist. Dieses Gebiet ist allerdings z. Zt. noch wenig erforscht.» *(Der bekannte Pharmakologe Prof. Dr. Dr. Dr. Wilder-Smith (83) beschreibt diese chemischen Vorgänge anschaulich in seinem Buch: «Der Mensch im Stress».*

Nr. 51 b: Das Phänomen «Hören».

«Wenn wir gesehen haben, wie schnell ein starker Stress über das Ohr entstehen kann, müssen wir noch folgende Tatsachen beachten: Die Hörzellen im menschlichen Gehörsystem reagieren schon auf Reizenergien, die rund zehnmillionenmal kleiner sind als die beim Berühren. Das Gehör ist also ungleich sensibler als der Tastsinn. Und – es ist stärker mit Gefühlen verknüpft als das Sehen, neurophysiologisch deswegen, weil zwischen dem Ohr und einer Art Gefühlszentrum im Gehirn (dem sogenannten Lymbischen System) direkte Verbindungen bestehen. An dieser Schaltstelle zwischen Körper und Seele, zwischen Bewusstem und Unbewusstem, entscheidet sich auch der Effekt von Melodie und Rhythmus einer Musik.

Nr. 51 c: ‹Monotonie und Passivität des Geistes›.

Da die Rockmusik (meistens) auf einem durchschlagenden, harten Beat und auf Wiederholung beruht, kann man sie als monotone Musik bezeichnen. Man schaltet dadurch ab. Durch das viele Hören dieser Musik wird die Fähigkeit dieses Abschaltens geschult. Mit der Zeit braucht es immer weniger, um diese Passivität zu erreichen. Hierin liegt eine allzu oft übersehene Gefahr! Im Okkultismus ist die Passivität des Geistes eines der wichtigsten Mittel, um mit der dämonischen Welt in Verbindung zu treten (vgl. z.B. Yoga, Transzendentale Meditation, Autogenes Training, Drogenmissbrauch usw.).

Nach einem Vortrag über Rockmusik bestätigte mir ein Student, der früher LSD nahm, dass ihm das Hören von Rockmusik im Rauschzustand die Drogenwirkung verstärkte. Hingegen habe ihm das Anhören klassischer Musik die Drogenwirkung gedämpft. Dies ist verständlich, weil die klassische Musik (durch ihre strukturelle Vielfalt und Abwechslung) den Geist aktiviert. Die Rockmusik hingegen führt den Geist durch ihre Monotonie zum Abschalten.»

Nr. 52: Christiaan Huygens, Physiker und Mathematiker, gestorben 1695, beschreibt in seinem Buch «Die Pendeluhr» («Horologium oscillatorium») das *Gesetz des Einpendelns*. Dieses Gesetz, welches fundamentale Bedeutung für das Universum hat, wurde erstmals im Jahre 1665 von dem holländischen Wissenschaftler Christiaan Huygens entdeckt. Er stellte fest, dass zwei nebeneinanderstehende oder liegende Uhren innerhalb kürzester Zeit in vollkommener Übereinstimmung laufen. *Einpendeln.* Wenn die Quellen zweier, einander ähnlicher Rhythmen sich in unmittelbarer räumlicher Nähe zueinander befinden, werden sie sich immer aufeinander einpendeln. Warum? Die beste Theorie hierzu ist die, dass die Natur nach Kriterien der Effektivität funktioniert und es weniger Energie kostet, im Einklang zu pulsieren als in gegenläufigem Rhythmus.

Nr. 53 a: «Musikpsychologie, ein Handbuch in Schlüsselbegriffen», (Hrsg.: Bruhn, Oerter, Rösing): «Grundsätzlich ist davon auszugehen, dass laute Geräusche (Schreien, Brüllen, Donner etc.) in frühen Kulturen eine Flucht oder Kampfbereitschaft hervorriefen; dies ist bedingt durch die Ausschüttung der Stresshormone Adrenalin und Noradrenalin (vgl. Vester 1975). Beim Anhören lauter Musik findet nun zwar ebenfalls diese Ausschüttung statt – der Körper stellt sich auch auf Kampf ein; es findet aber nun keine – natürlich vorgesehene – Aktivität (Kampf oder Flucht) statt, die Ausschüttung abbaut (Mark 1977, 7). Wie bereits geschildert, sind erhöhter Stress, Nervenstörungen bzw. Gefässverkalkung die Folgen des nichterfolgenden adäquaten Abbaus. Die Aggressionsexzesse wie Zertrümmerung des Inventars und Fluchtaktionen in der Form reihenweiser Ohnmachtsanfälle bei Rock-Konzerten finden damit eine Erklärung ...

Nr. 53 b: ... es wird (beim Musikhören) der bequeme ‹apersonale› Weg gesucht. Durch ständig steigende Reize (immer mehr u. immer lautere Musik – in der Tat wirkt hier ‹Musik als Droge›) wird versucht, dieses Bedürfnis zu befriedigen. Häufig gelingt es allerdings nicht, den Gefühlen noch den verhältnismässig harmlosen musikalischen Kanal zu verschaffen, bzw. irgendwann wird erkannt, dass auch die lauteste Musik nicht ausreicht. Der weitere Versuch, sich die Befriedigung auf dem Gebiet des Alkohols bzw. der Drogen zu verschaffen, ist dann fast vorauszusehen.»

Nr. 54 a: Seite 426: über «Rhythmus und Trance»

Beim Einstieg in die Trance fühlt das Individuum meist einen qualitativen Sprung in der Funktionsweise seines Verstandes, *verbunden und ausgelöst durch ein* ***gestörtes Zeitgefühl***, durch Kontrollverlust und Wechsel der Körperempfindung, durch das Unvermögen, diesen qualitativen Sprung auszudrücken.

... führt zu EEG-Veränderungen, zu Adrenalin- und Blutzucker-Reaktionen und erzeugt Schwindelgefühle durch schnelle rhythmische Stimulierung in mehr als einem Sinnesmodus. ...

Allgemein wird die Beschleunigung (accelerando) oder Steigerung (crescendo) eines lange Zeit wiederholten Rhythmus als Trance-auslösend angesehen (Simon 1970; Rouget 1980, 127ff.). Dauer (1970) beschreibt die musikalischen Charakteristika, die einen ekstatischen Erregungszustand induzieren, folgendermassen: Offbeat, swing, blue notes und dirty tones, unablässige Melodie-Wiederholungen, glossolalistische Ausdrucksmittel (scat singing) und das Beschleunigungsmoment des beat, shakers, holy rollers (heiliges Tanzen). Er betont die spezielle Stimmgebung (gepresste, plärrende Klangfarbe) beim shouting (Ausrufe) des Priesters, die auf das spastische Zusammenziehen der Glottis zurückzuführen ist.

Nr. 54 b: Weniger bekannt, aber ebenso häufig, ist der trance-induzierende Rhythmus sogar *besonders starr im Tempo*. Das zeigen eine in Arbeit befindliche Untersuchung über den ägyptischen Zar (Frauenheilungsritual bei Besessenheit) ebenso wie afrikanische (Nketia 1957) und andere Beispiele (darauf verweisen Kartomi 1973 für Java; Canacakis-Canás 1977 für die griechischen Feuertänzer und Rouget 1980, 257ff. für die Tarantella). Schon Graf (1980) hatte die Auslöse-Wirkung des regelmässigen Rhythmus betont, wobei kleine bis kleinste Umbetonungen oder Verschiebungen der Zeitproportion innerhalb des starren Zyklus registriert werden (Luban-Plozza 1981). Dies lässt sich auch mit der konzentrierten Bewusstseinsverengung auf einen kleinen Aussenweltausschnitt erklären. Einzelne Klangmerkmale werden an unterschiedlichen Stellen des Gehirns getrennt verarbeitet (Sinz 1978, 128ff.). Graf hat festgehalten, dass ein relativ starker Anstieg der Lautstärke tiefer Frequenzen ein damit verbundenes Gefühl des Berührtwerdens auslöst. Diese Ausdrucksmittel führen zu unwillkürlichen Begleitbewegungen (in der Folge zum Tanz), was insbesondere in der Heilmusik ausgenützt wird. Leider wird die Bedeutung dieser transitorischen Vorgänge, die keine bewussten Parameter der Musik bilden, bei Rhythmusuntersuchungen immer wieder vernachlässigt. Die Wiederholung von Zeitgestalten kann zwar zur Ekstase führen, doch sind die Akzente mindestens ebenso wichtig (Graf 1980).

Nr. 55 a: Gerhard Harrer, Herausgeber von «Das Musikerlebnis im Griff des naturwissenschaftlichen Experiments». Auszug aus dem Kapitel über die Auswirkung rhythmischer Elemente auf vegetative Funktionen.

Zusammenfassende Bemerkungen von Christl Frank: «In diesem Beitrag wird – nach kurzer Darstellung biologischer Grundlagen von Wahrnehmung und Erleben – eine Untersuchung über den Einfluss von Rhythmen auf das Vegetativum geschildert. Sie ergab ein Überwiegen der Koppelung zwischen Puls- und/oder Atemrhythmus und rhythmischen Trommelschlägen im Sinne einer Gleichzeitigkeit zwischen dem Höhepunkt der Trommelwirbelsteigerung und dem Frequenzmaximum der biologischen Parameter. Der Höreindruck wurde mit einem Polaritätenprofil erfasst. Bei aller Einschränkung hinsichtlich der Übertragbarkeit oder gar einer Aussage über die Möglichkeiten externer rhythmischer Regulierung ist das aufgetretene Phänomen der Koppelung von externen und biologischen Rhythmen bemerkenswert» *(siehe entsprechende Darstellung in Bild 2a, 2b u. 5).*

Nr. 55 b: ... Bekanntlich ist es zum Beispiel nur sehr schwer möglich, die physikalisch völlig gleichen Geräusche beim Ticken einer Pendeluhr als gleich zu empfinden. Vielmehr entwickelt sich in uns das Bestreben zur Akzentuierung eines Geräusches. ... Unabhängig davon werden bei länger dauernder Darbietung objektiv gleichbleibender Clicks fast stets einige davon als leiser, andere als lauter empfunden. Registriert man mit Hilfe besonderer technischer Kunstgriffe die durch den Reiz hervorgerufenen spezifischen elektrischen Hirnpotentiale, so zeigt sich, dass die Amplituden bei jenen Signalen, die subjektiv als leise empfunden werden, eindeutig kleiner sind als die Amplituden der evozierten Potentiale bei jenen Clicks, die subjektiv als lauter empfunden wurden (Guttmann). Auf diese Weise lässt sich die veränderte subjektive Wahrnehmung auch objektiv erfassen.

Nr. 55 c: aus «Musikpsychologie, ein Handbuch in Schlüsselbegriffen»: «Ein gleichmässiger Puls (z.B. Uhrticken) ohne wirkliche Akzentuierung führt zu einer Gruppierung (2,3,4 Schläge) in der Wahrnehmung». Wertheim (1977. S. 293) schliesst deshalb auf eine Tendenz des retikulären Systems (spezielle Gehirnregion) zur Musterbildung.

Nr. 55 d: Ernst Kurth: «Musikpsychologie» (S. 304 ff.): «... Jedenfalls strebt die Stossbetonung aus blosser Taktrhythmik hinaus zu einem synthetischen rhythmischen Aufbau, der wieder die einzelnen Takte selbst als Einheiten gruppiert. Das Gefühl von Spannung und Entspannung konzentriert sich stark (aber nie ausschliesslich!) auf die Wechselwirkung von einer ansetzenden und einer gleichlangen ‹abgerundeten› Taktgruppe ... wesentlich(er), *dass bei gleichmässigen Akzenten, sei es von Schritten oder Arbeitsbewegungen (Pochen, Schwingen usw.) auch schon eine* ***geistige*** *Gliederung ansetzt; sie hört Unterschiede hinein, wie man schon am berühmten Beispiel des Uhrpendels erkennt: real sind seine Schläge gleich stark, im Hören aber legt man einen Rhythmus, einen eingebildeten Betonungswechsel hinein.»* (Weitere Literaturhinweise: Karl Bücher: «Arbeit und

Rhythmus», Leipzig 1899, mit dem Hinweis: Nach Versuchen von Wundt hören Versuchspersonen jene Rhythmen in die Schläge eines Taktierapparats hinein, die in den ihnen geläufigen Sprachformen vorherrschen.)

Nr. 56 a: John C. Eccles, Auszüge aus «Das Gehirn des Menschen» von (S.150): «Eine Zelle, die allein feuert, ist wirkungslos. Die experimentelle Erforschung der motorischen Rindenstimulation lässt vermuten, dass bis zu hundert Pyramidenzellen Impulse feuern müssen, um eine Bewegung hervorzurufen. *Es muss Konvergenz vieler Pyramidenbahnfasern auf die Motoneurone vorhanden sein, um sie zu veranlassen, Impulse an den Muskel abzugeben.» (Anmerkung dazu: Im Gehörnervensystem existieren sehr viele Hör-Nervenfasern, deren einzelne jeweils nur auf eine bestimmte Tonfrequenz reagieren.[83] Bei mehrstimmiger Musik und beim hörmässigen Erkennen von Klangfarben müssen aber gleichzeitig mit den mehrstimmigen Akkordbildungen auch die einzelnen Frequenzen der jeweiligen Obertonstrukturen zusätzlich aufgenommen werden. Dadurch kommen um so mehr Hörnervenfasern in Aktion und müssen die vielen Tonschwingen in entsprechende elektrische Impulse umwandeln, die nun an die Hirnrindenfelder und weiteren synaptischen Schaltstellen zum vegetativen Nervensystem usw. weitergeleitet werden. Bei den normalen harmonikal ausgerichteten Klangfarben kommen aber sehr viel weniger Obertöne zum Klingen als bei der sehr lauten unharmonischen Obertonstruktur von Trommeln. Es müssen demnach bei jedem Trommelschlag entsprechend viel mehr Hör-Nervenfasern gleichzeitig in Aktion treten mit entsprechenden taktrhythmischen elektrischen Impulsmustern. Aus diesem Prinzip nervlichen Verhaltens wird erklärlicher, dass auf diese Weise das Hör-Nervensystem auch gerade durch die bei Rockmusik besonders lautstarken durchgehend gebrauchten Trommelschläge sehr überlastet werden kann. Die Ausschüttung von Stresshormonen sowie die übrigen schon genannten vegetativen Veränderungen im Hörer resultieren sicherlich aus dieser Überbelastung des Nervensystems. Nach den Feststellungen Eccles, wonach Muskelbewegungen erst dann zustande kommen, wenn viele Nerven gleichzeitig ihre Impulse abfeuern, könnten auch die immer wieder zu beobachtenden körperbewegenden Stimulanzien bei Rockmusikhörern zum Takt der lauten Trommeln bzw. lauten obertonverzerrten Bassgitarren ihre zusätzliche Erklärung finden.»*

Nr. 56 b: Die andere funktionelle Bedeutung der Säulenanordnung kann bei Betrachtung der übrigen Interneurone in der Säule beurteilt werden. Einige sind exzitatorisch, so dass alle Arten von exzitatorischen Regelkreisen ***mittels selbst-wieder-erregender Schleifen aktiviert*** *werden und* ***somit über einen positiven Feedback eine starke Erregung in der Säule erzeugen.***

Nr. 56 c: Es ist ein allgemeines Arbeitsprinzip des Nervensystems, dass Zellgruppen, wenn sie aktiviert werden, versuchen, ihre Wirksamkeit durch Hemmung der anderen Gruppen in der Umgebung zu erhöhen. Aber natürlich handeln diese anderen Gruppen ebenso. Es kommt zu einer reziproken Hemmung mit einem ständigen Kampf um Vorherrschaft. Als Ergebnis stellt die zu einem bestimmten Zeitpunkt ablaufende Bewegung eine integrierte Antwort dar, und das ist *diejenige, die durch die am stärksten erregten Bahnen bewirkt wird. (Anmerkung: Es dürfte* *verständlich sein, dass beim Hören der lautstarken und sich ständig fortlaufend wiederholenden Beats von Rockmusikstrukturen diese Hör-Impulse stets die am stärksten erregten Bahnen der neuronaler Zellgruppen verursachen werden.)*

Nr. 57 a: Eine Publikation von «CHIP SPECIAL», «Wahrnehmung»:

«Auf der Zeitachse repräsentieren Gefühle die Vergangenheit; Emotionen sind quasi die Sedimente der stammesgeschichtlichen Erfahrung, welche urtümliche, für das Überleben und Wohlergehen wichtige Bewertungen – zum Beispiel angenehm oder unangenehm einfliessen lassen. Aber *Musik ist stets auch mit dem entgegengesetzten Pol der Chronologie, nämlich mit der Vorausschau auf zukünftige Ereignisse involviert,* unterstreicht Zatorre. Ein musikalischer Eindruck bildet sich immer erst über definierte zeitliche Perioden hinweg, und um ihn zu entschlüsseln, *muss man stets Assoziationen zu vorherigen und zukünftigen, nur in der Erwartung existierenden Eindrücken herstellen. Es bedarf also eines Arbeitsspeichers, eines Puffers, der akustische Ereignisse vorübergehend festhält und zwölf Sekunden später erneut hervorkramt, um sie mit einem aktuellen Eindruck zu einer musikalischen Gestalt zu verbinden.* Je nachdem, worauf man sich gerade konzentriert, kann der Puffer zum Beispiel Leitmotive, Klangfarben und Instrumente aufbewahren.

Nr. 57 b: Mit der gleichen Effizienz werden dort anscheinend musikalische Elemente gepuffert, folgert Zatorre aus seinen PET-Bildern. Denn während der Darbietung musikalischer Vorgaben waren frontal immer wieder Zonen gesteigerter Aktivität zu sehen. Mit dem Rückgriff auf den Arbeitsspeicher lässt sich vermutlich auch erklären, was den besonderen Reiz der Musik ausmacht, meint Bharucha: die Überraschung.

Nr. 57 c: *Das Gehirn gewöhnt sich nämlich an die Muster der musikalischen Kompositionen, die in seinem kulturellen Kontext vorherrschend sind. Bestimmte Erregungsschaltkreise entwickeln zum Beispiel Erwartungen und Vorhersagen darüber, wie typische Sequenzen von Rock 'n' Roll, Mozart oder wie Riffs auf der Sitar beschaffen sind. So hört das Neuronen-Kuratorium etwa zehn Noten einer Melodie, und schon leitet es die elfte aus seinem Erfahrungsschatz ab.*

Nr. 57 d: *Wenn der Stimulus mit der Erwartung übereinstimmt, werden die synaptischen Kontakte zwischen den beteiligten Muster-Detektoren weiter intensiviert.* Eine Note, die leicht von der Vorhersage abweicht, lässt entweder einen schrägen oder ästhetisch ansprechenden Eindruck zurück.»

(Eigene Anmerkung: Dies hängt z.B. auch davon ab, ob die «Musterdetektoren» der taktrhythmischen Reizreaktionsmuster von Popmusik im neuronalen Hörgedächtnis als feste Erwartungshaltungen schon genügend vorgeprägt wurden durch vorangegangene Hörgewohnheiten!)

Nr. 58: Heinz Buddemeier – Jürgen Strube: «Die unhörbare Suggestion», *«Über Eigenschaften der Musik und ihre Wirkungen»:* «Wird als weiteres Element alles Musikalischen die Harmonie betrachtet, so trifft man auch hier auf Reduktion und Wiederholung. Oberkogler schreibt dazu: ‹Weit gesponnene harmonische Entwicklungsprozesse im Musikalischen, die immer mit grossatmigen Melodiebögen verbunden sind, wirken bewusstseinerweckend, weil sie nur mit wacher Ich-Kraft verfolgt und verstanden werden können. Die monotonen harmonischen Patternbildungen (pattern = Muster, Modell) in ihrem Ostinato (stetig wiederkehrende Tonfigur), verbunden mit den endlosen Riffs, dem unablässigen Wiederholen einer melodischen Phrase, wirken dagegen bewusstseinslähmend. Und darum geht es! Ein hoher erkenntnismässiger Verarbeitungsanspruch würde sich dem angestrebten Rauschzustand widersetzen, da er die Vernunft weckt. Wo aber Ich-Verlust eintritt, ist jedes wahre Freiheitserlebnis unmöglich geworden. ...»

Nr. 59 a: Ebenfalls aus «Die unhörbare Suggestion»:

«Zu der Lautstärke, die immerhin den Vorteil hat, dass sie bemerkt wird und dann ja möglicherweise abstösst, kommen andere akustische Mittel, die jedoch ausserhalb des Hörbarkeitsbereichs liegen. Da sind zum einen die Bässe im Infraschallbereich. In einer Untersuchung von Felix Zimmermann heisst es:

‹Die Pop-Musik arbeitet mit *extrem tiefen Frequenzen* bis zu 14 Hz, welche unter der Hörgrenze von ca. 30 Hz liegen. Der Hörer wird in seinen Eingeweiden geschüttelt, in seinen Leib versenkt und gefesselt. Testpersonen haben gezeigt, dass der Beat, gepaart mit den starken Basstönen, bei sehr hoher Lautstärke den Leib so stark ergreift, dass ein sexueller Orgasmus stattfinden kann. Der Insulinspiegel sinkt drastisch ab. Folge davon ist ein Willenszusammenbruch und der Fall aller moralischer Schranken.›»

Nr. 59 b: «In der Pop-Musik werden, durch den Computer gesteuert, **Ultraschallfrequenzen in den Sound gemischt,** welche über der Hörgrenze des Menschen liegen (17-29 Khz). Dies zeigte bei Testpersonen Reaktionen, welche mit denen von Morphium-Spritzen vergleichbar sind. Es ruft ein gewisses Wohlbefinden sowie Überwachheit hervor, führt aber zum Verlust der Leibeskontrolle.» [siehe auch Nr. 64]

Zu den akustischen Mitteln kommt häufig noch die Beeinflussung durch Lichtwirkungen, wobei mit Stroboskop-Licht (in schneller Folge blitzende Lampen) gearbeitet wird. Die Wirkungen reichen, je nach der Kürze der verwendeten Lichtblitze, vom Verlust des Tiefensehens bis zum Verlust der Selbstkontrolle.

Nr. 60: H.-J. Flechtner: «Das Gedächtnis», unter Berufung auf John C. Eccles: «Das Gehirn des Menschen».

«Damit eine Nervenzelle in Erregung gerät ... *müssen Erregungen von mehreren Seiten eintreffen,* und es kommt zu einer **Summation ihrer Wirkungen** (nicht der Erregungen selbst auf die Nervenzelle).

Entsprechend gibt es auch eine *zeitliche Summation,* wenn eine zweite Erregung zeitig genug einläuft. Der Abstand der beiden Reize, die zeitlich summiert werden können, beträgt etwa 5 msec.»

... Bei Eccles lesen wir z.B.: «Gleiche Arten von Neuronen sind organisatorisch zusammengeschlossen, die empfangen alles in allem die gleichen

Arten von Nachrichten und übertragen die gleiche Art codierten Outputs auf andere Neuronenaufhäufungen.» [S. auch Nr. 56 c]

Nr. 61 a: «Handbuch für Schlüsselbegriffe der Musikpsychologie», *Musik und veränderte Bewusstseinszustände:*

«Im Schamanismus findet man vor allem die *Epilepsie-ähnliche Trance:* Maler berichtet von einem kataleptischen Zustand mit Hecheln, Röcheln, Stöhnen, weit aufgerissenen Augen und Schaum an den Lippen (1977, 35). Closs (1971, 8) erwähnt (neben der Glossolalie, dem Zungenreden) konvulsische Zuckungen und Sich-auf-die-Erde-Werfen bei den *Rusalien* (Balkan) und Raserei, Zuckungen, Schreie bei den prophetischen rumänischen Incantatores und Incantatrices. Goodman (nach Oll 1981, 149) konnte in nachgestellten Tranceversuchen (Induktion durch Körperhaltung und Rassel-Rhythmus) folgende Beobachtungen und Wirkungen erzielen: nach der Einleitung traten zuerst Muskelkrämpfe im Unterleib auf, in der Ruhepause kam es zu Erlebnissen von leuchtender Energie, zu Spannungsentladung mit Austritt eines Doppelgängers und zu einem Gefühl der Abhebung vom Boden. Wichtig ist die Stimmgebung für die Auslösung von Trance oder beim autogenen Training: der deutliche Wechsel zwischen Kraftstimme (beim Leiter der Sitzung) und Schonstimme (Trojan 1968). Bei den Schamanen wird die Schonstimme eingesetzt, wenn sie mit den Geistern sprechen (Eliade 1954, 245). Auch bei den Feuertänzern in Griechenland wurde dies beobachtet (Canacakis-Canàs, 1977).

Nr. 61 b: Auffällig scheint auch ein *modulierender hochfrequenter Klanganteil* zu sein, wie er einerseits durch Metall-Idiophone (Schellen, Becken) oder Rasseln (z.B. im Voodoo: Huxley 1977, 36f), aber auch durch zischende, sirrende, summende Geräusche des Vokaltrakts erzeugt wird (Kartomi 1973, Maler 1977), Idiophone (Rasseln, Glocken, Schellen), vielfach aus Metall, finden sich in den meisten Kulturen neben den Trommeln: Tamburin, Eisenplatten, Glöckchen bei altaischen und burjätischen Schamanen (Eliade 1954), bei nord- und südamerikanischen Schamanen (ebenda), sowie in Ceylon, Südasien und China (Kartomi 1973) und Afrika (Maler 1977, Johnston 1977).»

Nr. 62 a: Ebenfalls aus «Handbuch für Schlüsselbegriffe der Musikpsychologie»:

Rhythmus-Wirkung*: Beziehung zwischen externen und biologischen Rhythmen:*

«Die Anfänge des Rhythmuserlebens sieht Salk in der prägenden Kraft des pränatal erfahrenen Doppelrhythmus des mütterlichen Herzens. Die 1960 vom Autor durchgeführten Untersuchungen zeigten die beruhigende Auswirkung eines über Tonband zu Gehör gebrachten mütterlichen Herzschlages (72/min) auf Neugeborene. Dagegen schrieen wesentlich mehr Säuglinge in den Kontrollgruppen, die Galopprhythmen oder einem Herzschlag von 128/min ausgesetzt waren oder von keinem externen Herzschlaggeräusch begleitet wurden (Salk, 1960).

Betrachten wir nun die Auswirkung des Rhythmus auf vegetative, willentlicher Steuerung entzogene Regulationsvorgänge wie Herztätigkeit (und damit Pulsfrequenz), Blutdruck, Duchblutung (Kontraktion oder Dilatation der Blutgefässe), Atmung usw. (sie ist nur in Grenzen willentlich beeinflussbar), so gewinnt eine

Frage ganz besonderes Interesse: Inwieweit können durch externe, akustisch vermittelte Rhythmen periodische Funktionsabläufe, innere biologische Rhythmen (wie Herztätigkeit und Atemrhythmus) beeinflusst werden?

Nr. 62 b: Im Bereich hirnelektrischer Aktivität ist das sogenannte photic driving bekannt: Zu- oder abnehmende Frequenz von Lichtblitzen wirkt sich auf den Alpha-Rhythmus (8-13 Hertz) beschleunigend oder verlangsamend aus.

Nr. 62 c: Wie van Holst in zahlreichen Versuchen bei Fischen, Säugetieren und auch im Humanbereich nachgewiesen hat, zeigt die Beeinflussung eines Rhythmus durch einen anderen - der Koppelungsvorgang zwischen dominierendem, attraktivem und mitgezogenem, attrahiertem Rhythmus - verschiedenste Formen und Ausprägungsgrade (ganz abgesehen von der Möglichkeit gegenseitiger Überlagerung zweier oder mehrerer biologischer Rhythmen).

Ist das Beharrungsvermögen des beeinflussten Rhythmus, das Festhalten an der Eigenfrequenz, so gering, dass er sich dem dominierenden völlig angleicht, besteht nach van Holst absolute Koordination: Das Frequenzverhältnis der Schwingungsvorgänge beträgt 1:1, und es besteht strenge Phasenrelation. (Der zeitliche Abstand zwischen entsprechenden Umkehrpunkten des, in Bezug auf das Kurvenbild ‹oberen› und ‹unteren› Schwingungsablaufes bleibt konstant.) Treten andere Frequenzbeziehungen, z.B. das Verhältnis 1:2 oder 2:3, auf und weichen die Periodenformen des abhängigen Rhythmus von ihrem zuvor (unter völliger Abhängigkeit oder andererseits gänzlicher Unabhängigkeit) so gleichmässigen Ablauf ab, haben wir es mit relativer Koordination zu tun. Anstelle von beständiger Synchronizität zeigt sich eine gleitende Verschiebung.

Nr. 62 d: Die auf die Frequenz wirkende Kraft bezeichnet der Autor als Magnet-Effekt (M-Effekt). Die Überlagerung einer Amplitude entsteht hingegen durch Superposition. M-Effekt und Superposititon treten meist gemeinsam auf. Um die Parallelität des ‹Magnet-Effekts› zwischen Flackerlicht und Alpha-Wellen einerseits und akustischem und biologischem Rhythmus andererseits zum Ausdruck zu bringen, könnte man analog zum *Photic Driving* von einem *Acustic Driving* sprechen. Diese Begriffsübertragung ist medizinisch jedoch nicht ganz einwandfrei. So werden wir das ‹Einfangen› (van Holst) des abhängigen Rhythmus hinfort als Koppelung bezeichnen (S. Literatur: van Holst: ‹Der Magneteffekt als koordinierendes Prinzip im Rückenmark›, erschienen in Pflügers Archiv für Physiologie, 1936).

Dieses Koppelungsphänomen, ausgelöst durch verschiedene externe Rhythmen, hat sich bei Untersuchungen durch G. und H. Harrer immer wieder eindrucksvoll gezeigt.» (34)

Nr. 62 e: Gerhard Harrer: Einfluss rhythmischer akustischer Reize auf autonome Funktionen (Puls, Atmung), «Das Musikerlebnis im Griff naturwissenschaftlichen Experiments»: «Kneutgen zeigte, dass sich durch einfache *gleichförmige Reize Stimmungsänderungen und gleichzeitig damit Beeinflussungen der Frequenzen physiologischer Vorgänge erzielen lassen.* Ein Fisch hörte Metronomschläge, die über Kopfhörer in sein Becken gelangten. Seine Atmung (Kiemenbewegung) passte sich zwischen 41 und 82 Stössen pro Minute den Metronomfrequenzen an. Bei anderen Metronom-Frequenzen kam es zum Beispiel zu einer 2:3-Synchronisation. Manche Fische verfügen über einen stark ausgeprägten Farbwechsel. Deshalb liess sich die durch die Metronomschläge über die Atmungsfrequenz veränderte Stimmung an den Färb- und Färbungsmusteränderungen gut ablesen: mit steigender Metronom- und Atmungsgeschwindigkeit von der Ruhe- zur Schreckfärbung. Ein Vogel richtete nicht nur seine Atmungsfrequenz nach den Metronom-Geschwindigkeiten, er sang auch im Tempo des Metronoms. Bei einem anderen Vogel passte sich das Hüpfen von Käfigstange zu Käfigstange zwischen 80 und 120 Bewegungen pro Minute dem Metronom an. Ein gefangenes Eichhörnchen hüpfte im Käfig mit 92 bis zu 144 Sprüngen pro Minute im Takt des Metronoms. – In anderen Versuchen spielte Kneutgen Menschen ein argentinisches Wiegenlied einerseits und einen Jazz-Schlagzeugrhythmus andererseits vor. Während unter der Einwirkung des Wiegenliedes Herz- und Atemfrequenz absanken, stieg die Frequenz von Puls und Atmung unter dem Jazz-Rhythmus sprunghaft an.

In umfangreichen Untersuchungen konnten wir nachweisen, dass Atembewegungen und Atemfrequenz beim Anhören verschiedener Musikstücke in Abhängigkeit von der dargebotenen Musik charakteristische Veränderungen erfahren ...

Nr. 62 f: ... Unter Musikeinfluss auftretende Veränderungen der Herzfunktion, vor allem Arrhythmien, Extrasystolen und Tachykardien hingegen werden vielfach subjektiv wahrgenommen, vor allem dann, wenn die Musik abgelehnt wird, d.h. die gestörte Herztätigkeit Ausdruck eines durch die Musik herbeigeführten subjektiven Unbehagens ist. Bei einigen Versuchspersonen konnten wir durch das Vorspielen bestimmter von ihnen abgelehnter Musikstücke das Auftreten von Extrasystolen regelmässig provozieren. Dabei zeigte sich ein deutlicher Feedback-Mechanismus, sobald die Extrasystolen subjektiv wahrgenommen wurden. Dieser liess sich experimentell noch weiter verstärken, indem die Herztöne über einen Lautsprecher für die Versuchsperson hörbar gemacht wurden. Reiz und Reizantwort werden dann als gemeinsamer Komplex erlebnismässig verarbeitet. Solche Rückkoppelungsmechanismen mit Aufschaukelungswirkung auf die Affekte sind sicher auch beim Musikerleben nicht selten von Bedeutung.»

Nr. 63 a: Tagblatt – Steinlach-Bote vom 16.7.97/Dirk Hülser: «*Epilepsie durch Disco*»: «Stroboskopblitze in Diskotheken können Epilepsie auslösen. Bisher gingen Ärzte davon aus, das Lichtgewitter rufe lediglich bei Epileptikern Anfälle hervor. Jetzt ist klar: Es kann weit mehr treffen.»

Göppingen: «Der Göppinger Chefarzt und Tübinger Professor Friedrich Schumm hat in jüngster Zeit vier Fälle behandelt, die sich gleichen. Die jungen Frauen, zwischen 17 und 22 Jahre alt, seien kerngesund gewesen. Nach Dauerlichtblitzen in Diskotheken und auf einem Stadtfest spielten ihre Gehirne nicht mehr mit, sie erlitten epileptische Anfälle.»

Nr. 63 b: Interessanterweise steht auch in dem Buch «Musik und Psyche – Hören mit der Seele» von Autoren Borris Luban-Plozza, Mario Delli Ponti, Hans H. Dickhaut (S.107) Folgendes: «*Klangbilder, Vibrationen oder das Flimmern auf der*

Kinoleinwand – etwa im Alpha-Rhythmus der elektrischen Hirnströme – können in seltenen Fällen zu ‹hysterischen› oder gar zu epileptischen Anfällen führen ...»

Nr. 64: Kurt E. Koch: (Ergänzungsband zum Buch: «Seelsorge und Okkultismus»): «... Dazu gehört der Rhythmus, auch Beat genannt, der sich der Bewegung der sexuellen Beziehung entsprechend entwickelt. Man hat plötzlich das Gefühl, in Raserei geraten zu sein. Daher gibt es auch oft daraus hervorgehende Fälle von Hysterie, da man durch den Beat den sexuellen Instinkt auf einen höheren Grad bringt. Dazu wird eine Lautstärke bewusst sieben Dezibel oberhalb der Toleranzgrenze des Nervensystems gewählt. Das ist genau berechnet: Wenn die jungen Menschen dieser Musik eine gewisse Zeit ausgesetzt sind, entsteht eine Art von Depression, Empörung und Angriffslust. Sie wissen nicht warum, sie meinen, im Grunde nichts anderes getan zu haben, als Musik zu hören. Durch Erregung des Nervensystems ist es zu diesem Ergebnis gekommen, das heisst eine Verwirrung, die Leute drängt, den Beat, den sie den ganzen Abend gehört haben, zu verwirklichen. Hinzu kommen unterschwellige Signale. Es handelt sich um sehr hohe Signale oberhalb der Hörgrenze. Es ist eine Harmonie der Ordnung von 30 000 Schwingungen pro Sekunde. Die Zuhörer können es mit ihren Ohren nicht vernehmen, weil es im Obertonbereich liegt. Es löst in ihrem Gehirn den Ausfluss einer Substanz aus, die dieselbe Wirkung wie Rauschgift hat. Es handelt sich um eine natürliche Droge, die vom menschlichen Gehirn erzeugt wird. Sie fühlen sich fremdartig, und das ist auch die Absicht, um in ihnen das Bedürfnis nach Rauschgift zu wecken oder die daran sich anschliessenden Gefühle fortzusetzen.»

Nr. 65: Aus «Wahrnehmung». Eine Publikation von bdw & «CHIP SPECIAL»: «Epilepsien sind in gewisser Weise nichts anderes als eine extreme Form von Kohärenz, bei der sich zahlreiche Nervenzellen zu einer synchronen Entladung hinreissen lassen. Man weiss, dass epileptische Anfälle bei gewissen Patienten *durch den Konsum von Musik provoziert* werden. Es ist oft weniger ein bestimmtes Musikstück, das die Attacken anstösst, sondern die enge affektive Beziehung zu dem betreffenden Werk, meint Wieser.»

Nr. 66: Aus der Wissenschafts-Zeitschrift «News-Ticker – Bild der Wissenschaft» (veröffentlicht im Februar/2000): «Wie Wissenschaftler der University of Manchester nun herausgefunden haben, ist der Hypothalamus für Freude an lauter Musik verantwortlich. Das Vergnügen verdanken wir dem sogenannten Sacculus, einem Organ, das einen Teil des Innenohrs bildet. Dieser uralte Hörmechanismus spricht auf Tonfrequenzen in der Musik an, ohne dabei allerdings eine Hörfunktion wie bei den Fischen zu übernehmen. Das vestibuläre System seinerseits ist direkt mit dem Hypothalamus verbunden, jener Gehirnregion, die für Hunger, Sex und andere hedonistische Gefühle verantwortlich ist. Der Sacculus reagiert beim Menschen allerdings **erst bei Lautstärken über 90 Dezibel.**_

Das Team an der University of Manchester hat einen Weg gefunden, die Reaktionen des Sacculus auf verschiedene Lautstärken zu messen. Beim Ausbalancieren vor allem der Kopfhaltung ruft der Sacculus bei bestimmten Nackenmuskeln elektrische Signale hervor. Diese Reaktionssignale an den betreffenden Muskeln wurden mit Elektroden gemessen. Bei den untersuchten Studenten reichte die Empfindlichkeit des uralten Organs **von 50 Hertz bis 1000 Hertz. Besonders die Frequenzen bei Rockkonzerten seien geradezu dafür geschaffen, den Sacculus zu stimulieren,** so die Wissenschaftler.» [Quelle: Eva Manhardt und newscientist]

Nr. 67: In Knaurs «Jazz-Lexikon» wird auf «die eigentliche Problematik für den weissen Menschen» hingewiesen, nämlich der «Einbruch einer Sphäre körperlich-vitaler Musik in den Bereich stark vergeistigter, emotioneller Musizierpraxis».

Nr. 68: Horst Neumann zitiert in seiner Dissertation u.a. O. Markmann, welcher diese Musik wegen ihrer durch Scat und Offbeat emphatisch-ekstatischen, das körperliche direkt ansprechenden und darin dem Europäer fremden Auswirkungen «eine teuflisch inspirierte, unreine, aufreizende Musik, die nach Fleischesdienst, nach Sexuellem zielt», nennt. Das beweise ihren «widergöttlichen Charakter» und erklärt, dass «Marihuana das Rauschgift des klassischen Jazz» ist, wobei diese Einstiegsdroge für das «stärkere und gefährlichere Heroin» wird. Die katastrophal zerstörerischen Folgen des Jazz lassen sich neben sexuellen Ausschweifungen auch in den Krawallen des Publikums bei Jazz-Veranstaltungen u. dgl. beobachten, wodurch sich ebenfalls der «dämonische Charakter der Jazz-Musik» manifestiert.

Nr. 69: O. Markmann zeigt die Verankerung ekstatischer Musik in der «afrikanisch-heidnischen Religion» an, deren «Wesen» «Magie, Beschwörung der Götzen» ist. Im Gegensatz zu dem Wesen des christlichen Glaubens in der «Gottesverehrung» und in der Ausrichtung «auf Hoffnung, Erlösung und Gnade ... ist die afrikanische Frömmigkeit» auf magische Befreiung und Erlösung «nicht irgendwann, sondern sogleich in der Ekstase» gerichtet. «In der Ekstase reisst der heidnische Afrikaner die Gottheiten in sich hinein, lässt sie wirken, wird von ihnen geritten, verkörpert sie, identifiziert sich mit ihnen.» Diese «Ekstase» wird durch die «heidnischen Gottheiten» herbeiführenden «Beschwörungsgesänge» in Gestalt eines «Ruf-Antwort-Schema(s)» erreicht, das «westafrikanischer Herkunft ist».

«Die Diskothek ist heute zum gängigsten Vehikel der Kontaktfindung geworden.» Angeführtes Zitat: (17-jährige Micky) «... man kommt sich mehr körperlich näher als seelisch. ... Es ist so eine komische Passivität, die einen befällt. Genauso wie man sich in der Disco durch die Musik hat mitreissen lassen, lässt man jetzt auch alles mit sich geschehen ...» (Horst F. Neisser u.a.: «Jugend in Trance?»).

«Die passiv erlebte Kommunikation geschieht primär körperlich. Sie gehört somit in den Komplex der kultischen Behaftung.»

So zentral die afrikanisch-kultische Tradition den Discotanz erklärt, so sehr ist auch die ebenfalls hier einmündende Linie der tantrisch-hinduistischen Tradition zu beachten. Das ist gerade an der sexuellen Behaftung des Tanzes zu zeigen. Die «Bhagwan»-Diskotheken (seit ca. 1982) dokumentieren zudem die Verbindung beider Traditionen in der Entgrenzung. Magisch-kultische sowie energetisch-kosmische Entgrenzungsursachen des Musikgeschehens kulminieren über die Elektronik konsequent in dem Discotanz.[32]

Nr. 70: Die folgenden Beobachtungen spiegeln die dargestellten Phänomene und erhärten die Richtigkeit der behaupteten Traditionslinie:

«Zusätzliche (scil. zur Lautstärke) körperliche Wirkungen der Discomusik gehen von ihrem Rhythmus aus. Der gleichmässige, stampfende oder hämmernde Grundschlag (Beat), wie er für die Discomusik kennzeichnend ist, bewirkt Veränderungen der Pulsfrequenz und des Blutdrucks, der Atemfrequenz und des galvanischen Hautwiderstands, wobei der musikalische Rhythmus auf die Körperrhythmen eine Art ‹Magnetkraft› ausübt, eine Tendenz zur rhythmischen Übereinstimmung zwischen Körper und Musik hervorruft. Dies ist gemeint mit: ‹die Musik geht in die Beine›, sie ‹reisst einen mit› oder sie hat ‹Drive›. Da auch neben der genannten Kreislaufveränderung zugleich ... eine Steigerung der Muskelspannung (Muskeltonus) erzeugt wird, kann man sagen, dass rhythmische Musik ‹Bewegungsenergie› im Körper mobilisiert ...» (H. Franz/G. Hennes u.a.: ‹Wie hinterm Presslufthammer) ...» [32]

Nr. 71: Diese den Tanz auslösende Musik nimmt gefangen (Charakterisierung der Disco von H. Franz Hennes):

«Die Discomusik umhüllt den Hörer wie ein magischer Uterus, durchströmt ihn mit ihrem gleichmässig pulsierenden Rhythmus und umspült ihn mit *archaisch-vertrauten Klangmassen*. Zugleich ist diese über die Musik sinnlich präsente Gemeinde eine Art ‹sozialer Uterus› ...

Die Einvernahme ist zugleich Bergung in einer Kultgemeinde am Ort. Die Intensität der Einvernahme in den Kultraum ist beängstigend gross:

Die Disco rückt in die Nähe der Droge: ist erst einmal der Schuss getan, so nimmt der Rausch seinen Lauf; der Mensch hat sich den Wirkungen ausgeliefert: ‹Wenn ich die Discothek verlassen hab›, so ist mir nach einiger Zeit, als wenn ich aus einem Traum erwache, dann fühl' ich mich ganz anders, ich hör' nur noch die Musik, es ist wie ein Schweben, ja beinahe so wie angeturnt.› – Was den Vergleich mit der Drogenwirkung erlaubt, ist ... dass sich die physischen und psychischen Wirkungen bei Discomusik ähnlich mühelos und unwillkürlich einstellen wie bei Drogen. Auch Ansätze von Süchtigkeit sind festzustellen. Der Tanz ist sich selbst als ‹sakramentaler› Akt vermeintlicher Lebensspendung so sehr genug, dass man keinen Partner braucht.

Deshalb sieht man auf den Tanzflächen auch häufig Jungen oder Mädchen, die völlig alleine vor sich hin zucken ... (Neisser: «Jugend in Trance?»).

Dieses Zucken trägt alle Züge ekstatischer Entgrenzung, die durch Beachtung eines Tanzpartners eingeschränkt würden. Ihn ersetzt der ‹Uterus› von Musik und Kultgemeinde.

Der Tänzer tritt wie in einem Drogenrausch aus sich heraus, verlässt die Alltagswelt und flieht in eine Welt vermeintlicher Omnipotenz und Geborgenheit.»

(H. Franz, G. Hennes u.a., a.a.O.122, mit Zit. eines jugendlichen Discobesuchers nach H.F. Neisser u.a.: «Jugend in Trance?», a.a.O.78).[32]

Nr. 72: E. Haselauer: «Musik und Gefühl, neurophysiologische Entstehung aus ‹Musikberieselung – Droge und Terror›»:

«Nun gibt es eine Zentrale, in welcher alle an uns gelangenden Informationen – daher auch musikalische – kodiert und dekodiert werden. Dieselbe Zentrale beeinflusst auch massgeblich die Entstehung und Wirkung von Gefühlen.

Sie heisst limbisches System, weil Teile der Hirnrinde und unter ihr liegende Bezirke den Hirnstamm wie einen Saum (limbus) umgeben. Morphologie und Wirkungsgänge sind zu kompliziert, als dass ich sie hier korrekt wiedergeben könnte, was für unser Vorhaben auch von sekundärem Interesse ist. Fachleute berichten aber, dass dieses System die mit der emotionellen Erregung (Affekt, Gefühl) verbundene vegetative Regulation bewirkt, z.B. die Beeinflussung der Herztätigkeit, Darm- und Blasenfunktion, Aktionen zur Vorbereitung der Triebbefriedigung und dergleichen. Deshalb bescheinigt man dem Limbus nicht nur, die vegetativen Funktionen massgeblich mitzusteuern, sondern auch, das Entstehen und Wirken der Emotionen wesentlich zu beeinflussen. Vor allem psychosomatische Erscheinungen dürften hier beheimatet sein. Reizt man übrigens das System, so ruft dies alle möglichen Gemütssensationen herbei, so etwa Lust-Unlust-Gefühle, Zorn, Angst oder Freude» (Heppner 1973; Suppan 1982; vgl. Petsche 1972).

Dass auch die Umsetzung musikalischer Informationen in diesem limbischen System erfolgt, gilt als sicher. Das heisst aber zugleich, dass Musik in Bereiche des Emotionellen gelangt und daher zumindest Hilfsfaktor für das Entstehen und Wirken von Gefühlen sein dürfte.

Vom limbischen System führt der Weg aller Wahrscheinlichkeit nach direkt (nach Abgabe verschiedener Signale) in das Vegetativum, das, wie erwähnt, autonom arbeitet und keine Beeinflussung durch unseren Willen annimmt. Musik ist also nicht unbedingt jene salonfähige Droge, die wir – der Einfachheit halber – verharmlosen. Ebenso gut nämlich kann sie, wie gesagt, dasselbe wie jede andere Droge auch, nämlich die unterschwellige selbstzerstörerische Neigung vieler Menschen zumindest unterstützen, wenn nicht gar fördern. Und ob sie positiv oder negativ auf den Körper wirkt, das entscheidet in vielen Fällen nicht einmal der Mensch selbst. Er weiss nämlich wenig um seine Fähigkeit, sich durch Musik zu schaden – auf diese Idee, die auf den ersten Blick ja wirklich abstrus erscheint, kommt er nicht.

Wir tun vielleicht am besten daran, uns das Prinzip des tendenziellen Gleichlaufs von Rhythmen des Körpers mit Rhythmen der Musik vorzustellen. Nach allem, was man bisher weiss, hat sehr schnelle und sehr laute (rhythmisch dominante) Musik die deutlichste Wirkung auf unser Nervensystem und damit auf unsere Befindlichkeit: Sie wirkt aufputschend, treibt alle rhythmisch ablaufenden Körperfunktionen in die Höhe und beschleunigt gleichsam den ganzen Menschen. Umgekehrt beruhigt langsame (wieder nur rhythmisch dominante) Musik in Zimmerlautstärke die Körperrhythmen, am wirkungsvollsten dann, wenn 60 Grundschläge pro Minute erklingen. Vielleicht ist dieser Grundschlag dem Körper deshalb so vertraut, weil er einst als «die Zeiten» noch ruhiger verliefen, unserer Pulsfrequenz entsprach.

Nr. 73: Sicher wirkt *Musik, die wir nicht bewusst wahrnehmen,* ***körperlich gleich.*** Aber diese Wirkung verläuft ungleich weniger dramatisch, weshalb man der Berieselungsmusik in deren klassischem Sinn – also der «überhörten» *erstrangig Manipulationsfähigkeit* zuzusprechen geneigt war. Man kann das Unterbewusstsein nicht nur per Musik, sondern auch beispielsweise durch extrem kurz dargebotene optische Reize direkt erreichen (auch Photodriving beeinflusst das EEG, also die Gehirnstromimpulse).

Nr. 74: John Rockwell, aus seinem Buch «Trommelfeuer» (Seite 30): «Einige neuere Erkenntnisse über die Auswirkungen hoher Frequenzen auf den menschlichen Körper, scheinen von grosser Hilfe für weitere Untersuchungen zu sein.» (Robert Carr: «Music and Sound Output»): «Der menschliche Körper hat die Fähigkeit, eine grosse Menge von Drogen zu produzieren – Reizmittel, Depressiva, Analgetika, Weckamine etc. ... *Das bedenklichste Problem liegt aber in der Tatsache, dass einige im Körper produzierten Drogen ein so angenehmes Befinden erzeugen, ähnlich wie manche Medikamente, dass die negativen Wirkungen verborgen bleiben.* In dem Ausspruch ‹getting high on music› steckt mehr Wahrheit, als man glauben möchte. Diese biochemischen Prozesse im menschlichen Körper sowie andere bestimmte Reaktionen, zum Beispiel die Verengung der Blutgefässe, Hormonausschüttungen und vieles andere, können sich einstellen, wenn der Körper einer Lautstärke von **100 bis 120 dB ausgesetzt ist.»**

Nr. 75: Über die Gehirnfunktionen des limbischen Systems aufklärend weisen Birbaumer & Schmidt (6) auf den *hippocampalen Theta-Rhythmus* hin, der in einer Nervenbahn zwischen Hippocampus (unterhalb des Temporallappens liegend) und über Fornix zum Septum hin verläuft (etwas darüber liegend), wobei er eine Frequenz zwischen 4-7 Hz generiert, und «der bei Orientierung und Aufgeben ‹alter› Verhaltensweisen auftritt». Seite 255: «Die Beziehungen des Hippocampus zum Septum laufen über den Fornix und stellen die Verbindungen zu den *tiefer liegenden subcorticalen Strukturen* her (Hypothalamus, Formatio reticularis, Tegmentum). Die Efferenzen zum Septum laufen in den lateralen Septumkern. Die Afferenzen kommen aus dem medialen Septumkern.

Die nervlichen Impulsmuster innerhalb dieser limbischen Informationsverarbeitung bilden eine ‹viscerale› emotional-motivationale Motorik (Mac Lean), welche eine wichtige Rolle spielen sollen für das Verhalten (Nahrungsaufnahme, Verteidigung, Erhaltung der Art etc.). Und sie sind in Zusammenwirkung mit dem Cortex-Temporallappen auch massgeblich an Konditionierungsvorgängen beteiligt.» [s. auch 76, 20 a.c, 29]

Nr. 76 a: Bei H.- J. Flechtner: «Das Gedächtnis. Neues psychophysisches Konzept, Memoria und Mnene» nur wird über die Funktionsweisen des limbischen Systems (Hippocampus u. Gyrus hippocampi, Amygdala, Septum pellucidum und Gyrus cinguli und den Verbindungen zum Thalamus u. Hypothalamus) berichtet. Speziell über die veränderlich stimulierbare Impulsfrequenz der (Thetawellen) vom Hippocampus-Septum etc.) *wurden in Tierversuchen **konditionierbare Verhaltensweisen** beobachtet* (Seite 149-150).

Nr. 76 b: Aus «Biologische Psychologie» von Prof. Dr. Niels Birbaumer und Prof. Dr. Robert F. Schmidt, Seite 611: Feststellungen bei Tierversuchen (Affen): «Die Stimulationsstudien zeigen, dass laterale und caudale Regionen der Amygdala bei Reizung einen graduellen Anstieg aggressiven Verhaltens produzierten

(Summationsmechanismus), andererseits mehr rostrale Regionen (einseitige Regionen) Furcht induzierten. *Dagegen löst hypothalamische Reizung sofort eine geordnete Attacke aus.*

Reizung durch Patterning-Rhythmusmuster, Seite 610: «*Die Mustermechanismen* (Patterning) aktivieren direkt motorische Systeme, die zu relativ umgebungsunabhängigen unspezifischen Reaktionen führen. ... Durch elektrische Hirnreizung können drei Arten von Angriffsverhalten ausgelöst werden: Affektiver Angriff, Beuteangriff, und furchtinduzierte Aggression. ... Der Hypothalamus als Musterstruktur symbolisiert die zentrale Rolle des lateralen und medialen Hypothalamus als integrierende Struktur für Aggressionsverhalten. Reizung des lateralen Hypothalamus bewirkt Beuteaggression, des medialen affektive Aggression (Versuche an Ratten, Katzen und Opossum). Dorsale Hypothalamusreizung erzeugt Flucht und bei vorhandenen Hindernissen Fluchtaggression ...»

Seite 611: «*die Regionen des lateralen und medialen Hypothalamus, den wir als Mustergenerator für Aggressionen charakterisiert haben ... scheint somit auch anatomisch als* ***oberste Steuer- und Modulationsstruktur für Sozialverhalten generell verantwortlich.***» (S. auch im Buchtext Nr. 29: «Magazin für die Polizei». Ein Bericht über gezielte Musikmodulationen mittels Lowfrequenzen.)

Eigene Anmerkungen dazu: Wie wir schon mehrfach auch von anderen Wissenschaftlern vernahmen, kann das Hör-Nervensystem beim Musikhören die kommenden künftigen akustischen Zeitereignisse vorausahnend antizipieren, wodurch nervliche Sensoren besonders bei taktrhythmischer Beatmusik am wirksamsten die entsprechenden neuronalen rhythmischen Impulsmuster in ihren sich stetig verstärkenden synaptischen Impuls-Verbindungsstellen verstärkt ausbilden können. Weil bei den Beatmusikstilarten kein flexibles Tempo gemäss einem atemrhythmischen Zeitmuster vorherrscht, fallen infolge des relativ zeitstarren Takttempos die taktschlagenden Folge-Beats stets genau auf die antizipierten (d.h. leicht vorauszuahnenden) Zeitpunkte, die sich bereits infolge der vorausgegangenen Taktschläge dem Hörgedächtnis einprägen konnten. So wird verständlich, dass auf diese Weise sich allmählich entsprechende rhythmische «Resonanzstrukturen» im neuronalen Gewebe der Synapsen und Dendriten wachstümlich heranbilden können, die sich dann bei weiterem Hören solcher entsprechenden Beatmusiken nun als sogenannte *präexistierende nervliche Hörmusterbildungen [34 c]* feedbackartig verstärkend auf die sensumotorischen Körperempfindungen auswirken. So wird auch verständlich, dass auf diese Art und Weise dann die Hörer nachhaltig auf solche Beatmusik-Hörmuster regelrecht konditioniert werden können.

Dieser generelle Vorgang wird hier fachspezifisch auch folgendermassen beschrieben: «*... Zusammenfassend lässt sich sagen, dass der präfrontale Cortex* ***immer dann aktiviert wird, wenn ein Reiz eine zeitliche Diskrimination (= Unterscheidung) erfordert. Dies ist bei allen Warnreizen und konditionellen Reizen der Fall: Der Organismus schätzt die Auftretenswahrscheinlichkeit eines zweiten Reizes ab und mobilisiert ‹vorausahnend› entsprechende sensorische und motorische Systeme. Ist die zeitliche Abschätzung der zukünftigen Ereignisse (z.B. die Beatfolgen eines Musikstils) fehlerhaft oder fällt aus, so wird der Zeitpunkt der sensorischen und motorischen Mobilisierung falsch gewählt oder unterbleibt ...***» Deshalb funktioniert dieser beschriebene Vorgang einer Konditionierung auf Beatmusikstile nicht bei natürlicher Musikinterpretation, weil hier der musikalischen Zeitgestaltung ein variabler «Atemrhythmus» zugrunde liegt, so dass man die künftigen Pulszeiten einzelner Taktschläge nicht in der einseitig zeitstarren taktrhythmischen Weise antizipierend vernehmen kann (s. auch Nr. 24: über «Weckreaktionen» beim Musikhören).

Nr. 77: Elisabeth Haselauer, aus «Musikberieselung - Droge oder Terror». Auszüge aus dem Kapitel «Droge Musik»: «Wenn wir heute ‹Droge› sagen, dann meinen wir nicht erstrangig das Heilmittel, das sie immer war und bis heute ist. Wir meinen eher die missbräuchliche Verwendung solcher Heilmittel, besonders der Stimulanzien unter ihnen, weshalb wir mit Droge schon Sucht assoziieren. Es steht ausser Streit, dass Menschen bestimmte Musik einsetzen, um Drogenwirkung zu erzielen. Dass diese Droge fast ausschliesslich der körperlichen Rhythmenlage wegen fasziniert bis hin zur Abhängigkeit, steht ebenfalls ausser Streit.»

Nr. 78: «Wenn der Rhythmus uns begeistert, so *erwacht das magische Bewusstsein* in uns. Es ist uns ja nicht fremd, vielmehr ruht es in den meisten rationalen Menschen der westlichen Zivilisation und ist von uns nun sozusagen menschheitsgeschichtlich überwunden. Die Gefahr besteht darin, dass wir durch Musik und durch Drogen von der Wiedererweckung des magischen Erfahrens so fasziniert werden, dass wir ins längst Überwundene magische Bewusstsein zurückfallen», schliesst Hamel daraus (1976, Seite 108 in «Durch Musik zum Selbst. Wie man Musik neu erleben und erfahren kann», von Peter Michael Hamel).

Auf diese Weise, meint der Autor, würden wir uns («defizient») unserer Aufgabe des wachen Integrierens entziehen - Weltflucht, Pseudomagie, unbewusste Irrationalität. Hamel, der sehr viel Asien-Erfahrung besitzt, kommt natürlich auf die Idee eines «musikalischen Schamanentums unserer Tage» und bedenkt Urtriebe, die wir evolutionär wohl überwunden, damit aber nicht ausradiert haben. Und er sagt auch, *wie die rhythmische Struktur des «magischen» Bewusstseins aussieht:* ***«die unendlichen, zeitlos wiederholten Perioden ...»***

Nr. 79: Nach Pawlows Punktreflexgesetz führt jeder andauernde oder systematisch sich wiederholende Reiz, der über entsprechende Nervenbahnen einen bestimmten Punkt der Hirnrinde erreicht (vollkommen unabhängig davon, ob er vom Gesichtspunkt des Lebens eine besondere Bedeutung hat und auch unabhängig von seiner Stärke), vorausgesetzt, dass seine Wirkung nicht durch einen anderen dazwischenkommenden weckenden Reiz gestört wird, früher oder später zur zwangsartigen Schläfrigkeit (Meinhold 1980).

In diesem Zustand ist die Wahrnehmung von Aussenreizen herabgesetzt und ein Zustand verlangsamter Gehirnaktivität (Alpha-Zustand) setzt ein. Es besteht die Möglichkeit, sich auf innere Vorgänge zu konzentrieren und das Unterbewusstsein mit Hilfe von Vorstellungen (Visualisierungen, Imaginationen) zu programmieren. Die veränderte Situation bewirkt - in Verbindung mit spezifisch ausgerichteten Vorstellungen und Bildern - eine *Veränderung der im Unterbewusstsein gespeicherten Emotionen, Einstellungen und den daraus resultierenden Verhaltensweisen* (aus Zeitschrift «Aquisa», 41. Jahrgang, 1993, Nr. 1, in dem Aufsatz über «Psychologie»).

Nr. 80: Gerhard Harrer, Hrsg.: «Das ‹Musikerlebnis› im Griff des naturwissenschaftlichen Experiments.»

«... Ist die Zensur des Verstandes, der Noopsyche ausgeschaltet, ist unsere Thymopsyche sozusagen bloss und nackt der Musik ausgeliefert, so zeigt sich, dass bestimmte Musikstücke, *vor allem solche, in denen rhythmische und atonale Elemente überwiegen,* ***auch im Tiefschlaf*** zu beachtlichen vegetativen Veränderungen führen. ... Die Erfahrung, dass gerade die zum Teil aus primitiven Kulturkreisen stammende Musik, ohne das Tor des Verstandes passieren zu müssen, sozusagen direkten Eingang in die für die Steuerung der Emotionen und vegetativen Vorgänge verantwortlichen Hirnstrukturen findet, ist vielleicht nicht so sehr überraschend, aber letzten Endes doch ausserordentlich bemerkenswert ...»

Nr. 81: «... Bei Beschallung des Ohres entstehen den Schallschwingungen so getreu entsprechende elektrische Schwingungen, dass man diese Erscheinung Mikrophonpotentiale des Ohres nannte ...

Untersucht man die Aktionspotentiale im Hörnerv, der den Anfang der Hörbahn repräsentiert und dessen Fasern vom Innenohr zu den Zellen in der Achse der Schnecke und von dort weiter in den Hirnstamm leiten, dann steht man wieder einer rätselhaften Ausnahme gegenüber. Die Anzahl der Aktionsstromspitzen, also die Impulsfolgefrequenz, ist im Hörnerv nicht wie bei allen anderen Sinnesnerven proportional der Reizintensität, sondern bis etwa 800 pro Sekunde folgt die Anzahl der Aktionsstromspitzen genau der Schwingungszahl des Schallreizes! Mit modernem Digitalrechnern konnte man über das Zeitmuster der Entladungen in der Einzelfaser des Hörnervs finden, dass die gesamten mechanischen Ereignisse an der Basilarmembran im Hörnerv codiert werden.»

Nr. 82: *«Bei höheren Schallfrequenzen hingegen kommt es zu einer komplizierten Interferenzbildung zwischen zwei und mehreren Nervenfasern, die gemeinsam die höhere Schallfrequenz übermitteln, weil ja die einzelne Nervenfaser ganz allgemein infolge der Tätigkeit der chemischen Erregungsvorgänge im lebenden Gewebe nicht mehr als 500 bis höchstens 800 Aktionsstromspitzen pro Sekunde liefern kann ...»*

(Anmerkung hierzu: *Dies bedeutet aber, dass für alle über 800 Hz liegenden höheren Töne immer jeweils mehrere Nervenfasern pro Einzelton aktiviert werden müssen. Die von dem Psychologen Neher im Zusammenhang von Trancewirkungen [s. Buchtext in Abschnitt 27] angenommene Überlastbarkeit des Hörmechanismus durch die sehr lauten chaotisch dicht gebündelten unharmonischen Obertonimpulse von Trommelrhythmen wäre hieraus erklärbar.)*

Nr. 83: *«Als gesichert erscheint, dass für die einzelnen Frequenzen im Hörnerv die einzelnen Fasern eine Bestschallfrequenz besitzen, d.h., dass sie für eine einzelne Frequenz mit stärkster Erregung antworten, während für die benachbarten Frequenzen ihre Ansprechbarkeit rasch absinkt.*

Zusammenfassend kann gesagt werden, dass für die Tonabstimmung verschiedene frequenzempfindliche Neuronen dienen, und dass zwischen der schwingenden Stelle auf der Basilarmembran und der räumlichen Anordnung der Nervenfasern und Nervenzellen Tonotopie besteht, d.h., dass die Erregung für verschiedene Schallfrequenzen im Hörnerv getrennt geleitet wird. Das örtliche Erregungsmuster dient also in erster Linie der Differenzierung der Schallfrequenzen in der Nervensubstanz. [s. auch Nr. 87, 88]

Seite 75: Die Kontraststeigerung in Form der Bestschallfrequenz der einzelnen Nervenfaser stellt eine erste Stufe für die Verbesserung der Abstimmungsschärfe im Nervensystem dar. Diese neuronale Kontrastbildung ist dann auch in den weiter oben anschliessenden Neuronen der Hörbahn weiterhin festzustellen. Diese wesentliche Eigenschaft der Hörbahn, die beim ersten Neuron, also im Hörnerv, beginnt, lässt jetzt von der Funktion her besser verstehen, *dass die ganze ‹Abbildung› der einzelnen Frequenzen hinauf bis zur Hörrinde tonotop erfolgt. Vereinfacht ausgedrückt heisst das, dass die Weitergabe der Nervenerregung entlang der zentralen Hörbahn immer an bestimmte, für diese Tonhöhe spezialisierte Nervenzellen erfolgt.» [s. auch Nr. 88, 89]*

Nr. 84: «*Allgemein können wir die Aufgabe der sekundären Rindenfelder darin verstehen, dass im Laufe der Individualentwicklung aus den eintreffenden Sinnesreizen* ***durch ungezählte Wiederholungen*** *Eindrücke in Form von Erinnerungsbildern festgehalten werden.»* (Dieses kann wohl kaum wirksamer geschehen als durch Rock- und Technomusik mit den darin üblichen stereotypischen Wiederholungsstrukturen! = Anmerkung des Verfassers) «*Aber zurück zur Wortklang-Erinnerung.* In der sekundären Hörrinde, die in der dominanten Hemisphäre liegt (also für den Rechtshänder links), *werden die akustischen Engramme, die Phoneme genannt werden, als Klangbildeinheit, nicht mehr als Einzelfrequenzen gespeichert. Hier findet sich also keinerlei Tonotopie mehr. Die einzelnen* ***Klangbilderinnerungen werden chronogen gespeichert****, d.h. nebeneinander nach der Zeit, in der sie individuell erworben werden.»*

Nr. 85: Wilfried Gruhn, in seinem Buch «Der Musikverstand – Neurobiologische Grundlagen des musikalischen Denkens, Hörens und Lernens» bemerkt er auf Seite 96: «Musikalische Repräsentationen kann man sich vorstellen als Bahnen in einem neuronalen Netzwerk. Jedes einzelne Neuron des Cortex ist synaptisch mit Zehntausend anderen Neuronen verbunden. Auf diese Weise bildet sich von frühester Kindheit an ein dicht verschaltetes Netzwerk an neuronalen Verbindungen, die in selbstorganisierten Prozessen geöffnet oder blockiert werden. Musikalische Reize werden darin nicht nur an die speziellen Verarbeitungsareale im auditiven Cortex weitergeleitet, sondern zugleich auch mit anderen Arealen verbunden. Auf diese Weise entstehen Neuronenverbände (cell assemblies), die die eigentlichen cerebralen Verarbeitungsmodule des Gehirns darstellen.»

Nr. 86: «Solche Zell-Ensembles werden nicht nur von äusseren Signalen beeinflusst, sondern erregen sich auch gegenseitig und treten dabei mit anderen kognitiven Erregungsmustern (Erinnerungen, Empfindungen, Vorstellungen) in Verbindung. Unser Gehirn gleicht also nicht einem vorprogrammierten Rechner, sondern funktioniert als ein Netzwerk von diffusen, durch verschiedene Aktivitäten veränderlichen Verbindungen, die aufgrund ihrer internen Vernetzung eher einer ‹Informations-Mischmaschine› gleicht (v. Braitenberg).»

Nr. 87: Auszüge aus dem Lehrbuch «Biologische Psychologie» von Prof. Dr. Niels Birbaumer und Prof. Dr. R. F. Schmidt, Seite 401: «*Transformation des Schallreizes in den Hörnervenfasern.* Die Nervenfasern des Nervus acusticus enden alle in einem jeweils sehr kleinen Bereich des Cortischen Organs, die meisten sogar, wie schon erwähnt, *an nur einer einzigen Haarzelle.* Da andererseits, entsprechend der ebenfalls schon erläuterten Ortstheorie, *jedem Ort des Cortischen Organs eine bestimmte Schallfrequenz zugeordnet ist,* wird jede Hörnervenfaser durch eine entsprechend ihrem Innervationsort festliegende Schallfrequenz optimal, d.h. mit der niedrigstmöglichen Schwelle erregt. Diese Schallfrequenz nennt man die *charakteristische Frequenz der Faser* ...

Hörnervenfasern weisen oft eine *Spontanaktivität* auf. Werden sie mit ihrer charakteristischen Frequenz beschallt, so treten zusätzliche evozierte Aktionspotentiale auf, deren Frequenz *vom Schalldruck* des Schallreizes abhängt ...»

Nr. 88: Enthält ein *überschwelliger Schallreiz* ***mehrere*** *Frequenzen, so werden entsprechend* ***zahlreiche*** *Hörnervenfasern* an den jeweiligen Orten der Schwingungsmaxima *und in deren unmittelbaren Nachbarschaft erregt.* Mit anderen Worten, der Schall wird in seine Frequenzkomponenten zerlegt, wobei sich die Intensität der einzelnen Komponenten in der Entladungsrate der Hörnervenfasern widerspiegelt. *Bei höheren Schalldruckpegeln erreichen die frequenzspezifischen Fasern rasch ihren Sättigungsbereich. Gleichzeitig werden aber benachbarte Fasern immer stärker erregt ...*

Nr. 89: *Die Signalverarbeitung in den Neuronen der Hörbahn.* Untersucht man das Antwortverhalten der Neurone auf den verschiedenen Stationen der Hörbahn auf akustische Reize, so zeigt sich sehr schnell, dass einfache Reize, wie beispielsweise reine Töne, diese Neurone im Allgemeinen weder erregen noch hemmen. *Dagegen sprechen sie auf komplexe Schallmuster an, z.B. amplituden- oder frequenzmodulierte Töne.* Das sind *solche, bei denen sich der Schalldruck oder die Frequenz ständig ändert.* Andere Neurone sprechen nur auf den Beginn, wieder andere nur auf das Ende von Schallreizen an. Vielfach findet man, dass Neurone des Hörsystems durch manche Frequenzen aktiviert, durch andere gehemmt werden. Je weiter man sich in der Hörbahn von der Cochlea entfernt, desto komplexere Schallmuster muss man verwenden, um die Neurone aktivieren zu können.

Die funktionelle Bedeutung dieses Antwortverhaltens der Neurone der Hörbahn liegt offensichtlich darin, dass auf jeder Ebene des Hörsystems bestimmte Eigenschaften der Schallreize analysiert werden. Die Arbeitsweise zur *auditorischen Mustererkennung* erinnert an die des visuellen Systems, wo beispielsweise in der Sehrinde Neurone mit *komplexen* oder *hyperkomplexen* rezeptiven Feldern nur durch bewegte Reize bestimmter Konfiguration erregt werden können.

(Anmerkung des Verfassers: Hieraus wird verständlich, weshalb in der modernen Rock-, Pop- und Technomusik mittels elektronischer Manipulationen (Psychoakustik-Soundprozessoren etc.) das Obertonspektrum der Klänge und deren Amplituden ständig bewegt werden (z.B. durch einstellbare oder zufallsgesteuerte Frequenzmodulationen), so dass dadurch eine *ständig erhöhte Reizung vieler Neurone der Hörbahn* gleichzeitig erfolgen kann.)

Nr. 90: Seite 465: «*Das Fortbestehen* ***des Eigenrhythmus der Zellgruppe*** *wird durch das Ankommen eines zweiten afferenten Impulses* ***vor*** *einer spontanen Nachentladung unterdrückt (Desynchronisation), während ein* ***afferenter Impuls zur Zeit der zweiten Entladung den Rhythmus verstärkt.»*** *(!)*

(Anmerkung: *Diese Verstärkung kann natürlich besonders beim Hören von taktrhythmischen Popularmusikstilen nachhaltig funktionieren infolge der* ***gleichmässigen Taktschlagabstände der Bass- und Schlagzeuginstrumente, so dass eine resonanzartige Synchronisation zum Eigenrhythmus der neuronalen Zellgruppe möglich wird.***

Bei atemrhythmisch geführter Musik könnten solche resonanzartigen Einschwingvorgänge aber nicht zustande kommen.)

Nr. 91: Die Existenz von Bioresonanzen und die Möglichkeiten ihrer Veränderungen sind durch zahlreiche empirische Versuchsreihen ermittelt worden. Erkenntnisse darüber sind z.B. beschrieben in den neu erschienenen Informationen: 1.) «Bioresonanz-Therapie, mit körper- und substanzeigenen Schwingungen heilen», von Reinhold D. Will; 2.) «Bioenergietherapie» von Martin Keymer, Norbert O. Schmedtmann, Reinhold D. Will; 3.) «Bicom-Resonanztherapie von Martin Keymer (alle im Verlag Jopp/Oesch, Zürich erschienen).

Zitat aus dem letztgenannten Buch zum Verständnis der Leitsätze über die BICOM-Therapie, Seite 55: «Im und um den menschlichen Körper gibt es elektromagnetische Schwingungen. Diese elektromagnetischen Schwingungen sind den biochemischen Vorgängen übergeordnet und steuern sie. Zellverbände und Organe schwingen in bestimmten Frequenzbereichen. So entsteht ein Schwingungsspektrum im Organismus.»

Nr. 92: Zitat aus 2) von Seite 80 lautet: «Ein Körper reagiert bei kurzzeitiger Exposition nur auf eine Substanz, deren Schwingung in ihm abgespeichert ist oder mit der er in Resonanz treten kann. Allerdings können ihm *auch unpassende Schwingungen aufgezwungen werden, nur müssen diese häufig und in hohen Dosen gegeben werden.* Durch Übertragung einer resonanzbodenspezifischen Schwingung auf den Körper wird die energetische Struktur des Körpers verändert.

Nr. 93: Zitat aus 3) «Bicom-Resonanztherapie», Seite 46: «Prof. Dr. Smith von der Salford University (Mitglied des wissenschaftlichen Beirats des Instituts für Regulative Medizin) fand in umfangreichen Forschungen heraus, dass das *passende* Therapiesignal praktisch *sofort* wirksam wird, während das *weniger passende oder abträgliche Signal eine Zeit benötigt, um sich negativ auszuwirken.»*

(Anmerkung: Mit der Bezeichnung «Therapiesignal» ist hier eine definierte Frequenz und deren Einwirkung auf den menschlichen Organismus gemeint.»

Nr. 94: ebenfalls aus 3) Seite 32: «Prof. Adey beschreibt, dass selbst sehr schwache elektromagnetische Felder biomolekulare Systeme wie den Menschen beeinflussen können.»

Nr. 95: auch aus 3) Seite 352: «Die Bedeutung elektromagnetischer Wellen in biologischen Systemen geht jedoch weit über den energetischen Aspekt hinaus ... Darüber hinaus haben elektromagnetische Wellen in Zellen und Zellverbänden Informationscharakter, d.h. auf zellulärer Ebene erfolgt der Informationsaustausch in biologischen Systemen ebenfalls über elektromagnetischen Wellen.»

(Literaturhinweis: Smith C. W. und Best, S.: «Electromagnetic Man», Erschienen in Dent & Sons Ltd. London, 1990.)

Nr. 96: auch aus 3) Seite 287: «Es besteht ein Zusammenhang zwischen der Abfolge der neutralisierenden Frequenzen und *den natürlichen ganzen Zahlen, ähnlich den Harmonischen oder Obertönen der Musik* ... Die gleiche mathematische Beziehung besteht zwischen den im BICOM-Gerät einprogrammierten Therapiefrequenzen.» (Das BICOM-Gerät ist ein spezieller Frequenzgenerator für Übertragungen von geeigneten Therapiefrequenzen, auf die sich der menschliche Organismus harmonisierend einschwingen kann.)

Anmerkungen:

[1] CD-Bestellung: Tel.: (0049) 07424-3269 oder E-Mail: adolfgraul@freenet.de
[2] Aus Bundesblatt des Evang. Sängerbundes, Juli-Sept. 1976
[3] Aus Veröffentlichung eines Interviews in der Gemeindezeitschrift GGE, Nr. 47, von April/Mai 1993
[4] Zitat aus Berichterstattung der evangelikalen Zeitschrift «Idea Spektrum», Nr.18, Mai 1994
[5] Diese Aussage erschien in Blue Jean Net Work/NBC, Sommer 1981
[6] Aus ‹Pop› Nr. 23, 1976
[7] Circus-Magazin, April 1972, S. 38
[8] «Rock & Schwarze Magie»,Teil 1, erschienen in «Spotlight», Oktober 1978, S. 12
[9] «Hit Parade», November 1968, S. 38
[10] «Time», 11. Sept. 1978
[11] «Circus-Magazin», 22. Dezember 1977, S. 12
[12] «Hit Parade», Juli 1975, S. 64
[13] Veröffentlicht in: J. Gülden, K. Humann (Hrsg.): «Rock Session 1», Rowohlt Taschenbuch Verlag, Reinbek bei Hamburg, 1977, S. 10
[14] «Rolling Stone», 19. August 1971
[15] Rolling-Stones-Magazin, 19. April 1971, zitiert bei Tony Sanchez a.a.O., S. 154ff.
[16] «Rolling Stone», 5. Mai 1977
[17] 34/1995
[18] EB/Metronom November 1994, S. 5
[19] ELECTRONIC DISEASE, November 1993, S. 8
[20] New Live, Januar 1995, S. 24f.
[21] Gothic, Nr. 21, S. 34
[22] April 1995
[23] Juli 1995
[24] Abgeleitet vom griechischen Wort «chronos» = Zeit; synchronisieren, die Hörer in Übereinstimmung bringen mit den Zeitempfindungen, welche vom Rhythmus der Musik diktiert werden.
[25] Pädagogische Zeitschrift: «Musik und Unterricht», 34/1995, S. 25
[26] Zeitschrift «Circus», 31.1.76, S. 24
[27] April 1994
[28] 26. Jahrgang, Nr. 230
[29] Vom April/Mai 1993, Nr. 47
[30] Desmond Mark: Die Stellung junger Menschen in der Schallwelt von heute, in «Musik u. Bildung», Mainz, September 1977, H. 1, S. 7, mit Berufung auf H. Rauhe o.A.
[31] Hermann Rauhe: Schlager – Beat – Folklore im Unterricht, in: Werner Krützfeld
[Hg.]: Didaktik der Musik, 1967, Hamburg 1963, S. 79, zitiert nach a.a.O., 50.
[32] Zitathinweise aus (59): Horst Neumann

Schautafeln

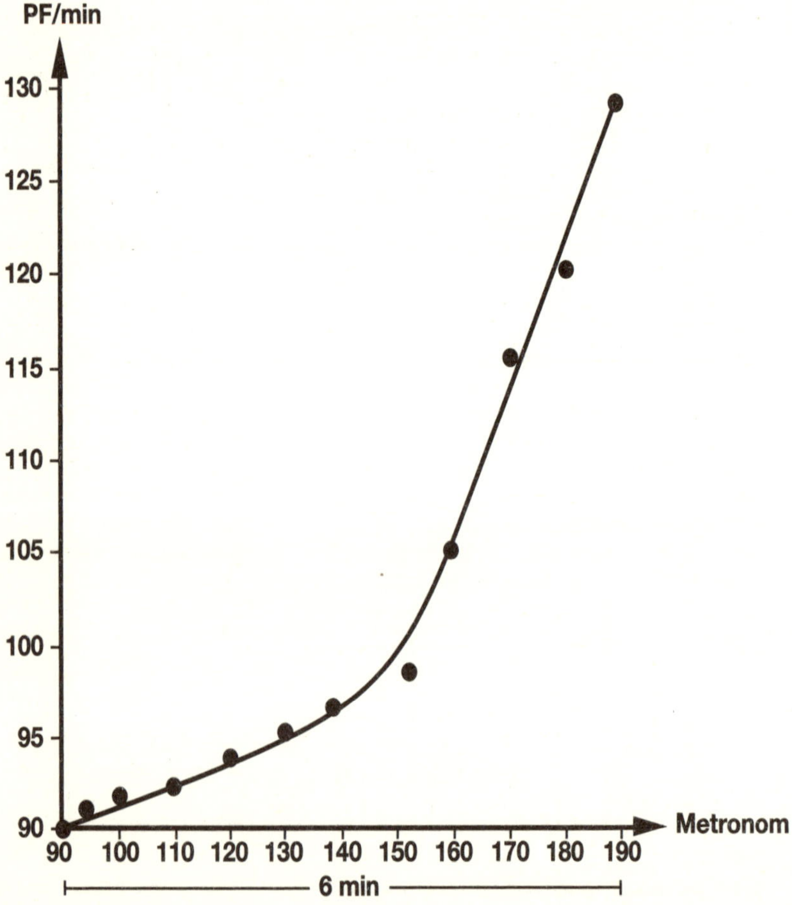

Bild 1 a: Anstieg der Pulsfrequenz beim Anhören eines immer schneller werdenden Metronoms.

Bei Musikstücken mit zunehmender Rhythmusbeschleunigung passen sich Atem- und Pulsfrequenz dem Musiktempo in gewissem Ausmass an. In der Peer Gynt-Suite Nr. 1 bringt Grieg das rauschhafte, wild-groteske Treiben *«In der Halle des Bergkönigs»* durch eine äusserst effektvolle Steigerung im Rhythmusablauf zur Darstellung. Die Musik führte bei der Mehrzahl unserer Versuchspersonen zu einem erheblichen Anstieg der Atemfrequenz sowie auch der Pulsfrequenz. Nach Musikende kam es rasch wieder zu einer Rückkehr zu den Ausgangswerten (Abb. 1b).

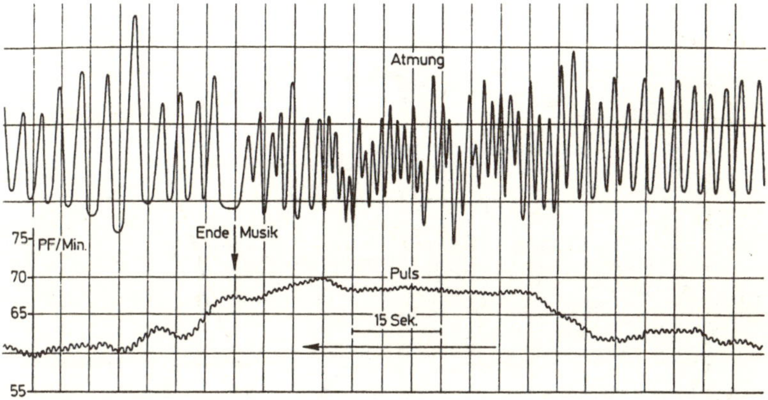

Bild 1 b: Die von rechts nach links zu lesende Kurve zeigt deutlich die – mit der Temposteigerung der Musik konform gehende – Steigerung der Puls- und Atemfrequenz und die nach Musikende eintretende Verlangsamung von Puls- und Atemfrequenz. (Während des Hörens von E. Grieg's Peer Gynt-Suite Nr. 1: *«In der Halle des Bergkönigs».)*

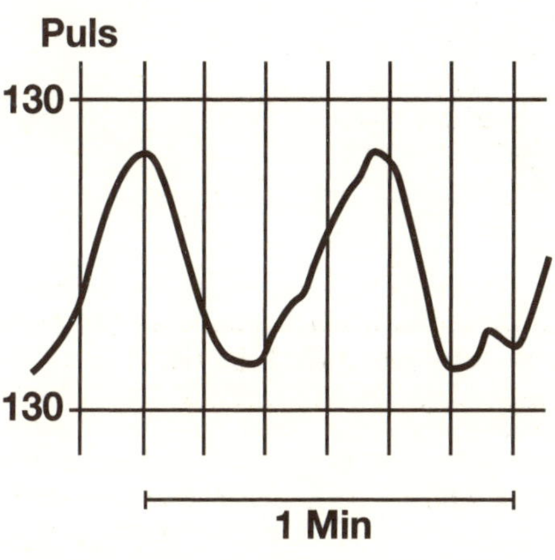

Bild 2 a: Pulskurve während eines auf- und abschwellenden Trommelwirbels.

Die Pulsfrequenz läuft parallel zum Lautstärkenverlauf.

Quelle: G. Harrer, Hrsg. von *«Das Musikerlebnis im Griff des naturwissenschaftlichen Experiments»*

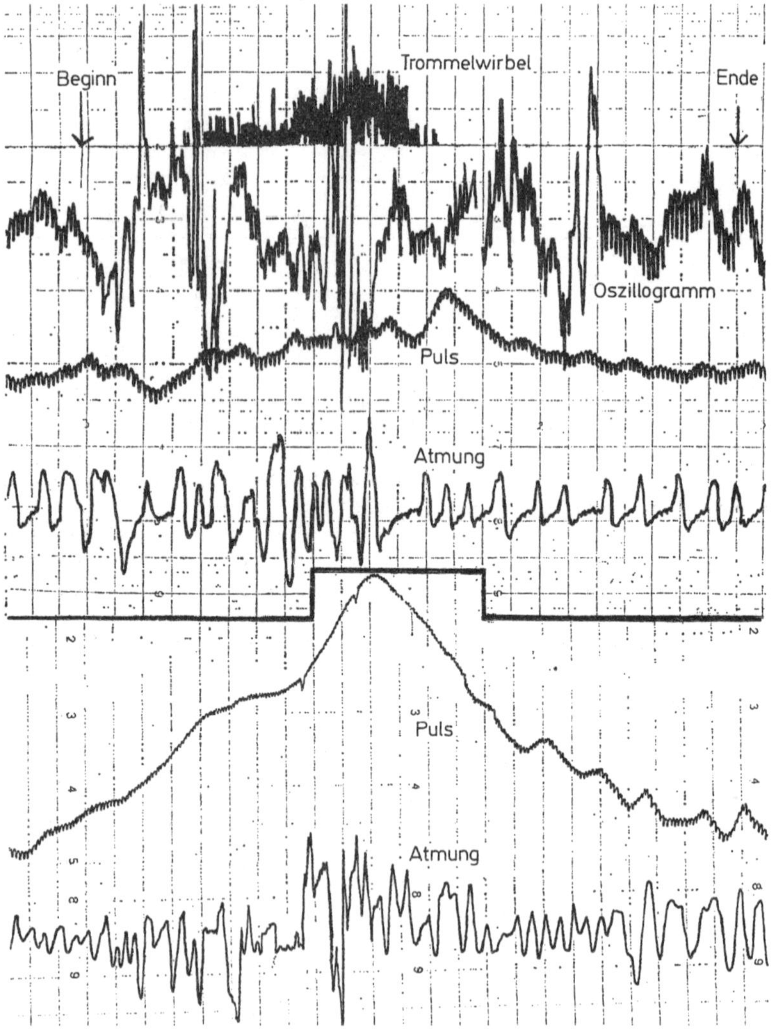

Bild 2 b: Obere Bildhälfte während des Anhörens (Tonband), untere Bildhälfte während des Spielens der Trommelwirbel durch dieselbe Person. Beim Spielen steigert sich die Pulsfrequenz (bei erhöhter Ausgangslage) von 110 auf 140, beim Hören von 70 auf 85 Schläge pro Minute. Der Anstieg ist beim Rezipieren etwas verzögert. Die beschleunigte und vertiefte Atmung geht gegen Ende des Trommelwirbels in gleichmässige Atmung über. Das Oszillogramm zeigt Bewegungsartefakte (unwillkürliches Mitbewegen beim Anhören).

Quelle: Christl Frank. Experimentelle Versuche mit Trommelwirbeln. (25)

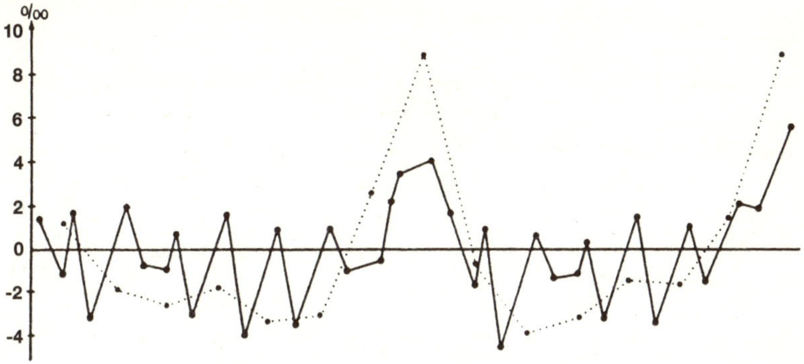

Bild 3: Abweichungen einer Interpretation des Variationen-Themas aus Mozarts Klaviersonate KV 331 von den physikalisch berechneten Längenverhältnissen der Töne. Der Wert 0 würde mechanische Genauigkeit bedeuten, ein positiver Wert zeigt eine Verlängerung und ein negativer Wert eine Verkürzung der betreffenden Note an. Die durchgezogene Linie verbindet die Werte aller Noten, die gestrichelte Linie bezieht sich auf die Takthälften und zeigt somit die Veränderung des Tempos über die Phrase an (nach Gabrielsson u.a., 1983). Kürzlich vorgenommene Untersuchungen an fünf bekannten Pianisten zeigen ähnliche Resultate (Veröffentlichung in Vorb.).

Quelle: *«Musikpsychologie – Ein Handbuch in Schlüsselbegriffen»*. Hrsg.: Herbert Bruhn, Rolf Oerter und Helmut Rösing.

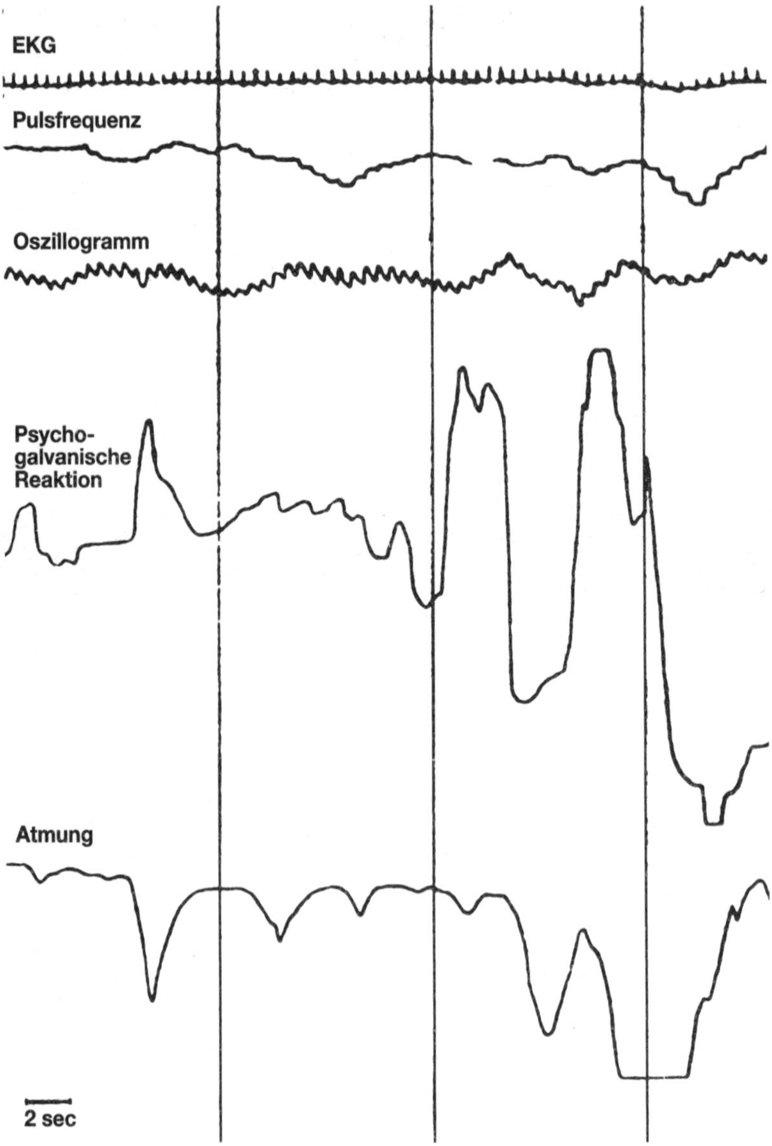

Bild 4: Vegetative Reaktionen beim Anhören der Leonoren-Ouvertüre Nr. 3 von Beethoven während einer emotional stark ansprechenden Passage (Takte 130-137). Pulsfrequenz im Mittel 107, Maximum 120, Minimum 90, maximale Schwankung 30 Pulsschläge pro Minute. (Aus: Harrer u.a., 1973.)

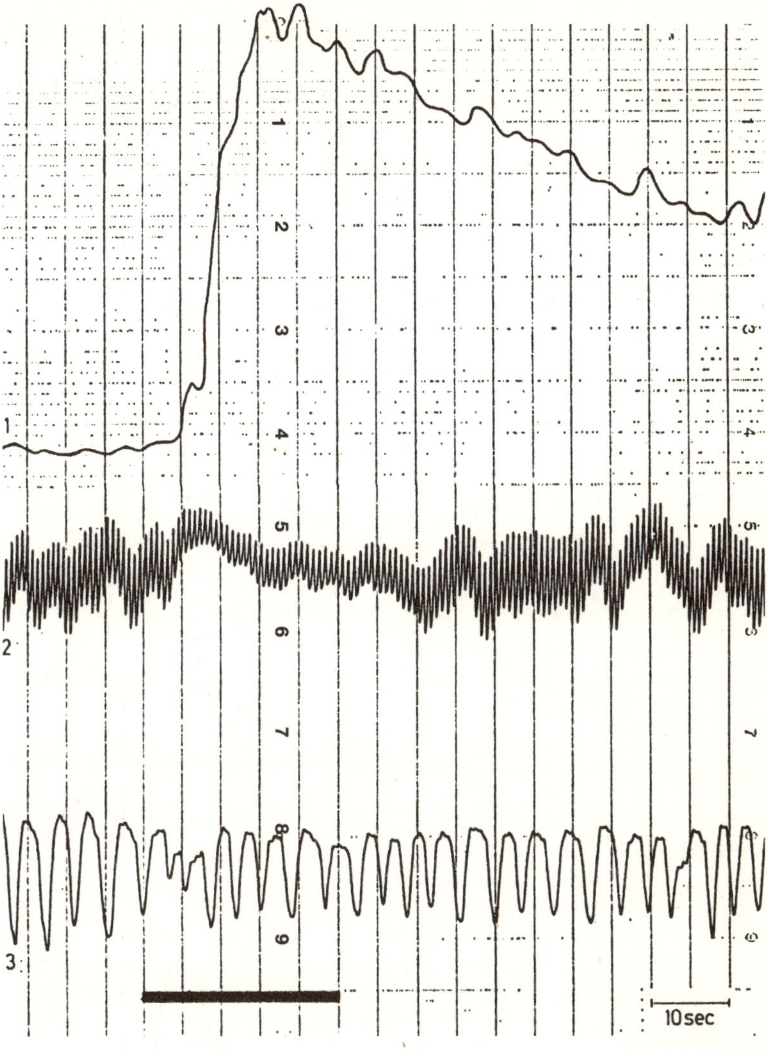

Bild 5: Vegetatives Diagramm unter Lärmeinwirkung
1 Psychogalvanischer Reflex (PGR); 2 Fingeroszillogramm; 3 Atmung.
Mit Beginn des Lärms (= maximaler Ausschlag des PGR), typische, den Lärm überdauernde Verkleinerung der Amplituden des Fingeroszillogramms auf etwa die Hälfte des Ausgangswertes als Ausdruck der Verengung der peripheren Blutgefässe; die Atmung wird vorübergehend unregelmässig.

Quelle: G. Harrer *«Das Musikerlebnis im Griff des naturwissenschaftlichen Experiments»*.

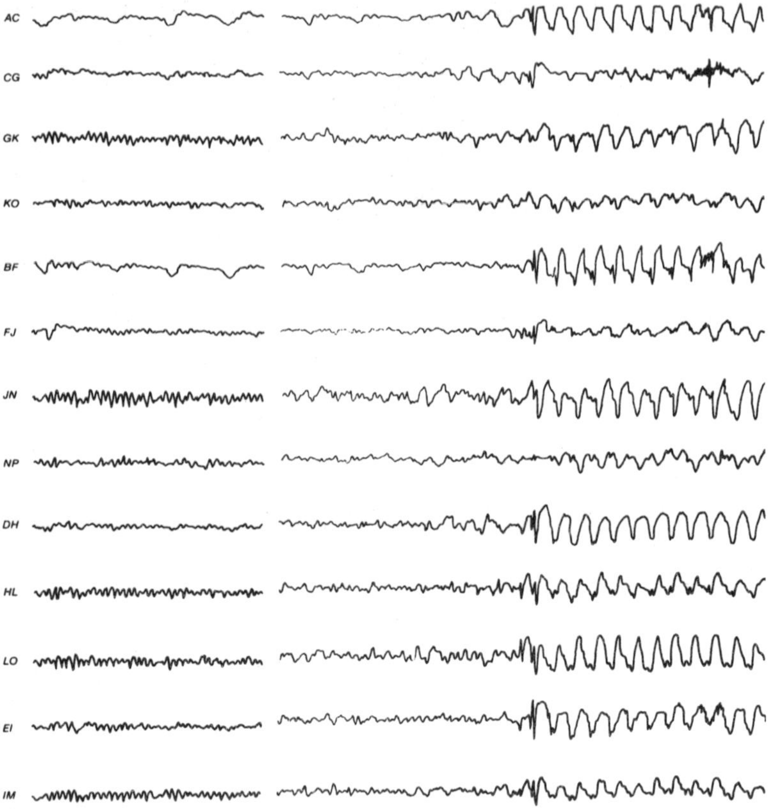

Bild 6: Die Elektroenzephalographie macht Änderungen des elektrischen Feldes in der Hirnrinde sichtbar. Man setzt dazu an den in der Schädelskizze (unten links) mit Buchstaben bezeichneten Stellen kleine Elektroden auf die Kopfhaut und misst jeweils zwischen zwei dieser Elektroden, wie sich die elektrische Spannung zeitlich ändert. Jede Kurve ist am linken Rand mit den Buchstaben der beiden Elektroden gekennzeichnet, zwischen denen sie gemessen wird. Für alle Kurven gelten die rechts neben der Schädelskizze angegebenen Massstäbe für Zeit und Spannung. Die 13 aufgezeichneten Kurven von links nach rechts zeigen zunächst einen Zeitabschnitt vom Elektroenzephalogramm (EEG) eines gesunden Menschen. Danach beginnt die Aufzeichnung vom EEG eines Epileptikers, der etwa vier Sekunden nach Beginn der Aufzeichnung einen Anfall erleidet. Man sieht, dass während des Anfalls grosse Hirngebiete gleichzeitig und rhythmisch Signale aussenden.

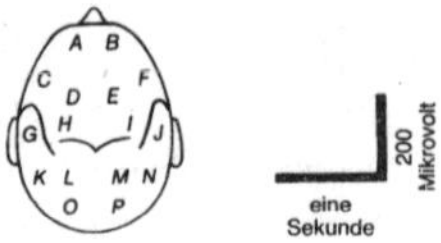

Quelle: *«Spektrum der Wissenschaft»*/ILLIL ARBEL, 1979